Heribert Schwan

»Heuss weiß es und billigt es«

Die erstaunliche Geschichte der
Bundespräsidenten und ihrer Ausspähung
durch die DDR-Staatssicherheit

WILHELM HEYNE VERLAG
MÜNCHEN

Penguin Random House Verlagsgruppe FSC® N001967

Originalausgabe 2024
Copyright © 2024 by Wilhelm Heyne Verlag, München,
in der Penguin Random House Verlagsgruppe GmbH,
Neumarkter Straße 28, 81673 München
Umschlaggestaltung: wilhelm typo grafisch
unter Verwendung eines Fotos von: ullstein bild – Gerhard Stäudle
Satz: Satzwerk Huber, Germering
Druck und Bindung: GGP Media GmbH, Pößneck
Printed in Germany
ISBN: 978-3-453-21804-8

www.heyne.de

Inhaltsverzeichnis

Vorbemerkung

Im Mittelpunkt der DDR-Auslandsspionage stand seit den Fünfzigerjahren bis zum Ende der DDR 1989 die Bundesrepublik Deutschland. Die umfangreiche nachrichtendienstliche »Arbeit im und nach dem Operationsgebiet« – wie die Bundesrepublik im Stasi-Jargon hieß – oblag in erster Linie der berühmt-berüchtigten »Hauptverwaltung Aufklärung« (HVA). Leiter war der legendäre HVA-Chef Generaloberst Markus Wolf. Unter seiner persönlichen Anleitung arbeitete die Abteilung X an sogenannten »Aktiven Maßnahmen«, die unter anderem darauf ausgerichtet waren, »den Feind bzw. einzelne feindliche Kräfte und Institutionen zu entlarven, zu kompromittieren bzw. zu desorganisieren und zu zersetzen«. Konkret waren das neben den Spitzenpolitikern der Bonner Republik auch die Bundespräsidenten.

75 Jahre nach der Gründung der Bundesrepublik und der DDR und 35 Jahre nach dem Fall der Berliner Mauer bringt der Blick auf die Ausspähung der Bundespräsidenten durch die Staatssicherheit unerwartete Erkenntnisse über die ersten 40 Jahre der beiden deutschen Staaten. Recherchen im Bundesarchiv, im Freiburger Militärarchiv und den Landesarchiven Sachsen-Anhalt in den Abteilungen Dessau und Magdeburg sowie das Studium der einschlägigen Stasi-Akten geben nicht nur Aufschluss über das Vorgehen und die Ziele des Ministeriums für Staatssicherheit (MfS), sondern fördern auch bislang unbekannte Aspekte über das Tun und Lassen, über verschwiegene oder wohlverborgene Verstrickungen der Staatsoberhäupter in der NS-Zeit und in der Zeit des Kalten Krieges zutage – Ergebnisse, die an zentralen Punkten der jüngsten Vergangenheit

unvermittelt eine andere Geschichte der Bonner Republik sichtbar werden lassen.

An Theodor Heuss (FDP), erster Bundespräsident von 1949 bis 1959, schienen die »Schlapphüte« aus Ost-Berlin auf den ersten Blick nur geringes Interesse gehabt zu haben. Seine Vita bot keinerlei Anhaltspunkte für Verstrickungen in der Zeit des Nationalsozialismus. Belastendes Material über Lebensführung und berufliche Tätigkeit existierte nicht. Daher konnte das Stasi-Unterlagen-Archiv in Berlin – heute Bundesarchiv – nur 110 Blatt als Stasi-Akte des ersten Bundespräsidenten zutage fördern. Doch darin befand sich brisantes Material. Es war kein Geringerer als der damalige FDP-Bundesvorsitzende und spätere Bundespräsident Theodor Heuss, der von Bonn aus ab 1948 ein Spionagenetz in der Sowjetischen Besatzungszone (SBZ) initiiert, kontrolliert und für dessen Finanzierung gesorgt hatte. Wenn das MfS das alles veröffentlicht hätte, wäre Theodor Heuss niemals zum Bundespräsidenten gewählt worden.

Das umfangreiche Aktenkonvolut des MfS über den zweiten Bundespräsidenten, den CDU-Politiker Heinrich Lübke, der sein Amt von 1959 bis 1969 ausübte, ist als Geheimdienst-Machwerk aus tatsächlichen und erlogenen Informationen nicht zu überbieten. Mit gefälschten Dokumenten wurde Lübke zum angeblichen »KZ-Baumeister« gemacht. Das war er sicherlich nicht. Der gelernte Vermessungsingenieur und stellvertretende Leiter der sogenannten »Baugruppe Schlempp« spielte aber eine herausragende Rolle bei sämtlichen Bauaufträgen im Dienste der NS-Rüstungsindustrie. Er hatte intensive Kenntnis vom Umgang mit KZ-Häftlingen – Männern und Frauen –, Zwangsarbeitern und Gefängnisinsassen. Bei zahllosen Bauvorhaben erlebte er hautnah den Einsatz dieser Menschen, ihre menschenunwürdige Behandlung, ihre Ausbeutung bis zur Erschöpfung und schließlich bis zum Tod. All das war Lübke über Jahre bekannt. Darüber hat der spätere Bundespräsident ein Leben lang geschwiegen.

Das Interesse des Ost-Berliner Ministeriums für Staatssicherheit am dritten Bundespräsidenten, dem Sozialdemokraten Gustav Heinemann (1969 bis 1974), war nicht besonders ausgeprägt. Bei Heinemann, einem der führenden Männer der Bekennenden Kirche in der NS-Zeit, kamen die Spione zu dem Befund, dass der neue Mann an der Spitze der Bundesrepublik Deutschland lange Zeit eine »fortschrittliche Rolle« gespielt habe, etwa durch seinen Kampf gegen die Wiederaufrüstung und für die Verständigung mit der DDR.

Die Stasi-Akte des vierten Bundespräsidenten, des FDP-Politikers Walter Scheel (1974 bis 1979), wurde bereits in den Fünfzigerjahren angelegt. Bei ihren Recherchen förderten die Stasi-Schnüffler unter anderem zutage, dass Scheel seit 1941 Mitglied der NSDAP gewesen war. Anders als in anderen Fällen nutzte der DDR-Geheimdienst sein Herrschaftswissen über Scheels NSDAP-Mitgliedschaft nicht, um Aktionen gegen ihn zu unternehmen. Der ehemalige Bundesaußenminister und Mitarchitekt der Bonner Ostpolitik wurde spürbar geschont.

Nachfolger Walter Scheels wurde Karl Carstens, fünfter Bundespräsident von 1979 bis 1984. Ins Fadenkreuz des Ministeriums für Staatssicherheit geriet der CDU-Politiker bereits Mitte der Sechzigerjahre. Seine Vita wurde ausführlich erforscht und in seiner Stasi-Akte dokumentiert. Unter anderem fanden die Stasi-Rechercheure auch belastendes Material aus der Zeit des Nationalsozialismus, das sich bei heutigen Recherchen bestätigen lässt. Danach hatte Carstens im November 1937 die NSDAP-Mitgliedschaft beantragt. Detailliert beschäftigte sich das Ministerium für Staatssicherheit mit Carstens' Militärkarriere. Schon wegen seiner steilen politischen Laufbahn als hoher Beamter in den Bonner Ministerien wie auch als Oppositionsführer der CDU/CSU-Fraktion und als Präsident des Deutschen Bundestages stand Karl Carstens unter ständiger Kontrolle der Berliner Schnüffler. In seine Amtszeit als Bundespräsident fiel die Perfektionierung der Funkaufklärung: das tausendfache Abhören und Abgreifen der Telefon- und Telex-Verbindungen zwischen BRD und DDR sowie BRD und West-Berlin.

Richard von Weizsäcker, der sechste Bundespräsident der Bundesrepublik Deutschland (1984 bis 1994), hatte schon als Regierender Bürgermeister von Berlin ab 1981 die Stasi-Spitzel an seinen Fersen. Weizsäckers Leben wurde ebenso ausgeleuchtet wie seine politischen Aktivitäten – ob als Regierender Bürgermeister oder als Bundespräsident. Die Mittel und Methoden des DDR-Geheimdienstes lassen sich am Beispiel des umfangreichen Aktenkonvoluts zu Richard von Weizsäcker besonders gut dokumentieren. Seine Gespräche mit Vertretern der Kirche in der DDR, mit Künstlern und SED-Spitzenfunktionären wurden minutiös dokumentiert. Auffallend war allerdings, dass in den Stasi-Auskunftsberichten über die Familie die Verstrickungen seines Vaters in der NS-Zeit als Staatssekretär im Außenministerium keine Rolle spielten. Dessen NSDAP- und SS-Mitgliedschaft ebenso wie die NSDAP-Mitgliedschaft von Richard von Weizsäckers Mutter fanden keine Erwähnung. Auch die steile Militärkarriere Richard von Weizsäckers als Hauptmann in der »faschistischen Wehrmacht« wurde im Gegensatz zu belastenden Befunden bei Weizsäckers Vorgängern Heinrich Lübke und Karl Carstens lediglich mit einem einzigen Satz erwähnt. Auch Weizsäckers Doktorvater, ein überzeugter Nationalsozialist mit NSDAP-Mitgliedschaft und einer aktiven Rolle im Nationalsozialismus, fand bei der Ausleuchtung der Familie, des Studien- und Freundeskreises durch den DDR-Geheimdienst keine Erwähnung. Bundespräsident Richard von Weizsäcker erfuhr durch das MfS über Jahre eine bevorzugte Behandlung – nämlich die des Verschweigens und des Verzichts auf unangenehme Veröffentlichungen.

Eine der wichtigsten Quellen im Stasi-Unterlagen-Archiv, die einen Einblick in die MfS-Auslandsspionage gegen die Bundesrepublik Deutschland ermöglicht, ist die 1998 entschlüsselte sogenannte SIRA-Datenbank. In dieser Datenbank erfasste die HVA alle Informationen, die sie mit geheimdienstlichen Mitteln zwischen 1969 und 1989 beschaffen konnte. Dabei handelt es sich beispielsweise um Berichte von »Inoffiziellen Mitarbeitern« (IM) oder um Dokumente, die ein IM lieferte. Die SIRA-Datenbank wurde für das vorliegende

Werk besonders ausgewertet. Ohne sie wäre dieses Buch nicht möglich gewesen.

Die Recherche belegt, wie die Staatssicherheit keine Kosten und Mühen scheute, um die Bundespräsidenten zu Propagandazwecken auszuspähen – und wie sie, wenn es ihrer Sache diente, mitunter sogar fälschend tätig wurde.

*

Mein allererster Dank gilt Roberto Welzel, der als Sachgebietsleiter des Referats Forschung und Medien in der Stasiunterlagenbehörde – nicht nur für dieses Projekt – bei Recherche und fachlicher Beratung wahrlich Herausragendes geleistet hat. Er war unverzichtbarer Ansprechpartner, auf dessen fachliche Kompetenz ich immer wieder bauen konnte.

Bedanken möchte ich mich bei Sabine Gresens vom Berliner Bundesarchiv (Referat BE 2). Ihr gelang es, eine Reihe von Dokumenten aus der NS-Zeit vorzulegen, die immer wieder überraschten.

Bei der statistischen Auswertung des Aktenkonvoluts hat mir Uschi Kadel sehr geholfen.

Besonderer Dank gebührt Roswitha Schwan-Michels, Historikerin und Germanistin, die seit meiner Dissertation vor mehr als einem halben Jahrhundert stets meine erste Lektorin war. Wie bei allen Publikationen zuvor begleitete sie mich als kluge und kritische Ratgeberin.

An dieser Stelle möchte ich mich auch bei dem Physiotherapeuten Alexander Finzel von der PhysioSport bedanken. Er verhalf mir zu schmerzfreier Arbeit am heimischen Computer.

Dank auch an Tobias Eckoldt. Auf diesen IT-Experten von INTAT war immer Verlass, wenn mein Computer Probleme bereitete.

Köln, im Frühjahr 2024

Theodor Heuss –
ein liberaler Staatsmann

Am 8. Mai 1945 war der Krieg zu Ende. Die deutsche Wehrmacht hatte bedingungslos kapituliert. Dem totalen Krieg war die totale Niederlage gefolgt. Deutschland als Staat und Nation, die Deutschen als Volk schienen im Sommer 1945 am Ende. Auch wenn es in der Geschichte des deutschen Volkes keine »Stunde Null« gibt, den Zeitgenossen erschien die Stunde der Kapitulation als diese Stunde Null, Ende und Anfang zugleich: das Ende des Sterbens, der Bombennächte in feuchten Luftschutzkellern, der Standgerichte. Für viele das Ende einer Illusion, für Zehntausende Überlebende in den Konzentrationslagern das Ende ihrer Qualen – sie zumindest fühlten sich befreit. Und es war der Anfang des Improvisierens, des Überlebens, der Trümmerfrauen, der Schwarzmarktzeit, der Zigaretten- und Schokoladenwährung, der Kippensammler und der Hoffnung auf eine bessere Zeit. Wohin man auch blickte, überall bot sich das gleiche Bild: Trümmerhaufen, aus denen nicht selten noch der Leichengeruch emporstieg: vier Millionen deutsche Soldaten waren gefallen, fast ebenso viele Zivilpersonen umgekommen. Die Städte lagen in Schutt und Asche, ihre Zentren waren zu 60, 70 oder sogar 80 Prozent zerstört. Einige hatten besonders schwere Angriffe erlebt.

Zehn Millionen Zwangsarbeiter (Displaced Persons) aus allen Teilen Europas wollten zurück in ihre Heimat; viele von ihnen nahmen nach ihrer Befreiung Rache an den Deutschen, zogen plündernd durchs Land; die Rückführung in ihre Heimatländer wurde zu einem zusätzlichen Problem für die Sieger. Soziale Bindungen waren vielfach zerstört; Millionen Soldaten befanden sich in Gefangenschaft, eine Million wurde vermisst; beim Roten Kreuz stapelten sich die

Suchanträge, im Oktober 1946 waren es zehn Millionen, und die Menschen hungerten schon bald, mit Ausnahme der Landbevölkerung, der es nach wie vor relativ gut ging.

Anfang Juli 1945 verließen die anglo-amerikanischen Truppen zur Überraschung der Sowjets und zum Entsetzen der Einwohner Thüringen, Sachsen und Mecklenburg. Im Abstand von drei bis fünf Kilometern rückte die Rote Armee nach. Gleichzeitig begaben sich die Westalliierten in ihre Sektoren in Berlin. Dieser Vorgang wurde in der gesamten Weltpresse mit großer Aufmerksamkeit registriert. Auf der Konferenz von Potsdam im Juli 1945 einigten sich Sowjets, Amerikaner und Briten schnell auf bestimmte Grundsätze, nach denen Deutschland zu behandeln war. Dazu gehörten Entwaffnung und Entmilitarisierung, Entnazifizierung, Demokratisierung, Kontrolle der Wirtschaft und Dezentralisierung, das hieß Verzicht auf eine Zentralregierung. Deutschland sollte allerdings als wirtschaftliche Einheit behandelt werden.

Der 6. September 1946 wurde zum historischen Tag – zumindest für die Deutschen in der amerikanischen und britischen Zone. Der amerikanische Außenminister James F. Byrnes kam nach Stuttgart, um die endgültige Abkehr der USA von der Morgenthau-Politik öffentlich zu verkünden. Ende 1944 hatte der damalige amerikanische Finanzminister vorgeschlagen, das deutsche Volk nach dem Ende des Nationalsozialismus streng zu bestrafen, seinen Lebensstandard drastisch zu senken und Deutschland in ein Ackerland zurückzuführen. Byrnes zeigte den Deutschen in seiner »Hoffnungsrede« zum ersten Mal eine Perspektive auf, einen Weg aus dem Elend. Er machte zudem klar, dass amerikanische Truppen, anders als nach dem Ersten Weltkrieg, so lange wie nötig in Deutschland und Europa bleiben würden.

Im März und April 1947 berieten in Moskau die Außenminister der vier Siegermächte erneut über Deutschland. Die Erfolgsaussichten waren gering. Wieder forderte die Sowjetunion zehn Milliarden US-Dollar an Reparationen, Kriegsentschädigungen. Die Sowjets wollten außerdem an einer Vier-Mächte-Kontrolle des Ruhrgebietes beteiligt werden. Die USA vertrat ein neuer Mann, George C. Marshall, General und ehemaliger Stabschef der US-Armee. Er und sein britischer Kollege Ernest Bevin lehnten ab. Sie wollten sowjetischen Einfluss auf die Bizone verhindern. Die französische Forderung nach einer Internationalisierung des Ruhrgebietes stieß auf sowjetischen, amerikanischen und britischen Widerstand. Noch in Moskau beschlossen Bevin und Marshall einen weiteren Schritt auf dem Weg zur Konsolidierung der Bizone.

Das Chaos in Deutschland wurde nach dem furchtbaren Winter 1946/47 noch schlimmer. Die amerikanische Regierung befürchtete kommunistische Umstürze in Frankreich und Italien. Nun aber mussten die kommunistischen Minister die Regierungen in Paris und Rom verlassen. Was Präsident Truman angekündigt hatte, konkretisierte sein Außenminister Marshall am 5. Juni 1947: das Angebot umfassender Hilfe für Europa, heute unter dem Namen Marshallplan bekannt. 16 westeuropäische Staaten nahmen das Angebot an und baten um rund 16 Milliarden Dollar Unterstützung, verteilt auf vier Jahre. Die Sowjetunion lehnte die für sie wohl kaum ernst gemeinte Hilfe ab. Stalin zwang die osteuropäischen Staaten ebenfalls zum Verzicht, auch die Tschechoslowakei, deren Regierung die Teilnahme bereits beschlossen hatte. Mit der Unterschrift Trumans unter das entsprechende Gesetz begann die umfassendste Offensive der USA in Europa, der Marshallplan als wirtschaftspolitische Ergänzung der Truman-Doktrin. Truman hatte die Entschlossenheit der USA unterstrichen, alle freien Völker zu unterstützen.

Unterdessen konkretisierten sich die Pläne bei Amerikanern und Briten, einen deutschen Weststaat zu errichten, wirtschaftlich und politisch in sich gefestigt und der Sowjetischen Besatzungszone überlegen, was auch immer die Sowjets dort erreichen würden.

Am 1. Juli 1948 übergaben die Militärgouverneure der USA, Großbritanniens und Frankreichs in Frankfurt am Main den westdeutschen Ministerpräsidenten die sogenannten »Frankfurter Dokumente«. Den Regierungschefs wurde aufgetragen, zu einem Besatzungsstatut Stellung zu nehmen, das die Beziehungen zwischen den

Westalliierten und dem neu zu gründenden Staat regeln sollte. Vor allem aber wurden die Ministerpräsidenten verpflichtet, eine »verfassungsgebende Versammlung« ins Leben zu rufen, die eine Grundordnung ausarbeiten sollte. Einige Ministerpräsidenten zögerten zunächst, denn sie wussten: Was von ihnen verlangt wurde, lief auf die Anerkennung der Teilung Deutschlands hinaus. Die Regierungschefs trösteten sich mit dem Gedanken, dass mit der Gründung des deutschen Weststaates lediglich ein Provisorium geschaffen würde. Für die Westdeutschen gab es zu diesem Zeitpunkt zur Politik der Alliierten keine ernst zu nehmende Alternative. Sie vollzogen lediglich den Willen der Besatzungsmächte.

Wenige Tage vor den Beschlüssen in Frankfurt wurde ein entscheidendes Hemmnis für den wirtschaftlichen Wiederaufstieg Westdeutschlands beseitigt. Am 20. Juni 1948 wurde die lange vorbereitete Währungsreform durchgeführt. Für diesen Tag X waren Waren gehortet worden. Über Nacht gab es fast alles wieder zu kaufen. Volksvermögen und Geldmenge wurden ins Gleichgewicht gebracht. Die im Umlauf befindlichen 300 Milliarden Reichsmark, denen fast keine Warenangebote gegenüberstanden und die das Arbeiten und Verkaufen zur Farce gemacht hatten, verschwanden im Papierwolf. Jeder Bürger in den Westzonen erhielt jene legendären 40 D-Mark »Kopfgeld«.

Am 24. Juni 1948, vier Tage nach der Währungsreform in den Westzonen, zog die sowjetische Militärregierung nach. In der Sowjetischen Besatzungszone und in Ost-Berlin galt von nun an eine neue Währung. Reichsmark oder Rentenmark alten Musters wurden mit Spezialcoupons beklebt. Die westlichen Stadtkommandanten in Berlin verboten diese Währung in ihren Sektoren und verfügten die Einführung von DM-West. Damit hörte auch Berlin auf, ein einheitliches Währungsgebiet zu sein. Vom Sommer 1948 an gab es zwei unterschiedliche Währungen in Deutschland.

Die faktische wirtschaftliche und die damit vorgedachte endgültige politische Teilung Deutschlands wollten die Sowjets allerdings nicht hinnehmen. In der Nacht vom 23. auf den 24. Juni

1948 begann die totale Blockade West-Berlins. Die Sowjets sperrten – angeblich aus technischen Gründen – den gesamten Personen- und Güterverkehr nach West-Berlin ab. Stromlieferungen aus dem Ostsektor wurden – vorgeblich wegen Kohlemangels – ebenso eingestellt wie Lebensmittellieferungen. Grund für diese Maßnahmen: Die Sowjetunion forderte auch den Westteil der ehemaligen Reichshauptstadt. Die Westmächte waren hingegen entschlossen, ihre Deutschlandpolitik fortzusetzen. Die Anglo-Amerikaner organisierten die Luftbrücke. Fast ein Jahr lang wurde Berlin vollständig aus der Luft versorgt. Mit der Blockade West-Berlins versuchte Stalin vergebens, Einfluss auf die Deutschlandpolitik der Westalliierten zu nehmen und sie zu neuen Verhandlungen zu zwingen; auch West-Berlin konnte er nicht kassieren. Im Mai 1949 hoben die Sowjets die Blockade auf. Ihr Ziel, die Westmächte aus Berlin hinauszudrängen und zusätzlich die politische Entwicklung in den Westzonen aufzuhalten, hatten sie nicht erreicht.

Während die Anglo-Amerikaner Berlin weiter aus der Luft versorgten, versammelte sich in Bonn der Parlamentarische Rat. Er bestand aus 65 Abgeordneten, die von den Fraktionen der westdeutschen Landtage bestimmt worden waren. Sie hatten den Auftrag, die Verfassung für den künftigen neuen Weststaat auszuarbeiten. Die Arbeit des Parlamentarischen Rates wurde von den Mehrheitsverhältnissen bestimmt. Die Sozialdemokraten waren gegenüber den christdemokratischen und liberalen Abgeordneten in der Minderheit. Die Besatzungsmächte achteten peinlich darauf, dass ihre Vorstellungen berücksichtigt wurden. In den monatelangen Verhandlungen wurde weniger gesellschaftspolitisch als staatsrechtlich argumentiert. Die alles entscheidende Frage lautete: Wie einflussreich soll die Regierung des neuen Staates gegenüber den Ländern sein? Die Alliierten lenkten schließlich ein und akzeptierten die deutschen Vorstellungen. In der Endphase der Beratungen des Parlamentarischen Rates standen sie unter Zeitdruck.

Nachdem die »Väter und Mütter des Grundgesetzes« – die 65 Mitglieder des Parlamentarischen Rates – am 23. Mai 1949 in einer feierlichen Sitzung das Grundgesetz ausgefertigt und verkündet hatten, trat es mit Ablauf dieses Tages in Kraft. Damit war die Bundesrepublik Deutschland gegründet. In einer Ansprache nach der Unterzeichnung sagte Konrad Adenauer: »Heute, am 23. Mai 1949, beginnt ein neuer Abschnitt in der wechselvollen Geschichte unseres Volkes: Heute wird die Bundesrepublik Deutschland in die Geschichte eintreten. Wer die Jahre seit 1933 bewusst erlebt hat, der denkt bewegten Herzens daran, dass heute das neue Deutschland entsteht.« Dann ging es Schlag auf Schlag: Am 14. August 1949 fand die Bundestagswahl, die erste freie Wahl auf deutschem Boden seit der Reichstagswahl vom November 1932, statt. Mit der Wahl Konrad Adenauers zum Bundeskanzler und dessen Amtsantritt am 7. September 1949 war die Bundesrepublik Deutschland Wirklichkeit. Was noch fehlte, war das Staatsoberhaupt, das protokollarisch an der Spitze des Staates steht. Schon am 12. September 1949 wählte die Bundesversammlung in Bonn Theodor Heuss zum ersten Bundespräsidenten. Der FDP-Politiker erreichte im zweiten Wahlgang mit 416 Stimmen und 51,7 Prozent der Wählerinnen und Wähler aus der Bundesversammlung die erforderliche Mehrheit. Fortan repräsentierte der angesehene Liberale die junge Bundesrepublik nach innen und nach außen.

Auf der Victoriahöhe in Bonn-Bad Godesberg, in einem Eisenbahner-Erholungsheim, fand der erste Bundespräsident 1949 seinen improvisierten Amtssitz. Zwar hatte die Bundesregierung am 5. April 1950 eine repräsentative Villa in Bonn erworben, aber Heuss scheute den Abstieg ins Rheintal, wie der FDP-Politiker Erich Mende überliefert haben soll. Schließlich zog Theodor Heuss doch um in die Villa Hammerschmidt, die seit 1950 als Amts- und Wohnsitz des Bundespräsidenten der Bundesrepublik Deutschland diente.

Im Gegensatz zu manchen späteren Amtsinhabern nutzte er die Villa Hammerschmidt auch als Wohnsitz. Sein Nachfolger Heinrich Lübke bewohnte die Villa nicht. Gustav Heinemann entschied sich für den Bau eines überdachten Schwimmbeckens am südlichen Rande des Grundstücks. Walter Scheel ließ vor seinem Einzug Renovierungs- und Umbauarbeiten durchführen sowie während seiner Amtszeit einen Raum im Dachgeschoss für Kinovorführungen ausrüsten. Karl Carstens bewohnte die Villa wiederum nicht. Während der Amtszeit Richard von Weizsäckers (1984–1994) wurde im Dachgeschoss Platz für eine Tischtennisplatte geschaffen. Über Geschichte und Räumlichkeiten der Villa Hammerschmidt ließe sich eine Menge erzählen. Doch dies interessierte die Späher aus Ost-Berlin ebenso wenig wie die vielen Staatsgäste, die hier empfangen und bewirtet wurden.

Aber sogar mit Richtmikrofonen und anderen Werkzeugen und Mitteln und Methoden der Spionage versuchten die »Kundschafter des Friedens« – wie sie im Stasi-Jargon hießen – herauszubekommen, wer die Hausherren der Villa Hammerschmidt waren und welche Bedeutung sie für das politische System der Bundesrepublik Deutschland hatten. Die höchsten Repräsentanten der Bonner Republik standen 40 Jahre lang im besonderen Fokus der DDR-Spionage.

Parallel zur Gründung der Bundesrepublik Deutschland 1949 lief in der Sowjetischen Besatzungszone (SBZ) alles auf die Schaffung eines zweiten deutschen Staates hinaus. Der 7. Oktober 1949 ging als Staatsgründung der Deutschen Demokratischen Republik in die Geschichte ein. Nach der Zwangsvereinigung von SPD und KPD zur SED war nun das Politbüro das Machtzentrum der DDR. Dieses Machtzentrum fasste Ende Januar 1950 den Beschluss zur Bildung des Ministeriums für Staatssicherheit (MfS). Die am 15. Oktober gewählte Volkskammer der DDR bestätigte einstimmig das Gesetz über die Bildung eines solchen Ministeriums. Bis Ende des Jahres 1950 beschäftigte die neu gegründete Institution bereits rund 2700 Mitarbeiter. In den zahlreichen Forschungsarbeiten über die Geschichte der DDR und vor allem über die Geschichte des DDR-Geheimdienstes ist nachzulesen, wie sehr das MfS bei der Früherkennung und Unterdrückung des Volksaufstandes vom 17. Juni 1953 aus der Sicht des Politbüros versagt hatte und wie es daraufhin dem Innenministerium unterstellt wurde. Erst am 24. November 1955 erhielt das MfS wieder Ministeriumsrang und bekam schon bald den Auslandsnachrichtendienst, die Hauptverwaltung Aufklärung

3(HVA), zugeordnet. Bereits ihre Vorläufer hatten die Bundesrepublik Deutschland fest im Blick und praktizierten umfangreiche nachrichtendienstliche »Arbeit im und nach dem Operationsgebiet«.

Eine gefledderte Akte

Die Stasi-Akte des Bundespräsidenten Theodor Heuss wurde erst am 21. Oktober 1957 angelegt. Dies geht aus der sogenannten Personenkartei F-16, einem Formblatt des MfS, hervor. Sie enthält unter anderem Name, Vorname, Geburtsort, Geburtsdatum, Arbeitsstelle und verantwortliche Diensteinheit des Ministeriums für Staatssicherheit. Verzeichnet werden umfangreiche Recherchen über den Lebenslauf des am 31. Januar 1884 in Brackenheim/Württemberg geborenen Politikers und zeugen vom Interesse des DDR-Geheimdienstes. Der Leser erfährt bis ins kleinste Detail, dass Heuss das Humanistische Gymnasium in Heilbronn besuchte und Volkswirtschaft und Kunstgeschichte an den Universitäten München und Berlin studierte. Er erfährt, dass er 1905 zum Dr. rer. pol. in München als Schüler von Lujo Brentano promovierte und im selben Jahr Redakteur der von Friedrich Naumann begründeten Wochenschrift *Die Hilfe* in Berlin, 1912 Chefredakteur der *Neckar-Zeitung* in Heilbronn und 1918 der Halbmonatsschrift *März* wurde. Weiter wird gelistet: 1918 Rückkehr nach Berlin in die Leitung des »Deutschen Werkbundes« und der Wochenschrift *Deutsche Politik*. Von 1920 bis 1933 an der Deutschen Hochschule für Politik. 1933 Entlassung aus dem Lehramt. Von 1933 bis 1936 Herausgeber der *Hilfe*. Von 1924 bis 1928 und von 1930 bis 1933 Mitglied des Reichstages (Deutsche Demokratische Partei). Freier Mitarbeiter der *Frankfurter Zeitung*. Nach 1945 Lizenzträger der *Rhein-Neckar-Zeitung* in Heidelberg. Von 1945 bis Ende 1946 Kultusminister in Württemberg-Baden, Mitglied des Württemberg-Badischen Landtages. Heuss war Vorsitzender der Freien Demokratischen Partei in den Westzonen und Berlin und wurde dann Mitglied des Parlamentarischen Rates. Am 12. September 1949 wurde er zum Präsidenten der Bundesrepublik Deutschland gewählt. An dieser Stelle bricht der in wenigen Sätzen beschriebene weitere Lebenslauf des »Schriftstellers und Journalisten« Theodor Heuss in der Stasi-Akte ab. In der Personenkartei F-16 befindet sich noch der Hinweis auf weitere Quellen wie das *Reichstagshandbuch von 1932* und das *MdR Handbuch d. Reichstage* (1965), die ebenfalls für den Lebenslauf herangezogen wurden. Als die wichtigste und am häufigsten zitierte Quelle wird das Buch von Erich Stockhorst angegeben: *Fünftausend Köpfe. Wer war was im 3. Reich.* Es ist ein biografisches Nachschlagewerk zum Nationalsozialismus, das 1967 erschien und auf 461 Seiten ohne Anspruch auf Vollständigkeit stichpunktartig rund »5000 Kurzbiografien des Personenkreises vorlegt, der die Epoche des Dritten Reiches bestimmt hat«. Auch in diesem Werk waren Belege für eine braune Vergangenheit von Heuss nicht zu finden. Seine Vita bot keinerlei Anhaltspunkte für Verstrickungen in der Zeit des Nationalsozialismus. Belastendes Material über Lebensführung und berufliche Tätigkeit existiert nicht.

Ob es im Amtssitz des späteren Bundespräsidenten, der Bonner Villa Hammerschmidt, Spitzel gab wie beispielsweise im Kanzleramt und in den Bonner Ministerien, ist nicht mehr zu erforschen. In der Stasi-Akte von Theodor Heuss befindet sich kein einziger Beleg, der auf eine aktive Spionagetätigkeit gegen den ersten Bundespräsidenten hinweist. Möglich ist allerdings, dass mehrere Aktenbände im Herbst 1989 vernichtet worden sind. Schwerpunkt der Aktenvernichtung waren vor allem große Bestände geheimdienstlicher Aktionen aus dem Operationsgebiet, die von der HVA über viele Jahre aus der Bundesrepublik gesammelt worden waren. Aus der Stasi-Akte von Theodor Heuss geht eindeutig hervor, dass ein umfangreiches Aktenkonvolut bestanden haben muss und fehlt. Aus welchen Gründen gerade die Stasi-Akte des ersten Bundespräsidenten derart gefleddert wurde, kann niemand erklären.

Ein Spionagethriller

In den nur 110 Blatt, die die magere Stasi-Akte des ersten Bundespräsidenten umfasst, befindet sich allerdings hochbrisantes Doku-
mentationsmaterial. Damit hätte das gerade im Aufbau befindliche Ost-Berliner Ministerium für Staatssicherheit zusammen mit
der regierungsamtlichen SED-Propagandaabteilung die Wahl von
Theodor Heuss zum Bundespräsidenten 1949 verhindern können.
Die Gründe dafür lesen sich wie ein guter Krimi: In einem monatelangen Ermittlungsverfahren der DDR gegen den West-Berliner
FDP-Funktionär William Borm wurde ein besonderes Geheimnis
zutage gefördert. Kein Geringerer als der ehemalige FDP-Bundesvorsitzende und erste Bundespräsident Theodor Heuss war Initiator und Auftraggeber für eine klug angelegte Spionage in der SBZ
und späteren DDR.

Dieser Spionagethriller begann am 20. September 1950 mit der
Verhaftung des stellvertretenden Vorsitzenden der West-Berliner
FDP William Borm. Der 1895 in Hamburg geborene Berliner Fa-
brikant wurde am Grenzübergang Eisenach-Wartha auf der Tran-
sitautobahn von der DDR-Volkspolizei verhaftet. Nach einem fast
zweijährigen Ermittlungsverfahren wurde William Borm vom Landgericht Greifswald am 21. Juli 1952 zu zehn Jahren Strafhaft verurteilt.
Dieses strafrechtliche Ermittlungsverfahren der Hauptabteilung IX
des Ministeriums für Staatssicherheit (Strafverfolgung) ist in der
Stasi-Akte von Theodor Heuss komplett dokumentiert.

Dazu gehören unter anderem 14 Vernehmungsprotokolle vom
November 1950 bis Mai 1951. Es sind insgesamt 70 eng beschriebene Seiten, von denen jedes einzelne Blatt von William Borm mit
dem Vermerk »selbst gelesen, genehmigt, unterschrieben« abgezeichnet worden war. Unterschrieben sind sie vom Vernehmenden,
»Referatsleiter i. d. Abtlg. IX des Ministeriums f. Staatssicherheit
Oberrat Wunsche«. Die Abteilung IX hatte Befugnisse eines Untersuchungsorgans, das heißt einer kriminalpolizeilichen Ermittlungs-
behörde. Aus dem Konvolut geht nicht hervor, ob psychische Gewalt

bei den Verhören angewendet wurde. William Borm war geständig, gab sich außerordentlich auskunftsbereit und informierte umfassend und bis ins kleinste Detail, wie es nach welchen Kriterien zur Spionage in der SBZ und späteren DDR für die FDP-Spitze in Bonn gekommen war.

Auf diesen Vernehmungen mit dem umfassenden Geständnis William Borms basiert die Geschichte der von der Bonner FDP-Spitze um Theodor Heuss initiierten, konzipierten und finanzierten Spionagetätigkeit in der Sowjetischen Besatzungszone (SBZ) und späteren DDR. Hinzu kommen noch die Aussagen nach Verhaftungen von zwei Spionen, die aktiv beteiligt waren. Auch ihnen war der Prozess gemacht worden.

Und so fing alles an: Im Landesverband der Berliner FDP bekleidete William Borm von 1947 bis 1949 das Amt des ersten Schatzmeisters und des stellvertretenden Vorsitzenden des wirtschaftspolitischen Ausschusses. Außerdem war er Vorsitzender der Ortsgruppe Dahlem und Vorstandsmitglied des FDP-Bezirkes Zehlendorf. Im Juni 1949 wurde er zum stellvertretenden Vorsitzenden der Berliner FDP gewählt und auf dem Parteitag im April 1950 als stellvertretender Vorsitzender wiedergewählt.

Im Frühjahr 1947 hatte der Berliner Vorsitzende der »Liberal-Demokratischen-Partei Deutschlands« (LDP) Carl-Hubert Schwennicke William Borm kontaktiert, lange vor der endgültigen Spaltung der Partei, die in der Sowjetischen Besatzungszone weiterhin LDP und fortan in West-Berlin FDP hieß. Bei einem Treffen – so die Angaben von Borm – teilte Schwennicke Borm mit, dass er bei Jugendlichen in der Sowjetischen Besatzungszone mit dem Aufbau einer illegalen Spionageorganisation begonnen habe. Besonders starke Stützpunkte sollten sich an den Universitäten Halle, Jena und Rostock gebildet haben. Als leitender Angestellter des Siemens-Konzerns verfügte Schwennicke nach eigenen Angaben über Informations- und Spionagequellen in den ehemaligen Betrieben dieses Konzerns in der Sowjetischen Besatzungszone, so unter anderem in Arnstadt, Annaberg, Chemnitz und Falkenstein sowie Rostock und

Wismar. Nach wie vor werde er von Ingenieuren besucht und informiert. Die ersten Auftraggeber für die interessante Spionagetätigkeit der FDP an Schwennicke sollen der FDP-Vorsitzende Theodor Heuss, sein Nachfolger Franz Blücher und der FDP-Landesvorsitzende von Hessen August Martin Euler gewesen sein.

Den ersten Vernehmungen Borms zufolge ging es so weiter: Weil Schwennicke der Umfang der Aufträge, die er alleine durchführte, für die Zukunft zu groß war, bat er Borm, einen Teil dieser Aufträge in der Umgebung von Dresden zu übernehmen. Nachdem Schwennicke Borms Einverständnis zur Mithilfe bei dieser Art der Spionagetätigkeit bekommen hatte, übergab er ihm einen Teil seiner Agenten, über die Borm in der Folge Spionagemitteilungen aus dem Gebiet der Sowjetischen Besatzungszone sammelte. Die Namen der Borm zugewiesenen vier Agenten sind im Vernehmungsprotokoll geschwärzt. Die von den Agenten erhaltenen Informationen übergab William Borm regelmäßig an den eigens zu diesem Zweck aus Westdeutschland kommenden Dr. Victor-Emmanuel Preusker. Der Politiker Preusker war Bundestagsabgeordneter der Liberalen und Mitglied der »Kommission für Volkswirtschaftsfragen« im Vorstand der FDP. Nach Borms Angaben hatte der Volkswirt und Bankbeamte offiziell die Funktion des Sekretärs der FDP-Landesleitung des Landes Hessen inne. In Wirklichkeit aber betrieb Preusker im Auftrag von Theodor Heuss und dem Vorsitzenden der Landesleitung der FDP in Hessen, August Euler, ausschließlich Spionagearbeit gegen die SBZ und spätere Deutsche Demokratische Republik. Er unterhielt die ständige persönliche Verbindung zwischen Berlin und Westdeutschland. Bei ihrem ersten Treffen in Berlin übergab Preusker Borm drei Fragebögen, die Angaben über die durchzuführende Spionagetätigkeit nach drei Gesichtspunkten enthielten:

1. militärische Spionage:
   Truppentransporte, Truppenübungen, Truppenbewegungen auf Schienen und Straßen, Art der Fahrzeuge, Fahrzeugnummern, Art der Waffen, Stärke der Formationen.

2. wirtschaftliche Spionage:
Behandlung, Rechtsstellung der Privatunternehmerbetriebe gegenüber den volkseigenen.
Über die Produktionspläne – Art der Fabrikation und Lieferung.
Reparationsleistungen – Art der Reparationsberechnung.
Etwaige unmittelbare oder mittelbare Rüstungsindustrie und organisatorischer Aufbauplan (sächsisches Industriekontor).
Personelle Besetzung der Schlüsselstellungen.
3. politische Spionage:
Politische Haltung und Stimmung der Bevölkerung in der damaligen Ostzone.
Überwachung der Partei- und Massenorganisationen wie Gewerkschaften, Frauenbund, FDJ in personeller und propagandistischer Hinsicht.

Im Vernehmungsprotokoll, in dem »HEUSS« ebenso wie alle anderen Namen grundsätzlich in Großbuchstaben geschrieben steht, erläuterte William Borm, Preusker habe ihm erklärt, dass der Verfasser dieser Fragebögen Heuss sei. Etwa Mitte Dezember 1947 stattete der DPD-Vorsitzende der Berliner Organisation einen Besuch anlässlich einer Weihnachtsfeier in einem Lokal in der Belle-Alliance-Straße ab. Heuss habe ihm gesagt, er freue sich, dass er, Borm, mit Schwennicke einig geworden sei. Auf die Frage des Vernehmers, was Heuss mit dieser Redewendung gemeint habe, antwortete Borm wörtlich: »Ich war der festen Überzeugung, dass Heuss damit nur die von Schwennicke und mir durchgeführte Spionagetätigkeit meinte.« Borm weiter: »Im Mai 1948 rief mich Preusker aus Frankfurt an, berief sich auf Heuss und forderte mich auf, in dessen Namen die Wiederwahl Schwennickes zum 1. Vorsitzenden der LDP Landesverband Berlin, die zweifelhaft erschien, mit allen Kräften zu unterstützen. Heuss ließ mir sagen, wie wichtig Schwennicke gerade jetzt sei.« Auf die Frage des Vernehmers nach dem Warum antwortete Borm, in dieser Zeit (immerhin 1948) sei seine mit Schwennicke gemeinsam durchgeführte Spionagetätigkeit in vollem Gange gewesen. Heuss habe damit die Wichtigkeit der Spionagetätigkeit durch den von ihm veranlassten Anruf betont.

Im Laufe seiner Vernehmungen informierte Borm darüber, wie er seine Spionageaufträge durchführte. Wie bereits erwähnt, waren es meist Kontaktpersonen, die der LDP in der Sowjetischen Besatzungszone und späteren DDR angehörten und zu einer Agententätigkeit bereit waren. Hierzu gewannen Schwennicke und Borm Agenten aus dem politischen Bekanntenkreis ebenso wie aus langjährigen geschäftlichen Beziehungen. So zählten zu Borms Agentennetz unter anderem ein früherer Hauptmann, ein Rundfunktechniker, ein Elektromeister, Agenten aus Warnemünde oder der Kreise Luckau und Calau. Diese willigen Personen lieferten Erkenntnisse zu Fragen wirtschaftlicher, politischer und militärischer Art, die in das Raster des Fragebogens von Theodor Heuss passten. Alle Berichte sammelte Borm, um sie Preusker zu übergeben, der das gesamte Berliner Spionagematerial persönlich per Flugzeug in die amerikanische Zone nach Wiesbaden zum FDP-Vorsitzenden von Hessen Gustav Euler brachte. Euler war von Beruf Rechtsanwalt und hatte in Wiesbaden sein Anwaltsbüro, das faktisch der Sammelpunkt für die aus der SBZ und später der DDR eingehenden Informationen war. Hier erfolgte auch die Sortierung dieser Materialien und die Weitergabe. Mit Ausnahme des militärischen Materials wurden die Spionagemeldungen im Büro der FDP-Leitung im Bundesgebiet in der Bonner Moltkestraße 5 für Theodor Heuss zusammengestellt.

Zu Theodor Heuss konnte Borm umfassend Auskunft geben. Dass er der erste Vorsitzende des Bundesvorstandes der FDP in Westdeutschland und bis 1947 Kultusminister in Württemberg-Baden und seit 1949 Bundespräsident in Westdeutschland – wie Borm formulierte – war, musste der Stasi weitestgehend bekannt sein. Was der DDR-Geheimdienst nicht wusste, war, dass der Schriftsteller und Kulturhistoriker Heuss der geistige Urheber dieser im »Dienste des westlichen Imperialismus« stehenden Spionageorganisation war. Aus grundsätzlicher Gegnerschaft gegen die Sowjetunion und die Neuordnung des gesellschaftlichen Lebens in der DDR und in Abhängigkeit vom »deutschen Monopolkapital sowie der feudalen Aristokratie« – wie sich Borm ausdrückte –, versuchte er, durch Gründung des Spionageapparates innerhalb der FDP den Neuaufbau in der DDR zu stören und die Spaltung zu vertiefen.

Heuss soll nach Sichtung des Spionagematerials durch Euler bzw. Blücher dieses Material an die maßgeblichen Kreise und Spionagezentren der Westalliierten sowie der rheinisch-westfälischen Schwerindustrie übergeben haben. Nach Einschätzung von Borm hatte Heuss persönliche Bindungen zu Hohen Kommissaren der Alliierten wie Lucius D. Clay, John McCloy, Brian Robertson, Ivone Kirkpatrick und André François-Poncet, die er durch den englischen politischen Verbindungsoffizier Pearsh mit dem Spionagematerial versorgte. Über diesen Mittelsmann gelangte es zu den alliierten Kommissaren auf dem Petersberg bei Godesberg. Enge persönliche Beziehungen unterhielt Heuss zu den Industriellen Robert Bosch und zu maßgeblichen Kreisen des rheinisch-westfälischen Kapitals. Erneut unterstrich Borm, dass sämtliche Anweisungen zur Spionage von Heuss selbst ausgearbeitet wurden und in Form von Fragebögen an die einzelnen Stützpunkte durch den Mittelsmann Preusker ausgegeben wurden.

Das wirtschaftliche Material ging an den Bundesminister für Angelegenheiten des Marshallplanes Franz Blücher, der es zur Kenntnis nahm und dienstlich in seinem Ministerium verwertete. Blücher war auch Nachfolger des frisch zum Bundespräsidenten gewählten Theodor Heuss im Amt des FDP-Bundesvorsitzenden. Außerdem erhielt der Vorsitzende des FDP-Landesverbandes Nordrhein-Westfalen Friedrich Middelhauve das Material. Er war zugleich Bundestagsabgeordneter und Vorstandsmitglied im FDP-Bundesvorstand in Bonn. Der Verleger aus dem Ruhrgebiet unterhielt enge Beziehungen zur rheinisch-westfälischen Schwerindustrie, die er mit dem zugeleiteten Spionagematerial aus der DDR versorgte.

Die interessierten Industrie-, Handels- und Finanzkreise des deutschen Industriegebietes leisteten dafür entsprechende Zuschüsse an die Parteikasse. Die erheblichen Beträge gingen an den

FDP-Bundesvorstand in Bonn. Mit diesen Geldern konnte auch die Berliner Spionagetätigkeit finanziert werden. Mehrfach erhielt der Agentenführer Borm über Preusker aus dieser gut sprudelnden Finanzquelle für sich und seine Informanten größere Geldbeträge. So habe er einmal 3000 Reichsmark vor der Währungsreform bekommen und nach der Währungsreform von Preusker persönlich durch die Post 1100 DM West. Außerdem gab Borm im Verhör an, achtmal je 300 DM West für jeweils geliefertes Spionagematerial kassiert zu haben, das er an seine Agenten aushändigte. Weiterhin erhielten die Rechercheure in der SBZ und der späteren DDR immer wieder Naturalien in der Form von dringend benötigten Lebensmitteln. Unter den namenlosen Borm-Agenten befand sich ein ganz besonders eifriger Spion, der aus Warnemünde und Umgebung brisantes Material lieferte. Dabei handelte es sich um Informationen aller Art. So zum Beispiel Angaben über Ausfuhren von Schiffen und deren Ladung, über Truppenbewegungen und militärische Übungen, über einen Fliegerhorst bei Warnemünde, über Pioniere und einen Sechstausender-Truppentransport, über Materialausladungen, beispielsweise schwerer und leichter Artillerie, über die Lage einer sowjetischen Tankstelle etwa sieben Kilometer von Warnemünde entfernt.

Die militärischen Fragen des Bogens, die nach Borms Aussagen aus der Feder von Theodor Heuss stammten, waren auf die Generalstäbe der drei westlichen Alliierten zurückzuführen. In ihrem Auftrag gelangte das gesamte Spionagematerial zur gemeinsamen Auswertung an den früheren »Nazi-General« Franz Halder. Halder war bis 1942 an allen strategischen Planungen der Wehrmacht beteiligt. Hierzu gehörten der Überfall auf Polen, der Westfeldzug und das Unternehmen Barbarossa. Unklar blieb die Rolle Halders im Widerstand gegen Hitler. Aufgrund von Auseinandersetzungen mit Hitler wurde Halder im September 1942 als Generalstabschef abgesetzt. Als Folge des gescheiterten Attentats auf Hitler im Juli 1944 kam es zu umfangreichen Verhaftungen, dabei geriet auch Halder als möglicher Teil einer Widerstandsbewegung vor Kriegsbeginn in den Fokus. Zusammen mit seiner Frau und ältesten Tochter wurde er verhaftet, zunächst im Konzentrationslager Flossenbürg interniert und später von der SS nach Südtirol verschleppt. Nach der Befreiung durch Wehrmachtssoldaten kam Halder in amerikanische Kriegsgefangenschaft in Italien und wurde im Sommer 1945 entlassen.

Im Nürnberger Nachfolgeprozess gegen das Oberkommando der Wehrmacht wurde Halder als Zeuge der Anklage vernommen. Von 1946 bis 1961 arbeitete er als Leiter der deutschen Abteilung der kriegsgeschichtlichen Forschungsgruppe der United States Army, der Operational History (German) Section der Historical Division, in Königstein im Taunus. Der Einfluss, den er von dort auf die Kriegsgeschichtsschreibung des Zweiten Weltkrieges ausübte, wird von Militärhistorikern äußerst kritisch beurteilt. Schließlich waren es Halder und andere Mitarbeiter, die trotz stichhaltiger und umfangreicher Gegenbeweise das Bild der »sauberen Wehrmacht« in der Öffentlichkeit zeichneten.

Preusker, der innerhalb der Spionageorganisation die Funktion innehatte, die Verbindung zwischen Heuss und Euler einerseits sowie den Landesverbänden andererseits – und insbesondere nach Berlin – aufrechtzuerhalten, überbrachte in vielen Fällen das militärische Material direkt an den ehemaligen General Halder zur Auswertung. Nach Preuskers Angaben hatte der frühere Generalstabschef Halder eine Anzahl früherer Offiziere aller Dienstgrade um sich versammelt, mit denen er sich seit Jahren bereithielt, um im gegebenen Moment wieder eine deutsche Wehrmacht mit Einverständnis der westlichen Besatzungsmächte aufstellen zu können. Dieser Kreis um Halder hatte Verbindung zu früheren Nazi-Offizieren, von denen einer Preusker war. So Borm im Verlauf der Stasi-Verhöre.

Preusker hatte nach eigenen Angaben von Mitte 1948 enge und gute Beziehungen zur amerikanischen und britischen Besatzungsmacht. Er nannte dabei beispielhaft James R. Newman, USA, seinerzeit Militär-Gouverneur von Großhessen. Preusker galt nach Borms Aussagen als rührig und geschickt, sodass er das besondere Vertrauen von Heuss, Blücher und Euler genoss. Außerdem hatte Preusker starke berufliche Bindungen zur Hochfinanz und zur Dresdner Bank, deren Interessen er ja auch als Politiker vertrat.

Borm selbst räumte bei seinen Verhören öfters ein, in Berlin gute Kontakte zu je einem Vertreter des französischen und englischen Geheimdienstes gepflegt zu haben. Ihnen lieferte er ebenfalls von ihm gesammeltes Spionagematerial über die SBZ/DDR ab. Obwohl das MfS im eigenen Haus über direkten Zugang zur NSDAP-Zentralkartei verfügte und bei sämtlichen Bonner Politikern nach einer NSDAP-Mitgliedschaft forschte und sie anprangerte, schien das MfS Preuskers Aufnahme in die NSDAP am 1. Mai 1937 unter der Mitgliedsnummer 5 372 632 nicht zu interessieren. Jedenfalls wurde in zahlreichen anderen Fällen eine »Aktive Maßnahme« eingeleitet, indem der NSDAP-Parteigänger im Operationsgebiet öffentlich gebrandmarkt wurde. Warum Victor Preusker als enger Heuss-Vertrauter »geschont« wurde, ist nicht zu klären.

In einer späteren Vernehmung berichtete William Borm, dass auf Anweisung von Heuss bei den Vorständen der FDP in Berlin und den Ländern Westdeutschlands sogenannte »Flüchtlingsbüros« geschaffen wurden. Unter dem Vorwand der Betreuung von »Flüchtlingen« seien in diesen Büros Informationen aus der SBZ/DDR in der Form von ausführlichen Vernehmungen dieser »Flüchtlinge« anhand von eigens zu diesem Zwecke erstellten Fragebögen gesammelt worden. Die Flüchtlingsbüros seien organisatorisch von den Landesvorständen unabhängig gewesen und direkt vom Zentralvorstand der FDP in Bonn finanziert worden. In Berlin wurde dieses Büro unter der Leitung des geflohenen ehemaligen leitenden Mitarbeiters des LDP-Landesverbandes Mecklenburg Felix Scheffler in Berlin-Charlottenburg, Schlüterstraße 41 eingerichtet. Unter dem Deckmantel der Flüchtlingsstelle sammelte er hier im Auftrage Schwennickes in besonders reichlichem Maße Spionagematerial aller Art aus und über die DDR, das ihm von den Besuchern der Flüchtlingsstelle teils freiwillig, teils auf seine bzw. Schwennickes Anweisung hin zugetragen wurde. Die von Scheffler geleitete Flüchtlingsstelle in den Räumen des Landesverbandes der FDP Berlin war auch Treffpunkt der von hier ausgesandten Agenten, und er war es auch, der regelmäßig zur Übergabe des gesammelten Spionagematerials nach Bonn reiste. Flüchtlinge, die sich in der Flüchtlingsstelle meldeten, weil sie in die DDR zurückkehren wollten, wurden nach ihrem Einverständnis mit Spionageaufträgen versehen. Die Art der Aufträge wechselte je nach den Anforderungen, die die Bonner Auftraggeber stellten.

Neben dem wichtigsten Agentenführer Schwennicke und seinen eigenen Bemühungen um Spionagematerial über die Führung von seinen drei Agenten nannte William Borm einen weiteren erfolgreichen Agentenführer, den er persönlich gut kannte: Herbert Geissler, der frühere Jugendsekretär des Landesverbandes Berlin und Vorstandsmitglied des Landesverbandes sowie Stadtverordneter der FDP-Fraktion. Von Beruf war er Verleger und vertrieb die von ihm herausgegebene und redigierte Zeitschrift *Der Wegweiser* von West-Berlin aus mithilfe seiner Vertrauensleute innerhalb der LDP-Jugend in der DDR, insbesondere an der Universität Halle. Geissler unterhielt im Auftrag von Schwennicke ein umfangreiches Agentennetz in der DDR, um ebenfalls Spionagematerial zu sammeln. Er arbeitete ebenso wie Borm nach dem von Heuss entwickelten Fragenkatalog. Und seine Arbeitsergebnisse gingen über Preusker nach Bonn in die FDP-Zentrale, womit auch sie auf den Schreibtisch von Theodor Heuss gelangten.

Auf mehrmaliges Befragen seines Vernehmers sagte William Borm wörtlich, »dass der Bundespräsident HEUSS von meiner Spionagetätigkeit wusste und dies billigte«. Im Ermittlungsverfahren gegen Borm fiel der Name Heuss 54 Mal. Nach Borms Bezeugungen per Unterschrift gelangte das gesamte Spionagematerial auch im ersten Amtsjahr des Bundespräsidenten auf dessen Schreibtisch. Und auch seine Weitergabe an die Vertreter der Alliierten auf dem Petersberg bei Bonn durch den bereits erwähnten britischen Verbindungsoffizier soll weiterhin erfolgt sein.

Im zehnseitigen Abschlussbericht vom 26. April 1952 wurden alle wichtigen Erkenntnisse aus den Borm-Befragungen zusammengefasst. Darüber hinaus sind hier Details des Spionagematerials von zwei anonymisierten Agenten aufgeführt, die bereits in einem gesonderten Verfahren abgeurteilt worden waren. So suchte einer dieser Agenten – dessen Name geschwärzt ist – im Januar 1948 Borm das erste Mal auf. Dabei übergab er ihm den von Heuss ausgearbeiteten Fragebogen zur Anleitung für die von ihm durchzuführenden Spionageaufträge. Der Anonymus lieferte in der Zeit von Januar bis Juli 1948 mehrfach Spionagematerial, das er Borm grundsätzlich in dessen Fabrik in West-Berlin, Feurigstraße, übergab. Im Einzelnen handelte es sich um »Truppenbewegungen, Truppenübungen, Truppenübungs- und Flugplätze, Truppenerkennungszeichen, Zusammensetzung der Truppen und über den Aufbau einer Rüstungsindustrie. Zusammensetzung der Reparationsleistungen, organisatorischer und personeller Aufbau der Industrieverwaltungen und des sächsischen Industrie-Kontors, Haushaltsplan des Landes Sachsen. Stimmung der Bevölkerung, Aufbau der Parteien und Massenorganisationen in personeller Hinsicht, Aufgaben und Stellung dieser Organisation, personelle Besetzung der öffentlichen Verwaltung, der Justiz und der Volkspolizei«. Weiter hieß es im Abschlussbericht, »solches Material lieferte ihm der Agent in dreifacher Ausfertigung«. Die brauchte er, um weitere Interessenten zu versorgen.

Im Januar 1948 hatte Borm die Verbindung zum französischen Major De Mrazovich aufgenommen, der an Spionagematerial aus der Sowjetischen Besatzungszone außerordentlich interessiert war. Man kam überein, ihm auch in Zukunft alles aus der Sowjetischen Besatzungszone stammende Spionagematerial in Durchschrift auszuhändigen, so wie es nach Bonn zu Heuss gelangte. Bei späteren Treffen mit dem Agenten im Beisein von Borm sprach sich der Franzose anerkennend über das bisher gelieferte Spionagematerial aus und gab ihm neue Richtlinien für seine weitere Spionagetätigkeit auf dem Gebiet der Sowjetischen Besatzungszone für die französische Besatzungsmacht mit auf den Weg. Insbesondere verlangte De Mrazovich unter anderem Material über Garnisonsstärke, Truppenverschiebungen, Fahrzeugkennzeichen, Ausbau und Belegung der Truppenübungs- und Flugplätze der Sowjetarmee und Reparationslieferungen an die Sowjetunion. Der französische Major versprach Borm und seinem Agenten, die Spionagetätigkeit durch den französischen Geheimdienst finanzieren zu wollen.

Außerdem war im Abschlussbericht über Borms Verhöre zu lesen, dass er im Januar 1948 mit einem Minister – Name geschwärzt – von der britischen Kommandantur im Lancaster House in Berlin Verbindung aufgenommen hatte. Bei seinem dortigen Besuch berichtete Borm, dass er aus Kreisen der LDP in der damaligen Sowjetischen Besatzungszone Spionageinformationen erhalte, die auch für die Briten von Bedeutung sein könnten. Außerdem informierte er, dass er Spionagematerial für seine Auftraggeber Heuss und Preusker erhalte. Daraufhin beauftragte ihn der Anonymus von der britischen Kommandantur in Berlin, auch ihm unbedingt dieses Material zukommen zu lassen. Der ehemalige Offizier und Fachmann für Militärspionage zeigte sich über die ersten Lieferungen sehr zufrieden und bewertete sie als wertvolles Material. Im März 1948 kamen Borm und der Vertreter der britischen Kommandantur in Berlin überein, dass der Borm-Agent seine Spionageberichte direkt ins Lancaster House bringen sollte. Hierbei handelte es sich um das gleiche Material, das Borm an Heuss und an den Franzosen De Mrazovich lieferte.

Allein, die Offenherzigkeit Borms oder aber womöglich angedrohte oder ausgeübte Gewalt im Strafverfahren nutzten dem Geständigen nichts. Zum Abschluss des zehnseitigen Schlussberichts über Borms Strafverfahren heißt es:

»Der Beschuldigte hat als einer der Vertreter des deutschen Großkapitals in gemeingefährlicher Weise diese politischen Verbrechen begangen in der Absicht, der antifaschistisch-demokratischen Ordnung in der sowjetischen Besatzungszone erheblichen Schaden zuzufügen und die Kriegsvorbereitungen der Feinde des deutschen Volkes zu unterstützen. Durch die verbrecherische Tätigkeit des Beschuldigten gelangten wichtige vertrauliche Dokumente und Informationen in die Hände der imperialistischen Geheimdienste. Der Beschuldigte hat diese verbrecherischen Handlungen als Gegner der antifaschistisch-demokratischen Ordnung begangen und muss dafür hart bestraft werden.«

Unterschrieben ist dieses Dokument vom Volkspolizei-Kommandeur Munche. Dann folgt umfangreiches Beweismaterial zum »Vorgang U 47/50 Borm, William«: 89 Fotokopien an Mitglieder des Bundestages mit persönlichen Angaben, 55 Fotografien an Bundestagsmitglieder, 303 Fotokopien von Spionageberichten sowie eine »Hetzbroschüre« zu angeblichen »Wahlfälschungen, Wahlbehinderungen, Wahlbeeinflussungen«. Darauf folgt in der Heuss'schen Stasi-Akte eine Seite mit sechs Schwarz-Weiß-Fotos der Bonner Empfänger des Spionagematerials, von Theodor Heuss bis Thomas Dehler. Schließlich befindet sich auch das sechsseitige Urteil vom 21. Juli 1952 in der Akte. »Im Namen des Volkes« hatte die 1. große Strafkammer des Landgerichts Greifswald in der Strafsache gegen den Fabrikbesitzer William Borm für Recht erkannt:

»Der Angeklagte wird wegen Verbrechens gem. Artikel III A III der Kontrollratsdirektive 38 unter Anrechnung der Untersuchungshaft zu 10 – zehn – Jahren Gefängnis und den Kosten des Verfahrens verurteilt. Sein Vermögen wird eingezogen.«

Die Kontrollratsdirektive 38, auf die sich das Greifswalder Landgericht berief, regelte im Oktober 1946 die konkrete Ausgestaltung der im Potsdamer Abkommen geforderten Entnazifizierung Deutschlands. William Borm war kein Mitglied der NSDAP oder einer ihrer Unterorganisationen gewesen. In Artikel III der Direktive ging es um »Kriegsverbrecher und Personen, die möglicherweise gefährlich werden können«. Zu Letzteren zählte offenbar William Borm.

In einem Brief an den Staatsanwalt in Schwerin von 1956 – ein Teil der Heuss-Akte – unterstützte Thomas Dehler das Gesuch der Ehefrau Borms um den »gnadenweisen Erlass seiner Reststrafe«. Dehler, in dieser Zeit Vorsitzender der FDP-Bundestagsfraktion in Bonn, formulierte, er halte Borm angesichts seines Alters und seiner Persönlichkeit der Gnade für würdig und würde diesen Akt im Zeichen der erhofften allgemeinen Entspannung besonders begrüßen. Nach einem Vierteljahr bekam der FDP-Spitzenpolitiker von einem DDR-Staatsanwalt einen ausführlichen Brief, in dem Borms vorzeitige Entlassung aus der Strafhaft abgelehnt wurde. Dem beigezogenen Bericht der Haftanstalt sei zu entnehmen, dass Borm den gestellten Anforderungen nicht gerecht wurde, was an äußerst mangelhafter Disziplin, schlechter Führung und Arbeitsleistung zu erkennen sei. Mit dieser Korrespondenz schließt die Akte zu Theodor Heuss. Verständlicherweise wurde in ihr an keiner Stelle die langjährige Agententätigkeit William Borms für das Ministerium für Staatssicherheit nach seiner Haftentlassung 1959 bis zu seinem Tod 1987 im Alter von 92 Jahren erwähnt. Den Schaden, den der Berliner Ehrenbürger vor allem der FDP in Bonn zufügte, ist unermesslich. Das mehrbändige brisante Verratsmaterial von William Borm unter dem Decknamen IM »Olaf« ist heute im Bundesarchiv einsehbar. Ein Hinweis auf seine Agententätigkeit in der SBZ und späteren DDR im Auftrag von Theodor Heuss ist in der Arbeitsakte des Inoffiziellen Mitarbeiters »Olaf« alias William Borm wiederum nicht zu finden.

Die Aussagen Borms boten der DDR-Auslandsspionage unter der Leitung von Markus Wolf dennoch viel Stoff, um gegen die Bundesrepublik und ihren höchsten Repräsentanten mit sogenannten »Aktiven Maßnahmen« vorzugehen. Zwar befand sich das Mielke-Ministerium bei Amtsantritt von Theodor Heuss erst in der Gründungsphase und verfügte noch nicht über genügend Personal für ausgeklügelte propagandistische Angriffe auf Spitzenpolitiker im »Operationsgebiet«. Allerdings zeigen die Stasi-Akten von Konrad Adenauer und seiner Kabinettsmitglieder, dass es ab Mitte der Fünfzigerjahre dem Ost-Berliner Geheimdienst möglich war, in das Machtzentrum der Bundesrepublik einzudringen, um dort brisante Informationen zu erlangen. Die Versuche, unmittelbare Einflussnahme beim Klassenfeind – besonders in der Politik – zu erreichen, erwiesen sich allerdings als unterschiedlich erfolgreich. Anlässe für »Aktive Maßnahmen« des DDR-Geheimdienstes, wie sie gegen Heuss' Nachfolger Heinrich Lübke über Jahre inszeniert wurden, hätte es sehr wohl gegeben. Doch die Ost-Berliner Geheimdienstzentrale verzichtete darauf, den FDP-Bundesvorsitzenden und späteren Bundespräsidenten Theodor Heuss als Initiator, Ideengeber und Mit-Finanzierer eines Spionagenetzes mit gezielten Aktionen in der Bundesrepublik an den Pranger zu stellen. Spätestens vor seiner Wiederwahl zum Bundespräsidenten 1954 hätten lancierte Informationen über diese Tätigkeit eine zweite Amtszeit in Bonn eindeutig verhindert.

Dunkle Flecken

Auch in seiner Vita vor 1945 gab es dunkle Flecken, die Politikern anderer Parteien in vergleichbaren Fällen von den MfS-Agitatoren angelastet wurden. So stimmte Heuss als Reichstagsabgeordneter der »Deutschen Staatspartei« am 23. März 1933 dem Ermächtigungsgesetz zu. Dieses »Gesetz zur Behebung der Not von Volk und Reich« sah vor, der Exekutive für einen Zeitraum von vier Jahren das Gesetzgebungsrecht ohne Mitwirkung von Reichstag und Reichsrat einzuräumen. Außerdem durften auch Gesetze verabschiedet werden, die von der Verfassung abwichen. Mit Ausnahme der SPD nahmen alle Parteien im Reichstag das Gesetz an. In einschlägigen Heuss-Biografien ist zwar nachzulesen, dass er sich in seiner Fraktion zunächst für eine Ablehnung oder zumindest Enthaltung ausgesprochen hatte, weil er sich aber nicht durchsetzen konnte, schloss er sich der Mehrheitsmeinung an. Dieses Abstimmungsverhalten empfand Heuss nach 1945 selbst als Belastung in seiner Biografie. Überhaupt waren die Reaktionen Heuss' auf die nationalsozialistische Machtübernahme und die Maßnahmen der NS-Regierung recht ambivalent und zeugten vor allem von – wie sein Biograf Ernst Wolfgang Becker schreibt – einer Unterschätzung des totalitären Charakters des Regimes. Zu einer ähnlichen Bewertung kommt auch der Journalist Reiner Burger in seiner Dissertation über Theodor Heuss als Journalist. Für all das hat sich der Auslandsnachrichtendienst der DDR allerdings wenig interessiert.

Für die Ost-Berliner Tschekisten – so wurden die hauptamtlichen Stasi-Mitarbeiter innerhalb des MfS nach dem vom sowjetischen Geheimdienst KGB übernommenen Begriff genannt – hätten sowohl Heuss' Abstimmungsverhalten als auch seine journalistische Tätigkeit vor 1945 zu einer riesigen Propagandaaktion führen können. Kein Wort darüber in Heuss' zerfledderter Stasi-Akte. Oder wurde sie gar »bereinigt«? Auffallend auch, dass kein einziger Mitarbeiter der Führungsmannschaft des Präsidialamtes unter Theodor Heuss auf seine Vergangenheit überprüft wurde, wie es in ähnlichen Fällen üblich war.

2019 hat Bundespräsident Frank-Walter Steinmeier das Forschungsprojekt »Das Bundespräsidialamt und der Nationalsozialismus« ausgeschrieben. Das Forscherteam unter Leitung des Historikers Norbert Frei nahm 2020 die Arbeit auf und präsentierte Ende 2023 der Öffentlichkeit seine Ergebnisse. *Im Namen der Deutschen – Die Bundespräsidenten und die NS-Vergangenheit 1949–1994* hieß das Buch, das brisante Ergebnisse zutage förderte. Darunter auch über leitende Beamte des Amtes, die einst der NSDAP angehört hatten. So zum Beispiel der erste Chef des Bundespräsidialamtes Dr. Manfred Klaiber. Er war 1934 NSDAP-Mitglied geworden, hatte aber in seinem Entnazifizierungsverfahren 1936 als Jahr des Parteieintritts angegeben. Im beschleunigten Verfahren 1947 wurde er nach Recherchen des Historikers Norbert Frei als »Entlasteter« eingestuft und galt daher als geeignet für den Staatsdienst. Eigentlich wäre die Beamtenkarriere dieses Mannes ein gefundenes Fressen für Propagandaaktionen des DDR-Geheimdienstes gewesen. In vergleichbaren Fällen stellte er NSDAP-Mitglieder an den Pranger, wie noch dokumentiert wird. Warum, das bleibt unklar.

Ein Geistesverwandter der Amerikaner

Nachdem am 5. Mai 1955 die Pariser Verträge in Kraft getreten waren, die Bundesrepublik der Westeuropäischen Union beigetreten war und NATO-Mitglied wurde, galt sie damit politisch als gleichberechtigter Staat im westlichen Bündnis. Unter gewissen Vorbehalten war die Bundesrepublik souverän geworden. Ab diesem Zeitpunkt konnte auch der Bundespräsident offizielle Auslandsreisen durchführen. Und Heuss machte davon regen Gebrauch. Von 1956 bis 1958 absolvierte er sieben Reisen: Griechenland, Türkei, Italien, Vatikanstadt, Kanada, Vereinigte Staaten und Vereinigtes Königreich. Das Interesse an den außenpolitischen Beziehungen Bonns war allerdings beim MfS offenbar noch nicht geweckt. In Heuss' Stasi-Akte befindet sich kein einziger Spitzelbericht über die Reisen des ersten Bundespräsidenten. Das sollte sich bei seinen Nachfolgern merklich ändern.

Und noch etwas findet kaum Beachtung in den Resten der Stasi-Akte, obwohl es doch zentral gewesen sein dürfte: Heuss' Verbindungen zum amerikanischen Geheimdienst. Im Jahr 2020 erschien in der Zeitschrift *Studies in Intelligence* ein zwölfseitiger Aufsatz des amerikanischen Historikers Thomas Boghardt unter dem Titel »Der amerikanische Kandidat. Die US-Geheimdienste, Theodor Heuss und der Weg zum ersten Bundespräsidenten«. In diesem Beitrag beschreibt Boghardt die enge Verbindung zwischen dem FDP-Politiker Heuss und der amerikanischen Besatzungsmacht. Nachdem Heidelberg Ende März 1945 von der 63. Infanteriedivision der US Army besetzt worden war, stattete der Oberleutnant John H. Boxer von der Einheit für psychologische Kriegsführung Heuss einen Besuch ab. Es ging um den Aufbau einer freien Presse. Der Auftrag bestand darin – so Boghardt –, Heuss auf seine Eignung hin zu überprüfen. In der Zwischenzeit hatte Boxer seinem Vorgesetzten Shepard Stone Heuss als Zeitungsredakteur empfohlen. Im Krieg hatte er für den US-Militärgeheimdienst gearbeitet. Nach Boghardts Angaben kam er im Sommer 1945 dann als Geheimdienstchef des »District Information Services Control Command« (DISCC), einer Abteilung der »Psychological Warfare Division« mit Sitz in der Nähe von Frankfurt, zurück. Deren Aufgabe bestand darin, »eine neue, demokratische Presse und Rundfunk sowie Bücher- und Zeitschriftenverlage frei von nationalsozialistischem Einfluss für die kommenden Jahre aufzubauen«. Nach intensiven Prüfungen sprach für die Geheimdienstler nichts wirklich gegen Heuss, und so wurde Heuss und seinen Partnern für die *Rhein-Neckar-Zeitung* die Lizenz erteilt. Die Amerikaner unterstützten Heuss' Rückkehr auf die politische Bühne nach 1945 kräftig. Im Sommer 1945 ernannten sie Reinhold Maier zum ersten deutschen Ministerpräsidenten Württemberg-Badens. Theodor Heuss übernahm auf Vorschlag der US-Vertreter das Kultministerium. So schaffte er den Sprung von der Lokal- in die Landespolitik. Einem Dokument zufolge, das heute im Berliner Bundesarchiv liegt, hat die Ernennung möglicherweise aber auch für intensivere Beziehungen zwischen Heuss und den US-Nachrichtendiensten gesorgt. Im Januar 1961 schickten die sowjetischen Geheimdienste ihren Kollegen in der DDR eine angebliche Aussage einer nicht näher benannten Person zu, die offenbar genaue Kenntnisse über den US-Militärgeheimdienst Counter Intelligence Corps (CIC) im Nachkriegsdeutschland besaß. Das Dokument und sein Zusammenhang deuten dabei auf einen amerikanischen Überläufer als Quelle hin. Aufgrund seines exklusiven Inhalts empfiehlt es sich, die Aussage hier in voller Länge zu zitieren. Nach der deutschen Übersetzung des russischen Ausgangstextes machte die sowjetische Quelle die folgende Aussage:

»Im Dezember 1948 war der zivile (CIC)-Angestellte John Seitz in Stuttgart (Westdeutschland) für die Unterabteilung Spionageabwehr tätig. Seitz arbeitete bereits seit Juni oder Juli 1945 für das CIC in Stuttgart. Seitz ist in Deutschland geboren und besuchte dort die Volksschule. Später war er in die Vereinigten Staaten ausgewandert. Seitz war als bester Mitarbeiter bekannt, den wir in der Spionageabwehr in der Region Stuttgart je hatten. Einmal gingen Seitz und ich zu einem Abendempfang. Als die Feier zu Ende ging, schlug Seitz einen Besuch in einem Nachtklub auf dem Weg zur ›Reiter-Kaserne‹, dem örtlichen CIC-Hauptsitz, vor. Seitz war eigentlich sehr schweigsam und sprach kaum über seine Arbeit. Doch an diesem Abend hatte er zu viel getrunken. Er erzählte mir, dass Theodor Heuss ein Informant sei, den er 1946 angeworben hatte. Heuss habe ihm zwischen 1946 und 1947 zahlreiche Berichte zur politischen Lage in den Bezirken Stuttgart und Heidelberg vorgelegt. Seitz berichtete weiter, dass der operative Arm des CIC die Informationen von Heuss zwar interessant gefunden habe, diese für die Zentrale aber nur von geringem Wert gewesen seien. Diese Einschätzung geht auf das Jahr 1947 zurück. In der Folge seien die Zahlungen an Heuss im Austausch für dessen Informationen eingestellt worden. Ich muss mich korrigieren: Seitz berichtete mir dies im Dezember 1949, nicht im Dezember 1948. Anlass war Heuss' Wahl zum Bundespräsidenten. Seitz gab an, dass Heuss' unterschriebene Berichte bei uns archiviert worden seien und wir sie verwenden könnten, falls wir Druck auf Heuss ausüben wollten. Für seine Tätigkeit als CIC-Informant sei er bezahlt worden.«

Wenn sich auch die Identität des Überläufers nicht klären lässt, so ist das Dokument doch mit Blick auf die ursprüngliche Quelle zu Heuss' Verbindung zum US-Nachrichtendienst eindeutig: Es handelt sich nach den Erkenntnissen des Historikers Boghardt um ein CIC-Mitglied namens »John Seitz«. Und tatsächlich arbeitete in der Nachkriegszeit ein John H. Seitz beim CIC in Südwestdeutschland. Boghardt stellt weiterhin fest, dass die verfügbaren Beweise jedoch nicht ausreichen, um die sowjetische Behauptung einer Anwerbung von Heuss durch das CIC zu untermauern oder zu widerlegen.

Das DDR-Dokument passt zu den engen und freundschaftlichen Beziehungen, die der spätere Bundespräsident zu Vertretern der US-Militärregierung und den amerikanischen Nachrichtendiensten pflegte. Boghardt wörtlich: »Heuss traf sich regelmäßig mit US-

Vertretern, erteilte bereitwillig politische Ratschläge und erhielt umfangreiche Unterstützung von den Amerikanern. Ob er tatsächlich ein ›amerikanischer Spion‹ war, ist, historisch betrachtet, weitaus weniger relevant als seine gut dokumentierte Verbindung zu Vertretern der Besatzungsmacht.« Drei Tage nach seiner Wahl erstellte das CIC einen Persönlichkeitsbericht zu Heuss. Zwar sei Professor Heuss selbst nicht Gegenstand der Spionageabwehr. Dennoch sollte aufgrund seiner herausgehobenen Stellung im öffentlichen Leben ein vollständiger Überblick über seinen persönlichen Werdegang in der Zentrale abgelegt werden.

Thomas Boghardt kommt am Ende seiner Veröffentlichung zu dem Schluss:

»Obwohl Heuss sich immer treu blieb, wäre sein kometenhafter Aufstieg ohne die Unterstützung der USA undenkbar gewesen. Diese Unterstützung erhielt er, weil die Amerikaner in ihm einen Geistesverwandten sahen, dem sie zutrauten, den noch jungen Staat zu einer freiheitlichen, fest im westlichen Bündnis verankerten Demokratie zu machen. Ob ihre Bemühungen Früchte tragen würden, sollte sich jedoch erst nach dem Ende der Besatzungszeit herausstellen.«

Ohne Frage: Heuss' Zusammenarbeit mit der amerikanischen Besatzungsmacht hat ihn in sein Amt gebracht. Ohne deren massiven Einsatz wäre Theodor Heuss kaum Bundespräsident geworden.

Heinrich Lübke – Zielscheibe spektakulärer Enthüllungskampagnen

Vorrangige Aufgabe der HVA war die Auslandsaufklärung mit spezieller Konzentration auf politische, militärische, wirtschaftliche und wissenschaftlich-technische Verhältnisse und Entwicklungen in der Bundesrepublik Deutschland einschließlich West-Berlins und in Leitungszentren der NATO.

Im Befehl Nr. 48/59 vom 29. Januar 1959, der für die Arbeit der HVA grundlegend und bis zur Auflösung des Ministeriums für Staatssicherheit im Winter 1989/1990 richtungsweisend war, waren die Zuständigkeiten der damals insgesamt fünf operativen Abteilungen der HVA so festgelegt: Die Abteilung I war verantwortlich für die Überwachung des westdeutschen Staatsapparates (außer militärischen Objekten und Geheimdiensten). Der Abteilung II oblag die Gewinnung von Informationen über die wichtigsten Parteien, Massenorganisationen und andere politischer Organisationen in Westdeutschland und West-Berlin. Die Abteilung III stand für die Beobachtung der politischen Zentren der »imperialistischen Hauptmächte« auf dem Gebiet Westdeutschlands und West-Berlins und der Arbeit von »dritten Ländern«. Die Abteilung IV kontrollierte die Tätigkeit der militärischen Zentren der Bundesrepublik und der NATO. Für die wissenschaftlich-technische Aufklärung sowie die Aufklärung der »feindlichen wirtschaftlich-politischen Pläne der Konzerne, Banken und Unternehmerorganisationen« zeichnete die Abteilung V verantwortlich. Diese Aufgabenzuweisungen blieben während der gesamten Amtszeit des HVA-Chefs Markus Wolf bis 1986 und seines Nachfolgers Werner Grossmann unverändert. So steht es auch in der Anklageschrift des Generalbundesanwaltes vom September 1992 gegen Markus Wolf und in der beinahe wortgleichen Verurteilung wegen Landesverrats durch das Oberlandesgericht Düsseldorf 1994. Später wurde das gerichtliche Verfahren eingestellt, weil das Bundesverfassungsgericht 1995 entschied, dass ein sogenanntes Verfolgungshindernis bestehe, wenn der Täter – wie Markus Wolf – vormals Bürger der DDR war, am 3. Oktober 1990 seinen Lebensmittelpunkt in der ehemaligen DDR und allein vom Boden der DDR aus gehandelt hatte.

Als Aufklärungsnachrichtendienst war die HVA innerhalb des Ministeriums für Staatssicherheit weitgehend autark, organisierte ihre Tätigkeit selbst und war auch logistisch weithin unabhängig. Neben der Auslandsaufklärung mit spezieller Konzentration auf die Verhältnisse und Entwicklungen in der Bundesrepublik Deutschland war eine weitere Hauptaufgabe der HVA als »Kampfformation der kommunistischen Weltbewegung« die aktive Einmischung in innen- und außenpolitische Angelegenheiten von Staaten mit westlichen Gesellschaftssystemen und von Ländern der Dritten Welt. Die HVA und ihre »Kundschafter« galten als »Speerspitze der Ideologien im Klassenkampf zwischen Sozialismus und Imperialismus«.

Dabei kam es offensichtlich nicht etwa nur darauf an, Ideengut der SED zu verbreiten, kommunistische Kräfte im Operationsgebiet zu unterstützen oder »argumentativ auf die Förderung vorhandener oder absehbarer Trends in der Bundesrepublik hinzuwirken«, die der SED-Führung politisch genehm waren, wie es in mehreren Anklageschriften der Karlsruher Generalbundesanwaltschaft gegen ehemalige führende Persönlichkeiten des MfS steht. Vielmehr zielten die mit den Begriffen »Aktive Maßnahmen/Desinformation« umschriebenen Aktivitäten darauf ab,

> »den Staat Bundesrepublik Deutschland als solchen, seine Regierungen, führende politische Gruppierungen und Persönlichkeiten bloßzustellen und zu diffamieren, die Bevölkerung der Bundesrepublik gegen staatliche Institutionen aufzuwiegeln, die demokratische politische Willensbildung zu stören, die außen-

politischen Beziehungen der Bundesrepublik zu anderen nicht-kommunistischen Staaten und zu Ländern der Dritten Welt zu beeinträchtigen und westliche Abwehr- und Nachrichtendienste zu verunsichern und in Verruf zu bringen.«

Die Aufgabenstellung, durch »Aktive Maßnahmen« die Souveränität und innere Stabilität der Bundesrepublik anzugreifen, richtete sich im Prinzip an sämtliche Abteilungen der HVA. Wie die Karlsruher Anklagebehörde herausfand, gab es jedenfalls seit Oktober 1961 innerhalb der HVA hierfür zudem eine Spezialzuständigkeit, die ab Mitte 1966 der zu diesem Zeitpunkt neu gebildeten Abteilung X übertragen war. Die Einrichtung der selbstständigen Abteilung X durch Markus Wolf als Leiter der HVA entsprach einer Anregung der Sowjets, die – ebenso wie andere Ostblockstaaten – in ihrem Auslandsnachrichtendienst eine entsprechende Desinformationsabteilung unterhielten.

Anerkannt als Instrument der Regierungspolitik der DDR waren diese Desinformations- und andere »Aktive Maßnahmen« allerdings schon seit Anfang der Fünfzigerjahre. Sie zählten zum Repertoire insbesondere von Albert Norden, der ab Oktober 1949 die Regierung der DDR als Sprecher in Pressekonferenzen vertrat und sich dabei als »Chefankläger« der DDR gegen die Bundesrepublik Deutschland aufspielte. Norden wird in diesem Buch noch eine Rolle spielen. Er war bis 1952 Leiter der Hauptabteilung Presse im Amt für Information, wurde im April 1955 als Sekretär für Agitation in das Zentralkomitee der SED gewählt und im Februar 1963 als Mitglied des Sekretariats des ZK zum Leiter der Agitationskommission beim Politbüro des ZK der SED ernannt. Mehrere *Grau-* und *Braunbücher* wurden unter seiner Anleitung auf internationalen Pressekonferenzen in Ost-Berlin zu Anklagen gegen die Repräsentanten der Bundesrepublik und deren Politik vom ZK der SED herausgegeben. Berechtigte Vorwürfe wurden oft mit unberechtigten Diffamierungen vermengt. Bei den meisten Maßnahmen dieser Art arbeiteten die Planer des Zentralkomitees der SED mit entsprechenden »Experten« des Ministeriums für Staatssicherheit Hand in Hand. Neben der primären Zielstellung, »Aktive Maßnahmen« gegen die Bundesrepublik Deutschland durchzuführen, war die Abteilung X – wie alle operativen Diensteinheiten der HVA – gehalten, durch Agenten im Operationsgebiet Geheimnisse des westdeutschen Gegners auszuspähen und allgemein die Verhältnisse und Entwicklungen in der Bundesrepublik für das MfS aufzuklären.

Zu erwähnen ist noch das Dokumentationszentrum des staatlichen Archivwesens beim Ministerium des Innern (MdI) der ehemaligen DDR in Potsdam. Es war Anlaufstelle für Wissenschaftler, Schriftsteller und Journalisten, die bei historischen Nachforschungen auf Archivbestände der DDR zurückgreifen wollten. Ein weiteres auf diesem Wege auch für Personen aus der Bundesrepublik nutzbares Archiv, dessen Trägerschaft allerdings den Benutzern nicht offenbart wurde, war das Archiv der Hauptabteilung IX/11 des MfS. Es war etwa ab Mitte der Sechzigerjahre für die Verfolgung von Nazi- und Kriegsverbrechen in der DDR zuständig. In diesem Archiv wurden mehr als eine Million personenbezogene Original-Dossiers aus der Zeit von 1933 bis 1945 über ehemalige Wehrmachtsangehörige, Mitglieder der NSDAP, Angehörige von SA, SS und Gestapo sowie über andere Personen, die in amtlicher oder parteilicher Funktion dem NS-Staat gedient hatten, verwahrt. Die Nutzung des NS-Nachlasses der Hauptabteilung IX/11 durch die Abteilung X (Aktive Maßnahmen/Desinformation der HVA für operative Zwecke erfolgte auch in der Weise, dass die inhaltlichen Aussagen vorhandener Personalakten oder anderer echter Dokumente durch Beseitigung einzelner Teile bzw. durch gefälschte Zusätze geändert und die Unterlagen sodann zur Diskreditierung des Betroffenen in das Operationsgebiet – sprich in die Bundesrepublik – lanciert wurden.

Zwei ehemalige Mitarbeiter, Herbert Brehmer und Günter Bohnsack, beschrieben in ihrem 1992 erschienenen Buch *Auftrag Irreführung* die Aufgabenstellung dieser Abteilung:

46

»Desinformation ist nicht nur die Lüge, Propaganda, intellektuelles Belämmern, Fabrikation falscher Nachrichten, Zensur oder Vergessen wichtiger Neuigkeiten. Sie umfasst sicher alle diese Techniken. Aber sie fügt noch eine raffinierte Eigenschaft hinzu: Sie gaukelt dem Gegner vor, sie macht ihm weis, dass die ihm schädliche Information aus seinem eigenen Hause stammt.«

Mit den Mitteln der Desinformation sollte die politische Strategie der SED, das politische System des »Klassenfeindes« zu destabilisieren, operativ umgesetzt werden. Der besondere Einfluss des Zentralkomitees der SED, namentlich in der Person von Albert Norden, setzte sich in diesem Bereich über viele Jahre fort. Außerdem leistete die selbstständige Abteilung Agitation des MfS, die dem Minister Erich Mielke direkt unterstellt war, stete Zuarbeit für den SED-Chefpropagandisten Norden. Eigentlich zuständig für Öffentlichkeits- und Traditionsarbeit, lieferte sie Daten und Fakten über westdeutsche Spitzenpolitiker wie beispielsweise die Bundespräsidenten, die für Albert Nordens Propagandaaktionen unverzichtbar waren.

Vorspiel

Eine der ersten Operationen der engen Zusammenarbeit von ZK-Mitglied Albert Norden und den dargestellten Abteilungen des MfS richtete sich im Zeitraum von 1961 bis 1968 gegen den damals amtierenden Bundespräsidenten Heinrich Lübke.

Heinrich Lübke, geboren am 14. Oktober 1894 in Enkhausen im Sauerland und gestorben am 6. April 1972 in Bonn, war das siebte von acht Kindern des Schumachers und Nebenerwerbslandwirts Friedrich- Wilhelm und seiner Frau Karoline, geborene Becker. Wie weiter im *Handbuch des Deutschen Bundestages* nachzulesen ist, studierte Lübke nach dem Abitur Geodäsie, Landwirtschaft und Kulturbautechnik an der Landwirtschaftlichen Akademie in Bonn. Als Kriegsfreiwilliger nahm er von 1914 bis 1918 am Ersten Weltkrieg teil. Lübke durchlebte als Grabenbeobachter den Stellungskrieg und wurde 1916 zum Vizefeldwebel befördert. Der Lübke-Biograf Rudolf Morsey schildert seinen weiteren Lebensweg: Nach einem Gasangriff wurde er in ein Feldlazarett verlegt, nahm 1917 die Leutnantsbeförderung entgegen und wurde Batteriechef in der 52. Reserve-Division. Im Anschluss wurde er Ordonnanzoffizier und war an der Dritten Flandernschlacht beteiligt. Vor Kriegsende wurde er in das Große Hauptquartier der Obersten Heeresleitung versetzt; er erhielt das Eiserne Kreuz I. und II. Klasse. Nach Wiederaufnahme des Studiums beendete der Sauerländer 1921 mit dem Examen als Vermessungs- und Kulturingenieur sein Studium. Von 1921 bis 1924 studierte Heinrich Lübke Nationalökonomie in Münster und Berlin. Anschließend sammelte er Berufserfahrungen beim »Westfalen Pächter- und Siedlerbund«, als Geschäftsführer des »Reichsverbandes landwirtschaftlicher Kleinbetriebe« und als Mitglied des »Bundes Deutscher Bodenreformer«. 1926 war er auch Geschäftsführer der »Deutschen Bauernschaft« und ab 1927 auch Geschäftsführer der »Siedlungsgesellschaft Bauernland AG«. Von 1932 bis 1933 war Lübke für die »Deutsche Zentrumspartei« Mitglied des Preußischen Landtages.

Im Oktober 1933 wurden die Volksvertretungen der Länder aufgelöst. In allen Nachschlagewerken ist nachzulesen, dass Lübke im Juli 1933 auf Druck der Nationalsozialisten sein Amt bei der »Deutschen Bauernschaft« und im März 1934 das bei der »Siedlungsgesellschaft Bauernland« abgeben musste. Zur gleichen Zeit leiteten Nationalsozialisten ein Ermittlungsverfahren gegen ihn wegen Korruption ein. Lübke wurde verhaftet und nach 20 Monaten am 11. Oktober 1935 aus der Untersuchungshaft entlassen. Untersuchungen nach 1945 sollen ergeben haben, dass Lübke allein aus politischen Gründen verhaftet worden sei. So steht es in der umfangreichen Lübke-Biografie des Historikers Rudolf Morsey aus dem Jahr 1996. Zunächst arbeitslos, wurde der Sauerländer von 1937 bis 1939 Mitarbeiter bei der »Niedersächsischen Wohnungsbau- und Siedlungsgesellschaft« in Berlin.

Während des gesamten Kriegs von 1939 bis 1945 arbeitete Heinrich Lübke als »unabkömmlicher« Vermessungsingenieur und Bauleiter beim Berliner Architektur- und Ingenieurbüro Walter Schlempp, das der Verfügung des »Generalbauinspektors für die Reichshauptstadt« Albert Speer unterstand. Ab 1944 arbeitete er als Schlempps Stellvertreter. Lübke war in der Heeresversuchsanstalt Peenemünde Bauleiter in der »Baugruppe Schlempp«. Nach Forschungen des Historikers Jens-Christian Wagner, Direktor der »Stiftung Gedenkstätte Buchenwald und Mittelbau-Dora«, hatte Lübke von 1943 bis 1945 auch die Verantwortung für den Einsatz von KZ-Häftlingen. Als Mitglied des »Jägerstabs« soll Lübke für die »Gruppe Schlempp« ab März 1944 verstärkt für die Dezentralisation und die unterirdische Verlagerung von Flugzeugwerken mitverantwortlich gewesen sein. Dabei wurden Hunderte von Häftlingen aus Außenlagern des KZ Buchenwald bei Transport- und Betonierarbeiten eingesetzt. Zahlreiche Menschen überlebten dies nicht. Nach Meinung Wagners war es die »Baugruppe Schlempp« unter Lübkes Leitung, die Baracken errichtete, in denen später KZ-Häftlinge untergebracht waren.

Nach dem Krieg machte Heinrich Lübke im neu gegründeten Bundesland Nordrhein-Westfalen politische Karriere als Minister für Ernährung, Landwirtschaft und Forsten. 1949 wurde er CDU-Bundestagsabgeordneter und ab 1953 Bundesminister für Ernährung, Landwirtschaft und Forsten. Am 1. Juli 1959 wurde er als Nachfolger von Theodor Heuss zum zweiten deutschen Bundespräsidenten gewählt.

Seine Schwerpunkte – die Entwicklungshilfe, aber auch die Auseinandersetzung mit der politischen und wirtschaftlichen Entwicklung in der damaligen DDR – überzeugten offensichtlich. Am 1. Juli 1964 wurde Heinrich Lübke von der vierten Bundesversammlung wiedergewählt. Im Oktober 1968 kündigte er seinen Amtsverzicht zum 30. Juni 1969 an, zweieinhalb Monate früher als turnusmäßig erforderlich. Ausschlaggebend dafür sollen neben der DDR-Agitation, er habe eine Vergangenheit als »KZ-Baumeister«, seine zunehmenden gesundheitlichen Probleme und Defizite gewesen sein.

Unbekannt ist, wann Lübkes Stasi-Akte angelegt wurde. Es fehlen die MfS-eigenen Formalien wie die F-16- und F-22-Karteikarten. Das älteste Dokument im Konvolut enthält biografische Angaben aus einem »Untersuchungsvorgang« des Staatssekretariats für Staatssicherheit aus dem Jahr 1956. Darin beschreibt ein gewisser Johannes Fasel, dessen Identität nicht mehr zu ergründen ist, den Lebenslauf des Sauerländers. Fasel, dem Parteifreund der Ost-CDU, war mehr wohl nicht zugänglich. Zur politischen Einstellung notiert er, dass der damalige CDU-Bundestagsabgeordnete und Fachexperte für landwirtschafts- und ernährungspolitische Fragen der Überzeugung sei, die Wiedervereinigung Deutschlands müsse auf friedlicher Basis wiederhergestellt werden. Wenn es nach ihm ginge, würde er ohne Weiteres gesamtdeutschen Verhandlungen mit Regierungsvertretern der Deutschen Demokratischen Republik zustimmen, da er der Meinung sei, dass die Bundesrepublik die DDR und auch umgekehrt die DDR die Bundesrepublik aus landwirtschafts- und ernährungspolitischen Gründen brauche und beide eine landwirtschaftliche Einheit bilden müssten. Johannes Fasel schrieb weiter, Lübke unterstütze außerdem direkte Verhandlungen mit Regierungsvertretern der UdSSR über die Frage der Einheit Deutschlands auf diplomatischem Gebiet. Er lehne jedoch den Kommunismus aufgrund weltanschaulicher Überzeugung entschieden ab. Außerdem begrüße er keinesfalls die politische Entwicklung in der DDR. Das Prinzip der sozialistischen Planwirtschaft weise er strikt ab und sei im Gegensatz dazu Anhänger des freien Bauerntums, der freien und sozialen Marktwirtschaftspolitik Professor Ludwig Erhards und ein Gegner der Bodenreform in der DDR.

Zu Lübkes Charaktereigenschaften hielt Johannes Fasel fest, Lübke sei ein ruhiger und besonnener Mensch. Sein Wesen sei offen und geradezu. Zu jedermann sei er jovial, immer hilfsbereit. Er sei nicht eingebildet und auch in politischer Hinsicht wenig ehrgeizig. Fasel attestierte weiter, Lübke sei sehr intelligent, ein sehr guter Organisator und außerdem ein »wüstes Arbeitstier«. Nach Fasels Angaben habe Lübke keine Verbindungen zu Alliierten oder westdeutschen Geheimdienstzentralen. Seine privaten Verbindungen seien gänzlich unbekannt. Doch nicht nur Relevantes kam auf den Tisch:

Der 175 Zentimeter große Lübke, von mittelstarker Figur, schmalem Gesicht, silbergrauem, glattem gescheiteltem Haar, sei verheiratet und habe drei Kinder. Er lebe in sehr glücklichen Eheverhältnissen.

Auf der Suche, wer dieser neue Bundespräsident als Nachfolger von Theodor Heuss ab 1959 sei, stellte das ZK-Büro von Albert Norden umfassende Recherchen mit Unterstützung des MfS an. So befindet sich am Anfang in Lübkes Stasi-Akte ein dreiseitiges Schreiben ohne Absender vom 1. November 1961 an Albert Norden, dem hauptamtlichen SED-Propagandisten. Darin wird vermutet,»dass L. eine belastende faschistische Vergangenheit hat, die er vertuschen möchte. Der Schluss liegt nahe, dass er dem OKW-Amt ›Abwehr/Ausland‹ verpflichtet war.« Und weiter heißt es:

»Diese Vermutung wird erhärtet, weil
a) L. seine Tätigkeit in den Jahren 1935–1945 zu verschweigen sucht,
b) selbst Nachschlagewerke darüber widersprechende Angaben machen,
c) L. eine profilierte militärische Ausbildung und Entwicklung nahm,
d) der Ing. [Name geschwärzt] nach Amtsantritt Lübkes als Bundespräsident ihn in einem Einschreibebrief daran erinnerte, dass L. 1943 ›PG.‹ war und dafür sorgte, dass [Name geschwärzt] als angeblicher Saboteur aus dem Rüstungswerk Peenemünde nach der Front geschickt wurde (lt. *Der Spiegel*). L. erhob keine Klage ...«

Der Wahrheitsgehalt des unter d genannten schweren Vorwurfs lässt sich nicht überprüfen. Sicher ist – nach derzeitigem Kenntnisstand des Bundesarchivs – allerdings, dass Heinrich Lübke niemals Mitglied der NSDAP war. Für das MfS wäre es damals ein Leichtes gewesen, in seiner Abteilung IX/11 im eigenen Haus das NSDAP-Mitgliederverzeichnis zu überprüfen. Aber es existiert kein einziges Stasi-Dokument über Lübkes angebliche NSDAP-Mitgliedschaft.

In Heinrich Lübkes Stasi-Akte folgt im Jahr 1961 ein 15-seitiges Porträt mit dem Titel »Heinrich Lübke – ein Porträt ohne Schminke«. Dieses Porträt ist ein Meisterwerk der Agitation und ein Machwerk aus einer Mischung zutreffender Fakten, Halbwahrheiten und irreführender Desinformation. Der unbekannte Autor – vermutlich ein Mitarbeiter der MfS-Abteilung Agitation – zeichnet zunächst ein Zerrbild der Bonner Regierung. Die Ministerien seien von Ministern mit faschistischer Vergangenheit schwer belastet, deren Schlüsselpositionen mit Hitlers Beamtenkorps besetzt. Bundeswehr, Geheimdienste und Polizei seien mit schwer belasteten »Faschisten und Hitleroffizieren« durchsetzt und über tausend »Blutrichter Hitlers« beherrschten den Justizapparat.

Heinrich Lübke habe die schwere Bürde auf sich genommen, »den dank der Existenz und Politik des ersten deutschen Friedensstaates, der Deutschen Demokratischen Republik, vor aller Welt enthüllten faschistoiden klerikal-militaristischen Bonner Staat ›demokratisch‹ erscheinen zu lassen«. Das wiederum habe zwangsläufig zur Folge, dass man sich mit der Person und Politik des höchsten Würdenträgers der Bundesrepublik Deutschland etwas mehr beschäftigen müsse, als diesem erfahrungsgemäß lieb sei.

Dann charakterisiert der unbekannte Autor Lübke als Kriegsteilnehmer des Ersten Weltkrieges: ein einseitiges Bild. Als Artillerie-Unteroffizier und später als Batterie-Kommandeur habe Lübke Geschütze gegen Russen, Franzosen, Belgier, Briten und später auch auf Amerikaner gerichtet. Als Eliteleutnant im kaiserlichen Generalstab habe er die deutsche Niederlage im Ersten Weltkrieg erlebt, ohne daraus irgendwelche Lehren zu ziehen. 1918 sei er in den Reihen der Konterrevolutionäre zu finden gewesen. Nach Abschluss seines Studiums als Vermessungsingenieur habe sich Lübke in den Zwanzigerjahren auf dem Gebiet der Landwirtschaftspolitik betätigt, wobei »Bodenspekulationen größten Stils zu seiner Spezialität gezählt haben« sollen. Im mit zahlreichen Fußnoten gespickten Beitrag – sie sollen ihm einen wissenschaftlichen Anstrich verleihen – wird immer wieder auf das Buch von Julius Mader mit dem

Titel *Nicht länger geheim* verwiesen, das 1960 erschien. Darin werden bekannte Bonner Politiker und ihre NS-Vergangenheit aufgeführt. Auch Heinrich Lübke wird erwähnt, jedoch ohne irgendeinen Hinweis auf NS-Verstrickungen.

Nach Angaben des Bundesarchivs arbeitete der DDR-Publizist Mader von 1962 bis 1989 als »Offizier im besonderen Einsatz« (OibE) unter dem MfS-Decknamen »Feingold« für den DDR-Geheimdienst. Mit seinen zahlreichen geheimdienstspezifischen Büchern erzielte er nach Angaben des *MfS-Lexikons* auch in der Bundesrepublik durchaus Breitenwirkung. Wie in Maders Vita nachzulesen ist, wurden ihm vom MfS für seine Veröffentlichungen gezielt Informationen zur Verfügung gestellt. Wissenschaftlichen Standards genügen viele seiner Schriften wegen fehlender oder fingierter Quellennachweise und tendenziöser Darstellung unter Anleitung der Abteilung Agitation des MfS nicht. »Korrekte Informationen stehen neben Halbwahrheiten und Vermutungen, teilweise auch neben gezielten Lügen«, schreibt beispielsweise Thomas Wolf in seinem Buch *Entstehung des BND*.

Im »Porträt ohne Schminke« in Lübkes Stasi-Akte heißt es weiter, er habe nach 1933 dienstbeflissen Reserveübungen der Reichswehr absolviert und sei als »politisch Zuverlässiger« schnell zum Hauptmann der Wehrmacht avanciert. Und wörtlich weiter:

»Wenn er im Zweiten Weltkrieg nicht mehr die Uniform anzog, so deshalb, weil er in einer Kommandostelle der faschistischen Rüstungswirtschaft als ›unabkömmlich‹ hockte, die an einem Projekt wirkte, das die höchste Dringlichkeitsstufe des Oberkommandos der Wehrmacht hatte und von dem sich Nazis wie Hitler-Generäle schließlich die Kriegs-›Entscheidung‹ in ihrem Sinne versprachen.«

Dieses Projekt war die Entwicklung und Produktion neuer Flugzeugtypen, Flügelgeschosse und ballistischer Kriegsraketen, die bekannteste sicher die V2. Der Aufbau dieses Kernstückes nationalsozialistischer Waffenproduktion sei in Zusammenarbeit des Heereswaffenamtes mit Hitlers Leibarchitekten und Reichsminister für Rüstung und Kriegsproduktion Albert Speer geschehen. Im Stile des MfS-Propagandisten Julius Mader geht es dann weiter: Der Nazi-Aktivist Speer habe für den materiell-technischen Auf- und Ausbau von Hitlers Waffenzentrum direkt seinen nachgegliederten »Baustab Schlempp« eingesetzt. Die Leitung dieses Baustabes habe aus dem ihm vertrauten »Alt-Nazi« Walter Schlempp und dessen Kompagnon Geschäfts-»Führer« Heinrich Lübke bestanden. Der Landmesser Lübke sei nach der politisch-fachlichen Überprüfung durch Gestapo- und Wehrmachtsführungsstellen als besonders geeignet erschienen: Als Hauptmann habe er sich ohne Weiteres für den Sonderauftrag zu absolutem Stillschweigen verpflichten lassen, wird Julius Mader erneut zitiert. Schon im Ersten Weltkrieg hatte Lübke angeblich, so jedenfalls die Meinung Maders, mit geheim gehaltenen Massenvernichtungsmitteln wie Giftgas zu tun gehabt, beim Anlagenbau habe man auf seine artilleristischen Kenntnisse zurückgreifen wollen. Belegt wird auch das nicht.

In seiner Funktion habe Lübke maßgeblich das »Kriegswaffenzentrum der Nazis funktionsfähig gemacht« und nach dessen Entdeckung und Bombardierung durch britische Luftstreitkräfte die nationalsozialistische Luftwaffen- und Raketenrüstung in den Jahren 1943/1944 emsig unter die bombensicheren Berge des Harzes und Kyffhäusers verlagert. Entsprechend dem seinem Baustab zuerkannten höchsten Dringlichkeitsgrad habe Lübke Baueinheiten der »Organisation Todt« kommandiert, »völkerrechtswidrig Kriegsgefangene für die faschistische Rüstung eingesetzt und habe arbeitsmäßige Verfügungsgewalt über KZ-Häftlingskolonnen« gehabt. Weiter heißt es:

»Bei Rüstungsbauten, die dem ›Baustab Schlempp‹ unterstanden, kamen viele nach Usedom verschleppte polnische, französische und sowjetische Staatsbürger sowie deutsche KZ-Häftlinge um; allein 214 solcher Opfer können vom evangelischen Pfarramt in Karlshagen auf Usedom nachgewiesen werden.«

Wieso können diese Verbrechen dem stellvertretenden Leiter der Baugruppe Heinrich Lübke angelastet werden? Was ist Dichtung und was Wahrheit?

Weiter betont der Autor Mader, Lübke habe nicht nur Zwangsarbeiter »für die faschistische Kriegsmaschinerie« eingespannt, sondern als Mitinhaber des »Baustabes Schlempp« von den ihnen unter Zwang abverlangten Arbeitsleistungen auch immens profitiert. Beweise auch für diese Behauptung werden nicht geliefert. Ob Lübke neben seinem Monatsgehalt zusätzliche Gelder kassierte, ist nicht mehr zu klären. Dann folgt eine dubiose Interpretation des Raketeneinsatzes der Nazis, die nach heutigem Wissensstand mit der damaligen Realität nichts zu tun hat:

»Noch 1944/45 konnten, nicht zuletzt aufgrund der Initiative des von Lübke mitgeleiteten Baustabs, über 23 000 Flügelgeschosse (V1) und 10 800 Kriegsraketen (V2) auf englische und belgische Städte abgeschossen werden. Die grauenhafte Bilanz des Einsatzes dieser faschistischen Aggressionswaffen: 13 000 Briten und Belgier – meist Frauen, Kinder und Greise – wurden zerfetzt, 38 676 Bürger dieser Staaten erlitten schwere Verletzungen, 1,2 Millionen Häuser wurden in England und Belgien vernichtet bzw. stark beschädigt.«

Weiter im Porträt heißt es – nicht den Tatsachen entsprechend –, erst als die Rote Armee Berlin erstürmte, habe sich Lübke von Minister Speer getrennt und sei an den Main unter die Obhut der Angloamerikaner geflohen. Falsch wiedergegeben, überinterpretiert und nie mit Dokumenten belegt: Das Porträt ist ein Stück übler Propagandamache.

Unter der Überschrift »Lübke verwischt Spuren« geht es im anonymen Beitrag mit Versatzstücken aus der Feder des MfS-Propagandisten Julius Mader an die Adresse des SED-Chefagitators Albert Norden im Stil der Verkürzungen, Weglassungen und Fehlinterpretationen weiter. Bei der Anklage und nach der Verurteilung des Hauptkriegsverbrechers Speer in Nürnberg habe Lübke hektisch versucht, seine Mitschuld an dessen Kriegsverbrechen und Verbrechen gegen die Menschlichkeit zu verwischen. Lübke sei noch 1945 der Adenauer-CDU beigetreten und habe so über sich »eine erlogene antifaschistische Legende« verbreitet. Die Adenauer-CDU habe nach der so erfolgten Täuschung der Öffentlichkeit in den folgenden Jahren Lübke in solche Funktionen gehievt, die er mit brauner Vergangenheit nie erreicht hätte. Schließlich sogar die des Bundespräsidenten.

Lübke seinerseits habe alle ihm übertragenen Funktionen und staatlichen Ämter rigoros dazu genutzt, seine Vergangenheit zu verschleiern und Zeugen für seine Tätigkeit im Nationalsozialismus durch Zuschanzen einkömmlicher Positionen bzw. Aufträge mundtot zu machen. Auch diesen schwerwiegenden Unterstellungen fehlt es an glaubhaften Belegen. Als »Beweise« werden immerhin sechs Persönlichkeiten aufgezählt, mit denen Heinrich Lübke als stellvertretender Leiter der »Baugruppe Schlempp« viele Jahre eng verbunden gewesen sein soll. Zwei werden besonders herausgehoben: Karl Maria Hettlage und Erwin Maß.

An erster Stelle nennt der unbekannte Autor Professor Dr. Karl Maria Hettlage. Er habe als einer der engsten Mitarbeiter Speers und Generalbevollmächtigter für Wirtschafts- und Finanzfragen im Ministerium für Rüstung und Kriegsproduktion den »Baustab Schlempp« und dessen geheime Kriegsbauten finanziert. Auf Fürsprache Lübkes sei Hettlage, den Hitler mit dem Kriegsverdienstkreuz I. Klasse dekoriert hatte, als Haushaltsdirektor (1958) und Staatssekretär (1959) in das Bonner Finanzministerium eingezogen. Hettlage war nach heutigem Wissensstand kein Mitglied der NSDAP, wohl aber von 1936 bis 1942 Mitglied der SS, nach eigener Aussage nur ehrenhalber. Als Stellvertreter Albert Speers soll er unter anderem die Anordnung zur Gründung des Rüstungsbetriebs Mittelwerk GmbH am 24. September 1943 gegeben haben. Bei seinem Entnazifizierungsverfahren habe Hettlage seine NS-Vergangenheit geschickt zu verschleiern gewusst und sich sogar als Unterstützer des 20. Juli 1944 dargestellt.

Heinrich Lübke hat sich später tatsächlich für diesen Menschen eingesetzt. Wie Norbert Frei herausfand, gab es einst eine ertragreiche Arbeitsbeziehung auf der Raketenversuchsstation in Peenemünde. Als Anerkennung für den erfolgreichen Abschluss eines dortigen Bauprojektes soll Hettlage der »Baugruppe Schlempp« 1944 ein Sonderhonorar in Höhe von 200 000 Reichsmark überweisen haben lassen, die Hälfte davon zur Verteilung an Schlempps Mitarbeiter, zu denen an führender Stelle Lübke zählte. Womöglich zeigte sich Lübke erkenntlich: Auf Vorschlag des damaligen Bundesfinanzministers Franz Josef Strauß zeichnete er Hettlage Anfang 1967 mit dem Großkreuz aus. Das hieße: Trotz besseren Wissens stützte der Sauerländer Hettlages Nachkriegslegende. Für die Tschekisten wäre diese Ordensverleihung ein weiterer Grund für »Aktive Maßnahmen« gegen das Bonner Staatsoberhaupt gewesen. Und man muss sich fragen, warum es diese nicht gab.

In Lübkes Stasi-Akte wird neben Hettlage auch Erwin Maß genannt, für den sich Lübke verwendet haben soll. Der »Naziarchitekt« Maß habe Lübke in Peenemünde als Objektführer unterstanden, und er kenne daher die »dort begangenen Kriegsverbrechen und Verbrechen gegen die Menschlichkeit« aus eigener Praxis. Hettlage habe ihm mit Lübkes Hilfe 1949 den lukrativen Ausbau des im Regierungsbezirk Köln gelegenen Bonn zur Bundeshauptstadt und gleichzeitig den Titel Bundesbaudirektor zugeschanzt. Zum Schluss bilanziert der anonyme Autor des verwegenen Lübke-Porträts »ohne Schminke«:

»Jede dieser ... genannten Personen müsste unter Eid sofort über Lübkes beachtlichen Teil an der Kriegsschuld der faschistischen Aggressoren aussagen können. Nebenbei sei erwähnt, dass Lübke seine Kriegsgewinne sinnigerweise in der ›Kreditanstalt für Wiederaufbau‹ anlegte, die immerhin so voluminös waren, dass er dafür einen Aufsichtsratsposten dieser Bank annektieren konnte.«

Auch diese unbelegten Anschuldigungen sind nicht mehr überprüfbar. Heinrich Lübke einen »beachtlichen Teil an der Kriegsschuld der faschistischen Aggressoren« anzulasten, ist völlig überzogen.

Unter der Überschrift »Lübkes Blut- und Bodenpolitik« wird vermerkt, Heinrich Lübke sei heute – 1961 – nicht nur der Schirmherr der im Bonner Staat wieder amtierenden Nazis, sondern habe auch persönlichen Anteil am »Refaschisierungsprozess« Westdeutschlands. Schon als Minister in Nordrhein-Westfalen, besonders aber als Vorsitzender des Bonner Agrarpolitischen Ausschusses und Bundesminister für Ernährung, Landwirtschaft und Forsten habe er sich auf die Reaktivierung der ihm teilweise noch aus der Zeit vor 1933 bekannten faschistischen Wehrwirtschaft- und Landwirtschaftspolitik konzentriert. Von Lübke persönlich seien beispielsweise folgende Persönlichkeiten nachweislich protegiert worden:

Dr. rer. pol. Theodor Sonnemann: Dieser habe sich ununterbrochen bis zum Kriegsende für den »totalen Krieg« eingesetzt, habe gegen Juden gehetzt und Großbritannien im Nazi-Jargon stets als »Erzfeind« beschimpft. Sonnemann sei auch als Berufsoffizier und Korvetten-Kapitän im Oberkommando der Wehrmacht dafür zuständig gewesen, dass die nationalsozialistische Rüstungswirtschaft »ein scharf geschliffenes Angriffsinstrument« wurde. Diesen »besessenen Rüstungswirtschaftler« habe sich Lübke als persönlichen Berater geholt und ihn zum Staatssekretär im Bonner Ministerium für Ernährung, Landwirtschaft und Forsten bestimmt. Letzteres trifft zu.

Es folgen Angaben über Hans Deetjen, der als exponierter Antisemit im Range eines SS-Hauptsturmführers (SS-Mitgliedsnummer 260 749) beim Stab des Himmler'schen Rasse- und Siedlungshauptamtes gedient habe und als Träger des »Ehrendegens des Reichsführers SS« und Nazi-Oberlandwirtschaftsrat im Reichsministerium für Ernährung und Landwirtschaft »das Zuchtziel des deutschen Volkes« und den »Staatsgedanken von Blut und Boden« propagiert habe. Bei Deetjen habe es sich um einen profilierten Führer von Hitlers fünfter Kolonne gehandelt. Das gehe aus der Begründung für die

Verleihung der Medaille zur Erinnerung an den 13. März 1939 hervor. Nach 1945 habe Lübke dem »Rassisten und CDU-Parteifreund« Deetjen zum einflussreichen Staatssekretärsposten im Ministerium für Landwirtschaft und Forsten des Landes Niedersachsen verholfen. Die Positionsübernahme in Hannover ist korrekt. Ob damit tatsächlich Heinrich Lübke in diesen Zusammenhang gebracht werden kann, ist nicht zu überprüfen.

Weiter geht es im Lübke-Porträt »ohne Schminke« mit Dr. Hans Eichel, ehemaliges NSDAP-Mitglied und im Range eines Regierungsrats im besetzten französischen Straßburg jahrelang in einem berüchtigten »faschistischen Okkupantenstab« tätig. Eichel sei mit dem Nazi Schlempp »versippt« und habe insbesondere den Auftrag bekommen, jede Enthüllung der »faschistischen Missetaten« Heinrich Lübkes amtlich zu verhindern. Er sei von Lübke als Pressesprecher und Bonner Ministerialrat des Bundesministeriums für Ernährung, Landwirtschaft und Forsten angeheuert worden. Auch hier viel Propagandasprech. Doch der Kern entspricht der Wahrheit: Lübke-Biograf Eichel hat tatsächlich große Anstrengungen unternommen, alle wichtigen Stationen im Leben Heinrich Lübkes während der NS-Zeit auszuklammern.

Am Ende des heftig umstrittenen Lübke-Porträts in seiner Stasi-Akte heißt es, Heinrich Lübke habe mit besonderer Intensität den »Wiedereinsatz faschistischer Propagandisten« betrieben. Dafür werden zwei Beispiele genannt: Dr. rer. pol. Hermann Reischle sei SS-Gruppenführer (SS-Nummer 101 350) im Stab Himmlers gewesen und habe als Hauptamtsleiter bei der NSDAP-Reichsleitung und als Stabsamtsführer beim Reichsbauernführer sowie als Hauptschriftleiter der Nazizeitschrift *Odal* fungiert. Wes Geistes Kind Reischle sei, würden jene Pamphlete zeigen, die er in der »Schriftenreihe der NSDAP« veröffentlichte, wie zum Beispiel die Hetzschrift »Kann man Deutschland aushungern?« (Berlin 1940). Lübke habe bald nach 1945 dafür gesorgt, dass dieser Reischle als Vorsitzender des »Verbandes der Agrarjournalisten« von Baden-Württemberg seine »Blut und Boden«-Politik weiterführen und dabei Journalisten gängeln konnte. Warum sich Lübke ausgerechnet für diesen Menschen eingesetzt haben soll, bleibt völlig offen und ohne jeglichen Nachweis.

Als zweites Beispiel für einen von Lübke angeblich protegierten Propagandisten wird in Lübkes Stasi-Akte Günther Pacyna genannt, den Hitler zum Hauptschriftleiter des Reichsnährstandes gekürt hatte. Lübke habe ihm nach dem Krieg den Chefredakteursposten der westdeutschen Bauernzeitung *Das Landvolk* vermittelt. Mit einem auf solche Weise zusammengestellten Stab habe Lübke als Landes- und Bundesminister unmittelbar die »faschistische Politik des Bauernlegens« fortgeführt. Bekanntlich seien von 1933 bis 1939 etwa 1,5 Millionen deutsche Bauern ruiniert worden. Als Quelle wird zwar die *Große Sowjet-Enzyklopädie* aus dem Jahr 1953 angegeben, doch auch diese außergewöhnliche Personalie, die Lübke zugeschrieben wird, lässt sich durch nichts belegen und erscheint recht fragwürdig.

Bleibt in der Stasi-Akte noch »Lübkes gebrochener Amtseid« als Teil des umfassenden Porträts. Trotz seines weich-jovialen Auftretens stelle Heinrich Lübke den Typ eines egozentrischen Machtpolitikers dar. Er repräsentiere zwar eine häufig von ihm gepriesene Demokratie, wobei für ihn – als »faschistischer Baustabsleiter, als Mäzen von SS-Größen und Schirmherr der Bonner Neofaschisten« – Demokratie tatsächlich stets eine Farce geblieben sei. Begründet wird dieser Vorwurf mit einer Auseinandersetzung mit dem westdeutschen Schriftsteller Josef Küper, der eine Lübke-Biografie schrieb, die für den Bonner Bundespräsidenten politisch sehr peinliche Details enthalten haben soll. Der neu gewählte Bundespräsident habe daraufhin in verfassungswidriger Manier die gesamte Auflage dieser Biografie in Bonner geheimdienstlichen Kanälen verschwinden lassen. Ein solch eigenmächtiges, selbstherrliches Verhalten des Staatschefs hätte in jedem bürgerlich-demokratischen Staat unweigerlich längst dazu geführt, entsprechende Sanktionen mit weitreichenden Konsequenzen einzuleiten. In Bonn aber sei das anders, dort residiere ein Lübke. – Als zutreffend gilt, dass Küpers Buch gedruckt, aber wohl nie ausgeliefert wurde. Recherchen des Publizisten Peter Bürger zufolge, die 2014 im Onlinemagazin »Telepolis« erschienen, hat ein CSU-Abgeordneter seinerzeit tatsächlich die Auflage aufgekauft; nur vereinzelt sind Exemplare des Buches noch in Bibliotheken zu finden.

Unter der Überschrift »Lübke ist eine Gefahr« ist dann zu lesen, warum der Bundespräsident auch heute eine Gefahr darstelle: Er sei ein »Bannerträger der Reaktion«. So habe er unter anderem das bundesdeutsche Lob für die »südafrikanische Politik der Rassisten« verteidigt, im Januar 1962 als erster deutscher Staatspräsident das faschistische Spanien besucht und dort sogar mit dem Falangisten-Minister Solis konspiriert. Lübke habe sich zudem mehrmals illegal in das nicht zur Bundesrepublik Deutschland gehörende West-Berlin transportieren lassen, um dort gegen die Deutsche Demokratische Republik und das gesamte sozialistische Lager zu hetzen.

Das Bild des Pseudopatrioten rundete sich in der Stasi-Akte ab. Das Bonner Staatsoberhaupt sei geradezu klassisch der personifizierte Ausdruck dafür, was im »Nationalen Dokument« dargelegt werde:

> »In der westdeutschen Bundesrepublik herrschen heute wieder Menschenverachtung, Ausbeutung, klerikales Dunkelmännertum, Geld- und Eroberungsgier und Militarismus. Das heißt, in der westdeutschen Bundesrepublik wird – durch eine Scheindemokratie getarnt – alles konserviert und belebt, was es in der deutschen Geschichte immer an Rückständigem, Barbarischem und Unmenschlichem, an Dummheit und Borniertheit – gegen das eigene Volk und gegen andere Völker – gibt. Dieser westdeutsche Staat ist der Vergangenheit, einer überlebten Zeit der Ausbeutung und des Krieges, zugewandt.«

Als Quelle für diese kaum nachvollziehbare Behauptung wird das Buch *Die geschichtliche Aufgabe der Deutschen Demokratischen Republik und die Zukunft Deutschlands*, im Jahr 1962 in Ost-Berlin erschienen, angegeben.

Als Anlage folgen sechs Fotokopien von Dokumenten aus den Jahren 1939 und 1940. Es sind die ersten amtlichen Belege aus den Archiven der NS-Zeit. Dabei handelt es sich zunächst um ein Schreiben mit dem Briefkopf »Der Generalbauinspekteur für die Reichshauptstadt« und der Adresse »Berlin W 8, Pariser Platz 4«. Links unter dem Generalbauinspektor steht »Baugruppe Schlempp« Bellevuestraße 5a. Dieser Brief vom 4. Oktober 1939 »An den Generalbauinspektor für die Reichshauptstadt« enthält Angaben über die Personen, »die mit der Bearbeitung der vom Herrn Generalbauinspekteur an mich übertragenen Bauaufgaben für die Rüstungsindustrie beschäftigt sind«. Der Briefschreiber Walter Schlempp steht an erster Stelle mit den wichtigen Daten wie Beruf, Wohnung, Wehrpassnummer, Wehrverhältnis, Wehrbezirkskommando und »Kein Arbeitsbuch«. Heinrich Lübke steht an zweiter Stelle mit der Berufsbezeichnung Vermessungsingenieur und weiteren Angaben wie Wohnung, Wehrpassnummer, Wehrverhältnis, Wehrbezirkskommando und Arbeitsbuchnummer. Es schließt sich ein »Fragebogen über UK-Stellungen« zu Heinrich Lübke an und ein Antrag auf »Zurückstellung« als Mitglied der »Baugruppe Schlempp«. Schließlich detaillierte Angaben zu Lübkes Wehrdienstverhältnis: Wehrpassnummer, »Wehrmachtsteil: Heer, Waffengattungen: Artillerie, Gedient oder Übung: Kriegsteilnehmer 4 Übungen, Dienstgrad: Hauptmann d. R., Wehrverhältnis: Landwehr, Wehrbezirkskommando: Berlin VIII«.

Es folgt ein Schreiben der »Baugruppe Schlempp« vom 3. November 1939 wieder an den »Herrn Generalbauinspekteur für die Reichshauptstadt« mit dem Antrag auf einen Ausweis für den Baugruppenleiter »Dipl. Ing. Archit. Walter Schlempp« und die Mitarbeiter Heinrich Lübke, die Architekten Gerhard Riwalsky, Heinz Hilten, Carl Naumann und Richard Harnoß sowie für den Kraftfahrer Walter Knopke. Des Weiteren existiert ein Schreiben mit sechs Fotos, das mit »Heil Hitler« und »I. A. Schlempp« unterschrieben ist. Darin ist eine Aufstellung jener Herren zu lesen, für die Walter Schlempp einen Ausweis des »Herrn Generalbauinspektors für die

Reichshauptstadt Professor Speer« beantragt. Im Schreiben an die »Baugruppe Schlempp« vom 25. Januar 1940 wird als Anlage ein großer Ausweis mit der Nummer 918 für Lübke übergeben. In ihrer eifrigen Suche nach belastenden Dokumenten aus der Nazizeit stießen die MfS-Rechercheure auch auf einen Bericht vom 14. Juni 1940. Inhaltlich ging es um das Bauvorhaben Peenemünde. Dort wurde mit dem Leiter des Gesamtarbeitseinsatzes des Architekten Mahs von der »Baugruppe Schlempp« – Außenstelle Peenemünde – Folgendes durchgesprochen:

»Die Errichtung eines Sonderlagers ist durchaus möglich. Die Vorarbeiten hierzu werden von der Baugruppe Schlempp in Angriff genommen. Mit der Fertigstellung des Lagers kann in ca. 14 Tagen gerechnet werden. Die Bewachung der im Sonderlager untergebrachten Arbeitskräfte soll durch eine neu einzustellende Person übernommen werden, die am besten durch die Staatspolizeileitstelle Stettin ermittelt und der Baugruppe als besonders geeignet zu empfehlen sei, da bei der Baugruppe und bei den Baufirmen geeignete Person nicht vorhanden sind. Es wurde als zweckmäßig erkannt, dass die im Sonderlager untergebrachten Arbeitskräfte zu einer besonderen Arbeitsgruppe zusammengefasst und einer bestimmten Firma zur Arbeitsleistung übergeben werden. Die entstehenden Kosten wären dann von der Baufirma zu übernehmen, die diese Arbeitsgruppe zugeteilt erhält. An Gemeinschaftslägern sind vorhanden:

Lager Karlshagen, Belegungsmöglichkeiten mit 5.000 Mann belegt, tatsächlich aber nur mit 2.500 Mann belegt.
RAD. Lager, belegt mit 450 poln. Arbeitskräften.
Lager Luft, geeignet für 1.500 Mann, belegt mit 1.300 Mann. Lager Peenemünde wird in Kürze eröffnet und kann mit 350 Mann belegt werden.«

Dieses Dokument, das als zutreffend angesehen werden muss, belegt, dass die »Baugruppe Schlempp« und damit ihr stellvertretender Leiter Heinrich Lübke unmittelbar mit verschiedenen Lagern und ihren Belegungsmöglichkeiten bereits im Januar 1940 befasst war. Die eifrigen Stasi-Rechercheure hatten weiteren Erfolg und fanden in ihren Archiven einen Brief mit »Streng vertraulich« versehen an den Diplom-Ingenieur Schlempp mit Datum vom 13. Januar 1941. Darin geht es um eine Verfügung zur Einberufung zur Wehrmacht, die nur mit Zustimmung des Führers möglich gewesen sei. Wörtlich heißt es: »Wegen der Ihnen im Rahmen der Neugestaltung deutscher Städte übertragenen Aufgaben beabsichtige ich, diese Verfügung auch auf diejenigen Architekten Ihres Büros auszudehnen, die Sie für diese Zwecke unbedingt benötigen.« Gebeten wird um Einreichung einer Aufstellung der im Büro Schlempp tätigen Mitarbeiter. Versehen mit Berufsangaben und dem Geburtsjahr erstellte das Büro Schlempp eine Namensliste mit 19 Mitarbeitern, die zum Büro zählten. Darunter befanden sich Angaben von 13 Architekten, zwei Bauleitern und einem Bautechniker. Bei Heinrich Lübke stand der Beruf »Bauleiter und Vermessungsingenieur«. Auch dieses amtliche Dokument vom Januar 1941 belegt die zahlenmäßige Größe der »Baugruppe Schlempp«, die wegen ihres besonderen Auftrags nicht zur Wehrmacht eingezogen werden sollte und »unabkömmlich« war.

Gleichwohl fiel die Ausbeute der Dokumenten-Recherchen der Stasi-Experten über Heinrich Lübkes Vita in der Zeit des Nationalsozialismus einstweilen eher mager aus. Es schien, als ob die MfS-Abteilung Propaganda das Interesse an Heinrich Lübkes umstrittener Vergangenheit ebenso verloren hätte wie SED-Chef-Propagandist Albert Norden. Denn belegt werden konnte lediglich, dass Lübke seit 1939 Angestellter der »Baugruppe Schlempp« war, die dem »Generalbauinspektor für die Reichshauptstadt« Albert Speer unterstand und der seit Februar 1942 den Titel »Reichsminister für Rüstung und Kriegsproduktion« führte. Zum Stand der MfS-Recherchen Ende 1961 war Heinrich Lübke bereits über ein Jahr im Amt des Bundespräsidenten der Bundesrepublik Deutschland.

Für die Jahre 1962 und 1963 wurde in Lübkes Stasi-Akte kein einziges Dokument abgelegt. Erst im Vorfeld von Lübkes Wiederwahl durch die vierte Bundesversammlung am 1. Juli 1964 in West-Berlin entwickelte das Referat Sonderfragen in der Abteilung Agitation des Ministeriums für Staatssicherheit in enger Abstimmung mit Albert Nordens SED-Propagandastab besondere Aktivitäten.

Aktion Lübke

Ein knappes Vierteljahr vor Lübkes geplanter Wiederwahl 1964 taucht in seiner Stasi-Akte erstmals der Name von Markus Wolf auf, Generalmajor, Spionagechef und 1. Stellvertreter des Ministers für Staatssicherheit Erich Mielke.

An dieser Stelle kommt jedoch auch der Major Kurt Schliep ins Spiel. Der 1929 in Berlin geborene gelernte Zimmermann und spätere Gewerbelehrer trat 1954 ins MfS ein und wurde zwei Jahre später Mitglied der SED. Der mit Verdienstmedaillen, Ehrennadeln wie Ehrentiteln vielfach ausgezeichnete MfS-Hauptamtliche im Referat Sonderfragen der Abteilung Agitation in der Berliner Zentrale notierte am 4. April 1964 einen »streng geheimen« Aktenvermerk. Darin hielt Major Schliep »eine Absprache mit dem Gen. Generalmajor Wolf über den Vorschlag zur Durchführung der Aktion Lübke« fest. Genosse Wolf habe den Vorschlag zur Kenntnis genommen und dazu keinerlei kritische Hinweise gegeben. Er habe zugesagt, bei der Durchführung der Maßnahmen Unterstützung zu leisten. Abschließend sei vereinbart worden, Wolf im Laufe der nächsten Wochen Exemplare der fotokopierten Akte über Lübke zuzustellen, damit mit der Lancierung begonnen werden könne. Major Schliep sei mit dem Genossen Wolf so verblieben, dass er dem Generalmajor über die Absprache berichte, damit dessen unterstützende Maßnahmen mit denen der HVA (Auslandsspionage) koordiniert würden.

Am 21. Mai 1964 folgte dann der angeblich große Wurf. Auf diesen Tag ist ein dreiseitiger MfS-Vorschlag zur »Kompromittierung des westdeutschen Bundespräsidenten Lübke« datiert. Im Hinblick auf die bevorstehende Wiederwahl Lübkes zum Bundespräsidenten am 1. Juli 1964 in West-Berlin wurde in Zusammenarbeit mit der »befreundeten Dienststelle« eine propagandistische Aktion operativ vorbereitet und durchgeführt, durch die Lübke in der Öffentlichkeit kompromittiert werden sollte. Unter »befreundeter Dienststelle« war die »sowjetische Seite« zu verstehen, die sich als Vertretung des sowjetischen Geheimdienstes KGB im Gebäude des MfS in Ost-Berlin befand. Für die Aktion gegen Lübke waren zu diesem Zeitpunkt folgende Voraussetzungen aus der Sicht des MfS gegeben: Sechs fotokopierte Archivmaterialien bewiesen, dass Lübke während des Krieges verantwortlicher Mitarbeiter der »Baugruppe Schlempp« in der »nazistischen V-Waffenschmiede« Peenemünde war. Ferner sei man im Besitz fotokopierter Dokumente, aus denen hervorgehe, dass mit der Gestapo-Leitstelle in Stettin im Sommer 1940 über die Einrichtung eines Sonderlagers der Gestapo für politisch unzuverlässige Arbeitskräfte in Peenemünde verhandelt worden sei und dass die »Baugruppe Schlempp« für die Realisierung dieses Vorhabens vorgesehen war. Unter Ausnutzung dieser Materialien und Hinzuziehung von Mustern über den Schriftverkehr der Gestapo in Stettin mit anderen Stellen sei es möglich, den dokumentarischen Beweis zu führen,

- »dass die Baugruppe Schlempp von der Gestapo ausgewählt wurde, den Bau des Sonderlagers in Peenemünde zu übernehmen;
- dass der bei Schlempp beschäftigte Architekt Maß für den Gesamtarbeitseinsatz in Peenemünde verantwortlich war [Maß arbeitete wie auch Lübke im »Büro Walter Schlempp«]. Diese Tatsachen würden Lübke belasten, weil er ein maßgeblicher Mitarbeiter der Baugruppe Schlempp war«.

Zur Verstärkung dieser Tatsachen sei vorgesehen, mithilfe fotokopierter Originalunterlagen der Gestapo-Leitstelle Stettin ein fingiertes Schreiben zu schaffen, in dem die Gestapo auf den Bericht eines ihrer Mitarbeiter im Zusammenhang mit der Einrichtung des Peenemünder Sonderlagers antwortet und gleichzeitig die Schlempp-Mitarbeiter Maß und Lübke politisch kurz charakterisiert. Beide werden in diesem Schreiben als vertrauenswürdig eingeschätzt. Dieses angebliche Schreiben vom 1. Juli 1940, das bis zum 7. Juni 1964 fertiggestellt sein sollte, ist Lübkes Stasi-Akte als Anlage beigefügt. Dass in diesem internen Vorschlag zur »Kompromittierung des westdeutschen Bundespräsidenten Lübke« offen festgehalten wird, dass Originalunterlagen der Gestapo-Leitstelle Stettin zu einem »fingierten Schreiben« hergestellt wurden, ist ein eindeutiger Beweis für eine Fälschung.

Im zitierten Vorschlag von Major Schliep, Leiter des Referats Sonderaufgaben, wird weiterhin vorgeschlagen, die angeführten Dokumente über offizielle Stellen der DDR in solche westdeutschen und West-Berliner Kreise (z.b. FDP) zu lancieren, von denen bekannt ist, dass sie gegen eine Wiederwahl Lübkes als Bundespräsident sind. Außerdem sollten zur Vorbereitung dieser Maßnahme, die bis Mitte Juni 1964 durchgeführt sein müsse, durch geeignete Inoffizielle Mitarbeiter (IM) des Ministeriums für Staatssicherheit in Westdeutschland und West-Berlin ab Anfang Juni Andeutungen verbreitet werden, nach denen die DDR im Besitz belastender Dokumente gegen Lübke sei, die in absehbarer Zeit veröffentlicht würden. Schließlich heißt es weiter, die Lübke belastenden Materialien würden der Presse, dem Funk und Fernsehen der DDR zur Auswertung und Kommentierung im Hinblick auf die Wiederwahl Lübkes als Bundespräsident zur Verfügung gestellt.

Am Schluss schreibt Major Schliep, die im Rahmen dieser Aktion benutzten Dokumente seien bisher nicht veröffentlicht und nicht ausgewertet worden. Sie seien von der Abteilung Agitation zusammengetragen worden und würden aus dem Archiv des ehemaligen V-Waffenzentrums in Peenemünde stammen. Schließlich bittet der Autor Schliep, über diesen Vorschlag kurzfristig zu entscheiden, weil für die Durchführung der vorgesehenen Maßnahmen nur etwa drei Wochen zur Verfügung stünden. Das dreiseitige Dokument ist unter »Einverstanden« vom Leiter der Abteilung Agitation Oberstleutnant Kehl unterzeichnet.

Kehls Kaderkarteiakte der Stasiunterlagenbehörde (Bundesarchiv) dokumentiert seine Vita. Der 1921 in Zeitz, Bezirk Halle, geborene Kehl hatte den Beruf des Klempners gelernt und war 1950 in das Ministerium für Staatssicherheit eingetreten. Vermerkt ist nicht nur seine Mitgliedschaft in der Hitlerjugend von 1937 bis 1939 und seine Teilnahme am Zweiten Weltkrieg ab 1941 mit der EKII-Auszeichnung einschließlich des Verwundetenabzeichens. Bemerkenswert sind auch seine zahlreichen Auszeichnungen innerhalb des Geheimdienstes. Als Leiter der Abteilung Agitation – so steht es in seiner Kaderakte – erhielt er ab 1973 monatlich 2000 Mark.

Kehls Vita dokumentiert ebenso wie die in den Akten festgehaltenen Biografien anderer Stasi-Offiziere mit ihren dürren Vermerken zu Alter, Bildung und Ausbildung, wie Karrieren innerhalb des Ministeriums für Staatssicherheit zustande kamen: vom Handwerker zum Abteilungsleiter, Diplomjuristen oder Gesellschaftswissenschaftler – das sind typische Lebensläufe von Menschen, die den mit ihrem beruflichen Aufstieg verknüpften gutbürgerlichen Wohlstand und ihre gesellschaftliche Position der Karriere beim MfS zu verdanken haben.

An das erwähnte dreiseitige Dokument hat auch Erich Mielke handschriftlich am Rand eine Bemerkung gesetzt:»Gen. Beater und Wolf zur Entscheidung vorlegen. Mi.« Auf dem Briefkopf hat er zusätzlich handschriftlich»einverstanden Mielke« vermerkt. Außerdem gingen drei Exemplare dieses Vorschlags an den»Genossen« Minister, an die KGB-Vertretung und an das Referat Sonderfragen der Abteilung Agitation.

Damit war die Aktion Lübke allerdings noch nicht startbereit. Aus einem weiteren Aktenvermerk vom 5. Juni 1964 geht hervor, dass sich Major Schliep – wie von Mielke empfohlen – zu einer Absprache mit Generalmajor Bruno Beater traf, der neben Markus Wolf ebenfalls stellvertretender Minister des Ministeriums für Staatssicherheit war. Dieser bat zeitnah um die komplette Akte Lübke, um sie mit dem Genossen Erich Honecker besprechen zu können. Erst danach könnten die endgültigen Maßnahmen im Rahmen der Aktion Lübke festgelegt werden. Erich Honecker war zu diesem Zeitpunkt bereits seit 1961 Sekretär für Sicherheitsfragen des Zentralkomitees (ZK) der SED und Sekretär des Nationalen Verteidigungsrates (NVR) der DDR und in diesen Funktionen am Bau der Berliner Mauer 1961 beteiligt. Ob sogar der Staatsratsvorsitzende Walter Ulbricht über die Aktion Lübke informiert oder gar daran beteiligt war, ist in den Stasi-Akten nicht überliefert.

Zurück zum Aktenvermerk des Majors Schliep. Beater, notierte er, sei der Ansicht, dass das Material möglicherweise mehr hergebe, als es zurzeit die Absicht sei. Auf jeden Fall wollte Beater noch vor Durchführung der Maßnahmen mit dem Genossen Honecker eine Absprache treffen. Was dabei herausgekommen ist, wurde in der Stasi-Akte von Heinrich Lübke nicht dokumentiert. Dagegen ist belegt, dass die beiden Leiter der Abteilung Agitation und des Referates Sonderfragen, Oberstleutnant Kehl und Major Schliep, den Leiter der Abteilung E im Hause – wiederum »Streng vertraulich!« – um die »Anfertigung eines Dokumentes« baten. Die Abteilung E hatte seit 1960 die Aufgabe, den operativen Diensteinheiten benötigte operativ-technische Mittel und Dokumente bereitzustellen. Außerdem – im Stasi-Deutsch – beriet die Abteilung E »die operativen Nutzer in der Entwicklung wissenschaftlich-technischer Methoden für den Personeneinsatz«. Das Ergebnis der Auftragserteilung an die Abteilung E hielt Major Schliep wiederum in einer Aktennotiz fest. Mit der Überschrift »Gestapo-Akte zur Kompromittierung Heinrich Lübkes« sei an der beiliegenden Gestapo-Akte folgende Veränderung vorgenommen worden: »Die letzte Seite der Akte wurde entfernt und durch eine äußerlich gleiche und Lübke direkt belastende Seite ersetzt. Die aus der Gestapo-Akte entfernte Seite befindet sich zum Zwecke des Vergleichs mit der fingierten Seite im Umschlag.« Als Post Scriptum (PS) bemerkte Major Schliep am Ende der Aktennotiz:

»Der Verbindungsoffizier der Freunde, Genosse Martinow, hat die von uns vorgenommene Veränderung an der Gestapo-Akte angesehen und die Arbeit als gut beurteilt. Es ist anzunehmen, dass die Freunde auf ihrer Linie unsere Maßnahmen mit der Zentrale in Moskau abgestimmt haben, denn Genosse Martinow erklärte erneut, dass sie auf eine schnelle Realisierung unseres Vorhabens warten.«

Wie sehr der sowjetische Geheimdienst KGB in die Aktion Lübke involviert war, belegt außerdem ein Schreiben vom 26. Juni 1964, das sich in Lübkes Stasi-Akte befindet. Darin werden von sowjetischer Seite zwölf Dokumente mit einem Umfang von knapp 100 Seiten von der Gestapo-Leitstelle Stettin dem Deutschen Zentralarchiv (DZA) Potsdam der DDR übereignet. Diese Archivalien stammen aus erbeutetem Material der sowjetischen Besatzungsmacht in der DDR.

Unterdessen hatte die Vorbereitung zur »Kompromittierung des Bundespräsidenten Lübke« folgenden Sachstand erreicht:

»1. Von einer Lancierung der Gestapo-Akte, die Lübke als Vertrauensmann der Gestapo entlarvt, in Kreisen der westdeutschen FDP und andere, gegen Lübke tendierende Kreise wird abgesehen, weil die Akte auf der bevorstehenden Pressekonferenz des Genossen Norden ausgewertet werden soll.

2. Eine Kopie der Gestapo-Akte wurde über das ZK der SED dem Ministerium für Auswärtige Angelegenheiten der DDR zugeleitet. Das MfAA wird mit dieser Akte einen Beitrag zur Pressekonferenz des Gen. Norden leisten.«

Jetzt war alles angerichtet. Die große internationale Pressekonferenz konnte starten. Am 29. Juni 1964, dem Vortag der Wiederwahl Lübkes zum Bundespräsidenten, präsentierte der SED-Chefpropagandist Albert Norden auf großer Bühne in Ost-Berlin Dokumente, die Lübke wegen seiner Tätigkeit im Nationalsozialismus bloßstellen sollten. Unter dem Titel »Herausforderung des Weltgewissens« ging Norden zunächst ausführlich auf die »illegale« Wahl des Bundespräsidenten in West-Berlin ein. Sie sei eine revanchistische Provokation mit dem Ziel, im Herzen Europas neue Spannungen zu entfachen.

Die Wahl in West-Berlin stelle eine eklatante Verletzung der internationalen Rechtslage dar. West-Berlin sei nie, sei auch heute nicht und werde niemals ein Bestandteil des »imperialistischen westdeutschen Staates« sein. Der Ort für die Präsidentenwahl sei ein ganzes »revanchistisches Programm«. Die Wiederwahl Lübkes, der Name Lübke, seine Politik und Vergangenheit seien ein Programm – ein Programm gegen die friedlichen und demokratischen Interessen der Nation.

Dann ging Albert Norden unter der Überschrift »Fragebogenfälscher und Gestapohelfer als Präsidentschaftskandidat« mit Lübke hart ins Gericht und fragte: »Wer ist dieser Heinrich Lübke, der ab 1. Juli erneut für vier Jahre höchster Repräsentant des Bonner Staates sein soll?« Lübke sei zunächst einmal ein Fragebogenfälscher. Er habe in seiner offiziellen Biografie angegeben, sich in den letzten Jahren der Naziherrschaft im »Siedlungswesen« betätigt zu haben. Das höre sich sehr zivil und harmlos, ja geradezu menschenfreundlich an. Aber es sei eine glatte Lüge. Norden wörtlich: »Wie wir nachgewiesen haben, war Lübke in jenen Jahren leitend in der ›Baugruppe Schlempp‹ tätig, die dem Nazi-Rüstungsminister Speer direkt unterstand und Dutzende geheime Rüstungswerke der Nazis, darunter die V-Waffenproduktion in Peenemünde aufbaute.« Im Verlauf seiner Rede sprach Norden davon, im Besitz von Dokumenten zu sein, die beweisen würden, dass Lübke als Rüstungsmanager Speers großen Konzernen Aufträge für geheime Rüstungsfabriken zugeschanzt habe, wobei seine Unterschrift für die Vergabe des jeweiligen Auftrags ausschlaggebend gewesen sei. Außerdem habe Lübke die Mitverantwortung »für die Anforderung, den Einsatz, die Misshandlung und Ermordung unzähliger KZ-Häftlinge getragen, die bei den Bauvorhaben seiner ›Baugruppe Schlempp‹ eingesetzt waren«.

Dokumente dieser Art befinden sich zwar nicht in Lübkes Stasi-Akte, aber die Information war erst einmal in der Welt. Viel mehr als die Tatsache, dass Lübke in der »Baugruppe Schlempp« und damit in Peenemünde tätig gewesen war, ließ sich anhand der Schriftstücke nicht beweisen. Schließlich erwähnte Norden, im Besitz eines Brief-wechsels der Gestapo-Leitstelle Stettin zu sein, in dem Lübke in so schwerwiegender Weise belastet werde, dass seine Kandidatur in je-dem demokratischen Staat unmöglich sei. Aus diesem Briefwechsel gehe nämlich hervor, dass Lübke Vertrauensmann der Gestapo ge-wesen sei. Als Beweis galt das bereits erwähnte fingierte Dokument.

Zusammenfassend meinte SED-Propagandist Albert Norden auf der Pressekonferenz zur Vergangenheit Lübkes, dass dieser »Ge-stapo-Komplize« ein »Verherrlicher des barbarischen Rassisten-Re-gimes in Südafrika« und der »Präsidentschaftskandidat der Ultras« sei, nehme nicht Wunder. Und schließlich Norden wörtlich:

> »Wie aber wollen sich die Herren Wehner und Erler und auch Willy Brandt vor den sozialdemokratischen Mitgliedern recht-fertigen, denen sie ausgerechnet diesen Mann unter Verzicht auf einen eigenen Kandidaten als Staatsoberhaupt empfehlen?«

Am Ende der 30-seitigen Rede Albert Nordens stehen »Zehn Er-fordernisse deutscher Politik«. Dabei geht es um altbekannte For-derungen der DDR und um zum Teil schwerwiegende politische Unterstellungen, die mit der bevorstehenden Wiederwahl Heinrich Lübkes zum Bundespräsidenten wenig zu tun haben. Gefordert wer-den unter anderem die Beendigung der »fieberhaften Aufrüstung« Westdeutschlands, die Freiheit ganz Deutschlands von Atomwaffen, die Ausschaltung der Nazi-Verbrecher, die dem deutschen Namen Schande gemacht haben und der Entspannung entgegenwirken, aus Regierung, Staatsapparat und Armeeführung, die Einschränkung der Macht der Monopole und Großbanken, die Aufnahme von Ver-handlungen zwischen beiden deutschen Staaten mit dem Ziel der Normalisierung ihrer Beziehungen und der allmählichen Annähe-rung, die Bildung gemeinsamer Regierungskommissionen zur Be-ratung und Regelung aller beide Seiten interessierenden Fragen des Handels, der Kultur, des Verkehrs und der Justiz. Gefordert wird außerdem der Abschluss eines Friedensvertrages mit beiden deutschen Staaten, der einen Schlussstrich unter den Zweiten Weltkrieg zieht und der Entspannung auch in Deutschland den Weg ebnet. Wörtlich heißt es am Schluss der Aufzählung:

>Es ist hohe Zeit, das deutsche Haus von den Verbrechern zu reinigen, deren Hände und Federhalter von Blut triefen. Es ist hohe Zeit, dass in Westdeutschland solche Kräfte das Steuer in die Hand nehmen, die Gewähr für eine Politik der Annäherung zwischen den beiden deutschen Staaten und die Garantie für die Bereitschaft zur Schaffung einer stabilen Friedensordnung bieten.«

Wenige Tage nach dem großen Auftritt Nordens vor der internationalen Presse nahm ein gutes Dutzend Journalisten aus Ost und West die Möglichkeit wahr, »Einsicht« in die Akte Lübke zu nehmen. In Lübkes Stasi-Akte sind die Namen der Anwesenden geschwärzt. So wurde ein Herr von der *Star Revue* aus Johannesburg zitiert: »Nach Einsichtnahme in die Akte brachte Herr [Name geschwärzt] zum Ausdruck, dass es eher Lübke schwer haben würde, den Gegenbeweis anzutreten.« »Ein Redakteur des *Spiegel* war der Meinung, dass der *Spiegel* sich nicht äußern wird, weil er das vorliegende Material für nicht genügend beweiskräftig hält. Er wies auf den *Spiegel* von 1959 vor der Wahl Lübkes hin, dort wäre besseres, beweiskräftigeres Material gegen Lübke erschienen. Es wäre ihm recht, wenn er gegen Lübke etwas veröffentlichen könnte, doch das vorliegende Material genüge nicht.«

Ein Journalist der *Westfälischen Rundschau* »sagte sinngemäß, dass noch einiges mehr vorliegen müsste, um den eindeutigen Beweis zu führen, dass Lübke Vertrauensmann der Gestapo war. Es gebe in Westdeutschland noch ganz andere als Lübke, die wirklich Nazis waren. Lübke war selbst von Nazis eingesperrt worden.« Ein Vertreter der *Hannoverschen Allgemeinen* und des *Südkurier* meinte, »dass das noch kein klarer Beweis sei«. Auch der Journalist der *Frankfurter Rundschau* äußerte sich skeptisch: »Das vorliegende Material kann

man nicht als unbedingten Beweis für eine Tätigkeit Lübkes als Ge-
stapo-Vertrauensmann ansehen.«Schließlich brachte der Korrespon-
dent der *Frankfurter Allgemeinen Zeitung* zum Ausdruck,»dass man
mehr wissen müsste, besonders ob das Sonderlager errichtet wurde
und welche Rolle Lübke dabei gespielt hat«.

Die vom DDR-Geheimdienst penibel vorbereitete internationale
Pressekonferenz des SED-Propagandisten Albert Norden war alles
andere als ein Erfolg.

Recherche-Ausweitung

Als seit 1955 für die Agitation verantwortlicher Sekretär des Zentralkomitees der SED und als Leiter einer Kommission, die alle Maßnahmen und Vorgänge in der DDR zur Aufarbeitung der Kriegs-
und Nazi-Verbrechen koordinierte, konnte Albert Norden mit den
bisherigen Recherche-Ergebnissen, die Heinrich Lübkes berufliche
Tätigkeit in der Zeit des Nationalsozialismus betrafen, nicht zufrieden sein. Es mussten größere Anstrengungen unternommen werden.

Zur Ausweitung der Recherchen bot sich eine weitere staatliche
Institution an. In Lübkes Stasi-Akte jedenfalls befinden sich Korrespondenzen mit der »Staatlichen Archivverwaltung – Abteilung Do-
kumentationsstelle – des Ministeriums des Innern« in der Ost-Berliner Mauerstraße. Aus dieser Korrespondenz geht hervor, dass nun
auch die Landesarchive von Dresden, Magdeburg und Schwerin auf-
gefordert wurden, Material über Unternehmen zu suchen, die während des Krieges mit der »Baugruppe Schlempp« zusammengearbei-
tet hatten. Die Ergebnisse der Nachforschungen vom August 1964
bis zum Oktober 1965 erbrachten keine nennenswerten Hinweise zur
Arbeitsweise der »Baugruppe Schlempp«. Kein einziges Mal tauchte
der Name Heinrich Lübke auf. Somit erbrachte der »Forschungsauf-
trag Baustab Schlempp« – wie es in einer Betreffzeile Archivverwaltung steht –, trotz größter Anstrengungen nichts Verwertbares, um
Heinrich Lübke zu desavouieren.

Doch Albert Norden hatte mithilfe des MfS längst Vorsorge getroffen, um die Kampagne gegen Lübke ungeachtet dessen zu verschärfen. Am 2. Juli 1965 präsentierte er der Weltpresse in Ost-Berlin ein Buch mit dem Titel: *Braunbuch: Kriegs- und Naziverbrecher in der Bundesrepublik. Staat, Wirtschaft, Armee, Verwaltung, Justiz, Wissenschaft*, herausgegeben vom Nationalrat der Nationalen Front des demokratischen Deutschland und dem Dokumentationszentrum der Staatlichen Archivverwaltung der DDR. Darin werden die SS-Dienstränge und NS-Parteiämter von 1800 Wirtschaftsführern, Politikern und führenden Beamten der Bundesrepublik Deutschland aufgelistet. Darunter auch »Heinrich Lübke, Dr. h. c.«, der gleich mit zwei Beiträgen bedacht wurde. In der Kurzfassung ohne Hinweis auf eine NSDAP-Mitgliedschaft heißt es wörtlich:

»Direktor einer Siedlungsgesellschaft; stellvertretender Leiter der Baugruppe Schlempp; V-Mann der Gestapo; entwarf KZ-Baupläne; leitete 1944 den Aufbau von Außenlagern des Konzentrationslagers Buchenwald; verantwortlich für den Tod hunderter Polen, Franzosen, Italiener, Sowjetbürger und Deutscher durch Sklavenarbeit.

Nach 1945: Präsident der Bundesrepublik Deutschland, zuvor Bundesminister für Ernährung, Landwirtschaft und Forsten, Landwirtschaftsminister von Nordrhein-Westfalen.«

Dann eine Langfassung mit äußerst starken propagandistischen Einlassungen auf anderthalb Druckseiten. Unter der Überschrift »KZ-Bauführer« wird Lübke unter anderem als »Organisator geheimster und kriegswichtigster Rüstungsvorhaben der faschistischen Führung« bezeichnet, und er sei maßgeblich am »massenweisen Einsatz von KZ-Häftlingen« beteiligt gewesen. Er habe als stellvertretender Leiter der Baugruppe Schlempp beim Aufbau der Produktionsstätten der berüchtigten V-Waffen gearbeitet und im Raum von Peenemünde 40 Baustellen persönlich geleitet. 1944 sei Lübke der Aufbau der Außenlager Bernburg-Leau und Neu-Staßfurt, eine besonders wichtige und äußerst geheime Aufgabe, übertragen worden. Um den verheerenden Verlusten der Luftwaffe zu begegnen, sei im Frühjahr 1944 ein sogenannter »Jägerstab« gebildet worden. Dieser habe von »Kriegsverbrecher Speer« die Aufgabe erhalten, die Rüstungsbetriebe der Flugzeugindustrie aus den bombengeschädigten und gefährdeten Betrieben in unterirdische Produktionsstätten zu verlagern und die Produktion mit allen Mitteln auf Hochtouren zu bringen. Dem »Jägerstab« sei auch die Baugruppe Schlempp mit ihrem stellvertretenden Leiter Lübke zugeteilt worden. Hierzu habe Lübke als oberster Bauführer dieser Baugruppe 2000 KZ-Häftlinge aus dem KZ Buchenwald angefordert, die in Peißen bei Bernburg schwerste Betonierungs- und Transportarbeiten unter Tage in zwei Schichten zu je zwölf Stunden ausführen mussten. Die ersten Häftlinge seien Ende August 1944 in Zelten untergebracht gewesen. Die katastrophalen Verhältnisse hätten eine Ruhrepidemie begünstigt und viele Häftlinge seien gestorben. Für die weiteren Häftlinge sei ein Konzentrationslager in 400 Meter Tiefe angelegt worden. Hier seien 500 Menschen unter grausamen Bedingungen dahingesiecht. Im *Braunbuch* beigefügt wurden mehrere Dokumente, die eindeutig beweisen sollten, dass Lübke den Bau von Konzentrationslagern geplant und geleitet habe. Es habe zu seinen Aufgaben gehört, das »Jägerprogramm« durch »Sklavenarbeit von KZ-Häftlingen, Kriegsgefangenen und Zwangsverschleppten« zu verwirklichen. Lübke sei mitverantwortlich für die mörderischen Arbeits- und Lebensbedingungen, denen Hunderte Polen, Franzosen, Italiener, Sowjetbürger und Deutsche zum Opfer gefallen seien. Bisher seien aus Listen des KZ Buchenwald die Namen von 267 ermordeten politischen Häftlingen bekannt, für deren Tod Lübke »in hohem Maße« verantwortlich sei.

In der Bundesrepublik wurde das Buch weitgehend als Propagandawerk abgelehnt und eine Neuauflage 1967 auf der Frankfurter Buchmesse durch einen Amtsrichter sogar beschlagnahmt. Die damalige Bundesregierung erklärte lediglich, die erhobenen Vorwürfe träfen nicht zu. Jahre später zeigten unabhängige Überprüfungen der meisten Angaben im *Braunbuch* zumindest über NSDAP-, SS- und SA-Mitgliedschaften der aufgeführten Personen, dass die Behauptungen zutrafen. Und auch Heinrich Lübkes Verstrickung als Mitglied der »Baugruppe Schlempp« in der NS-Zeit ist nach neuesten Erkenntnissen weit größer als bisher von Biografen und Publizisten angenommen.

Die Zuarbeit der Abteilung Agitation des Ministeriums für Staatssicherheit war für Albert Norden zumindest bei den bisherigen Aktionen gegen Heinrich Lübke allerdings nicht zufriedenstellend. Es musste doch möglich sein, so hofften die Verantwortlichen, mit allen Mitteln und Methoden des DDR-Geheimdienstes Heinrich Lübke derart zu belasten, dass er langfristig nicht mehr im Amt des Bundespräsidenten zu halten wäre.

Folgerichtig startete Oberstleutnant Halle, Chef der Abteilung Agitation des MfS, im August 1964 eine neue Initiative, die Erfolg versprechend zu sein schien. Von der Ost-Berliner Zentrale wurden mehrere schriftliche Anfragen an die MfS-Bezirksverwaltungen, beispielsweise Rostock, geschickt. Als Betreff stand in den Schreiben »Forschung zur faschistischen Vergangenheit Heinrich Lübkes«. Es wurde nach der »Baugruppe Schlempp« und nach Zeitzeugen gefragt, die in der Bauleitung Peenemünde bei der »Baugruppe« gearbeitet hatten. Immerhin war dem DDR-Geheimdienst bereits Franz Braune bekannt, der als langjähriger Verwaltungsangestellter des Baustabes exakte Kenntnis über dessen Mitarbeiter und Arbeitsweise haben müsste. Außerdem ging es um Gertrud Bartels, die nach MfS-Erkenntnissen von 1940 bis 1945 in der Registratur beschäftigt gewesen war.

In Halles Schreiben wurde »zur weiteren Aufklärung der Beteiligung Lübkes an der faschistischen Kriegsproduktion und an Gewaltmaßnahmen« um die Befragung dieser Personen zu folgenden Gesichtspunkten gebeten: Der Leiter der Abteilung Agitation wollte wissen, zu welchem Zeitpunkt und in welchen genauen Funktionen die Befragten in Peenemünde wirkten; welche leitenden Mitarbeiter der Baugruppe Schlempp in Peenemünde verantwortlich waren (»Charakterisierung der wichtigsten Männer wie z. B. Walter Schlempp, Heinrich Lübke, Erwin Mass, Albin Teichmann, Ing. Peters«); wie viele Personen der Baustab umfasste; an welchen Projekten er arbeitete (»genaue Angaben zu den Personen und Projekten; Charakteristiken usw.«); ob zur Absicherung der Projekte Zusammenarbeit mit der Gestapo, der Wehrmacht-»Abwehr«, dem SD oder der SS bestand; und über welche Personen des Baustabes die Zusammenarbeit erfolgt sei. Außerdem wollte Oberstleutnant Halle wissen, in welchem Verhältnis der Baustab zu den Kriegsgefangenen-,»Ostarbeiter«- und KZ-Lagern gestanden habe. Habe er den Einsatz von Arbeitskräften dirigieren können und habe Weisungsbefugnis zu Einheiten der »Organisation Todt« bestanden? Welche namentlich bekannten Mitarbeiter des Baustabes seien in Westdeutschland und wo würden sie leben und welche Funktion hätten sie? Schließlich sollten sich die befragten Personen auf den beigelegten Fotos erkennen und sagen, in welchen Funktionen sie in Peenemünde gearbeitet hätten. Der Fragenkatalog beweist die Unsicherheit der Stasi-Rechercheure im Wissen um die tatsächliche Funktion der »Baugruppe Schlempp«. Von einer schlüssigen Darstellung der Rolle Heinrich Lübkes an Schlempps Seite war man weit entfernt.

Für die Zeit zwei Jahre nach diesem Rechercheversuch befinden sich in Lübkes Stasi-Akte weitere Korrespondenzen der Ost-Berliner Abteilung Agitation mit verschiedenen Kreisdienststellen des MfS. Sie zeigen das Bemühen des DDR-Geheimdienstes, Namen von Zeitzeugen, die zur »Entlarvung des westdeutschen Präsidenten Lübke« beitragen und auch ohne Weiteres in der Öffentlichkeit als Zeugen auftreten könnten, herauszubekommen. Protokolle über Zeugenvernehmungen, in denen Lübke in irgendeiner Form belastet werden könnte, fehlen allerdings.

Es fehlen auch Dokumente des tschechoslowakischen Geheimdienstes über Lübkes Tätigkeit bei der unterirdischen Rüstungsproduktion im Stollensystem eines aufgelassenen Kalksteinbergwerks in der Nähe der Stadt Leitmeritz, die heute Litoměřice heißt. In der

Nähe von Leitmeritz war das größte KZ-Außenlager des Konzentrationslagers Flossenbürg. Im Zusammenhang mit dem unter dem nationalsozialistischen Decknamen »Richard« in der Nähe gestarteten Bauvorhaben für Untertage-Verlagerungen wurde es vom 24. März 1944 und bis zur Kapitulation der Wehrmacht am 8. Mai 1945 betrieben. Etwa 18 000 Häftlinge durchliefen das Zwangsarbeiterlager, von denen circa 4500 zu Tode kamen. Die »Baugruppe Schlempp« und mit ihr Bauleiter Heinrich Lübke waren wie in Peenemünde an dem Vorhaben wesentlich beteiligt.

Auf der weiteren Suche nach belastendem Material aus der Zeit des Nationalsozialismus gegen Heinrich Lübke setzte das MfS alle nur denkbaren Hebel in Bewegung. Die Nachrichtendienste der sozialistischen Bruderländer wurden beauftragt, nach Material über Lübkes NS-Vergangenheit zu forschen. Die »befreundete Dienststelle«, die KGB-Vertretung in Ost-Berlin, hatte bereits geliefert. Über das ehemalige Bauvorhaben in Leitmeritz und Lübkes Rolle sollten die Genossen in Prag Auskunft geben. Direkte Kontakte zwischen tschechoslowakischen und ostdeutschen Informationsabteilungen wurden 1965 eröffnet. Diese und viele andere Details verdanken wir dem ehemaligen stellvertretenden Chef der Abteilung für Desinformation des tschechoslowakischen Geheimdienstes. Es ist Ladislav Bittman, der als Anhänger des Prager Frühlings 1968 nach dem sowjetischen Einmarsch in die Botschaft der USA in Bonn flüchtete. Das bekamen auch die Männer der zuständigen Abteilung für Desinformation und Agitation des DDR-Geheimdienstes mit und sollen über diese Nachricht sehr erschrocken gewesen sein. Bittman, der fortan in Amerika lebte, veröffentlichte 1972 sein Buch *The Deception Game. Czechoslovak Intelligence in Soviet Political Warfare*. Es ist eine Insidergeschichte über die Abteilung für Desinformation des Prager Geheimdienstes, die Bittman seit 1965 geleitet hatte. Erstmals wird in diesem Werk die Technik und Taktik der Abteilung D enthüllt, die mit Desinformation, getarnter Propaganda und Täuschungsmanövern von Prag aus agierte. 1973 erschien das Buch auf Deutsch unter dem Titel *Geheimwaffe D*.

Nach Bittmans Angaben in seinem Werk fand das erste Treffen zwischen den tschechoslowakischen und ostdeutschen Partnern 1965 in Dresden statt. Es ging um die Einzelheiten einer »umfassenden gegenseitigen Zusammenarbeit im Bereich der Desinformation«, die als Teil einer förmlichen Vereinbarung zuvor von General Wolf und Oberst Houska unterzeichnet worden war. Wie Bittman schreibt, trafen in Dresden Major Stejkal und Ladislav Bittman auf Oberstleutnant Rolf Wagenbreth und seinen Stellvertreter. Wagenbreth war Leiter der für »Aktive Maßnahmen« und Desinformation zuständigen Abteilung X der HVA beim MfS. Der 1929 in Breitenbach Kreis Zeitz geborene gelernte Rechnungsprüfer kam 1950 zum MfS. Er besuchte die Landesparteischule sowie die Parteihochschule und schaffte es zum Diplom-Gesellschaftswissenschaftler. Der einflussreiche Tschekist gehörte seit 1973 zu den Großverdienern mit 2150 Mark im Monat. Stejkal und Bittman leiteten die vergleichbare Abteilung im tschechoslowakischen Geheimdienst.

Für Bittman war Wagenbreth ein selbstbewusster, jovialer Mann Ende dreißig und zusammen mit seinem jüngeren Stellvertreter ein perfekter Gastgeber, der sich bemühte, den zweitägigen Besuch der Gäste aus Prag so angenehm wie möglich zu gestalten. Aber beide Seiten seien vorsichtig gewesen, schreibt Bittman weiter. Weder die Deutschen noch die Tschechoslowaken seien bereit gewesen, alle Stärken und Schwächen ihrer Organisationen offenzulegen. Die tschechoslowakischen Geheimdienstoffiziere seien in ihren Kontakten mit ostdeutschen Partnern wegen traditioneller antideutscher Stimmungen und weil es recht häufig zu Überläufern aus den ostdeutschen Diensten in den Westen kam, sehr vorsichtig gewesen. Im ersten Teil der Diskussion in Dresden habe man sich auf westdeutsche Nazis unter Politikern, Regierungsbeamten und Diplomaten konzentriert. Wagenbreth habe die Gäste gebeten, sich den ostdeutschen Bemühungen anzuschließen, jeden Nazi-Diplomaten auf der ganzen Welt zu jagen.

Ein weiteres Thema war nach Bittmans Angaben die USA. Wagenbreth habe darauf hingewiesen, dass der ostdeutsche Dienst eine umfangreiche Dokumentation des CIA-Personals vorbereite, und bat, ihnen alle verfügbaren Informationen zu diesem Thema zu liefern. Die beiden Geheimdienstoffiziere aus Prag versprachen, ihr Bestes zu tun, und wussten aber, dass Prag nicht bereit sein würde, die wertvollsten Daten über die CIA für eine ostdeutsche Propaganda-Operation zu liefern.

Ladislav Bittman erklärt in seinem 340 Seiten starken Buch, Hauptthema sei der letzte Punkt der Tagesordnung gewesen: Bundespräsident Heinrich Lübke. Der DDR-Geheimdienst habe Lübkes NS-Vergangenheit betont und alle verfügbaren Dokumente über seinen Werdegang während der NS-Zeit gesammelt. Für Bittman konnte an Lübkes Mitgliedschaft in der »Baugruppe Schlempp« kein Zweifel bestehen. Die Frage sei, ob Lübke wissentlich am Bau von Konzentrationslagern beteiligt war oder ob es sich um gefälschtes Material handele. Diese Frage blieb nach Meinung des Autors Bittman auch für die Abteilung D der Tschechoslowakei offen. Weiter schreibt er:

»Trotz unserer Meinungsverschiedenheiten gaben die Ostdeutschen nicht offen zu, dass sie sich die Lübke-Dokumente angeschaut hatten. Aber ihr Druck auf uns, mehrere Dokumente über Lübke, die in der Tschechoslowakei gefunden wurden, zu korrigieren, implizierte, dass eine Fälschung verwendet worden war.«

Da sich der Wirkungskreis der »Baugruppe Schlempp« auch auf besetztes tschechoslowakisches Gebiet erstreckt hatte, forderte der DDR-Geheimdienst seine Prager Kollegen auf, die Suche nach weiteren, noch unbekannten Dokumenten fortzusetzen, die Lübke politisch kompromittieren könnten. Im Ergebnis einer umfangreichen Durchsuchung der tschechoslowakischen Archive in den Jahren 1965 und 1966 wurden tatsächlich Dokumente gefunden, die Lübke verfasst hatte oder in denen er zumindest erwähnt wurde, notiert Bittman in seinem Buch. Allerdings:

»Wir konnten uns jedoch nicht entschließen, deren Inhalt zu ›verbessern‹. Angesichts der Schwere des Falles wäre das zu riskant gewesen. Die Originaldokumente müssten westlichen Experten zur Verfügung gestellt werden, und die geringste Manipulation durch die tschechoslowakische Fälschungswerkstatt hätte unangenehme politische Folgen gehabt.«

1966 habe die Abteilung D des Prager Geheimdienstes lediglich eine Pressekonferenz in Litoměřice organisiert, also an dem Ort, an dem die Nazis mithilfe von Zehntausenden von Häftlingen, von denen viele dort ihr Leben verloren, eine gigantische unterirdische Fabrik zur Herstellung von Raketenwaffen gebaut hatten. Dabei sei erwähnt worden, dass die »Baugruppe Schlempp« und ihr Mitarbeiter Heinrich Lübke an ähnlichen Konstruktionen gearbeitet hätten.

1967 habe die Abteilung D dann Fotokopien über »Pragopress«, einen offiziellen Ableger der tschechoslowakischen Presseagentur, veröffentlicht, die sich mit Lübke befassten. Damit seien ausländische Medien und tschechoslowakische Botschaften versorgt worden. »Keines der Dokumente hatte sensationellen Wert, da es lediglich Lübkes Anstellung bei der ›Baugruppe Schlempp‹ belegte«, bilanzierte Ladislav Bittman.

Die Ergebnisse der erweiterten in- und ausländischen Recherche durch das MfS im Falle Lübke konnten also weiterhin nicht überzeugen. Die Kontakte zu Polen schienen zu stagnieren. In Lübkes Stasi-Akte befinden sich Korrespondenzen über Reisen führender Akteure der MfS-Abteilung Agitation nach Warschau, um mit Vertretern der »Polnischen Hauptkommission zur Verfolgung von Nazi- und Kriegsverbrechen« zu verhandeln. Dabei ging es einzig und allein um die Bearbeitung der Materialien gegen Lübke. Dabei zeigte sich große Zurückhaltung von polnischer Seite. Sie versprach, sich für das Zustandekommen einer Arbeitsvereinbarung zwischen Ost-Berlin und Warschau einsetzen zu wollen. Nach viermonatigen Bemühungen der MfS-Experten in der polnischen Hauptstadt konnte jedoch offensichtlich kein einziges kompromittierendes Dokument aus polnischen Quellen über Lübkes Arbeit in der »Baugruppe Schlempp« gefunden werden. Vage in Aussicht gestellt wurde die Suche nach Zeitzeugen aus den von der »Baugruppe Schlempp« errichteten Häftlingsbaracken.

In einem weiteren Papier der ZK-Agitationskommission vom 22. Dezember 1965 wird eine »neue Belastung des Bonner Bundespräsidenten Heinrich Lübke infolge seiner Verantwortlichkeit für die Außenstelle des KZ Buchenwald S III« festgehalten. Zunächst wird mittlerweile Altbekanntes referiert, gemischt mit schweren und zum Teil nicht belegten Vorwürfen in neuen Varianten.

Darin ist festgehalten, dass in der Öffentlichkeit bisher noch nicht bekannt sei, dass Lübke als Verantwortlicher im »Baustab Schlempp« und im »Jägerstab« den Bau des Führerhauptquartiers in Jonastal unweit von Arnstadt im Bezirk Erfurt geleitet habe. Dieses Führerhauptquartier mit dem Decknamen »S III« sei von V-Waffenanlagen, unterirdischen Montagehallen für Flugzeuge und wichtigen Nachrichtenzentren umgeben gewesen. Der »Jägerstab« habe über 13 000 Häftlinge aller Nationen bei diesem Vorhaben eingesetzt. Neben der V-Waffenproduktionsstätte »Dora« sei »S III« das größte Nebenlager von Buchenwald gewesen. Innerhalb von acht Monaten hätten 24 000 bis 59 000 KZ-Häftlinge, Kriegsgefangene und Zwangsarbeiter das Lager durchlaufen. Schließlich wird festgehalten, dass Lübke gerade zu der Zeit aufgetaucht sei, als das Bauvorhaben stagnierte und die Front näher rückte. Lübke sollte aus diesem Grund mit neuen und höheren Anforderungen von Häftlingen dieses Projekt fertigstellen. Eines sei sehr augenscheinlich: Immer dort, wo die Rüstungsproduktion oder andere Bauvorhaben im Rahmen des Jägerprogramms nicht vorangingen, sei Lübke aufgetaucht. Nach den vorliegenden Unterlagen, die keineswegs als vollständig anzusehen seien, sollen 5000 Häftlinge umgebracht worden sein. Als Verantwortlicher für diesen Bau sei Lübke auch verantwortlich für den Tod dieser Häftlinge in »S III«. Auch für diese Anschuldigungen in Lübkes Stasi-Akte finden sich keine Belege. Stattdessen wurden zutreffende Fakten verkürzt formuliert und zeichneten ein einseitiges Bild von den tatsächlichen Aufgaben Heinrich Lübkes. Dazu später.

Unterdessen hatte die SED-Parteiführung beschlossen, auf einer weiteren Pressekonferenz die Kampagne gegen den Bonner Bundespräsidenten Lübke durch Albert Norden fortzuführen. Geplant war, detailliertes Material unter anderem zu den Komplexen der Außenlager des Konzentrationslagers Buchenwald in Neu-Staßfurt und Ohrdruf – Deckname »S III« – vorzulegen. In Lübkes Stasi-Akte befindet sich eine Pressemappe mit elf Blatt Zeichnungen für die Pressekonferenz am 26. Januar 1966. In Deutsch, Englisch und Französisch werden die Dokumente erklärt. So beispielsweise ein Deckblatt mit Erläuterungen und Plänen für den Bau des Konzentrationslagers Neu-Staßfurt – versehen mit der Unterschrift Heinrich Lübkes; außerdem der Bauplan selbigen Lagers ebenfalls mit der Unterschrift Heinrich Lübkes oder ein Bauplan für die SS-Baracken mit Lübkes Unterschrift; es folgt der Bauplan des Lagers für Zwangsarbeiter und »jüdische Mischlinge« in Wolmirsleben – alle versehen mit der Unterschrift Heinrich Lübkes. Ob diese Unterschriften echt oder gefälscht sind, lässt sich nicht mehr klären. Im Dokument Nummer 9 heißt es wörtlich:

»In speziellen Richtlinien der SS über die Behandlung jüdischer ›Mischlinge‹, nach denen die Baugruppe Schlempp verfährt, wird angeordnet: Ihnen ist nur schwere körperliche Arbeit erlaubt. Die Vorbildung der Arbeitskräfte darf nicht berücksichtigt werden, selbst wenn ein zweckentsprechender Einsatz möglich wäre. Die Zwangsarbeiter stehen ständig unter Aufsicht und dürfen nur in Kolonnen zur Arbeit geführt werden. Ihre Post unterliegt der Zensur. Der Empfang von Besuch ist ihnen verboten. Bei den geringsten Verstößen hat eine Mitteilung an die Gestapo zu erfolgen.«

Diese Richtlinien der SS sind so angelegt, dass sie der »Baugruppe Schlempp« und damit Heinrich Lübke untergeschoben werden können. Sämtlichen Dokumenten sind Blätter mit Unterschriften Lübkes aus der Zeit von vor 1945 beigefügt; sie wurden mit Lübkes Unterschriften als Bonner Bundesminister und als Bundespräsident verglichen. Im Vergleich sollte die Echtheit von Lübkes Schriftzug bewiesen werden. Dieses »sensationelle Material« wurde von Albert Norden auf der Pressekonferenz am 26. Januar 1966 in Ost-Berlin der Öffentlichkeit vorgestellt. Für den SED-Propagandisten Norden galten diese Dokumente als Beleg für den »Kriegsverbrecher« Heinrich Lübke. Ein siebenseitiges »Gutachten über Unterschriftenuntersuchungen« des »Kriminaltechnischen Instituts« des DDR-Ministeriums des Innern vom 3. Februar 1967 kam zu einer eindeutigen Schlussfolgerung. Danach wurden die Unterschriften »Lübke« auf den Bauzeichnungen in den Vorentwürfen zum Bau eines KZ-Lagers vom gleichen Schreiber getätigt wie bei den Originalunterschriften »Lübke« auf den anderen Dokumenten. Und diese Unterschriften seien wiederum identisch mit denen bei den Publikationen als Minister für Ernährung, Landwirtschaft und Forsten und als Bundespräsident Dr. Heinrich Lübke, so das Gutachten.

Ob die Unterschriften unter den Schreiben zu den KZ-Baracken im Gegensatz zum Gutachten allesamt gefälscht waren, wie der Lübke-Biograf Rudolf Morsey und mehrere Publizisten herausbekommen haben wollen, lässt sich nicht mit Bestimmtheit nachweisen. Vermutlich war es eine Mischung aus echten und gefälschten Dokumenten. Aufsehen erregte eine Publikation aus dem Jahr 1992. Günter Bohnsack und Herbert Brehmer, zwei langjährige Mitarbeiter der Abteilung »Aktive Maßnahmen« der HVA des MfS, veröffentlichten viele Details über Desinformationsaktivitäten des Ost-Berliner Geheimdienstes.

Die MfS-Kaderakten dokumentieren, dass Günter Bohnsack 1939 in Berlin geboren wurde. Nach dem Abitur an der Karl- Marx-Universität Leipzig studierte er mit dem Abschluss Diplom-Journalist. Außerdem legte er ein Studium als Staatswissenschaftler für Außenpolitik ab. Seit 1959 SED-Mitglied, stieg er 1964 ins MfS ein.

Als Referatsleiter und gewiefter Experte betrug sein monatliches Gehalt 1550 Mark. Noch am 7. Oktober 1989 wurde er mit dem »Kampforden für Verdienste um Volk und Vaterland in Silber« ausgezeichnet.

Eine ähnliche Karriere dokumentiert die Kaderakte von Herbert Brehmer, der 1935 in Berlin geboren wurde. Sein Eintritt in das MfS wird mit dem 15. Dezember 1961, ein halbes Jahr nach dem Mauerbau, angegeben. Nach dem Studium der Militärgeschichte an der Karl-Marx-Universität Leipzig schaffte er es 1968 mit einer Dissertation zum Dr. phil. Sein Monatsgehalt betrug 1988 1400 Mark und seine letzte Auszeichnung war am 1. Oktober 1987 nach 30-jähriger Dienstzeit als verdienter Aktivist.

In ihrem gemeinsamen Buch drei Jahre nach dem Ende des DDR-Geheimdienstes wird beschrieben, wie »Fake News« – wie sie heutzutage bezeichnet würden – an die Presse der Bundesrepublik lanciert wurden. Zum Fall Lübke schrieben die Kronzeugen zahlloser Fälschungen:

»Über Lübke fanden sich im Archiv der Abteilung IX/11 Akten, die seine Tätigkeit in einer Baugruppe namens Schlempp während der Nazizeit dokumentierten. Es gab auch Baupläne für Baracken; aber dass diese für Gefangene in Konzentrationslagern gedacht waren, ging aus den Zeichnungen nicht hervor, auch aus jenen nicht, an denen Lübke mitgearbeitet hatte. So konnte nur unterstellt werden, dass er von der späteren Nutzung wusste. Beweisen ließ sich diese Behauptung aufgrund der Akten jedoch nicht. Also ergänzten wir das vorliegende Material, so dass es zweifelsfrei ›bewies‹, was wir beweisen wollten: dass Bundespräsident Lübke dereinst mitgebaut hatte an den KZ der Nazis.«

Weiter heißt es im Buch von Bohnsack und Brehmer, die Verfälschungen seien mit großer Sorgfalt angefertigt worden, damit sie einer Prüfung standhielten. So wurden die Deckblätter derart geschickt bearbeitet, dass sogar Kriminalisten der Humboldt-Universität nicht dahinterkamen, dass es Fälschungen waren. Trotzdem habe es schon damals Indizien dafür gegeben, dass etwas nicht stimmte. So habe Norden bei der Durchsicht der Akten moniert, dass Lübkes Unterschriften zu schwach seien, die Genossen sollten sie »erkennbar« machen, was danach auch geschehen sei. Bald habe das Bundeskriminalamt die Nachbesserungen entdeckt. Günter Bohnsack und Herbert Brehmer wiesen in ihrem Buch darauf hin, dass die Genossen echte und falsche Dokumente der westdeutschen Presse zugänglich machten. Was hängen blieb, war der immer wieder zitierte und vom DDR-Geheimdienst geschaffene Begriff des »KZ-Baumeisters Lübke«.

Wirklich neues belastendes Material zu Lübke konnte auch weit über die Grenzen der DDR hinaus nicht mehr ausfindig gemacht werden. Dennoch ließen die Anstrengungen Nordens und seiner Helfershelfer nicht nach. Von Ende Oktober 1967 datiert vermutlich aus dem Büro Nordens ein mit unleserlicher Unterschrift versehenes Schriftstück. Es beinhaltet Vorschläge »zur Neubelebung bzw. Intensivierung der Aktionen zur Ablösung Lübkes«. Darin heißt es unter anderem, dass westdeutschen bzw. West-Berliner Journalisten ohne veränderte Bedingungen nichts Entscheidendes mehr in der Angelegenheit Lübke an die Hand gegeben werden könne. Die entscheidende Hürde stelle das Fehlen eines auf nicht-sozialistischem Territorium entstandenen Gutachtens über die Echtheit der belastenden Lübke-Dokumente dar. Gleichzeitig wird das Scheitern bisheriger Aktionen zur Erlangung eines westlichen Gutachtens eingeräumt. Im gleichnamigen Schriftstück wird darüber nachgedacht, über verschiedene Schweizer Organe wie beispielsweise die *Weltwoche* und über französische Organe, aber auch über die Illustrierte *Quick* eine neue Aktion gegen Lübke zu starten. Ob daraus etwas geworden ist, lässt sich an Lübkes Stasi-Akte nicht erkennen.

Der Berliner Politikwissenschaftler Jochen Staadt kam 2006 in seiner Publikation mit dem Titel *Die Lübke-Legende* zu der Erkenntnis, dass starke Indizien dafür sprechen würden, dass in den Sechzigerjahren mit Originalunterschriften Lübkes, die sich unter belanglosen Schriftstücken fanden, und »belastenden« Dokumenten ein Hütchenspiel für Schriftgutachter veranstaltet worden sei. Nach Staadts Überzeugung dürfte es wohl unbestreitbar sein, dass Heinrich Lübke über den Einsatz von Zwangsarbeitern und KZ-Häftlingen auf den Baustellen rund um seinen Verantwortungsbereich im Rahmen des Ingenieurbüros Schlempp Bescheid wusste. Ein Besprechungsprotokoll über den Bau eines »Wohnlagers« für KZ-Häftlinge, die als Arbeitskräfte zum Einsatz kamen, belege das.

Dies ist allerdings nicht das einzige Dokument, das Lübkes Wissen und seine einschlägige Kenntnis über den Einsatz von KZ-Häftlingen und Zwangsarbeitern bei Bauvorhaben der »Baugruppe Schlempp« beweist.

Dokumentensammlung

Im Gegensatz zu Tausenden Spitzelberichten in den Stasi-Akten der Bonner Kanzler und Kabinettsmitglieder von 1949 bis zum Ende der DDR und ihres Geheimdienstes 1989 befindet sich in Heinrich Lübkes Stasi-Akte so gut wie kein Spionagebeitrag aus Bonn. Lediglich das »System der Informationsrecherche der Hauptverwaltung Aufklärung« (SIRA) registrierte einige unbedeutende Berichte über Lübkes Auslandsreisen nach Madagaskar, Kamerun, Togo, Mali, Kenia, Marokko und in den Tschad.

Vom Juli 1969 stammt allerdings ein brisantes 20-seitiges Papier der Abteilung Agitation mit Hinweisen auf Dokumente in seinem Stasi-Aktenkonvolut. Darin sind sämtliche »Aktenvorgänge Lübke« aufgelistet, die durch die MfS-Abteilung Agitation vom Deutschen Zentralarchiv (DZA) Potsdam und von Staats- und Betriebsarchiven der DDR eingezogen und sonderverwahrt wurden. Dabei ging es einzig und allein um die »Sicherung der Originaldokumente über die kriminelle und faschistische Tätigkeit Lübkes von 1933 bis 1945«.

Neben der Dokumentenaufstellung befindet sich eine Liste, aus der zu ersehen ist, aus welchen Archiven und Institutionen diese Unterlagen beschafft wurden.

Oberst Günter Halle war nach Angaben seiner Kaderkarteikarte aus dem Stasi-Unterlagen-Archiv (Bundesarchiv) Jahrgang 1927, nach Studium der Gesellschaftswissenschaften an der Universität Leipzig und Besuchs der Fachschule für Journalistik in Leipzig, ab Dezember 1950 Inoffizieller Mitarbeiter und seit 1956 Hauptamtlicher des MfS. Als Leiter der Abteilung Agitation in der Ost-Berliner Zentrale, bemerkte der Oberst in seinem Begleitschreiben an die Hauptabteilung IX, der zuständigen Diensteinheit für strafrechtliche Ermittlungen mit den Befugnissen eines Untersuchungsorgans, dazu, er übergebe diese Unterlagen im Sinne einer weiteren Sicherheitsverwahrung von bis zu zwei Jahren. Er halte es zurzeit nicht für zweckmäßig, diese Dokumente den zuständigen Archiven zurückzugeben. Nach dem Rücktritt des ehemaligen Bundespräsidenten Lübke am 30. Juni 1969 könne die politische Kampagne als beendet angesehen werden.

Das meiste Archivgut, so wird in der Sammlung deutlich, kam aus dem MfS-eigenen Archiv, aus dem Deutschen Zentralarchiv in Potsdam, dem Archiv des Nationalrats der Nationalen Front, den Staatsarchiven Schwerin, Leipzig und Magdeburg sowie den Firmenarchiven in Dornburg, Bernburg und dem Bestand Buchenwald. Auch drei Blatt Archivalien aus der ČSSR werden angegeben.

Die Obristen der MfS-Abteilung Agitation konnten mit einigem Stolz auf ihre Sammelwut in den Jahren 1961 bis 1969 zurückblicken. Auch wenn ihnen ein spürbarer Durchbruch bisher nicht gelungen war, konnte sich ihre Dienstleistung als »Schild und Schwert« der Sozialistischen Einheitspartei (SED) sehen lassen. Für Albert Norden, den unerschütterlichen Chef-Propagandisten Ost-Berlins, hatten alle intensiven MfS-Recherchen zu seinem Leidwesen nicht zu letzten Konsequenzen für Lübke geführt. Alle Bemühungen, mit echten oder manipulierten Dokumenten aus der Nazizeit den Bundespräsidenten in Bedrängnis zu bringen oder ihn gar zum frühzeitigen

Rücktritt zu zwingen, müssen aus Sicht des DDR-Geheimdienstes als gescheitert angesehen werden.

Es bleibt ein Geheimnis der Ost-Berliner Lübke-Spezialisten, warum nicht mindestens die außergewöhnlichen Materialien von 1969 zu wirkungsstarken Aktionen gegen Lübke eingesetzt wurden. Ohne einen Hauch von Manipulation der Dokumente und ohne jeglichen Fälschungsversuch hätte eine Präsentation dieses Archivmaterials aus der Nazizeit den Bundespräsidenten Heinrich Lübke in Bedrängnis, vielleicht sogar zu Fall bringen können.

Unter dem »Komplex: Leau« sind schließlich 25 Schlüsseldokumente in Lübkes Stasi-Akte aufgelistet. Leau ist heute ein Ortsteil von Preußlitz, das wiederum zu Bernburg an der Saale in Sachsen-Anhalt gehört. In Leau und im benachbarten Plömnitz wurden unter Beteiligung des Ingenieurbüros Schlempp seit 1944 unter der Tarnbezeichnung »Leopard« zwei Außenlager des KZ Buchenwald für 1000 bis 2000 Häftlinge eingerichtet. Hinzu kam im Februar 1945 ein Frauenlager für 150 ungarische Jüdinnen, die für die Solvay-Werke und die Junkers-Werke schwere Zwangsarbeit verrichten mussten, die zahlreiche Opfer forderte.

Sämtliche Dokumente in Lübkes Stasi-Akten, die Leau betreffen, sind nur mit kurzen Inhaltsangaben von wenigen Sätzen versehen. Unerklärlich bleibt, warum dazu kein einziger Beleg zu finden ist. Denn es gibt komplette Kopien, 2023 waren sie auf Antrag beim Landesarchiv Sachsen-Anhalt erhältlich. Dabei handelt es sich in den meisten Fällen um Korrespondenzen der »Baugruppe Schlempp«, die von Lübke als Bauleiter persönlich ausgingen oder an ihn gerichtet sind. Beispielsweise ein Schreiben der Solvay-Werke an Baurat Lübke im Reichsluftfahrtministerium (RLM) wegen des Einsatzes von Arbeitskräften, darunter auch acht sowjetischen Kriegsgefangenen. Weiterhin finden sich zahlreiche Schreiben, die nicht von Lübke sind, aber über seinen Schreibtisch gingen. Oder eine Besprechungsniederschrift über eine Beratung am 4.9.1944 in Leau, mit dem Tarnnamen »Leopard«. Als erster der Teilnehmer wird Lübke genannt. Festgelegt wurde, dass ein Lager für

a) »1000 KZ-Männer
b) 1000 KZ-Frauen
c) 500 Ausländer«

eingerichtet wird.

Ein Protokoll aus dem Landesarchiv in Dessau fasst alle wesentlichen Punkte der Besprechung zusammen. So beispielsweise, dass eine Holzbaracke bereits erstellt wurde und drei weitere im Laufe der Woche entstehen sollen. »Die übrigen Baracken werden im Mauerwerk erstellt und so beschleunigt, dass die jetzt im Zelt untergebrachten KZ-Häftlinge allerschnellstens nach Leau kommen, da das Zelt für die kalte Jahreszeit unmöglich ist. 80 Prozent der KZ-Häftlinge leiden unter starkem Durchfall«, heißt es in der Besprechungsniederschrift. Und an anderer Stelle: »Um die Raupenhöhe nicht ausfüllen zu müssen, schlägt Herr Lübke vor, ein Kellergeschoss unter dem Bau zu schaffen, das als Garderoben- und Waschräume ausgebaut wird.« Am Ende des Dokuments steht der Verteiler: Ing. Büro Schlempp: Dipl. Ing. Lübke und Deutsche Solvay-Werke – Bergverw. Knauth.

Die Stasi-Akte enthüllt mit einer Fülle weiterer Details, was Lübke ohne jeden Zweifel über die Lebens- und Arbeitsbedingungen der Häftlinge wusste:

- Die Allgemeinen Solvay Werke in Bernburg teilen am 5.9.1944 mit, dass lt. Hinweis des Herrn Dipl.-Ingenieur Lübke eine Änderung der Dringlichkeitsfolge nicht eingetreten ist.

Auch das nächste Dokument aus Lübkes Stasi-Akte ging über seinen Schreibtisch:

- Solvayhall bemängelt am 25.9.1944 in einem Schreiben an Ingenieurbüro Schlempp, Bauleitung Löcknitz, die sanitären Verhältnisse unter Tage und schlägt vor, aus den KZ-Häftlingen eine Gruppe abzustellen, die ... die Kübel abzutransportieren hat. Außerdem wird Beschwerde darüber geführt, dass eine unter Tage vom Ingenieurbüro eingesetzte Diesellokomotive solche Abgase

91

entwickelt, dass die Betriebsführung die Verantwortung für Gesundheit und Sicherheit der Bergleute ablehnt.

Im Dessauer Landesarchiv gibt es ein Schreiben dazu, in dem diese Beschwerde ausführlich begründet wird.

Weiter aus Lübkes Stasi-Akte:

- Das Ing.-Büro Schlempp informiert am 9.8.1944 Solvayhall davon, dass 10 belgische Zwangsarbeiter in einem speziellen Raum unter Bewachung untergebracht seien. Die französischen Kriegsgefangenen seien in einem Lager unter ständiger Bewachung. Dasselbe gelte für das geplante KZ Plömnitz.

Zwar fehlt in Lübkes Stasi-Akte ein Beleg dafür, aber in dem Dokument, das dem Autor aus dem Landesarchiv Dessau überlassen wurde, heißt es wörtlich:

»Die zehn belgischen Zwangsarbeiter sollen ... abgesondert von den übrigen Arbeitskräften in einer abgeschlossenen Unterkunft untergebracht werden und vom Werkschutz bewacht werden. Dies ist nur auf der Anlage Plömnitz in dem ehem. Fahrradraum gegenüber dem Werkschutzraum möglich. Die französischen Kriegsgefangenen sind in einem schon bestehenden Gefangenenlager auf der Anlage Solvay in Preißen untergebracht. Außerhalb der Arbeitszeit sind sie im Lager eingeschlossen und unter ständiger Bewachung. Dasselbe gilt für das geplante K.Z.-Lager auf der Anlage Plömnitz.«

Der Baurat Lübke als Stellvertreter Schlempps muss auch diese Korrespondenz gekannt haben. – Zurück zu Lübkes Stasi-Akte:

- Ebenfalls am 25. September 1944 berichtet die Firma Sollvayhall dem Bergamt Magdeburg über den Stand der Arbeiten in Verbindung mit der Verlagerung der ATG (Allgemeine Transportanlagen-Gesellschaft ATG, ab Januar 1944 umbenannt in ATG Maschinenbau GmbH Leipzig – ein Luftrüstungsunternehmen) in die Plömnitz-Schächte und der eingesetzten Kräfte. Im geheimen Einschreiben aus dem Landesarchiv Dessau an den Autor befindet sich u. a. eine Auflistung der im Unternehmen zur Zeit – einschließlich werkseigener Kräfte – Beschäftigten folgende Gruppen: 58 Mann Bergleute in Privatquartieren; 12 Mann Hilfskräfte über Tage; 150 Mann Angehörige verschiedener Firmen; 100 Mann Angehörige der Organisation Todt (OT); zehn belgische Zivilarbeiter; 47 Mann Wachpersonal (eigene Baracken); 30 Mann franz. KZ-Häftlinge Kriegsgefangene (im Gefangenenlager auf dem Werk Solvay); 1000 Mann KZ-Häftlinge (auf dem Werk Plömnitz in der Kiesgrube); 16 Zuchthäusler. Insgesamt 1431 Mann.

Weiter geht es in Lübkes Stasi-Akten mit einem Dokument vom 30.10.1944 und einer Aufzählung weiterer Arbeitskräfte: »10 belgische Zivilarbeiter (Lok-Schuppen), 48 französische Kriegsgefangene (Gefangenenlager), 1486 KZ-Häftlinge (1000 in Baracken, 486 unter Tage in 427 m Tiefe).« Noch ausführlicher sind die Informationen in einem dreiseitigen Brief aus dem Dessauer Archiv, wo zusätzlich noch 16 Mann Zuchthäusler, zehn Mann französische Kriegsgefangene und 40 Mann KZ-Häftlinge genannt werden.

Bis zum Ende des Jahres 1944 sind Lübkes Korrespondenzen im Auftrag der »Baugruppe Schlempp« umfassend belegt. Gleichwohl war der spätere Bundespräsident kein »KZ-Baumeister«. Er hatte aber Kenntnis vom Umgang mit KZ-Häftlingen, erlebte ihre menschenunwürdige Behandlung, ihre erbärmlichen Unterkünfte, ihre mangelnde Versorgung und ihre fehlende ärztliche Betreuung, ihr unwürdiges Leben, ihre Ausbeutung bis zur Erschöpfung und schließlich bis zum Tod. Das alles war Heinrich Lübke über Jahre bekannt. Er aber schwieg, bis zu seinem Tod 1972.

Lübkes Biografen und einflussreiche Publizisten haben sich zu keiner Zeit die Mühe gemacht, unabhängig von den Ost-Berliner Propagandaaktionen eigene Recherchen anzustellen, um Dichtung und Wahrheit voneinander zu unterscheiden. Vor allem wären sie zu der Erkenntnis gelangt, dass der DDR-Geheimdienst über lange Zeit äußerst dilettantisch vorgegangen war. Denn die Lübke belastende Mitgliedschaft im sogenannten »Jägerstab« war für die Ost-Berliner »Schlapphüte« auch nach 1968 keine Recherche wert. Gleiches gilt für seinen Biografen Rudolf Morsey wie für jene Wissenschaftler, die sich mit dem Fall Lübke beschäftigten.

Dass der spätere Bundespräsident Heinrich Lübke ein Profiteur des Nationalsozialismus war, ist bei den Publizisten nicht zu lesen. Lübke erlebte keinen Kampf an der Front wie Millionen Männer, weil er dank seines Einsatzes in der »Baugruppe Schlempp« über die gesamte Kriegszeit »unabkömmlich« war. Finanziell erlebte er keinerlei Einbußen, im Gegenteil. Er und seine Frau Wilhelmine Lübke kannten keinen Hunger, waren im Gegensatz zu Millionen Deutscher optimal versorgt. Auch darüber hat Heinrich Lübke geschwiegen.

Der Historiker Norbert Frei kommt in seinem beachtenswerten Werk *Im Namen der Deutschen* zu einer bemerkenswerten Bilanz. Im System der deutschen Kriegs- und Rüstungswirtschaft, das Hunderttausenden den Tod gebracht hatte und Millionen entsetzliches Leid, habe Heinrich Lübke umstandslos funktioniert. Dies jedoch keineswegs »wie alle« Deutschen, sondern als Angehöriger jener Funktionseliten, die das »Dritte Reich« und die deutsche Kriegsführung am Laufen gehalten hätten. Er habe Verantwortung getragen und über Handlungsspielräume verfügt – wenn auch nicht in einem Maße wie etwa Albert Speer, sein indirekter Vorgesetzter, der nur wenige Jahre nach Lübkes Tod aus dem Spandauer Kriegsverbrechergefängnis entlassen wurde und bald zum Lieblings-Nazi nicht nur der bundesrepublikanischen Medien avancieren sollte.

Im Jägerstab

In Heinrich Lübkes Stasi-Akte befindet sich lediglich eine Handvoll Hinweise auf die Mitgliedschaft der »Baugruppe Schlempp« in einem nicht näher beschriebenen »Jägerstab«. So geht es beispielsweise einmal um die Nutzung von Höhlen zur Fertigung von zwei Flugzeugtypen (Me 110 und Fw 190) in Frankreich auf Anweisung des »Jägerstabs«. Der Verlagerungsplan sei bereits an Baurat Lübke, Jägerstab Berlin, gesandt worden und mit einer Bestätigung durch Feldmarschall Milch sei in Kürze zu rechnen. Sabotage und Arbeitsverweigerung von Kriegsgefangenen müssten durch abschreckende Bestrafung unterbunden werden.

An anderer Stelle steht in einem Bericht der SED-Propagandaabteilung unter der Leitung Albert Nordens, dieser »Jägerstab« sei nicht nur für die Rüstungsproduktion verantwortlich gewesen, sondern habe auch dafür gesorgt, dass Nazigrößen wie Hitler, Himmler, Göring u.a. ständig einen sicheren Unterschlupf gehabt hätten.

Im bereits zitierten *Braunbuch* der SED-Propagandaabteilung heißt es, der »Jägerstab« habe vom Kriegsverbrecher Speer die Aufgabe erhalten, die Rüstungsbetriebe der Flugzeugindustrie aus den bombengeschädigten oder gefährdeten Betrieben in unterirdische Produktionsstätten zu verlagern und die Produktion mit allen Mitteln auf Hochtouren zu bringen. Ihm sei auch die »Baugruppe Schlempp« mit ihrem stellvertretenden Leiter Lübke zugeteilt worden. Diese Sätze kommen der Funktion des »Jägerstabs« etwas näher, ohne eine detaillierte Erläuterung zu sein. Das hat mehrere Gründe. Die Männer des DDR-Geheimdienstes tappten im Dunkeln und verfügten offenbar neben den bereits zitierten spärlichen Korrespondenzen im Zusammenhang mit Lübkes Tätigkeit in der »Baugruppe Schlempp« über keinerlei »Jägerstab«-Material. Die Stasi-Rechercheure hatten bei aller akribischen Suche nach belastendem Material über Lübkes Tätigkeit in der NS-Zeit zunächst keinen Zugang zu den Dokumenten über die äußerst geheime Tätigkeit des legendären »Jägerstabs«. Dafür gibt es eine einfache Erklärung.

Truppen der amerikanischen Besatzungsmacht, die auch das Konzentrationslager Buchenwald befreit hatten, sollen riesige Mengen Archivalien unter anderem über Peenemünde und den Bau der V1- und V2-Raketen in die USA mitgenommen haben. Dazu gehörte auch alles, was sie an Dokumenten über den sogenannten »Jägerstab« ausfindig machen konnten. Erst im Jahr 1968 gelangte dieses hochbrisante Archivmaterial in das Bundesarchiv, Abteilung Militärarchiv in Freiburg. Es handelt sich um ein Aktenkonvolut der stenografischen Niederschriften von Sitzungen des »Jägerstabs« vom 3. März bis 6. August 1944 im Umfang von 4521 Blatt – beidseitig kopiert. Für dieses Buch konnte es endlich ausgewertet werden.

Weder die Stasi-Rechercheure der MfS-Abteilung Propaganda, noch der Lübke-Biograf Rudolf Morsey, noch die Publizisten von *Spiegel, Stern* oder *Zeit.* die sich mit dem angeblichen KZ-Baumeister Heinrich Lübke beschäftigten, interessierten sich Ende der Sechzigerjahre für Lübkes Rolle im »Jägerstab«. Auch der Politikwissenschaftler Jochen Staadt hat in seinen Veröffentlichungen 2005 und 2006 über die Aktivitäten der SED- und MfS-Propagandisten gegen Heinrich Lübke den »Jägerstab« kein einziges Mal erwähnt.

Dabei hätte man sich mit den angeblichen oder tatsächlichen Dokumenten-Fälschungen und den mehrfachen Schriftgutachten nicht so beharrlich auseinandersetzen müssen, wenn man die Protokolle der »Jägerstab«-Sitzungen gekannt hätte. Sie sind die ergiebigste Quelle über die Rolle der »Baugruppe Schlempp« in diesem Gremium und damit des Bauleiters Heinrich Lübke.

Der Historiker Jens-Christian Wagner hat in seinem 2001 erschienenen Buch *Produktion des Todes – Das KZ Mittelbau-Dora* auch die Rolle des »Jägerstabs« kurz beschrieben. Im Kapitel »Der Jägerstab und die Untertageverlagerung der Luftrüstung« erläutert Wagner den unmittelbaren Anlass für die Gründung des »Jägerstabs« am 1. März 1944. Danach waren dies die verheerenden Schäden in der deutschen Flugzeugindustrie Ende Februar 1944 durch heftige alliierte Luftangriffe. Die Produktion von Jagdflugzeugen war schwer getroffen. Nach Wagners Angaben unterzeichnete Albert Speer, Reichsminister für Rüstung und Kriegsproduktion, am 1. März 1944 zur »Sicherstellung des Jägerprogramms« die Anordnung zur Bildung des »Jägerstabs«. Aufgabe dieses mit außerordentlichen Vollmachten ausgestatteten und für die Dauer von sechs Monaten gebildeten Gremiums sollte sein, »ohne bürokratische

Hemmungen durch unmittelbare Befehlsgebung die Instandsetzung beschädigter Werke oder deren Verlegung durchzuführen«. Wie der Historiker Wagner weiter schreibt, gehörten dem »Jägerstab« als Mitglieder Fachleute aus den einschlägigen Ministerien, der Industrie und der SS an, die in ihren jeweiligen Verantwortungsbereichen mit umfangreichen Vollmachten ausgestattet waren. Zu den Verantwortungsbereichen zählten Transport- und Bauangelegenheiten, Sonderbauaufträge, Fertigungsplanung, Zulieferung, Arbeitseinsatz, Beschlagnahme von Verlagerungsobjekten und Energieversorgung.

Der »Jägerstab« bestand aus 26 von Minister Albert Speer persönlich berufenen Mitgliedern. Er wurde geleitet vom Diplom-Ingenieur Karl Saur, Leiter des Technischen Amtes im Reichsministerium für Rüstung und Kriegsproduktion (RMfRuK), und Mitglied der NSDAP. Weitere Mitglieder waren u.a. Generalfeldmarschall Erhard Milch, der bei den Nürnberger Prozessen 1947 als Kriegsverbrecher zu lebenslanger Haft verurteilt wurde, sowie Franz Xaver Dorsch, Regierungsbaumeister und maßgeblich verantwortlich für den Einsatz der Zwangsarbeiter im gesamten Reichsgebiet. Außerdem SS-Obergruppenführer und General der Waffen-SS Hans Kammler, der als Leiter für das Bauwesen der SS verantwortlich für alle KZ-Bauten war, einschließlich der Gaskammern und Krematorien. In den »Jägerstab« von Albert Speer berufen wurden zudem der Architekt Walter Schlempp, Chef des Ingenieurbüros Schlempp, NSDAP-Mitglied, und sein Stellvertreter Heinrich Lübke, Vermessungsingenieur und Bauleiter, der zu keiner Zeit der NSDAP angehörte. Eine besondere Rolle spielte der Jurist und Staatsbeamte Fritz Schmelter, ein SS-Obersturmbannführer. Im »Jägerstab« war er Beauftragter für Arbeitskräftefragen und damit auch verantwortlich für die Einbeziehung jüdischer KZ-Häftlinge für das Bauprogramm. Weiteres Mitglied war Dr. Ing. Karl Frydag, Luft- und Raumfahrtingenieur der Kasseler Firma Henschel&Sohn, die in der NS-Zeit auf kriegswichtige Produktion umstellte und bis zu 6000 Zwangsarbeiter beschäftigte. Auch William Werner, Vorstandsmitglied des ersten deutschen Autokonzerns Auto-Union, war Mitglied des »Jägerstabs«, ebenso wie Dr. Ing. Hans Heine, stellvertretender Vorsitzender des Elektrokonzerns AEG. Wilhelm Scharf, ein Manager der Automobil- und Rüstungsindustrie, technischer Direktor der BMW-Zweigniederlassung in Eisenach und ab 1942 Produktionsmanager in Albert Speers Rüstungsministerium, gehörte 1944 dem »Jägerstab« an. Dort war er verantwortlich für Zulieferungsfragen.

Vom 3. März bis 6. August 1944 wurden stenografische Niederschriften von 106 Sitzungen dokumentiert. Sie fanden beinahe täglich in den Räumen des Berliner Reichsluftfahrtministeriums (RLM) statt und dauerten nicht selten bis zu zehn Stunden. Ganz zu Beginn der aufgezeichneten Gespräche wandte sich Generalfeldmarschall Milch an die Runde:

»Der Führer, der Reichsmarschall und der Reichsminister Speer haben diesen ›Jägerstab‹ eingerichtet, und zwar mit Rücksicht auf die Ihnen allen bekannte Kriegslage. – Der Gegner hat im Ganzen drei Möglichkeiten in seinen Augen, um uns in Deutschland in die Knie zu zwingen. Das eine ist die russische Front; das zweite ist der Luftangriff gegen Deutschland, die Zerschlagung der Rüstung und der Moral des Volkes; die dritte Möglichkeit sind Landungen auf dem europäischen Festland ... Aus dieser Situation heraus ist vom Führer befohlen worden, dass die Jäger- und Zerstörer-Produktion an den Beginn der ganzen Rüstung gestellt wird, als Schwerpunkt, und das eben, um diese Aufgabe zu erfüllen, wofür die Kräfte der Luftwaffenrüstung allein nicht genügen, auch die gesamten Kräfte der anderen Rüstung, die beim Reichsminister Speer vereinigt sind, uns zur Hilfe geschickt worden sind ... Es darf auch keine bürokratischen Hemmnisse geben. Das gilt für uns in der Behörde in erster Linie. Es darf auch keine personellen Fragen geben, auch keine Werks- oder Firmenfragen. Wer heute fragt: Was wird aus meinem Werk nach dem Kriege, der gehört heute bereits vor seinem Werk aufgehängt. Das ist Landesverrat, an solche Fragen zu denken, statt seine Gedanken und Arbeit dafür zu verwenden, wie wir im Monat März 1944 mehr Maschinen und mehr Material für die Rüstung herausbringen. Das ist die einzige Frage, die uns alle bewegen darf. Ich bitte Sie, in diesem Sinne mitzuarbeiten.«

Damit war von höchster Stelle die Arbeit des »Jägerstabs« eindeutig vorgegeben – und Heinrich Lübke war ein Teil davon.

Auf die Geheimhaltung aller im »Jägerstab« erörterten Fragen wurde von Zeit zu Zeit ausdrücklich hingewiesen. Gleichzeitig sollten nach Meinung des Leiters Karl-Otto Saur gezielt ausgewählte Erfahrungen, die bei den Zusammenkünften erworben wurden, zirkuliert werden. Entschieden wurde deshalb, das System der Tagesprotokolle noch zu erweitern, indem die Punkte sogleich aus der Besprechung noch am gleichen Tag nicht nur den Mitgliedern des »Jägerstabs«, sondern vor allem auch den Außendienststellen und den Werken selbst zugestellt wurden. Eine nicht ganz so »Geheime Kommandosache«.

In den über 9000 Seiten Niederschriften kommt der »Baustab Schlempp« in den Personen von Walter Schlempp oder Heinrich Lübke ständig vor. Bauleiter Lübke wird allein 45 Mal und als Schlempps Vertreter 32 Mal erwähnt. Ein Beispiel aus dem Protokoll vom 15. März 1944, Originalton Schlempp: »Die hier im Punkt Verlagerung der Flugzeugmotorenwerke, des Flugzeugbaus, des Stammwerks – einschließlich der von Herrn Kammler in Angriff genommenen Höhlen – genannt werden, betragen 108 Millionen.« Und dann kommt auch Heinrich Lübke zu Wort, hier und anderswo ab und zu mit »p« geschrieben: »Lüpke: Ich darf kurz berichten: baulich läuft die Sache. Es fehlen noch zwei Baukompanien.«

An anderer Stelle wird Lübke so zitiert:

»Beim Arbeitseinsatz sind keine Schwierigkeiten ... Die soziale Betreuung ist von mir in die Wege geleitet worden. Ich habe über das Landwirtschaftsamt 800 Paar Holzschuhe und 200 Leder-

schuhe für Aschersleben und 1000 Paar für Bernburg freigemacht. Außerdem bekommen die Leute Überziehanzüge.«

Im Laufe der weiteren April-Sitzungen wird Heinrich Lübke häufig
mit einem – gar nicht erworbenen – Doktortitel zitiert. Dem Bauleiter und angeblichen »Doktor« Lübke entgeht nichts. Auch in seiner Funktion als Schlempp-Vertreter zeigt er sich bestens informiert,
äußerst kompetent und immer auf dem neuesten Stand der Baupla-
nung und -ausführung.

Für Schlempps Baustab geht es in jeder Sitzung um Wiederher-
stellungsmaßnahmen von zerstörten Werken und vor allem um
unterirdische Verlagerungen. Und immer wieder wird die Aufstellung von Baracken erwähnt. Welchem Zweck diese dienten, musste
auch Lübke klar sein.

In den stenografischen Niederschriften der Besprechungen des
»Jägerstabs« sind zehn Reisen mit der Eisenbahn dokumentiert.
Unter dem Codewort »Unternehmen Hubertus« unternahmen seine
Mitglieder mehrtägige Reisen durch Deutschland, das »Generalgou-
vernement« (der von 1939–1945 besetzten polnischen Gebiete) und
das »Protektorat Böhmen und Mähren« zu den unterschiedlichsten Standorten von Werken der Luftfahrtindustrie. Vor Ort erleb-
ten die »Jägerstab«-Mitglieder das unmittelbare Ausmaß der Zerstörung und den Stand der Arbeiten an unterirdischen Verlagerungen
von Produktionsstätten für die Luftfahrt. Immer wieder ist daher
die dringende Verpflichtung zum Um- und Ausbau Thema, um das
sich Walter Schlempp und Heinrich Lübke mit Hochdruck und unter
meist ungünstigen Bedingungen kümmern mussten. Beide standen
im Mittelpunkt unzähliger Baubesprechungen im »Jägerstab«.

Hinzu kommt: Vom 3. März bis zum 6. August 1944 war der Jurist Dr. Fritz Schmelter im »Jägerstab« zuständig für den Arbeitseinsatz Tausender KZ-Häftlinge und Zwangsarbeiter. In den 106 Sitzungen ist der »Betr. Arbeitseinsatz« ein ständiger Tagesordnungspunkt,
mindestens ebenso häufig wie »Betr. Bau«. Und der meint den
Arbeitseinsatz Tausender KZ-Häftlinge und Zwangsarbeiter. Als

Gesamtanforderung für das Jägerprogramm gibt Schmelter 150 000 Mann Arbeitskräfte zu Protokoll. Wie er dies erreichen will, verrät er allerdings nicht. In einem der Sitzungsprotokolle wird ein Fernschreiben an Dr. Schmelter zitiert. Arbeitskräfte seien anerkannt, dann zurückgezogen worden. Man habe keine Leute bekommen, bloß 750 verhungerte Russen, mit denen nichts anzufangen war. Es sei ein »Menschenproblem«. Einmal wird von einem Bombenangriff auf ein Werk in Oranienburg berichtet. Dass der Verbleib dort bei einem Angriff ohne Bunker unsicher sei, zeige sich darin, dass die im Werk gebliebenen KZ-Leute über 100 Tote hatten, während es bei den Leuten, die das Werk verlassen konnten, 20 Tote gegeben habe. Die Frage wurde gestellt, warum die KZ-Leute nicht auch aus dem Werk geführt wurden. Die Begründung für eine Handlungsalternative dann allerdings menschenverachtend: Schließlich sei es ein erheblicher Ausfall an Arbeitskraft.

Im geheimen stenografischen Bericht über die »Jägerstab«-Besprechung am 20. April 1944 im Berliner Reichsluftfahrtministerium führt ein Diplom-Ingenieur Lange den Vorsitz. Sein Einführungsreferat beschreibt an diesem besonderen Tag den besonderen Auftrag und Geist der Mitglieder des »Jägerstabs«:

»Der Geburtstag des Führers gibt uns Veranlassung, wie das ganze Volk heute an ihn zu denken. Die Schwere der Zeit erfordert es besonders, uns einmal klar darüber zu werden, an welcher Stelle wir eigentlich stehen und welche Aufgaben wir zu lösen haben. Wir wissen alle, dass der Feind uns täglich schwere Prüfungen auferlegt und neue Arbeit gibt, die Durchführung unserer Aufgaben stört und uns fortwährend zeigt, Maßnahmen zu treffen, die sein Ziel verhindern sollen. Wir müssen uns, wenn wir den Wettlauf mit der Zeit gewinnen wollen, mehr denn je anstrengen, um die Zerstörung unserer Werke und die Eingriffe in unserer Produktion wiedergutzumachen. Im Gegenteil: Wir müssen mehr tun! Wir müssen schneller sein als der Feind, damit wir mehr herausbringen und ihn schließlich wieder aus dem

Lande vertreiben können. Wir stehen hier also an ganz besonderer Stelle und das mahnt uns, besonders am Geburtstag des Führers, in uns zu gehen, uns noch einmal innerlich hochzureißen und uns Rechenschaft darüber abzulegen, ob wir die vergangene Zeit wirklich so ausgenutzt haben, dass uns niemand einen Vorwurf machen kann, und wir müssen uns klar darüber werden, was wir tun müssen, um in der nächsten Zeit das Höchste aus uns herauszuholen. Diese Prüfung mag jeder mit sich selber abmachen. Eins aber steht für uns alle fest: Wir müssen mehr als bisher, heute mehr als gestern und morgen mehr als heute tun. Wir bekennen uns an diesem Tag zum Führer durch unseren Einsatz, der unermüdlich sein muss, durch unseren nie erlahmenden Fleiß, unsere rastlose Energie und wollen uns dadurch bekräftigen, dass wir unseren Führer grüßen mit dem Ruf: Unser Führer Adolf Hitler: Sieg-Heil!«

Was mag bei solcher Art der ideologischen Aufrüstung und der täglichen Konfrontation mit dem letzten Kampf um die Sicherung der Lufthoheit im Deutschen Reich im Herzen und Hirn von Heinrich Lübke vorgegangen sein? – Sicher ist: Als kleines, aber wichtiges Rädchen im »Jägerstab« setzte er seine ganze Schaffenskraft ein, den Führerbefehl, nämlich die Produktion von todbringenden Flugzeugen, aufrechtzuerhalten.

In den Sitzungsprotokollen des »Jägerstabs« vom Monat Mai 1944 ist zu lesen, wie sehr die »Baugruppe Schlempp« und damit Walter Schlempp und Heinrich Lübke in das Baugeschehen des »Jägerstabs« und damit in die Abhängigkeit von der Beschaffung von Arbeitskräften fortwährend verwickelt sind. So bat Schlempp um die Herausgabe einer Liste derjenigen Flugplätze zur Behandlung des Jägerprogramms. Der Fehlbedarf an Arbeitsplätzen sei abzudecken, wenn die Möglichkeit bestehe, mehr ausländischer Arbeitskräfte als bisher heranzuführen. Immer wieder spricht Schlempp anstehende bauliche Sorgen an und nennt beispielsweise einen unterirdischen Stollen, für den ein Bauvolumen von 13,8 Millionen benötigt würde. Der Architekt bemängelt die Zuteilung von Baracken und will neue Baracken für die betreffenden Firmen haben. Der Diplom-Ingenieur fordert die Sicherung der Produktion unter Tage, eine bauliche Aufgabe, wie sie in Bezug auf das Tempo in ähnlicher Form nur beim Westwall und beim Bau der Atlantikbefestigung gestellt worden sei. Schlempp hatte eine Übersicht über gegenwärtigen Mangel an Baugeräten, Betonmaschinen, Kompressoren, Baggern oder sonstigen Baugeräten erstellt. Für die Verlagerung von Munitionsfertigungsmaschinen in Peenemünde müsse dringend eine Halle freigegeben werden. Auf der gleichen Sitzung wird Schlempp-Vertreter Bauleiter »Dr. Lübke« auch als Werksbeauftragter der Junkers Flugzeug- und Motorenwerke in Dessau genannt. An anderer Stelle wird ein Fernschreiben von Dr. Lübke vorgelesen. Er bittet darin um »unbedingte Durchsetzung des Bau-Befehls, da auf die Arbeitskräfte nicht verzichtet werden könne«. Abzüge aus dem Bau wegen der Fliegerschäden in Leuna und an anderen Orten seien nicht möglich. Außerdem leide das »Ansehen des Jägerstabs, wenn seine Befehle nicht beachtet« würden. Dazu erklärte Walter Schlempp, dieser Abzug von Arbeitskräften in Höhe von 14 000 Mann sei ein Theater, das nicht mehr mit anzuschauen sei. Aus den 14 000 seien insgesamt 2900 Mann geworden. Er müsse darauf hinweisen, dass man sich keine Illusionen zu machen brauche. Der Fehlbestand an Bauarbeitern habe sich inzwischen auf 60 000 erhöht. Dann stellte Schlempp eine grundsätzliche Frage. Er habe für den Minister Speer eine Liste sämtlicher U-Verlagerungsbauvorhaben mit detaillierten Angaben fertiggestellt. Da es sich wirklich um eine der geheimsten Fragen handeln würde, habe er nur ein einziges Original gemacht und dieses an Sitzungsleiter Saur gegeben. Der habe es jetzt zum Vortrag beim Führer mitgenommen. Er – Schlempp – werde nun von allen Seiten um Weitergabe der Liste angegangen. Er sei der Meinung, dass die Liste in diesem Umfang nur für den »Jägerstab«, das Planungsbüro und den Bau da sei und hier in einem Panzerschrank abgelegt werden müsse. Erneut zeigen diese wenigen Sätze, wie außerordentlich wichtig die Arbeit des »Jägerstabs« zu diesem Zeitpunkt war und welche herausragende Rolle darin die »Baugruppe Schlempp« mit ihrem Chef Walter Schlempp und seinem Stellvertreter Bauleiter Heinrich Lübke spielte. Im Laufe des Monats Mai 1944 spitzte sich die Lage um die Beschaffung von Arbeitskräften – wie mehrfach angesprochen – erheblich zu. Immer wieder gefragt war SS-Obersturmbannführer Fritz Schmelter, der den Transport von Juden aus dem »SS-Lager Auschwitz« in Aussicht stellte. In diesem Zusammenhang bemängelte Schmelter, so steht es im auch für Lübke stets einsehbaren Protokoll, dass aus Auschwitz »für die Jägerbauten Kinder, Frauen und Greise, mit denen sehr wenig anzufangen sei, angeboten worden waren«. Angeblich hätten die Transporte andere Arbeitskräfte nicht enthalten. »Wenn nicht die nächsten Transporte schon einmal Männer in arbeitsfähigem Alter bringen würden, dürfte die ganze Aktion nicht sehr erfolgreich werden.« Der einzige Bedarf, der wohl zu erfüllen wäre, sei der für die Jägerfabrik im Protektorat, wo 10 000 Arbeitskräfte zugesagt und vorhanden seien.

In weiteren stenografischen Berichten über die »Jägerstabs«-Besprechungen im Reichsluftfahrtministerium wird festgestellt, dass mindestens dreimal so viele Bauten laufen, wie Arbeitskräfte dafür vorhanden seien. Die Probleme des Arbeitseinsatzes beherrschen so gut wie jede Besprechung. Im Beisein von Reichsminister Speer – seine Präsenz in »Jägerstab«-Sitzungen war höchst selten – wird beispielsweise die Frage nach ungarischen Juden gestellt. SS- Obergruppenführer und General der Waffen-SS Hans Kammler, verantwortlicher Bauherr für alle Konzentrationslager, verwies auf erste Transporte zu Ende des Monats Mai für die oberirdischen Bunkerwerke. Vom Führer sei gefordert worden, dass aus den 350 000 Mann für die Beseitigung von Bombenschäden rund 10 000 Mann herausgenommen werden könnten. Mehr habe der Führer aber nicht bewilligt. Das sei nicht viel. Dann kämen die 10 000 Mann hinzu von Russland-Süd. Das seien zusammen 20 000 Mann. Diplom-Ingenieur Franz Xaver Dorsch, seit Kurzem auf Anweisung Speers maßgeblich verantwortlich für den Einsatz der Zwangsarbeiter im gesamten Reichsgebiet und gleichzeitig Mitglied des »Jägerstabs«, ergänzt im Beisein von Minister Speer, dass er 100 000 Juden aus Ungarn und 50 000 Italiener bringen wolle, dann 10 000 Mann aus den Fliegerschäden und ferner 1000 Mann aus Waldbröl. Weiter wolle er durch Verhandlungen 4000 italienische Offiziere, ferner 10 000 Mann aus Russland-Süd und 20 000 Mann aus Russland-Nord besorgen. Zusammen mit anderen Zwangsarbeitern und Häftlingen würden insgesamt 220 000 Arbeitskräfte zur Verfügung stehen. Gigantische Zahlen – Menschen, mit denen auch die »Baugruppe Schlempp« ihre Bauvorhaben umsetzen sollte. Unterdessen hatte Minister Speer »zur Vereinfachung der Bauinstanzen« den Leiter des Generalbeauftragten für die deutsche Bauwirtschaft, Ministerialdirektor Dorsch, NSDAP-Mitglied seit 1929, zusätzlich für die »totale Führung aller Baumaßnahmen« ernannt. Damit bekam die »Baugruppe Schlempp« einen neuen unmittelbaren Vorgesetzten, der auf engste Zusammenarbeit setzte.

In der ersten Juni-Woche 1944 beschäftigte sich der »Jägerstab« intensiv mit dem Thema von 2056 Wachsoldaten für KZ-Häftlinge, die in Schlempps und Lübkes Verantwortungsbereich, dem Bausektor, fehlen würden. Man wisse nicht mehr, woher man sie bekommen könne. Die Bewachung durch eine Art uniformierter Werkssoldaten lehne die SS ab. Sie selbst könne auch nicht mehr zur Verfügung stellen. An anderer Stelle des Protokolls befindet sich Dr. Franz Xaver Schmelter in der Lage, »einige 1000 Frauen, KZ-Häftlinge, zur Verfügung zu stellen«. Sie müssten geschlossen eingesetzt werden, zu je 1000 gebündelt. Insgesamt handele es sich um etwa 20 000 deutsche KZ-Häftlinge und 10 000 bis 20 000 ungarische Jüdinnen. In diesem Zusammenhang wurde Walter Schlempp dringend gebeten, beschleunigt einen Zaun um die Baracken zu ziehen. Das Bewachungspersonal für KZ-Häftlinge blieb ein Dauerthema im »Jägerstab« und schien langfristig unlösbar zu sein. Berichtet wurde auch, dass 300 Amerikaner, die im Dornier-Werk Oberpfaffenhofen eingesetzt werden sollten, die Arbeit verweigerten. Sie hätten sich einfach hingesetzt, Kaffee getrunken und Cornedbeef gegessen und seien trotz Androhung von Erschießung nicht zur Arbeit zu bewegen gewesen.

Der Versammlungsleiter der »Jägerstab«-Sitzung wurde gefragt, ob man nicht eine Erschießungsaktion starten solle. Das sei aber von höherer Stelle abgelehnt worden.

Anlässlich der Reise des »Jägerstabs« nach Kattowitz und Krakau wurde noch einmal an die Bedeutung des Stabs erinnert. Er sei deshalb vom Führer und Reichsmarschall Göring, Reichsminister Speer und Feldmarschall Milch beauftragt worden, mit größter Dringlichkeit die deutsche Jägerrüstung zu betreiben. Der »Jägerstab« habe sein Ziel nicht darin gesehen, etwa als neues Ministerium zu fungieren, sondern habe von Anfang an Reisen gemacht, um sich an Ort und Stelle davon zu überzeugen, was überhaupt zu tun sei. Er sei aus einer Reihe von Aktivisten und den erfahrensten Rüstungswirtschaftlern zusammengesetzt, die in ihren Ressorts verantwortlich und entscheidungsberechtigt ihre Aufgaben übernähmen. Der »Jägerstab« habe es nach seiner Gründung verstanden, bereits vom ersten Monat seines Bestehens an eine unerhörte Produktionssteigerung der deutschen Jagdflugzeuge herbeizuführen.

Im Laufe des Monats Juni 1944 blieb der Einsatz von KZ-Häftlingen und vor allem ihre Bewachung ein immer wiederkehrendes Thema. Bedauert wurde auch das Angebot von »20 000 SS-Häftlingen«, das noch nicht voll ausgenutzt wurde. Es sei eine »Affenschande« – so der Sitzungsleiter –, dass Kräfte in Gruppen von 1000 jüdischen Frauen und jede beliebige Menge angeboten wurden und in der ganzen Zeit nicht eine einzige Anforderung komme. Eingewendet wurde, es sei nicht leicht, die Frauen zu bewachen, »weil Frauen besser schwindeln und, wenn sie ausbrechen, sich verstecken und durchmogeln«. Im Übrigen könnten KZ-Häftlinge in der Regel nur in großen Betrieben eingesetzt und nur in größeren Trupps verwendet werden. Auch die Überwachung in kleineren Betrieben wäre sehr schwierig.

Aus den geheimen stenografischen Niederschriften über die »Jägerstab«-Besprechungen geht immer wieder hervor, dass Heinrich Lübke sehr häufig als Experte in Baufragen erwähnt wurde und sich zu zahlreichen Problemen zu Wort meldete. Er galt als besonders bewandert in sogenannten »Höhensachen« und wurde mit Walter Schlempp zusammen nach Budapest geschickt. An anderer Stelle erfolgt eine Unterrichtung an »Herrn Lüpke«, um zügiger handeln zu können. Lübke selbst gab im »Jägerstab« zeitliche Einschätzungen über den Umfang von Bauarbeiten ab und erläuterte umfassend den Fortgang zahlreicher Planungen für die dringende bombensichere Verlagerung der Flugzeugwerke unter Tage. Als Fachmann für Bau scheute er sich nicht zu widersprechen, wenn es um Größenordnungen von Projekten ging. Im mehrseitigen Dialog mit Fachleuten anderer Gewerke unterstrich Heinrich Lübke nach Protokollangaben, wie ausgeprägt sein Wissen und sein Engagement für den Auftrag des »Jägerstabs« war. Lübke bemängelte bei den Verlagerungsarbeiten einen Minusbestand von 5000 Bauarbeitern und die Diskrepanz zwischen Bau und Verlagerung und begründete Veränderungen des Bauprogramms. Ende Juni 1944 wurde Heinrich Lübke im Protokoll des »Jägerstabs« – wie an zahlreichen anderen Stellen – wörtlich zitiert:

»Ich darf bitten, dass Minister Speer unsere Anträge, die wir in spezifischer Form stellen werden, weitgehend unterstützt. Wir müssen eben Dinge herausnehmen, weil der mitteldeutsche Raum mit Einlagern von Wehrmachtsgerät, Sanitätsparks usw. besetzt ist. Fertigungsräume, die an sich nicht als Lagerräume benutzt werden, müssen jetzt für die Fertigung in dringlichster Form freigemacht werden. Es geht unmöglich an, dass der gesamte Vorrichtungsbau in diesen Werken liegt.«

Und weiter ist zu lesen, dass Lübke um eine Anweisung an die Rüstungsinspekteure und Wehrkreisbeauftragten bat, dass die Auslagerungen und weitere Verlagerungen bevorzugt zu fördern seien.

Im Juli 1944 machte Heinrich Lübke wiederum längere Ausführungen zu Problemen der Werksverlagerungen, die unmittelbar die »Baugruppe Schlempp« tangierten. Die Umsetzung zahlreicher unterirdischer Objekte obliege dem Büro Schlempp. Lübke sprach die Sorge aus, dass die Zusage von Fritz Schmelter, 1189 Arbeitskräfte für die U-Verlagerung zu bekommen, wohl nicht realisiert würde. »Ich muss feststellen, dass bis heute nicht eine einzige Kraft gekommen ist«, wurde Heinrich Lübke im Protokoll wörtlich zitiert.

Wie eingangs erwähnt, sind in den insgesamt 106 geheimen stenografischen Berichten über die »Jägerstabs«-Besprechungen 45 Auftritte Heinrich Lübkes dokumentiert und 32 als Schlempp-Vertreter verzeichnet. Und hier ist nur aus jenen Protokollen zitiert, bei denen Lübkes persönliche Anwesenheit im »Jägerstab« explizit dokumentiert war. Insgesamt ist festzustellen, dass die Protokolle als strenge Handlungsanweisungen für alle »Jägerstab«-Mitglieder galten und in Wirklichkeit Befehlscharakter besaßen. Lübke war nicht nur als Stellvertreter Walter Schlempps über alles bestens informiert, sondern hatte auf der Grundlage der Entscheidungen und Empfehlungen des Gremiums, was den Bausektor betraf, für die erfolgreiche Umsetzung zu sorgen. Er bekam hautnah mit und sah tagtäglich mit an, unter welchen unmenschlichen Bedingungen KZ-Häftlinge, Zwangsarbeiter und Gefängnisinsassen schikanöse Sklavenarbeit nicht nur für Baumaßnahmen des »Jägerstabs« verrichten mussten. In den stenografischen Berichten der »Jägerstab«-Besprechungen findet sich kein einziges Wort über das menschenunwürdige Leben der Menschen in den Baracken und in anderen Hilfsunterkünften, nichts ist über Not und Elend der Ausgebeuteten festgehalten, keine Zeile beschreibt das miserable Leben und schreckliche Sterben jüdischer KZ-Häftlinge, polnischer, russischer, tschechischer, italienischer und dänischer Zwangsarbeiter. Doch Nichtwissen kann damit nicht belegt werden. Jeder denkende Mensch musste sich im Klaren sein, was zum Beispiel Folgendes bedeutete: Im Juli 1944 hielt die verschärfte Suche des »Jägerstabs« nach Arbeitskräften unvermindert an. Es verging keine einzige Besprechung – ob in Görings Berliner Luftfahrtministerium oder auf Reisen zu den einschlägigen Werken der Luftfahrtindustrie, die durch alliierte Bomben zum Teil schwer beschädigt wurden und umgelagert werden mussten –, in der nicht mit Hochdruck Mittel und Wege gefunden werden mussten, Arbeitskräfteersatz aus den Konzentrationslagern zu beziehen.

KZ-Häftlinge galten als letztes Aufgebot für die Sklavenarbeit im Auftrag des »Jägerstabs« und damit für die empfindlich zerstörte Rüstungsindustrie. Da hieß es im Protokoll: »In dem KZ haben wir die besten Arbeiter, die wir überhaupt bekommen können.« Und an anderer Stelle ist zu lesen, dass 20 000 angefordert wurden und 3000 Frauen kommen, die in die Fertigung übernommen werden. In einem Fall heißt es: »Die Juden kommen ohne ein Hemd an.« Es sei die Aufgabe, die Baustellen auf einen technischen Stand zu bringen, »der wenigstens über die Primitivität der Kongo-Neger hinausgeht«. Außerdem wurde berichtet, dass die Zuweisung der 20 000 weiblichen KZ-Häftlinge, allesamt ungarische Jüdinnen, stocke. Man brauche sie unbedingt. Dann ist wieder zu lesen, dass in Oranienburg 2000 KZ- Häftlinge herumstehen, die »nichts Gescheites« zu tun hätten. Es wäre in zehn Tagen dem »Jägerstab« nicht möglich gewesen, diese 2000 Mann einzusetzen. Solange der »Jägerstab« bestand, ging es um die Diskussionen über Überwachungskräfte für KZ-Häftlinge. Die SS gebe sie nicht, die Luftwaffe stelle sie nicht bereit. Nie sei es zu einer klaren eindeutigen Entscheidung gekommen. Die SS sei grundsätzlich bereit, dem »Jägerstab« zu helfen, wo es möglich sei. Das Bewachungspersonal sei bei der SS aber sehr knapp, und die SS bitte daher, dass die kleinen KZ-Einsätze von 50 oder 100 Mann möglichst schnell aufgegeben werden, da sonst mit dem Bewachungspersonal nicht durchzukommen sei.

Bereits im Juli 1944 kündigten sich personelle Veränderungen im »Jägerstab« an. Das traf vor allem Walter Schlempp, der als Einsatzgruppenleiter ins Protektorat beordert wurde. Wie es im Protokoll heißt, habe er zugestimmt und sei bereit, »eine ungeheure Mission« zu übernehmen. Der Kulturwissenschaftler und Historiker Stefan Laube hat 2016 eine Untersuchung unter dem Titel »Technik, Arbeit und Zerstörung – Die Organisation Todt in Prag (1944–1945)« vorgelegt und darin Walter Schlempps Rolle als Chef der Einsatzgruppe VII analysiert. Dabei ging es hauptsächlich um die Verlagerung der Produktion deutscher Rüstungsbetriebe in das als sicher geltende Protektorat Böhmen und Mähren. Auch hier wurden »KZ-Häftlinge und Juden massenhaft ausgebeutet«, wie Stefan Laube belegt. Dass Heinrich Lübke an der Seite Walter Schlempps weiterhin – sozusagen in Doppelfunktion – auch im Protektorat schwierige Baumaßnahmen unterstützte, wurde von dem bereits erwähnten ehemaligen stellvertretenden Chef der Abteilung für Desinformation des tschechoslowakischen Geheimdienstes Ladislav Bittman bezeugt.

Als »Geheime Kommandosache« gilt der »Stenografische Bericht über die Rüstungsstab-Besprechung unter Vorsitz von Reichsminister Speer« am 1. August 1944. Darin heißt es in Speers Ansprache unter anderem:

> »Mit dem heutigen Tag wird der Jägerstab aufgelöst; an seine Stelle tritt ein Rüstungsstab. Dieser Rüstungsstab hat ähnlich wie der Jägerstab jetzt aber für alle wichtigsten Programme der Gesamtrüstung dafür zu sorgen, dass ohne Bürokratie in der alten Form des Improvisierens die Leistungen auf allen wichtigen Gebieten schnellstens gesteigert werden.«

Der Minister erläuterte ausführlich, der Rüstungsstab habe dieselben Vollmachten wie vorher der »Jägerstab« und könne daher in seinem Namen Entscheidungen über den gesamten Bereich des Ministeriums treffen. Ausdrücklich dankte er dem »Jägerstab« für die Art, in der er in den letzten Monaten seine Aufgaben durchgeführt hatte. Im Freiburger Militärarchiv befinden sich Archivalien über die Tätigkeit des Rüstungsstabs ebenso wie Dokumente über die Organisationsstruktur der »Baugruppe Schlempp«. In den Landesarchiven von Sachsen-Anhalt in Magdeburg und Dessau lassen sich einschlägige Dokumente über die Bauaktivitäten der »Baugruppe Schlempp« bis in den März 1945 einsehen. Auch dieses Material scheint die Rechercheure der Ost-Berliner MfS-Abteilung Propaganda niemals interessiert zu haben. Dagegen sammelten sie ab 1985 weiter akribisch Auseinandersetzungen zwischen dem Hamburger *Stern* und beispielsweise dem ZDF über den Wahrheitsgehalt von Stasi-Akten. Ein Konvolut von mindestens 200 Seiten dazu befindet sich auch in Lübkes Stasi-Akte. Ihr historischer Wert ist jedoch äußerst gering, sodass man sich fragen muss, warum dieser Aspekt intensiv beleuchtet wird und Lübkes jahrelange Verstrickungen als Mitglied des »Jägerstabs« unbeachtet blieben. Dabei hätten die Stasi-Rechercheure die aus amerikanischen Archiven zurückgegebenen »Jägerstabs«-Akten leicht finden können. Es hätte keinerlei Fälschungen bedurft, um Lübke als kleines Rädchen in der Rüstungsindustrie an den Pranger zu stellen. Es wurde schlicht versäumt.

Heinrich Lübke hat über seine Zeit im Nationalsozialismus weitestgehend geschwiegen und niemals zu konkreten Vorwürfen Stellung genommen. Er ist dem Ganzen durch Beschweigen, Gestalten und Dementieren begegnet. In der von ihm lektorierten Biografie wurde seine Lebensgeschichte so erzählt, wie er sie sich selbst zurechtgelegt hatte. Die Zeit des Nationalsozialismus, seine Funktion in der »Baugruppe Schlempp«, vor allem die Kenntnis über die Sklavenarbeit von KZ-Häftlingen und Zwangsarbeitern kommen in seinen Erzählungen nicht vor. Gefälschte und echte Dokumente, die vom Ost-Berliner Geheimdienst öffentlich gemacht wurden, ließen ihn kalt und wurden von ihm als kommunistische Propaganda gebrandmarkt.

Die Wahrheit ist: Lübke war Täter – wenn auch kein ideologisch überzeugter – und Paradebeispiel für unverantwortliches Schweigen. Und so ist dem Historiker Jens-Christian Wagner zuzustimmen, der meinte, Heinrich Lübke hätte auf die Anklagebank der Nürnberger Prozesse und nicht in die Villa Hammerschmidt gehört. Zu einer völlig anderen Bewertung kommt der Historiker Rudolf Morsey. Als Bilanz der Amtszeit des Sauerländers schreibt er – die NS-Vergangenheit des Bundespräsidenten ausklammernd –, Heinrich Lübke habe als Nachfolger von Heuss und als »Verlegenheitskandidat« der CDU/CSU nach dem Rückzug Adenauers von seiner Kandidatur ein »schweres Erbe« angetreten. Morsey stellt weiter fest, dass mit der zehnjährigen Amtszeit Heinrich Lübkes eine der bedeutendsten Umbruchsphasen der westdeutschen Nachkriegsgeschichte einherging. Doch auf ein Phänomen wie »1968« habe er keine Antworten gewusst – zumal er nach der Wiederwahl Anfang Juli 1964 zunehmend von Krankheit gezeichnet und schweren Diffamierungen seitens der DDR-Führung ausgesetzt gewesen sei, die im Übrigen jeglicher Grundlage entbehrt hätten. Mit der historischen Wahrheit zu Lübke hatte Morsey offensichtlich erhebliche Probleme. Seine Bilanz von Lübkes Amtszeiten fällt äußerst freundlich aus, wenn er meint, wenn auch Lübke weit davon entfernt gewesen sei, die Reputation von Heuss zu erlangen, so sei sein Wirken als Präsident doch in gewisser Weise spektakulär gewesen. Das habe daran gelegen, dass er sein Amt viel stärker als Theodor Heuss als ein politisches interpretierte. Lübkes Einsatz für die Ausweitung der Entwicklungshilfe und für die Dritte Welt sei modern und zukunftsweisend gewesen. Dieses Engagement sei allerdings nicht selten auch missverstanden worden und habe nicht die Anerkennung gefunden, die ihm eigentlich gebührte. Nicht zuletzt habe sich Heinrich Lübke nachhaltig für West-Berlin und die Wiedervereinigung Deutschlands eingesetzt. Insoweit sei Bundespräsident Heinrich Lübke der »treue und redliche Sachwalter« der deutschen Nation gewesen, als den ihn sein späterer Nachfolger Karl Carstens beschrieben habe.

Das mag alles sein, doch bezogen auf die Vergangenheit muss Klartext gesprochen werden: Heinrich Lübke war vermutlich kein überzeugter Nazi. Dass er sich ohne NSDAP-Mitgliedschaft in den beschriebenen NS-Gremien durchmogeln konnte, ist wohl seinem Opportunismus geschuldet. Wie so viele seiner Zeitgenossen schaffte er es, seine Verstrickungen in das NS-Rüstungssystem nach dem Krieg zu verheimlichen oder schlicht zu leugnen. Heinrich Lübke war einer der vielen Mitläufer, die sich anpassten, wohl auch profitierten und im Nachhinein versuchten, durch Bestreiten durchzukommen.

Gustav Heinemann –
Garant für den Machtwechsel

Ein unverdächtiger Lebenslauf

Die Stasi-Akte des dritten Bundespräsidenten der Bundesrepublik Deutschland Gustav Heinemann (1969 bis 1974) hat mit 120 Seiten den geringsten Umfang aller sechs Bundespräsidenten. Dafür gibt es mehrere Gründe: Stasi-Rechercheure fanden im Lebenslauf des angesehenen Politikers nichts an Hinweisen, die sich für propagandistische Zwecke oder sogenannte »Aktive Maßnahmen« geeignet hätten. Heinemanns Leben zwischen 1933 und 1945 wies auf keinerlei Verstrickungen in die Nazi-Verbrechen hin. Heinemann, weder NSDAP-Mitglied noch einer ihrer Unterorganisationen, hatte jeden Nationalismus und Antisemitismus entschieden abgelehnt und sich als evangelischer Christ in der »Bekennenden Kirche« engagiert.

Auf vier Seiten handschriftlicher Vermerke sind die wichtigsten Lebens- und Berufsdaten festgehalten. Sie beginnen mit der Geburt am 23. Juli 1899 im westfälischen Schwelm, halten stichwortartig die Familienverhältnisse fest, zeichnen Schule und Studium nach und beschreiben die berufliche Entwicklung Heinemanns als Rechtsanwalt, Justiziar und Prokurist bei den Rheinischen Stahlwerken in Essen. Die Aufzeichnungen enden im Jahr 1948, als Gustav Heinemann als Justizminister von Nordrhein-Westfalen zurücktrat.

Als Quellen werden Bücher angegeben, die bis zu diesem Zeitpunkt Angaben über Gustav Heinemann machen konnten. An erster Stelle steht *Wer ist wer? Das deutsche Who's Who,* ein Personenlexikon in achter und neunter Auflage. Genannt wird auch ein Buch Walter Henkels': *99 Bonner Köpfe.* Es folgt *Leitende Männer der*

Wirtschaft, und schließlich wird als letzte Quelle für Heinemanns Lebenslauf Fritz Sängers *Handbuch des Bundestages* angegeben. Diese Informationen waren allesamt für jedermann zugänglich und zeugen nicht gerade von besonderen Rechercheanstrengungen des Ost-Berliner Geheimdienstes. Gleiches gilt für die komplette Kopie zu Heinemann aus dem »Internationalen Biografischen Archiv«, dem Munzinger-Archiv, vom April 1959 und Februar 1964. Wer immer darüber verfügte, musste keinerlei eigene Recherchen anstellen.

Dank Munzinger wussten die Herren der Auslandsspionage und ihre einschlägigen Abteilungen »Propaganda« und »Aktive Maßnahmen«, dass Heinemann Rechtswissenschaften, Volkswirtschaft und Geschichte an den Universitäten Münster, Marburg, München, Göttingen und Berlin studiert hatte und 1922 zunächst zum Dr. rer. pol. promoviert worden war. Nach bestandenem Assessorexamen trat er 1926 in ein Anwaltsbüro in Essen ein und promovierte 1929 in Münster zum Dr. jur. Ein Jahr vorher war Heinemann zum Justiziar und Prokuristen der Rheinischen Stahlwerke AG in Essen bestellt worden, in deren Vorstand er seit 1936 als stellvertretendes Mitglied saß. Durch den Zugriff auf das Munzinger-Archiv erfuhren die Obristen auch, dass Heinemann schon als Student im demokratischen Sinne tätig wurde und in späteren Jahren bis 1933 im »Christlichen Volksdienst« wirkte.

Wie Norbert Frei in seinem Buch *Im Namen der Deutschen – Die Bundespräsidenten und die NS-Vergangenheit 1949–1994* feststellte, sei über Gustav Heinemann lange Zeit wenig geforscht worden, zumal nicht mit Blick auf seinen beruflichen Weg im »Dritten Reich«. Gleiches gilt für die Rechercheure des MfS, die sich für Heinemanns Karriere bei der Düsseldorfer Rheinstahl ab 1936 überhaupt nicht interessierten. Dabei hätten sie Stoff für eine herausragende propagandistische Aktion finden können. Denn immerhin war Heinemann von 1929 bis 1949 Justiziar der Rheinischen Stahlwerke in Essen. Frei ist überzeugt, dass Heinemann im System der deutschen Rüstungswirtschaft funktioniert habe, dafür »unabkömmlich« gestellt wurde und über den Einsatz von Zwangsarbeitern jederzeit im Bilde war.

Spätestens seit März 1940 sei der kriegsbedingte Arbeitskräfte-mangel regelmäßig Thema in den Sitzungen des Rheinstahl-Vor-stands gewesen, und bereits im Mai habe man dort auf die Zuwei-sung von 20 polnischen Kriegsgefangenen gehofft. Dabei sei es nicht geblieben: Im März 1944 seien auf den Zechen des Konzerns ein Fünftel der rund 17 000 Beschäftigten Ausländer gewesen, davon fast 3000 sowjetische Kriegsgefangene, von denen viele erst, so habe es intern geheißen, »hochgepäppelt« werden mussten, ehe sie zum Einsatz kommen konnten. Norbert Frei kommt zu dem Fazit, dass, anders als sein Amtsvorgänger Heinrich Lübke, Gustav Heinemann als Bundespräsident nie mit seiner beruflichen Tätigkeit im Natio-nalsozialismus konfrontiert worden sei.

Gleiches gilt für die Mannen des DDR-Geheimdienstes, die ihre Augen offenbar dafür verschlossen hielten und nicht einmal ansatz-weise Interesse zeigten, wie es Gustav Heinemann geschafft hatte, die rund 350 000 Zwangsarbeiter im Ruhrgebiet nicht ein einziges Mal zu thematisieren. Das Schweigen des Bundespräsidenten und das Schweigen des Ost-Berliner Ministeriums für Staatssicherheit über Gustav Heinemanns Berufsweg in der NS-Zeit, gerade im Vergleich mit Heinrich Lübke, lassen sich nicht schlüssig erklären.

Erstaunlich ist außerdem, dass sich die Tschekisten während Hei-nemanns Amtszeit auch nicht für das leitende Personal im Bundes-präsidialamt interessierten. Wie wiederum der Historiker Norbert Frei herausfand, berief Gustav Heinemann den Berliner Sozial-demokraten Dietrich Spangenberg zum Chef des Präsidialamtes. Er war als 18-jähriger der NSDAP beigetreten und soll seine Kriegsvita kräftig geschönt haben. An dem gefundenen Fressen für propagan-distische Aktionen gegen Bonn und den höchsten Repräsentanten der Republik gingen die Spione in Mielkes Auftrag offenbar vorbei.

Schließlich überrascht Norbert Frei im Zug seiner Forschungen mit dem Hinweis, dass Gustav Heinemann kurz vor Ende seiner Amtszeit einen Vorstoß zugunsten von Rudolf Hess unternommen habe, der im Berliner Kriegsverbrechergefängnis saß. Der »Stellver-treter des Führers im Parteibereich« seit 1933 und Hitlers Privatsekretär war ein fanatischer Nationalsozialist. Im Nürnberger Prozess gegen die Hauptkriegsverbrecher wurde Hess am 1. Oktober 1946 in zwei von vier Anklagepunkten schuldig gesprochen und zu lebenslanger Haft verurteilt. 1987 beging er im Spandauer Gefängnis Suizid. Wiederum wäre das für die »Schlapphüte« aus Ost-Berlin ein hervorragender Stoff für »Aktive Maßnahmen« gegen den amtierenden Bundespräsidenten Gustav Heinemann gewesen. Auch diesmal wurde nichts unternommen – vielleicht aus Unwissenheit.

1945 wurde Heinemann als Bergwerksdirektor Chef der Hauptverwaltung und ordentliches Vorstandsmitglied des Rheinstahl-Konzerns. Seit 1946 war er ehrenamtlicher Oberbürgermeister von Essen. Er gehörte damals der CDU an und wurde 1947 für ein Jahr Justizminister von Nordrhein-Westfalen. Er trat auf eigenen Wunsch von diesem Posten zurück. Im September 1949 wurde Heinemann als Innenminister in das erste Kabinett von Adenauer berufen. Er geriet jedoch bereits im Sommer 1950 in wachsenden Widerspruch zu Adenauer über Zeitpunkt und Umfang der Teilnahme der Bundesrepublik an der westeuropäischen Verteidigung. Da sich eine Verständigung nicht ergab, trat Heinemann schon am 9. Oktober 1950 zurück. Dem Mielke-Ministerium war klar: Das war ein rundes Bild vom politisch blütenweißen und karrierebewussten Lebenslauf in den komplizierten Zeitläuften deutscher Geschichte.

Im Herbst 1951 gründete Heinemann die »Notgemeinschaft für den Frieden Europas«, in der er die Gegner der Remilitarisierung sammeln wollte. Er blieb zunächst Mitglied der CDU, trat aber im November 1952 aus der Partei aus und gründete gemeinsam mit Helene Wessel die »Gesamtdeutsche Volkspartei«, die alle auf Ausgleich aus dem Osten gerichteten Kräfte aufnehmen sollte. Bei der Bundestagswahl am 6. September 1953 erreichte die GVP jedoch nicht die Fünf-Prozent-Hürde, worauf sie sich im Mai 1957 auflöste. Den Mitgliedern wurde empfohlen, der SPD beizutreten oder sie zu unterstützen. Heinemann trat in die SPD ein. Diese Wegmarke des Spitzenjuristen und eigenwilligen politischen Kopfs stieß in der Ost-Berliner Geheimdienst-Zentrale vermutlich auf große Bewunderung und Zustimmung. Für die SED-Spitze waren Heinemanns politische Überzeugungen äußerst akzeptabel.

Seit Herbst 1957 war Heinemann wieder Mitglied des Deutschen Bundestages und gehörte dem Vorstand der SPD-Fraktion an. In Bundestagsdebatten kritisierte er Adenauer heftig, dem er vorwarf, eine verfehlte Außenpolitik zu betreiben und Chancen zur Wiedervereinigung Deutschlands nicht genutzt zu haben. Kurz nach dem 13. August 1961, dem Tag des Mauerbaus, erklärte Heinemann am Brandenburger Tor, Adenauer habe die Antwort auf seine Deutschlandpolitik bekommen. Wie Schalmeienklänge müssen diese Sätze in den Ohren der SED- und Stasi-Funktionäre geklungen haben.

Auch zum Privaten durften in der Stasi-Akte Basisinformationen zu Gustav Heinemann nicht fehlen, der seit 1926 mit Hilda, geborene Ordemann, verheiratet war und vier Kinder hatte. Beruflich wurde vermeldet, dass der Spitzenjurist in Essen jahrelang Mitglied einer angesehenen Anwaltspraxis war und zum Beispiel 1962 den *Spiegel* gegen den damaligen Bundesverteidigungsminister Franz Josef Strauß und andere Prominente vor Gericht vertreten hatte.

Schließlich folgte ein 15-seitiger Auszug aus einer vom Ministerium der Justiz der DDR, Arbeitsgruppe WD-Recht (westdeutsches Recht), am 12. Dezember 1966 herausgegebenen Materialzusammenstellung zu Dr. Dr. Heinemann. Dabei handelt es sich im Original um eine Dokumentation von insgesamt 83 Seiten, die Heinemanns Zeit als Bundesjustizminister in der Regierung der Großen Koalition von 1966 bis 1969 betreffen. In Heinemanns Stasi-Akte wird daraus mit vielen Heinemann-Zitaten die gelungene große Strafrechtsreform dargestellt. Außerdem wird Heinemanns Einsatz für die Beseitigung der Verjährungsfrist bei Mord, vor allem im Hinblick auf die NS-Verbrechen, dokumentiert. Was diese Darstellung mit den Aktivitäten des DDR-Geheimdienstes zu tun hat, bleibt unklar.

Bundespräsidentenwahl – ja, aber nicht in West-Berlin

In Heinemanns überraschender und bis auf Ausnahmen wenig aussagenstarker Stasi-Akte ist auch nichts verzeichnet, was irgendeine Zusammenarbeit zwischen der SED-Propagandaabteilung unter ihrem Leiter Albert Norden und den Mannen des Mielke-Ministeriums belegen könnte. Die gab es offensichtlich weder vor, noch während, noch nach Gustav Heinemanns Amtszeit als Bundespräsident.

Lediglich im Vorfeld seiner Wahl durch die Bundesversammlung in West-Berlin am 5. März 1969 wurden die Männer um Oberstleutnant Rolf Günther Wagenbreth wach. Und da ging es weniger um die Person Heinemann als vielmehr um den Wahlort. Der Leiter der Abteilung für »Aktive Maßnahmen« und Desinformation der zuständigen Abteilung X der HVA im MfS zog einen Plan aus der Schublade, den er bei der Wahl Heinrich Lübkes 1959 bereits umzusetzen versucht hatte. Mit dem Segen des obersten Dienstherrn der HVA, Generalleutnant Markus Wolf, galt es, einen sechsseitigen Plan zu verwirklichen. Vorab hatte Wolf dem »Genossen Minister Generaloberst Mielke (persönlich)« am 18. Februar 1969 auftragsgemäß ein Maßnahmenpaket gegen die Bundesversammlung übersandt. Der Plan sei bewusst allgemein gehalten – so schrieb Wolf –, beinhalte nicht die politische Steuerung einzelner wichtiger IM oder operativer Abteilungen (z. B. Bundestagsabgeordneter) und gehe nicht auf die Möglichkeit der Beeinflussung bestimmter Aktionen der Außerparlamentarischen Opposition (APO) im Einzelnen ein. Diese Möglichkeiten würden zurzeit noch präzisiert. Als Anlage folgten die detaillierten Vorschläge.

Darin wurde als Hauptziel der Maßnahmen »die Störung der Vorbereitung und Durchführung der Bundesversammlung vor allem durch Unterstützung der geplanten Aktionen der Außerparlamentarischen Opposition (APO) in West-Berlin und durch Ausnutzung der Vergrößerung der Unsicherheit in politischen Kreisen Bonns und West-Berlins hinsichtlich der Folgen dieser Provokation sowie durch verstärkte Bekämpfung der Politik und der Person von

Schütz« aufgeführt. Mit Klaus Schütz war der Sozialdemokrat und damalige Regierende Bürgermeister von Berlin gemeint.

Im Stasi-Deutsch (in dem die offizielle DDR-Schreibweise »Westberlin« galt) wurden unterstützende Maßnahmen der Außerparlamentarischen Opposition aufgeführt:

- »Alle operativen Verbindungen in APO-Kreise sollen unterstützt werden durch Orientierung auf einheitliche Aktionen aller Gruppierungen der APO.
- Hilfe bei der Organisierung politischer Demonstrationen (bes. der geplanten Veranstaltungen des Republikanischen Clubs am 5.3. in Westberlin), Einflussnahme auf den Charakter und die Losungen der Demonstrationen.
- Hilfe bei der Erarbeitung und Vorbereitung von Flugblättern und anderen Agitationsmaterialien (insb. eine Agitationsschrift des Westberliner Republikanischen Clubs über den Zusammenhang zwischen den Bonner Berlin-Provokationen und den Nachteilen für die Westberliner Bevölkerung).
- Einflussnahme darauf, dass event. Proteste und Provokationen seitens bestimmter Kreise der APO gegen die DDR verhindert werden können.
- Orientierung auf politische Formen der Auseinandersetzungen, keine Unterstützung für seitens des sogenannten antiautoritären Flügels der APO geplante Sabotageakte.«

Es folgen Presselancierungen:

- »Nutzung des *Berliner Extra-Dienstes* für eine Kampagne von Meldungen und Artikeln gegen die Bundesversammlung und die Politik des Schütz-Senats, Herausgabe einer Sonderausgabe zum Thema Bundesversammlung und die Folgen für Westberlin.
- Nutzung des Projektes ›Karstädt‹ für Lancierungen mit der Bundesversammlung aus FDP-Sicht. Fortsetzung der Beeinflussung der FDP-Spitze und -fraktion.

- Nutzung des Projektes ›Treja‹ für eine Presselancierung unter ›französischer‹ Flagge.
- Nutzung des IM ›Freddy‹ für Lancierungen im Pressedienst npa.
- Lancierungen von Stellungnahmen und Meldungen gegen die provokatorische Bonner Westberlin-Politik in Schwerpunktländern der Außenpolitik der DDR.«

Andere »Aktive Maßnahmen« waren:

- »Erarbeitung umfangreichen belastenden Materials gegen den ehemaligen Bundestagspräsidenten Gerstenmeier und verschiedene Bundestagsabgeordnete.
- Weiterführung dieser Maßnahmen durch Lancierung von belastendem Material in politische Kreise und in die Presse Westdeutschlands und dritter Länder.«

Es folgen schließlich Maßnahmen zur Beeinflussung der FDP-Führung gegen die Durchführung der Bundesversammlung in West-Berlin.

Oberstleutnant Wagenbreth schlug zusätzlich vor, »die Möglichkeit zu prüfen, zur Erhöhung der Unsicherheit in den führenden politischen Kreisen Bonns und Westberlins einige konkrete Maßnahmen zu lancieren, die seitens der DDR und ihrer Verbündeten gegen die Bundesversammlung ergriffen werden könnten, und sieht Realisierungsmöglichkeiten über Presseprojekte und Pressekanäle.«

Es folgte eine Aufstellung über sogenannte »operative Verbindungen« zu Organisationen und Gruppen der APO in West-Berlin. Darunter sind Inoffizielle Mitarbeiter (IM) und Kontaktpersonen (KP) zu verstehen, die für den Spionageeinsatz des Ost-Berliner Geheimdienstes eingesetzt werden. Was diese rund 20 Inoffiziellen Mitarbeiter und 11 Kontaktpersonen im Sinne der geplanten »Aktiven Maßnahmen« im Auftrag der Ost-Berliner Zentrale des DDR-Geheimdienstes tatsächlich umgesetzt und geleistet haben, ist nirgendwo in Gustav Heinemanns Stasi-Akte dokumentiert. Vermutlich war der Einsatz wirkungslos. Selbst die geringste Erfolgsmeldung hätte sicherlich ihren Niederschlag in der Akte gefunden. Gegen die erfolgreiche Wahl Gustav Heinemanns zum Bundespräsidenten der Bundesrepublik Deutschland konnten die Stasi-Aktivitäten nichts ausrichten.

Nachdem Willy Brandt bereits 1967 den »Anspruch« der SPD auf das Amt des Bundespräsidenten angemeldet hatte, galt Gustav Heinemann schon bald als geeigneter Kandidat. Die CDU/CSU-Fraktion nominierte Verteidigungsminister Gerhard Schröder. Die FDP vermied zunächst jede Festlegung im Vorfeld. Bei der Wahl am 5. März 1969 erreichte Heinemann in den ersten beiden Wahlgängen nicht die absolute Mehrheit. Im dritten Wahlgang benötigte er die einfache Mehrheit und erhielt 512 von 1018 Stimmen. Es war knapp, aber er war gewählt. Ausschlaggebend waren die Stimmen der FDP, deren 83 Mitglieder der Bundesversammlung für Heinemann votierten. Dieses Wahlergebnis signalisierte eindeutig ein Votum für eine SPD-FDP-Koalition, wie sie nach der Landtagswahl in Nordrhein-Westfalen 1966 zustande gekommen war. Dementsprechend kam es nach der Bundestagswahl am 28. September 1969 zu einer solchen Koalition mit Willy Brandt als Bundeskanzler und Walter Scheel als Bundesaußenminister. Über all diese brisanten Ereignisse in der Bundesrepublik, verbunden mit dem oft zitierten Machtwechsel, ist in Heinemanns Stasi-Akte nichts zu lesen.

Weitgehende geheimdienstliche Abstinenz

Dagegen befinden sich zahlreiche Dokumente über die Weiterführung von Kampagnen gegen angebliche westdeutsche Aufrüstung mit B- und C-Waffen in der Akte. In diesem Zusammenhang wurde Willy Brandts energische Zurückweisung der SED-Vorwürfe dokumentiert, dass in der Bundesrepublik Deutschland Waffen für eine chemische und biologische Kriegsführung hergestellt würden. Dieser Vorwurf sei ebenso haltlos wie die Unterstellung, Bonn strebe nach Atomwaffen. Brandt wörtlich:

»Wir erstreben den Abbau der politischen Spannungen und der militärischen Konfrontation in Europa als Vorstufe einer gerechten und dauerhaften Friedensordnung. Wir würden unseren Bemühungen um Entspannung nur schaden, wenn wir auf dem Gebiet der Massenvernichtungswaffen Ambitionen entfalteten. Wir stehen fest zu der vertraglichen Verpflichtung von 1954, keine ABC-Waffen herzustellen.«

Über den höchsten Repräsentanten der Bundesrepublik Deutschland Gustav Heinemann wusste das MfS als »Schild und Schwert der Partei« den SED-Spitzenfunktionären offenbar nichts Nennenswertes zu liefern. Etwas über sein Amtsverständnis und seine Amtsführung zu erfahren, schien in Ost-Berlin niemanden zu interessieren. Der »Bürgerpräsident« – wie sich Heinemann selbst sah –, Vorreiter und Garant des Bonner Machtwechsels, spielte in der Westspionage keine Rolle. Dass er sich außenpolitisch um die Aussöhnung mit den europäischen Nachbarländern bemühte und die Ostpolitik der SPD-FDP-Koalition befürwortete, war keine geheimdienstmäßige Analyse wert.

1998 war es dem Spezialisten Stephan Konopatzky von der damaligen Stasiunterlagenbehörde nach jahrelanger Forschungsarbeit gelungen, das elektronische Datenbanksystem der HVA zu dechiffrieren: SIRA, das »System der Informationsrecherche der Hauptabteilung Aufklärung« der HVA. Dieses weist in Sachen Heinemann für den Zeitraum von 1969 bis 1974 insgesamt 32 Informationen nach, die von Spionen aus dem Operationsgebiet (Bundesrepublik Deutschland) stammten und in der Ost-Berliner MfS-Zentrale erfasst wurden. Zum Vergleich: Stephan Konopatzky hat errechnet, dass die Stasi von November 1972 bis Oktober 1982 über Helmut Schmidt insgesamt 2233 SIRA-Einzelinformationen registrierte. Eine schier unglaubliche Zahl. Bei der Ausspähung Herbert Wehners filterte der Experte für den Zeitraum von 1956 bis 1986 insgesamt 1195 Informationen heraus, die von in der Bundesrepublik eingesetzten Spionen stammten. In diesen Spitzelberichten befinden sich in der Regel Angaben über die »informationsbeschaffende Quelle«, mit Registriernummer und Deckname, Art und Umfang und schließlich einer Beschreibung der gelieferten Information sowie eine kurze Titelangabe. Einige Beispiele:

- »Bundespräsident Heinemann zu Beziehungen der DDR und Westdeutschland (23.6.1969).
- Die Reaktion in Bonner Regierungs- und Parteikreisen auf das ZK der SED und den Brief des Gen. Ulbricht an Gustav Heinemann (3.1.1970).
- Westberlin-Besuch von Bundespräsident Heinemann (15.2.1973).«

Diese wenigen Beispiele an registrierten Spitzelberichten mit ihren eher zweitrangigen Inhalten belegen ein spürbares Desinteresse. Außerdem fehlen Angaben über Quellen und ihre Decknamen ebenso wie komplette Beiträge. Für Gustav Heinemann existiert nicht einmal eine Personenkartei (F-16), ebenso wenig eine Registriernummer. Gleiches gilt für die sogenannte Vorgangskartei (F-22), die normalerweise Decknamen sowie den zuständigen Stasi-Mitarbeiter, nicht jedoch den Klarnamen der erfassten Personen enthält.

Nachzutragen bleibt ein einziger ausführlicher Spitzelbericht, der vom 12. Januar 1970 ohne Decknamen stammt. Darin heißt es, dass eine zuverlässige Quelle der HVA aus dem Operationsgebiet Bundesrepublik Anfang Januar 1970 ein Treffen mit einem Mitarbeiter des US-Geheimdienstes hatte, in dessen Verlauf sich der Mitarbeiter auch zum Brief des Vorsitzenden des Staatsrates der DDR an den westdeutschen Bundespräsidenten Heinemann äußerte. Bekanntlich hatte Walter Ulbricht am 17. Dezember 1969 per Brief den Entwurf eines »Vertrages über die gleichberechtigten Beziehungen zwischen der Deutschen Demokratischen Republik und der Bundesrepublik Deutschland« übersandt. Dazu hatte der Mitarbeiter des US-Geheimdienstes gegenüber dem DDR-Spitzel bemerkt, dass die Beratung in Moskau gezeigt habe, dass die Vertreter der DDR in einem ganz erheblichen Maße an Entscheidungsfindungen der Warschauer Vertragsstaaten beteiligt seien und dort ein gewichtiges Wort mitzureden hätten. Der Brief Walter Ulbrichts an Heinemann sei in gewissem Maße eine Angstreaktion dahingehend, dass sich die DDR durch ihre Haltung gegenüber Westdeutschland innerhalb der Warschauer Paktorganisation isolieren könne. Man sei übrigens in seinen Kreisen der Ansicht, dass die im Vertragsentwurf enthaltenen Formulierungen von vornherein so gehalten wurden, dass eine generelle Annahme dieser Bedingungen ausgeschlossen werde. Es handele sich bei dem Vertragsentwurf mehr um ein »Spielmaterial«, das zwar eine generelle Annahme ausschließe, aber andererseits geeignet sei, den sozialistischen Staaten im Warschauer Pakt-System zu beweisen, dass die DDR gewillt sei, in der Deutschlandfrage und speziell der Gestaltung der Beziehungen der sozialistischen Staaten zu Westdeutschland Entgegenkommen zu zeigen. Vermutlich wurde dieser durchaus aufschlussreiche Spitzelbericht an die SED-Spitze weitergereicht.

Erwähnt werden sollte noch ein Konvolut von Zeitungsartikeln aus der westdeutschen Presse in Heinemanns Stasi-Akte. Darunter befinden sich Beiträge über seine Auslandsreisen und ausführliche Berichte über ein versuchtes Attentat auf den Bundespräsidenten im April 1971. Der rechtsradikale Fanatiker konnte im Park der Villa Hammerschmidt, dem Amtssitz des Bundespräsidenten, von Beamten des Bundesgrenzschutzes festgenommen werden. Er gestand anschließend, dass er Heinemann wegen der Ostpolitik habe ermorden wollen. Der Politiker war zu dieser Zeit jedoch zu einem Osterurlaub bei Freunden im Schwarzwald. Dort zeigte er sich über den Attentatsversuch außerordentlich betroffen und bezeichnete den Vorfall als Ergebnis einer monatelangen Hetze.

Gustav Heinemann war im Vergleich zu seinen Vorgängern und vor allem zu seinen Nachfolgern spionagetechnisch eine Randfigur in Bonn. Über die Gründe kann nur spekuliert werden. Doch allein die Haltung des prominenten Gegners einer westdeutschen Wiederbewaffnung und der Einführung militärischer Strukturen reichte offenbar aus, die Ost-Berliner Auslandsspionage auf andere Politiker zu lenken. Heinemanns tatkräftige politische Unterstützung der Ostpolitik Willy Brandts spielt ebenfalls eine herausragende Rolle für die geheimdienstliche Abstinenz des MfS ihm gegenüber.

Der Historiker Tim Szatkowski schreibt über die Amtszeit des Sozialdemokraten, Heinemann habe im Gegensatz zu seinem Vorgänger Lübke überwiegend mit dem Zeitgeist in Einklang gestanden. Er habe stets auch als Mann der 68er-Generation, als Bundespräsident gelten wollen, der sich mit den Anliegen der kritischen Jugend intensiv befasste, der ihr viel Verständnis entgegengebracht habe. Heinemann, das erste Staatsoberhaupt der Deutschen aus den Reihen der SPD seit 44 Jahren, habe den Machtwechsel, der mit den Stimmen von SPD und FDP erfolgte, in doppelter Weise verkörpert. Er habe das höchste Staatsamt weniger durch Ausnutzen der formalen Kompetenzen, sondern durch öffentliche Reden ausgeübt. Die Amtsführung dieses Bundespräsidenten habe – so Szatkowski – »hohe persönliche Integrität, von protestantischem Christentum getragenes Ethos, tiefen moralischen Ernst und asketischen Lebensstil versprühen« lassen. Dies alles in Verbindung mit Heinemanns von der Stasi als »fortschrittlich« angesehener Haltung – vor allem was eine neue Ostpolitik betraf – sorgte dafür, dass sich der Geheimdienst insgesamt vergleichsweise wenig für den ersten Mann in Bonn interessierte.

Walter Scheel – vom Außenamt ins Präsidentenamt

Politikermemoiren sind von sehr unterschiedlicher Qualität und historischem Gewicht. Das Führungspersonal der Bonner Republik gehörte zu den fleißigen Memoirenschreibern – von Konrad Adenauer bis Helmut Kohl. Auch die Bundespräsidenten ließen die Chance nicht aus, auf ihre Amtszeiten selbstbewusst zurückzublicken.

Der hochgebildete erste Bundespräsident Theodor Heuss und gelernte Journalist veröffentlichte gleich mehrere Werke. Sein Nachfolger Heinrich Lübke ließ in seinem Namen Erinnerungen schreiben, die der Amtsinhaber persönlich redigierte und die ihn ins rechte Licht setzten. Gustav Heinemann, der dritte Bundespräsident, veröffentlichte zahlreiche spröde Reden und gehaltvolle Schriften. Von Walter Scheel sind keine eigenen Werke bekannt. Es war Hans-Dietrich Genscher, der eine gediegene Festschrift zu Scheels 65. Geburtstag 1984 herausgab. Karl Carstens lieferte mit Unterstützung eines Ghostwriters einen der umfangreichsten Memoirenbände, die von Politikern stammen. Allerdings zeugt dieses Werk von einem gerüttelten Maß an Subjektivität und dem Versuch, Vergangenheitspolitik und seine eigene Vita umzuinterpretieren. Der sechste Bundespräsident der Bonner Republik Richard von Weizsäcker verstand es wie kein anderer seiner Vorgänger, sich durch Verschweigen und Weglassen in ein besonderes staatsmännisches Licht zu setzen. Dem folgten auch die meisten Biografen. Erst herausragende wissenschaftliche Arbeiten korrigierten nicht selten das geschönte Bild der Staatsmänner.

Ein langfristiger Plan

An dieser Stelle passt ein Blick auf den ersten Band von Helmut Kohls *Erinnerungen*, an denen ich als Ghostwriter beteiligt war. Darin beschreibt er eine kleine Episode aus dem Jahr 1968, die Walter Scheel zum Thema hat. Kohl sei von seinem Urlaubsort St. Gilgen aus der Einladung einer deutschen Straßenbaufirma gefolgt, im September an die Langbathseen bei Bad Ischl zu kommen, wo eines der schönsten und interessantesten Jagdreviere Österreichs ist. Zweieinhalbtausender begrenzen das wildreiche Gebiet, das sich bereits Kaiser Franz Joseph I. zu einer seiner Lieblingsjagden erkoren hatte. In einem der Jagdhäuser seien nun viele bekannte Politiker der Bundesrepublik zusammengekommen, unter anderem der damalige Bundesfinanzminister Franz Josef Strauß, der CSU-Bundestagsabgeordnete und Vorsitzende der CSU-Landesgruppe Richard Stücklen, der Bundesernährungsminister Hermann Höcherl und eben Walter Scheel, damals FDP-Bundestagsabgeordneter. Einige von ihnen hätten den Aufenthalt benutzt, um ihrer Jagdleidenschaft zu frönen. »Ich war kein Jäger, aber ich genoss die einmalige Natur«, berichtet Kohl. Und fährt fort:

>»In den drei Tagen unseres Aufenthalts ergab es sich, dass mir ein Förster den Wunsch erfüllte, mich in die Nähe eines Adlerhorstes zu bringen. Adler sind ungemein vorsichtige Tiere, und wenn man einen Adlerhorst beobachten will, muss man sich schon nachts auf den Weg machen, um möglichst unbemerkt auf einen Hochsitz in der Nähe des Horsts zu gelangen, und muss dann viele Stunden still ausharren. Walter Scheel, der von diesem Plan erfahren hatte, wollte die seltene Gelegenheit ebenfalls nutzen und sich mir auf unserer Wanderung anschließen. Er durfte gerne mitkommen, zumal wir ein gutes Verhältnis zueinander hatten. Es war ein langer, beschwerlicher Aufstieg, und Stunden, bevor es hell wurde, erreichten wir den Hochsitz. Wie immer um diese Jahreszeit war Hirschbrunft, und wir saßen auf dem Hoch-

sitz, lauschten dem Konzert der röhrenden Hirsche im Tal und sprachen sehr viel über Politik. Die FDP war damals in einer äußerst schwierigen Lage: Das Mehrheitswahlrecht drohte eingeführt zu werden, und die FDP hatte große finanzielle Probleme. Walter Scheel aber war ganz unbefangen, was die Zukunft betraf, und sagte beiläufig, dass er spätestens der übernächste Bundespräsident sein werde. Das war eine ziemlich starke Äußerung, auch im Hinblick auf die politische Lage, denn schließlich stand die Große Koalition ja noch in voller Blüte.

Als ich nach meiner Rückkehr nach Bonn anlässlich eines Picknicks in der Voreifel, an dem auch [der Bundeskanzler] Kurt Georg Kiesinger, [der CDU-Generalsekretär] Bruno Heck und [der frühere Innenminister von Nordrhein-Westfalen] Josef Hermann Dufhues teilnahmen, diese Geschichte erzählte, lachten sie mich schallend aus.

Es kam dann aber genauso, wie Walter Scheel es sich ausgedacht hatte. Der FDP-Vorsitzende hatte sich zum Ziel gesetzt, die Große Koalition zu sprengen, und mit Rückendeckung durch die SPD ist ihm das schließlich auch gelungen ... Für mich steht außer Frage, dass Walter Scheel damals einen weitsichtigen und langfristigen Plan verfolgte, der – wie eigentlich immer bei ihm – auch seinen persönlichen Vorteil berücksichtigte.«

Bekanntlich kam es bei der Bundestagswahl 1969 zur Abwahl der Großen Koalition. Willy Brandt und Walter Scheel schmiedeten die sozial-liberale Koalition, die bis 1982 hielt.

Was Walter Scheel 1968 Helmut Kohl, dem CDU-Vorsitzenden im rheinland-pfälzischen Landtag, auf dem Hochsitz im Jagdrevier bei Bad Ischl anvertraut hatte, sollte sich bewahrheiten. Nach der Bundestagswahl 1961 noch im Kabinett Adenauer zum ersten Bundesminister für wirtschaftliche Zusammenarbeit ernannt, gehörte er – nach einem kurzzeitigen Rücktritt – in gleicher Funktion 1963 der von Bundeskanzler Ludwig Erhard geführten Bundesregierung an. Nach der Bundestagswahl 1969 wurde Walter Scheel im Kabinett von Willy Brandt am 22. Oktober 1969 zum Vizekanzler und zum Bundesminister des Auswärtigen ernannt.

Im Mai 1974 stand wieder eine Bundespräsidentenwahl an. Sehr früh ließ der sozialdemokratische Amtsinhaber Gustav Heinemann erkennen, dass er nicht noch einmal kandidieren werde. Nun konnte Walter Scheel seinen langgehegten Traum erfüllen. Sein Plan, oberster Repräsentant der Deutschen zu werden, ging tatsächlich auf. Scheel hatte es leicht, denn die sozial-liberale Koalition verfügte in der Bundesversammlung über eine überzeugende Mehrheit. Am 15. Mai 1974 wurde Walter Scheel mit 530 Stimmen von SPD und FDP in der Bundesversammlung gegen Richard von Weizsäcker (CDU), der 498 Stimmen erhielt, zum vierten Bundespräsidenten der Bundesrepublik Deutschland gewählt und trat am 1. Juli 1974 sein neues Amt an.

Von diesem Tag an legte das Ministerium für Staatssicherheit in Ost-Berlin den Fokus mit besonderem Nachdruck auf den neuen Bundespräsidenten. Dabei hatten die Tschekisten den liberalen »Manager der Macht« schon längst im Blick. Bereits am 6. August 1957 wurde eine sogenannte Personenkartei F-16 angelegt. Sie diente dem zentralen Nachweis von Personen, deren Erfassung von sogenannten operativen Diensteinheiten des Geheimdienstes veranlasst wurde. Die F-16-Personenkartei enthält unter anderem Name, Vorname, Geburtsort, Geburtsdatum, Arbeitsstelle und eben das Erfassungsdatum sowie die verantwortliche Diensteinheit. Die bei der Erfassung vergebene Registriernummer für Walter Scheel war 6686/60, die auch die Verbindung zur sogenannten Vorgangskartei F-22 bildete. Dort tauchte als Name des zuständigen MfS-Mitarbeiters der 1949 geborene Peter Starke auf, ein gelernter Elektromonteur. Nach Angaben in seiner Kaderkarteikarte war er über das Wachregiment des MfS 1968 zum Geheimdienst gekommen. Er begann als Kraftfahrer, wurde Gefreiter, Unteroffizier, Feldwebel, Leutnant und zum Oberleutnant ernannt und war ab 1987 als Hauptmann stellvertretender Referatsleiter der Abteilung XIII (Zentrales Rechenzentrum).

Auffallend bei Walter Scheels Stasi-Akte sind die riesigen Lücken in der langjährigen Spionagetätigkeit. Vermutlich wurde die Akte in den wenigen Wochen zwischen Mauerfall 1989 und dem Ende des DDR-Geheimdienstes nach den ersten freien Wahlen im März 1990 weitestgehend zerfleddert, zerrissen oder verbrannt.

Doch wie durch ein Wunder konnten anderweitige Dokumente gesichert werden. Im von Stephan Konopatzky entschlüsselten Datenbanksystem der HVA (SIRA) fanden sich weitere wichtige Details zu Personen, die nach dem Willen der Geheimdienstler unter keinen Umständen öffentlich werden sollten. Ganz aufgegangen ist die Rechnung nicht, wie auch am Beispiel der Stasi-Akte von Walter Scheel deutlich wird.

Es sind zunächst nicht identifizierbare Inoffizielle Mitarbeiter des Ost-Berliner Geheimdienstes aus Bonn, die ab 1964 über Walter Scheel und die Aktivitäten der westdeutschen Entwicklungshilfe und des Bundesministers für Wirtschaftliche Zusammenarbeit Spitzelberichte absetzten.

Ab Ende 1966 klafft in Scheels Stasi-Akte ein großes Loch in den Überlieferungen. Das lag vermutlich am Verhalten der Liberalen. Ende Oktober 1966 verließ die FDP wegen eines Streits über den Bundeshaushalt das Kabinett Ludwig Erhard und landete in der Opposition im Deutschen Bundestag. Während der Großen Koalition aus CDU/CSU und SPD von 1966 bis 1969 war Scheel nur noch FDP-Bundestagsabgeordneter und offensichtlich für Ost-Berlin völlig uninteressant. Anders dann nach dem Bundestagswahlkampf 1969, in dem nicht nur Scheel feststellte, dass seine Position in der Ostpolitik mit der von Willy Brandts SPD harmonierte.

Ein Treffer in der Mitgliederkartei der NSDAP

In Scheels zum großen Teil vernichteter Stasi-Akte taucht mit Datum vom 25. Januar 1969 ein sogenannter »Suchzettel« zur Überprüfung auf. Dabei handelte es sich um das Formular F-10 des MfS, mit dem alle Diensteinheiten angewiesen wurden, überprüfen zu lassen, ob die betreffende Person bereits bei anderen Diensteinheiten erfasst war. Wenige Tage später wurde dies bestätigt. Eine bereits erfolgte Überprüfung habe ergeben, dass weder in den Speichern der Hauptabteilung IX/11, noch in denen des Dokumentationszentrums bei der Staatlichen Archivverwaltung Hinweise auf Dokumente aus der Zeit vor dem 8. Mai 1945 existieren. Weiter hieß es, es läge lediglich eine Information vor, in der Angaben über Materialien erhalten seien, die sich im Document Center in West-Berlin (BDC) befänden.

Das BDC war nach dem Zweiten Weltkrieg von der amerikanischen Besatzungsmacht in West-Berlin angelegt worden. Es widmete sich der Aufbereitung und Auswertung von Personen- und Verwaltungsakten aus der NS-Zeit, um Nationalsozialisten zur Rechenschaft zu ziehen und Kriegsverbrecher zu bestrafen. Das Internationale Militärtribunal von Nürnberg hatte die Bestände als Erstes genutzt. Bis 1994 stand das BDC in Berlin-Zehlendorf schließlich unter amerikanischer Verwaltung. Erst danach konnte es vom Bundesarchiv übernommen werden. Für westdeutsche Historiker und Journalisten war es bis dahin kaum möglich, das im BDC gesammelte, historisch bedeutsame Quellenmaterial zu nutzen, in dem, streng verschlossen, die zentrale Mitgliederkartei der NSDAP, die Personalakten der SS und weitere Aktenkonvolute von höchster politischer Brisanz lagerten. Die Stasi aber hatte offenkundig ungehinderten Zugriff. Auf welchem Weg sie Zugang zum geheimnisumwitterten BDC erhielt, liegt bis heute weitgehend im Dunkeln. Fakt aber ist: Die DDR-Staatssicherheit war über die Bestände des mit über 20 Millionen Akten größten und geheimnisvollsten Personalarchivs der Bundesrepublik Deutschland genauestens im Bilde.

Und in jenen Unterlagen des Document Center wurde unter anderem angeführt, dass Material zu Scheel vorhanden sei, aus dem hervorgehe, dass er seit 1939 Mitglied der NSDAP war und 1941 zum Oberleutnant der faschistischen Luftwaffe befördert wurde. Das war dem MfS neu – egal war es nicht. Und wörtlich: »Hinweise auf seine Zugehörigkeit zur NSDAP sind bisher jedoch in keinem Falle erfolgt«. In einem handschriftlichen Vermerk vom September 1970, den der Oberleutnant Geißler von der »Akt. Fragen« unterzeichnet hatte, hieß es dann weiter, dass im Zusammenhang mit dem Document Center der USA in West-Berlin bekannt wurde, »dass aus dort vorliegendem Material hervorgehe, dass Außenminister Scheel seit 1939 Mitglied der NSDAP war und 1941 zum Oberleutnant der faschistischen Luftwaffe befördert wurde«.

Angehängt folgt ein mehrseitiges maschinengeschriebenes Dossier über das Berlin Document Center, kurz

- »die Gesamtkartei über alle ehem. SS-, SA- und NSDAP-Mitglieder seit 1929
- Unterlagen über das ehem. oberste Parteigericht der NSDAP
- Unterlagen über den Freislerschen Sondergerichtshof
- Unterlagen über den ehem. ›Volksgerichtshof‹ der Nazis

Täglich gehen etwa 100–120 Nachfragen über dort registriertes Material ein. Die anfragenden Institute sind unter anderem:
1. Der Bundesverfassungsschutz
2. Das Bundeskriminalamt
3. Die Staatsanwaltschaften
4. Die ›Untersuchungsbehörden‹«

Selbst von den Räumlichkeiten des eigentlich streng abgeschirmten Archivs hatte das MfS augenscheinlich genaueste Kenntnis, wie das erwähnte Dossier belegt:

»In einem weiteren abgeschlossenen Gebäudekomplex des Document Center befindet sich ein großer Archivraum, an dessen Wänden sich Karteikästen befinden, welche die Namensschilder aller sozialistischen Länder tragen. Die Sowjetunion ist sogar in ihre einzelnen Unionsrepubliken untergliedert. Alle Räume des Document Center werden gesondert abgesichert. Die dort beschäftigten Mitarbeiter, die in der Regel deutsche Angestellte und dort schon 10–20 Jahre tätig sind, haben streng abgegrenzte und abgesicherte Arbeitsgebiete. Die dort befindlichen Räumlichkeiten dürfen durch die Mitarbeiter nur betreten werden, wenn arbeitsmäßig die Notwendigkeit dafür vorliegt. Alle Mitarbeiter sind geheimverpflichtet. Pausen und Arbeitsbeginn werden durch Hubsignale angekündigt. Nach Arbeitsschluss muss das Objekt sofort verlassen werden. Der gesamte Gebäudekomplex des Document Center untergliedert sich in mehrere barackenähnliche in sich abgeschlossene Gebäude. Der Gesamtkomplex hat eine doppelte Außensicherung (Wachposten und Signalanlage) sowie eine ständige Innensicherung durch laufende Streifenposten.«

Derjenige, der all dies zu Papier brachte, muss entweder persönlich direkten Zugang zum Document Center in Berlin-Zehlendorf, Wasserkäfersteig 1, gehabt oder aber einen hochkarätigen Spitzel unter den Angestellten angeworben haben. Letztere Annahme scheint realistischer und wäre ein weiterer Beleg dafür, dass es der DDR gelang, an Informationen zu kommen, die auf legalem Wege niemals zu erlangen gewesen wären. Das Document Center mit seinen Gesamtkarteien über alle ehemaligen SS-, SA- und NSDAP-Mitglieder war für die Ost-Berliner Propagandisten ein Geschenk des Himmels im Kampf um die Informationshoheit im Kalten Krieg.

Erstmals Mitte November 1978 hatte die bundesdeutsche Presse berichtet, Bundespräsident Walter Scheel sei während des Krieges Mitglied der NSDAP gewesen. Er wisse aber nicht mehr, wie sein Parteieintritt zustande gekommen sei. So hieß es beispielsweise beim »Deutschen Depeschen-Dienst« (ddp), Bundespräsident Scheel verfüge über »keinerlei Unterlagen mehr«. Ein Sprecher des Bundespräsidialamts in Bonn habe gesagt, der Bundespräsident könne daher »nicht mit Sicherheit sagen, ob die NSDAP-Mitgliedschaft auf einem Antrag beruhe oder nicht«. Zu diesen Presseausschnitten in Scheels zerfledderter Stasi-Akte taucht mit Datum vom 11. November 1978 ein handgeschriebener Vermerk auf, der als Reaktion auf solche Veröffentlichungen zu werten war. Hauptmann Geißler notierte:

»Im Zusammenhang mit den Veröffentlichungen über die NSDAP-Zugehörigkeit von Bundespräsident Walter Scheel wurden umfangreiche Überprüfungen in den Speichern der ›SK‹ [Sonderkartei über gelöschte Straftaten] der MfS-Abteilung XII (Speicher und Auskunft) durchgeführt. So wurde versucht, Unterlagen der NSDAP-Ortsgruppe Solingen bzw. des zuständigen Gaus aufzufinden, jedoch ohne Erfolg.«

Solingen ist Scheels Geburtsstadt. Weiter heißt es im Stasi-Vermerk:

»Gleichfalls durchgeführte Überprüfungen in Nachschlagewerken über Angehörige der faschistischen Luftwaffe zur Feststellung der Einheit, bei der Scheel gedient hat, verliefen gleichfalls ergebnislos. Es konnten auch keine Hinweise über die Beförderung Scheels zum Oltn. aufgefunden werden.«

Dieser Vermerk fast am Ende von Scheels Stasi-Akte dokumentiert noch einmal das sichtliche Bemühen des MfS-Apparates, Genaueres, Belastbares und unter Umständen Anklagbares über die Vergangenheit des Bundespräsidenten während der NS-Zeit zu finden. Und das, obwohl der DDR-Geheimdienst seit 1970 mithilfe der Belege aus dem Document Center wusste, dass Walter Scheel ins NS-System verstrickt war. In diesem Zusammenhang wurde in dem BDC-Dossier auch Bundesinnenminister Genscher von der FDP genannt, der am 20. April 1944 von der HJ in die NSDAP übernommen worden war. Ob mit oder ohne eigenes Zutun ist – wie bei anderen prominenten Männern dieser Generation – umstritten.

Nicht zuletzt weil die Angaben über Scheels NSDAP-Mitgliedschaft differieren, konnte man sich nicht nur auf Angaben in Scheels Stasi-Akte verlassen. Auf Antrag beim Bundesarchiv ist Auskunft zu erhalten: Danach beantragte der 22-jährige Scheel am 1. Mai 1941 die Mitgliedschaft in der NSDAP und wurde am 1. Juli 1941 unter der Registriernummer 8 757 104 in die Partei aufgenommen. Beigefügt war in den archivalischen Unterlagen eine persönliche Erklärung von Scheel, die er am 24. Juni 2005 in Berlin unterschrieben hatte. Wörtlich hieß es darin:

»Hiermit erkläre ich, dass mir keine anderen Informationen hinsichtlich einer Mitgliedschaft zur NSDAP bekannt sind, als die zu meiner Person angelegte Karteikarte aus der NSDAP-Mitgliederkartei, welche im Original dem Bundesarchiv vorliegt. Mir ist unerklärlich, wie ich am Zustandekommen der Karteikarte beteiligt gewesen sein kann. Auf den auf der Karteikarte vermerkten Daten war ich jedenfalls im Kriegseinsatz in der Sowjetunion. Letztlich ist zu vermerken, dass die Karte weder Unterschrift, noch andere Hinweise meiner Mitwirkung trägt.«

Außerdem lag dem Dokument aus dem Bundesarchiv eine »Beurteilungsnotiz« vom 27. Januar 1943 über den »Leutnant Scheel, Walter« bei. Danach hatte er als Zugführer am achten Offizierslehrgang vom 10. Dezember 1942 bis 27. Januar 1943 an der »Schule der Lw. [Luftwaffen]-Bautruppe in Eefde (Holland)« teilgenommen. Die »militärische Eignungsbeurteilung« fiel mit »gut« und die technische ebenfalls mit »gut« aus. Der Vorschlag für die weitere Verwendung lautete entsprechend: »Als Kompanieführer geeignet«. Unterschrieben war das Dokument von einem Oberst und Kommandeur und einem Oberst und Lehrgangsleiter, deren Namen nicht zu identifizieren sind.

Unstrittig ist, dass eine NSDAP-Mitgliedschaft grundsätzlich schriftlich beantragt werden musste. Dazu wird es auch im Falle Walter Scheels vermutlich keine Ausnahme gegeben haben. Wie der Historiker Norbert Frei in seinem Buch *Im Namen der Deutschen* nach Einblick in Scheels Personal- und Entnazifizierungsakte vermerkte, sei Scheel bei seiner Entnazifizierung vor der Übernahme eines Stadtverordnetenmandats 1948 in Solingen als »nicht belastet« eingestuft worden. Frei resümierte, Scheel scheine kein Bedürfnis entwickelt zu haben, nähere Auskunft über seinen Lebensweg zu geben. Mit dieser autobiografischen Reserviertheit habe es womöglich zusammengehangen, dass seine präsidialen Wortmeldungen zu

Themen der Geschichte oft glatt und oberflächlich wirkten. Stärker als bei anderen seiner Generation sei die Position, aus der heraus er sprach, eher die eines Betrachters von außen als die des jugendlichen Zeitgenossen der NS-Zeit gewesen, der er als Angehöriger des Jahrganges 1919, einstiger Rottenführer in der Hitlerjugend und Parteigenosse seit 1941 tatsächlich war.

Nun verfügten die MfS-Rechercheure also frühzeitig über belastendes Material, das Walter Scheel in Bedrängnis hätte bringen können. Doch im Gegensatz zu anderen Bonner Politikern, die wegen ihrer NSDAP-Mitgliedschaft in sogenannten »Aktiven Maßnahmen« des MfS an den Pranger gestellt wurden, gab es keine einzige Aktion gegen Walter Scheel – weder in seiner Zeit als Bundesaußenminister, noch später während seiner Amtszeit als Bundespräsident. Auch im schon mehrfach zitierten *Braunbuch* über *Kriegs- und Naziverbrecher in der Bundesrepublik und in Berlin (West)* gab es keinen einzigen Eintrag zu ihm. Ganz im Gegensatz zu Bundespräsident Heinrich Lübke, der zu keiner Zeit NSDAP-Mitglied war, allerdings wie beschrieben auf ganz andere Art und Weise hätte belastet werden können, wird Walter Scheel mit keiner Zeile erwähnt.

Engere Beziehungen zur DDR, aber keine Anerkennung

In Walter Scheels Stasi-Akte befinden sich eine Fülle von biografischen Angaben durchweg aus westdeutschen Quellen und jede Menge Presseausschnitte westdeutscher Zeitungsverlage. Erst mit Beginn seiner Amtszeit als Bundesaußenminister 1969 wurde eine eigenständig vom Geheimdienst recherchierte und mit zahlreichen ideologischen Versatzstücken angereicherte Biografie über sechs Seiten dokumentiert.

Erwähnt werden seine Reifeprüfung am Realgymnasium Solingen und eine anschließende Banklehre. Von 1939 bis 1945 sei er Angehöriger der »faschistischen Wehrmacht, zuletzt als Oberleutnant der

Luftwaffe«, gewesen und mit dem Eisernen Kreuz Erster und Zweiter Klasse ausgezeichnet worden. Von 1945 an sei er als Prokurist und Geschäftsführer in der Stahlwarenindustrie tätig gewesen und seit 1953 selbstständiger Wirtschaftsberater in Düsseldorf. Weiter hieß es, Scheel sei Gesellschafter der »Intermarket GmbH« in Düsseldorf und von 1958 bis 1961 Geschäftsführer der von ihm mitbegründeten »Interfinanz GmbH« gewesen, einer auf Wirtschaftsberatung, Kreditvermittlung und Handel mit Fabrikanlagen spezialisierten Firma. Recherchiert hatten die »Schlapphüte« allerdings auch Privates und Persönliches. Scheel sei evangelischer Konfession, verheiratet und Vater eines Sohnes. Zur politischen Entwicklung war dann Altbekanntes unter anderem aus dem *Handbuch des Deutschen Bundestages* abgeschrieben: 1946 Eintritt in die FDP, 1948 Stadtverordneter, 1950 bis 1954 Landtagsabgeordneter in Nordrhein-Westfalen und 1953 Bundestagsabgeordneter. In den Jahren seiner Amtszeit als Minister ab 1961 habe er 1962 die USA, 1963 Syrien, die Vereinigten Arabischen Emirate, die Türkei und Indien besucht. In den Fragen der Entwicklungshilfe sei er der Auffassung, dass man sich auf solche Gebiete und Regionen orientieren müsse, deren wirtschaftliche, politische und soziale Struktur die Gewähr für eine erfolgreiche langfristige Zusammenarbeit biete. Dabei müsse die technische Hilfe und die Aufbauhilfe im Vordergrund stehen, und jede deutsche Entwicklungshilfe solle von deutschen Fachleuten begleitet werden. In sozialpolitischer Hinsicht vertrete Scheel die Auffassung, dass man heute einen Staat nicht ohne Arbeiter regieren könne. Während seines Aufenthaltes in den USA habe er sich deshalb für das Problem der Ertragsbeteiligung der Industriearbeiter interessiert, worin er eine Möglichkeit sehe, die Interessengegensätze zwischen Unternehmern und Arbeitern zu überwinden und die sozialistischen Theorien aus den Köpfen der Arbeiter zu verdrängen.

In Scheels Stasi-Biografie wurde anschließend zu seiner politischen Einstellung zeilenweise aus westdeutschen Zeitungen wie der *Süddeutschen Zeitung* und dem *Spiegel* zitiert. 1964 habe Scheel vorgeschlagen, den Reiseverkehr zwischen der DDR und Westdeutschland durch Einführung von Reiseschecks zu erleichtern, die im Verhältnis 1:1 verrechnet werden sollten. Die für die Einreise in die DDR vorgeschriebenen Umtauschsätze sollten wegfallen. Der DDR solle bei der Verrechnung der Schecks ein Swing von 50 Millionen D-Mark eingeräumt werden. Das bedeutet, dass die aus Exporten und Importen resultierenden Zahlungen nicht direkt durch Devisen geleistet werden müssten, sondern innerhalb der Kreditlinie (Swing) gegenseitig verrechnet würden, sodass ein Saldo zugunsten des einen oder anderen Staates übrig bliebe – ein interessanter Vorschlag, setzt doch ein Swing eigentlich eine recht ausgewogene Handelsbilanz voraus, die es zwischen den beiden deutschen Staaten nicht gab. Eine umfassende Darstellung zur Deutschlandpolitik habe Scheel 1967 gegeben, wo er unter anderem ausführte:

»Eine Wiedervereinigung Deutschlands auf nationalstaatlicher Basis ist gegenwärtig weder realistisch noch erfolgreich, weil es über eine riesige Wirtschaftskraft verfügen würde, die sich in eine erhöhte politische Potenz ummünze. An einem solchen erstarkten einheitlichen Deutschland haben weder die Staaten im Osten, noch im Westen Interesse, ja, sie zeigen einer solchen Entwicklung gegenüber große Antipathien. Die deutsche Frage ist durch mindestens drei Probleme ein internationales Projekt geworden:

1. Durch die Frage der Ostgrenzen, die von de Gaulle offen und von den anderen westlichen Verbündeten indirekt akzeptiert werden; damit kann das Grenzproblem als faktisch gelöst betrachtet werden.
2. Deutschland soll in keiner Weise an nuklearen Waffensystemen beteiligt werden. Auch in dieser Frage besteht bei allen Staaten in Ost und West Übereinstimmung.
3. Die Frage der Anerkennung der DDR schafft besondere Probleme. Wir sprechen von einer Verdichtung der Beziehungen zur DDR und wollen einstweilen den Begriff Normalisierung der Beziehungen vermeiden.«

In diesem Zusammenhang sei Scheel auf die Entwicklung der Beziehungen zu Rumänien eingegangen und habe erklärt, die Aufnahme der Beziehungen zu Rumänien müsse als Wendepunkt in der Geschichte der Bundesrepublik betrachtet werden. In der deutschen Außenpolitik beginne eine Dynamik wirksam zu werden, bei der auch ein kalkuliertes Risiko eingegangen werden solle. Die Nichtanerkennung der DDR werde voraussichtlich noch längere Zeit politisch möglich sein, auch im Bereich der neutralen Länder. Scheel wird wörtlich in den Akten zitiert:

»Was bedeutet nun unser Alleinvertretungsanspruch? Wenn wir die DDR anerkennen, würden wir die staatliche Souveränität und den territorialen Besitzstand juristisch akzeptieren und damit garantieren. Von diesem Zeitpunkt an wäre jede Politik einer versuchten Wiedervereinigung gleichzeitig ein Versuchsstreben der Bundesrepublik nach Annexion der DDR. Wir können also den Alleinvertretungsanspruch nicht aufgeben, ohne uns die Kritik des Annexionismus aufzuhalsen. Anders sieht es mit der De-facto-Anerkennung der DDR aus; das ist keine politische Aktion, sondern passive Hinnahme eines Zustandes im Interesse verschiedener politischer Kräfte im Bereich beider Teile Deutschlands (z. B. Erlangung größerer persönlicher Freiheiten von Bevölkerungsteilen in der DDR).«

In der ausführlichen Analyse des politischen Denkens Walter Scheels erinnerten die Stasi-Rechercheure schließlich daran, dass der damalige FDP-Bundesvorsitzende der Überzeugung war, die Politik der DDR gegenüber solle zunächst dazu dienen, den Menschen dort wieder Vertrauen in die Politik der Bundesrepublik zu geben. Eine ähnliche »demagogische Haltung« nehme er auch an anderer Stelle zur Frage des Atomsperrvertrages und der Wehrpolitik ein, ohne eine echte Alternative zur Politik der Bonner Großen Koalition zu entwickeln. Scheel habe erklärt, man komme bei der Entspannungspolitik in Europa nicht um die DDR herum. Eine Normalisierung der Beziehungen bedeute aber nicht, den anderen Teil Deutschlands als Staat betrachten zu müssen. Ziel der Deutschlandpolitik müsse sein, »beide Staaten unter einem Dach zusammenzuführen«.

Zum Schluss des Stasi-Dossiers wurde ausgiebig auf die Rolle Walter Scheels als Parteivorsitzender der FDP eingegangen. Detailliert wurde der innerparteiliche Machtkampf beschrieben, wie Walter Scheel nach dem Rücktritt Erich Mendes 1968 als einziger Bewerber sein Nachfolger wurde. Schließlich folgen in Scheels Stasi-Akte detaillierte Angaben über die personelle Zusammensetzung und die Tätigkeit der Ministerien der sozial-liberalen Koalition aus SPD und FDP Ende 1969.

Top-Spione

An dieser Stelle ein Blick auf die SIRA-Teildatenbank. Es waren erneut mehrere nicht mehr identifizierbare Spitzel, die ausgiebig über den Bundestagswahlkampf 1969 berichteten, ebenso über eine »mögliche Koalitionspolitik der FDP-Führung nach der Bundestagswahl«. Schließlich ging es in den Spionagebeiträgen ab Oktober 1969 sehr konkret über »Koalitionsverhandlungen zwischen der SPD und der FDP«.

Ein besonderes Kaliber im Kreis der Verräter von Bonn war der Journalist Willi-Rudolf Schelkmann, der 1922 in Dortmund geboren wurde. Gemäß der Rosenholz-Dokumente wurde seine Erfassungskarte 1960 unter der Registriernummer XV/6004/60 angelegt. Diese Rosenholz-Dateien sind mikroverfilmte Karteikarten der HVA, die Zuträger des ostdeutschen Geheimdienstes verzeichnen. Unter dem Decknamen lieferte der Agent »Karstädt« von Mitte 1969 bis Ende 1975 rund 260 Berichte, vor allem aus dem Machtzentrum der Bonner Republik, dem Bundeskanzleramt. Der Fokus lag dabei hauptsächlich auf den Koalitionären Brandt und Scheel, ebenso auf Schmidt und Wehner. »Karstädts« Geheimdossiers wurden aus bekannten Gründen im Jahr 1990 vernichtet. Dennoch liefern die Angaben der SIRA-Teildatenbank 12 einen umfassenden Einblick in die intensive Arbeit des IM. Mit seinen Spionagebeiträgen war er dem FDP-Bundesvorsitzenden und künftigen Bundesaußenminister so nahe wie kein anderer Bonner Spion.

Wer war Willi-Rudolf Schelkmann mit dem Stasi-Decknamen »Karstädt«? 2016 schrieb Ex-Stasi-Major Horst Kopp in seinem Lebensrückblick *Der Desinformant – Erinnerungen eines DDR-Geheimdienstlers*, Schelkmann habe die Uniform der Waffen-SS getragen. Unabhängige Recherchen im Bundesarchiv bestätigen das nicht. Es scheint ausgeschlossen, dass Schelkmann bei der Waffen-SS war. Belegt ist allerdings seine NSDAP-Mitgliedschaft. Nach Aktenlage beantragte er am 10. April 1940 die Aufnahme in die NSDAP und wurde unter der Mitgliedsnummer 7 718 727 am 1. September 1940 registriert. Horst Kopp hingegen schreibt in seinem Buch weiter, Schelkmann habe als einstiger Nazi mit genauen Kenntnissen aus dem Reichssicherheitshauptamt, der Waffen-SS und der NSDAP als augenscheinlich geläuterter Journalist wertvolle Informationen über seine »alten Kameraden« geliefert und den DDR-Ermittlungsorganen beim Aufspüren von »nazistischen Kriegsverbrechern« geholfen. Entweder hat IM »Karstädt« angeben wollen, oder der Zeitzeuge Horst Kopp hat Schelkmanns Waffen-SS-Mitgliedschaft frei erfunden.

Kopp informiert noch weiter: Schelkmann sei ein »Selbststeller« gewesen. Selbststeller, auch Selbstanbieter oder Anbieter waren Personen, die von sich aus Kontakt zum MfS oder zu einer anderen Institution oder Person der DDR suchten, um sich als Informant zu bewerben. Bei dieser besonderen Gruppe sei das MfS stets skeptisch gewesen, habe es doch vermutet, dass es sich um einseitig materiell interessierte Personen oder gar Agenten gegnerischer Nachrichtendienste handeln könnte. Dennoch seien zuletzt etwa fünf Prozent der im bundesdeutschen Gebiet lebenden und tätigen Inoffiziellen Mitarbeiter der HVA ursprünglich Selbstanbieter/Selbststeller gewesen.

In den Anfangsjahren der Bonner sozial-liberalen Koalition habe sich das FDP-Mitglied Schelkmann, so Kopp, zunächst als Berater des Auswärtigen Amtes, dann als Mitarbeiter im Bundespresseamt verdingt. Im Zuge der Guillaume-Affäre 1974 sei er aber ins Visier der Bonner Ermittler geraten und von seinem Führungsoffizier Rolf Wagenbreth 1975 vorsichtshalber aus der Bundesrepublik abgezogen worden. Bis zu diesem Zeitpunkt lieferte IM »Karstädt« alias Willi-Rudolf Schelkmann die meisten Spionagebeiträge über Walter Scheel und sein politisches Umfeld.

Sein Führungsoffizier Rolf Wagenbreth, ein höchst erfolgreicher MfS-Spitzenfunktionär, war vom 1. Juni 1966 bis zum 31. Dezember 1989 – zuletzt im Dienstrang eines Obersten – Leiter der für »Aktive Maßnahmen/Desinformation« zuständigen Abteilung X der HVA. In seiner Kaderkarteikarte aus dem Bundesarchiv ist dokumentiert, dass der 1929 im Kreis Zeitz geborene und gelernte landwirtschaftliche Rechnungsprüfer 1951 als »Instrukteur« zum MfS kam. Nach Besuchen der Landesparteischule und Parteihochschule schloss er 1961 als Diplom-Gesellschaftswissenschaftler ab. Nach einer steilen Karriere im MfS und zahlreichen Auszeichnungen, unter anderem dem Abzeichen »Ehrenmitarbeiter der Staatssicherheit der UdSSR«, galt er als der eigentliche Kopf der als »Aktive Maßnahmen/Desinformation« umschriebenen Machenschaften der HVA. Dabei ging es vor allem darum, den Staat Bundesrepublik Deutschland als solchen, sein Führungspersonal, führende politische Gruppierungen und Persönlichkeiten bloßzustellen und zu diffamieren. Oberst Wagenbreth unterhielt zur Informationsbeschaffung aus der Bundesrepublik wie auch zur Streuung von Desinformation ein dichtes Netz von Kontaktpersonen in der Bundesrepublik.

Ein prominenter Agent neben Schelkmann war der FDP-Politiker William Borm mit dem Decknamen »Olaf«. »Karstädt« und »Olaf« kamen den Aufträgen ihrer Führungsoffiziere in Ost-Berlin willig nach. IM »Karstädt« lieferte unverdrossen Berichte über den künftigen Arbeitsstil im Bundesaußenministerium, über Einschätzungen führender Politiker der FDP und namentlich des Bundesaußenministers Walter Scheel. IM »Olaf« hatte eine besondere Nähe und Vertrautheit zu Walter Scheel. Seine unzähligen Spitzelberichte zeugen von außerordentlicher Personen- und Sachkenntnis des Bonner Politikbetriebs. Sein Führungsoffizier war der 1925 in Dresden geborene Johannes Grellmann. Nach der Kaderkarteikarte des Stasi-Unterlagen-Archivs (Bundesarchiv) hatte er den Beruf des Kfz-Schlossers gelernt. Das SED-Mitglied seit 1947 und aktiver Parteisekretär stieg 1955 beim MfS ein und besuchte die Schule der HVA. Auf der Karriereleiter vom Leutnant zum Oberleutnant, vom Hauptmann zum Major hatte er viele Jahre direkte persönliche Verbindungen zu IM »Olaf«. Nach den üblichen Ehrenurkunden erhielt er 1985 den Kampforden »F. Verd. um Volk und Vaterland« in Bronze. Knapp zehn Jahre lang bearbeitete Borms Führungsoffizier Hans Grellmann die Spionagebeiträge des IM »Olaf«.

Ihm folgte ab 1972 Major Theodor Schönfelder, 1932 im Kreis Löbau geboren, mit dem erlernten Beruf eines Maschinenschlossers. Über die SED-Kreisleitung kam er nach einem Fernstudium an der Parteihochschule Karl Marx 1954 ins Ministerium für Staatssicherheit. 1957 schaffte er den Abschluss zum Diplomgesellschaftswissenschaftler. Vom Oberfeldwebel zum Leutnant, Oberleutnant, Hauptmann und schließlich zum Major gelang auch Theodor Schönfelder innerhalb des MfS-Apparats eine vorbildliche Funktionärskarriere, die mit sieben Auszeichnungen – zuletzt 1988 mit der Verdienstmedaille der DDR – verbunden war. Kaum jemand in der MfS-Zentrale hatte ein derart umfassendes Herrschaftswissen über Inhalte und Menge der Spionagebeiträge, die sich mit und über Walter Scheel, vorerst noch im Bundesaußenministerium, beschäftigten. Darunter immer wieder vertrauliche Einschätzungen der Moskauer Gesprächsrunde durch Walter Scheel. Allein 54 Spionagebeiträge des Jahres 1970 beschäftigten sich schwerpunktmäßig mit der deutschen Außenpolitik, vor allem mit der deutschen Ostpolitik und den Auslandsreisen von Bundesaußenminister Walter Scheel. Im Mittelpunkt standen der Vertrag mit Polen und das Abkommen zwischen der Bundesrepublik und der Sowjetunion mit der Unterzeichnung des Moskauer Vertrages im August 1970. Die Spitzelberichte lieferten der SED-Führung nicht selten vorab »detaillierte Pläne und eine realistische Umsetzung außenpolitischer Aktivitäten« der Bonner sozial-liberalen Koalition.

Ebenso wie »Karstädt« und »Olaf« war auch der 1913 geborene ostdeutsche Wirtschaftsfunktionär und ehemalige Rektor der Hochschule für Außenhandel in der DDR, Professor Erich Freund, ein wichtiger IM. Unter dem Decknamen »Dräger« hatte er nicht nur die Minister für Wirtschaft und Finanzen der sozial-liberalen Koalition im Blick, sondern gab auch Äußerungen des FDP-Vorsitzenden und Vizekanzlers Walter Scheel zur Politik der Bundesregierung gegenüber der DDR weiter, die in Ost-Berlin besonders gut angekommen sein dürften.

Bespitzelung im Zeichen der Entspannung

In den Jahren 1972 und 1973 nahm die Spionagetätigkeit, gezielt auf Bundesaußenminister Walter Scheel gerichtet, zu. Neben den schon mehrfach erwähnten IM »Karstädt« und IM »Olaf« lieferten IM »Komet« alias Dieter Assmann, IM »Max« alias Rudolf Maerker, IM »Doktor« alias Dr. Richard Sieben, IM »Brede« alias Klaus von Raussendorf, IM »Iris« alias Ingrid Garbe, IM »Krüger« alias Alfred Völkel, IM »Helmut« alias Karl-Heinz Klinger sowie 27 nicht identifizierbare Inoffizielle Mitarbeiter zusammen 86 Spitzelberichte. Inhaltlich ging es um den Besuch des ersten Mannes der Sowjetunion Leonid Breschnew im Mai 1973 in Bonn. Außerdem spielte bei der Spionage aus Bonn der »Vertrag über die Grundlagen der Beziehungen zwischen der Bundesrepublik Deutschland und der Deutschen Demokratischen Republik« eine wesentliche Rolle, der am 13. Juni 1973 ratifiziert wurde und in Kraft trat. Immer wieder informierten die »Kundschafter« des DDR-Geheimdienstes zudem über Scheels Auslandsreisen beispielsweise nach Jordanien, in den Libanon und nach Ägypten im Juni 1973. Sehr früh gelangte auch die Konzeption der Rede Scheels vor der UN-Vollversammlung im September 1973 in die Hände eines nicht identifizierbaren Bonner Spions. Spitzelberichte gab es außerdem zum »Vertrag über die gegenseitigen Beziehungen zwischen der Bundesrepublik Deutschland und der Tschechoslowakischen Sozialistischen Republik«, der im Dezember 1973 aufseiten Deutschlands von Bundeskanzler Willy Brandt und Außenminister Walter Scheel, aufseiten der ČSSR von Ministerpräsident Lubomir Strougal und Außenminister Bohuslav Chňoupek unterzeichnet wurde. Immer wieder tauchten nun auch Spionagebeiträge auf, die sich mit den Auseinandersetzungen um die Neuwahl des Bundespräsidenten beschäftigten. Im Mittelpunkt dabei: Bundesaußenminister Walter Scheel.

Eine auffallend geringe Rolle spielte in Scheels Stasi-Akte Willy Brandts Rücktritt am 8. Mai 1974 und ihre unmittelbare Folge: Scheels kurze Tätigkeit als kommissarischer Regierungschef bis zum Amtsantritt von Schmidt am 16. Mai 1974. Dass er da seit einem Tag designierter Bundespräsident war, schien den Genossen umso wichtiger zu sein:

Kurz nach seinem Amtsantritt als vierter Bundespräsident der Bundesrepublik Deutschland am 1. Juli 1974 hatte das Ministerium für Staatssicherheit erneut Daten und Fakten »Zur Person von Walter Scheel, Bundespräsident der BRD« zusammengetragen. Er komme aus der FDP und gelte als fähiger, gut informierter und engagierter Berufspolitiker, der über einflussreiche politische Beziehungen verfüge, hieß es anfangs. Dann folgten Angaben über die wichtigsten Stationen seiner politischen Laufbahn von 1950 bis zur Bundespräsidentenwahl 1974.

Weiter ging es in der MfS-Einschätzung: Scheel sei ein ehrgeiziger und karrierebewusster Politiker, der den Erfolg liebe. Aus kleinbürgerlichen Verhältnissen stammend, habe er sich zielstrebig über seine Tätigkeit in der Wirtschaft bis in die Führungsspitzen der FDP sowie zentrale Staats- und Regierungsämter hochgearbeitet. Scheel verfüge über einen großen politischen Sachverstand und die Fähigkeit, veränderte politische Realitäten zu erkennen und sich ihnen zu stellen, wobei er ein relativ hohes Maß an Anpassungsfähigkeit, Flexibilität und taktischem Geschick besitze. Obwohl er sich bisweilen als »Liberaler« bezeichne, liege seinem politischen Engagement in der FDP keine adäquate weltanschauliche Überzeugung zugrunde, vielmehr sollen eine gewisse Betriebsamkeit und geschäftliche Interessen eine nicht unbedeutende Rolle gespielt haben.

Schon in den ersten Wochen im neuen Amt habe Scheel wiederholt zu erkennen gegeben, dass er seine politische Karriere als nicht abgeschlossen betrachte. Das Lebensziel Scheels bestehe unverändert in der Errichtung einer von den USA relativ unabhängigen politischen Union Westeuropas, an deren Herausbildung und Gestaltung er ausschlaggebend mitwirken wolle. Seinem entscheidenden Beitrag zur Bildung der SPD/FDP-Regierungskoalition 1969 in Bonn und der von ihr eingeleiteten neuen Ost- und Deutschlandpolitik liege im Kern die Erkenntnis zugrunde, dass die BRD ohne eine Normalisierung ihrer Beziehungen zu den sozialistischen Staaten, einschließlich der DDR, zum Hemmschuh des westeuropäischen Einigungsprozesses werden würde.

Als Außenminister und FDP-Vorsitzender sei Scheel daher bestrebt gewesen, sich einen möglichst umfassenden und wachsenden Einfluss auf wichtige innen- und außenpolitische Entscheidungsprozesse in der BRD zu sichern. In seinen außenpolitischen Aktivitäten sei er stets auch davon ausgegangen, dass eine von ihm bewirkte Fortentwicklung der Beziehungen der BRD zu den sozialistischen Ländern ihn persönlich aufwerten würde. Als Bundespräsident wolle Scheel mitunter ein »politischer Präsident« sein und durch Vorstöße in wichtigen politischen Fragen den Anschein erwecken, als besäße er noch immer ein ausschlaggebendes Mitspracherecht. Zugleich würden seine diesbezüglichen Aktivitäten darauf abzielen, sich mit Blick auf eine angestrebte Wiederwahl 1979 gegenüber den Bundestagsparteien und der Öffentlichkeit der BRD als einen nach wie vor in allen wichtigen politischen Fragen der BRD potenten Politiker darzustellen. Im internen Kreis gebe sich Scheel des Öfteren als Kenner der Westeuropa-Politik aus und höre es nicht ungern, für das Amt eines führenden Repräsentanten einer westeuropäischen politischen Union als geeignet dargestellt zu werden.

Zugleich denke Scheel oft an seine Tätigkeit als Außenminister der BRD und seine Rolle als »Bahnbrecher« einer neuen Ost- und Deutschlandpolitik der BRD zurück. Auf diese Punkte angesprochen, habe er sich unterschwellig gemeinsam mit Brandt als »bestes Gespann« für die Politik der BRD bezeichnet. Bei Verhandlungen im Ausland sei Scheel durch sein politisches und persönliches Auftreten bemüht, das internationale Ansehen der BRD zu heben und um Verständnis für deren Politik zu werben.

Seine Verhandlungsmaxime basiere größtenteils auf dem Grundsatz, wonach ein gutes Geschäft für beide Seiten vorteilhaft sein müsse. Obwohl seine Möglichkeit, als Bundespräsident in den wichtigen aktuell-politischen Fragen mitzuwirken, begrenzt sei, lege er Wert darauf, als kompetenter Gesprächspartner angesehen zu werden. Um seinen Ruf als ein auf dem internationalen Parkett erfahrener Politiker herauszustellen, weiche Scheel gelegentlich auf die englische oder die französische Sprache aus. Scheel trete bei Gesprächen und Verhandlungen stets ruhig und sachlich auf, wobei er in der Lage sei, schwierige Zusammenhänge geduldig und verständlich zu erklären. Er sei sehr wortgewandt und verstehe es, Wahrheiten so zu sagen, dass sie nicht verletzend wirken, aber dennoch gesagt werden. Im Endstadium von Verhandlungen neige Scheel dazu, sich persönlich stark zu engagieren, wenn ihm dadurch der politische und persönliche Erfolg als sicher erscheine, wobei er jedoch gelegentlich seine Möglichkeiten etwas überschätze. Ähnliche Reaktionen zeige Scheel, wenn er unter Erfolgszwang stehe. Scheel gelte als Meister der Etikette und von Protokollfragen und vermöge sich unverzüglich auf andere Gesprächspartner und Situationen einzustellen.

Als im diplomatischen Metier versierter Politiker gebe er sich häufig jovial und »leutselig«, sei jedoch trotz eines gewissen ihm eigenen Frohsinns stets kühl bei der Sache. Bei Empfängen gelte Scheel als umgänglich und werde oft als »hervorragender Plauderer« mit rheinischem Witz bezeichnet. Er besitze gute Umgangsformen und achte peinlich auf sein akkurates Äußeres. Scheel besitze eine Vorliebe für feine Lebensart und eine ans Luxuriöse grenzende

Selbstdarstellung, wobei der Hang zum Konservativen überwiege. Er habe eine ausgesprochene Neigung zur Repräsentation. Bei eigenen Empfängen gebe sich Scheel gern als Bürgerpräsident und treffe aber selbst die Auswahl für die Gästeliste, die dann Vertreter nahezu aller sozialen Schichten aufweise. Im Umgang mit Personen seiner Umgebung wahre er jedoch betont Distanz, die oft bis an die Grenzen des Erträglichen gingen und durch seinen aufwendigen Lebensstil in sozialer Hinsicht noch verstärkt würden.

Die vierseitige MfS-Einschätzung zur Person zeugt jedenfalls von kenntnisreichen Spitzelberichten, die vermutlich unverzüglich an die SED-Spitze gelangten und sämtlichen Politbüromitgliedern mitgeteilt wurden.

Etwa zu diesem Zeitpunkt wurde IM »Karstädt« alias Willi-Rudolf Schelkmann, der mit besonderem Insiderblick nicht nur Walter Scheel, sondern auch die Sozialdemokraten Willy Brandt, Herbert Wehner und Helmut Schmidt jahrelang verraten hatte, aus der Bundesrepublik abgezogen. Sein Führungsoffizier Rolf Wagenbreth sorgte dafür, dass der Dortmunder 1975 vom DDR-Staat – als Belohnung für seinen Verrat – ein kleines Haus in der Nähe von Ost-Berlin erhielt und fortan seinen Lebensunterhalt als »Hauptamtlicher Inoffizieller Mitarbeiter« (HIM) verdiente. Aus Schelkmanns spärlicher Stasipersonalakte geht zudem hervor, dass die HVA-Spitze im September 1988 für den »zurückgezogenen Kundschafter« den gebührenfreien Import eines Pkw der Marke Fiat-Regatta 75 beantragte. HIM »Karstädt« durfte fortan mit einem schmucken Westauto in der Farbe Metallic-Grau durch das Land der Trabis fahren. Das lag aber nicht nur an den Spitzeleien in Bonn, sondern auch an seinem Sonderauftrag, aus vorliegenden MfS-Unterlagen einen Lebenslauf des Arbeitgeber-Präsidenten Hanns Martin Schleyer zu erstellen, der vor allem dessen einstige Mitgliedschaft in der SS belegen sollte. Nach Schleyers Ermordung am 18. Oktober 1977 wurde unter der Leitung von Rolf Wagenbreth der Plan entwickelt, Schelkmanns Erkenntnisse über die Causa Schleyer zu nutzen, um die Politiker Helmut Schmidt, Werner Maihofer und andere dem rufschädigenden Verdacht unlauterer Machenschaften auszusetzen. Gezielt wurde der Verdacht geschürt, die Bundesregierung und die Opposition hätten Schleyer gemeinsam geopfert, seine Befreiung verhindert, damit er sein Wissen über unlautere Parteispenden und geheime Absprachen zwischen der CDU/CSU und der FDP nicht mehr preisgeben könnte.

Mit Schelkmanns Übersiedlung in die DDR ergab sich eine große Lücke in der SIRA-Dokumentation von Spionagebeiträgen aus Bonn. Gleichwohl versuchten andere IM, die Lücke zu schließen. Dabei ging es immer wieder um Probleme der sozial-liberalen Regierungskoalition aus SPD und FDP und die politische Profilierung der FDP ohne ihren langjährigen Parteivorsitzenden Walter Scheel. Zum 30. Jahrestag des Kriegsendes im Mai 1975 allerdings hörte das MfS der Rede des Bundespräsidenten in der Schlosskirche der Bonner Universität zwar vermutlich zu, befand sie aber nicht der Rede wert.

Der Historiker Norbert Frei analysierte in seinem Buch *Im Namen der Deutschen* 2023 Scheels Argumente für seine Rede: ein bundesdeutsches Schweigen werde angesichts der »Anstrengungen der DDR, diesen Gedenktag in ihrem Sinne herauszustellen«, international »wohl missverständlich« aufgenommen. Scheel versuchte sich denn auch an einer Neudefinition: »Der 8. Mai 1945 ist ein widersprüchlicher Tag der deutschen Geschichte.« Damit führte er, in aller Vorsicht, einen neuen Ton ein, nämlich den Begriff der »Befreiung«.

»Wir wurden von einem furchtbaren Joch befreit, von Krieg, Mord, Knechtschaft und Barbarei. Und wir atmeten auf, als dann das Ende kam. Aber wir vergessen nicht, dass diese Befreiung von außen kam, dass wir, die Deutschen, nicht fähig waren, selbst dieses Joch abzuschütteln, dass erst die halbe Welt zerstört werden musste, bevor Adolf Hitler von der Bühne der Geschichte gestoßen wurde.«

Wie der Historiker Norbert Frei herausfand, soll Michael Engelhardt, ein literarisch gebildeter Jurist aus dem Auswärtigen Dienst und kreativer Kopf von Scheels Redenschreibern, den Begriff der »Befreiung« in Scheels Rede eingeführt haben. Dieses wichtige Datum in der deutschen Geschichte und sein Umgang damit in der Bundesrepublik waren für den DDR-Geheimdienst keinen Spitzelbericht wert. Auch seine Reisen als Bundespräsident nach Frankreich, in die Vereinigten Staaten und nach Spanien spielten überhaupt keine Rolle in der Spionagepraxis Ost-Berlins. Ausnahme war ein einziger IM-Bericht über Scheels Staatsbesuch in der Sowjetunion vom 10. bis 15. November 1975. Eine magere Ausbeute der Tschekisten aus Ost-Berlin dokumentierte die SIRA-Erfassung auch für das Jahr 1976. Immerhin wurden Scheels Auslandsreisen nach Finnland und Schweden im Juni 1976 registriert. Ansonsten bemühten sich die Spione »Max« und »Fichtel«, die Ost-Berliner-Auftraggeber über die Bundestagswahl 1976 und die anschließende Regierungsbildung aus SPD und FDP zu informieren. Dabei kam der Name Walter Scheel nur am Rande vor.

Und auch viele andere Themen der folgenden Jahre sind nur spärlich in den HVA-Dokumenten belegt. Thematisch war nichts geeignet, Scheel »verächtlich zu machen oder in der öffentlichen Meinung herabzuwürdigen«, wie es der eigentliche Auftrag der Tschekisten gewesen wäre. Immerhin belauschte IM »Olaf« alias William Borm das Gespräch des Bundespräsidenten Walter Scheel »mit einem linksliberalen Vertreter der FDP-Führung«. Und auch Scheels Staatsbesuche auf den Bahamas, Costa Rica und Mexiko im Juni 1977 waren Themen in den Spitzelberichten.

1978 zog die Spionagetätigkeit über den Bundespräsidenten Scheel auch ohne den Starspitzel IM »Karstädt« wieder an. Gleich im Januar reiste Scheel erneut zum Staatsbesuch nach Mexiko, dann im April nach Japan und in den Iran. Das MfS war dabei. Über die vier Auslandsreisen zu den Cookinseln, nach Neuseeland, Australien und Mauritius ist hingegen nichts zu finden. Dagegen informierte IM »Jutta« »zum 17. Juni in der BRD«, also dem Tag des Gedenkens an den Volksaufstand in der DDR. Der »Besuch des Gen[ossen] Breschnew in Bonn« war ebenso von Interesse. Unter genauer Beobachtung der Tschekisten standen zudem Scheels Aufenthalte in West-Berlin. Interessant wäre auch gewesen zu erfahren, was ein ungenannter MfS-Spitzel im Dezember 1978 zur Kandidatur eines neuen Bundespräsidenten nach 1979 herausgefunden hatte. Dabei muss es auch um die Rolle Willy Brandts gegangen sein, der Scheels Nachfolge allerdings zu keiner Zeit ernsthaft anstrebte. Doch alle beschriebenen Themen sind lediglich in Schlagworten überliefert.

Seit Beginn des neuen Jahres 1979 begleiteten die »Kundschafter« des MfS in Bonn in ihren Spitzelbeiträgen die anhaltende Diskussion um die Neuwahl des Bundespräsidenten im Mai. Würde Scheel erneut antreten, gab es für ihn überhaupt eine Mehrheit in der Bundesversammlung? Vor allem IM »Max«, IM »Olaf« und IM »Fichtel« lieferten unablässig Einschätzungen, Meinungen, Stellungnahmen, Spekulationen und Situationsberichte über die bevorstehende Wahl. Bekanntlich lässt sich über Inhalte der SIRA-Teildatenbank-Titel nichts Konkretes über die zeitgenössischen Überlegungen herausfinden.

Sichtbar ist nur, was in der Öffentlichkeit geschah: Angesichts der eindeutigen Mehrheitsverhältnisse in der Bundesversammlung stellte sich Walter Scheel 1979 nicht erneut zur Verfügung und schied am 30. Juni 1979 aus dem Amt. Fortan schien das Interesse der Ost-Berliner Tschekisten an Altbundespräsident Walter Scheel gegen null zu tendieren. In den knapp 70 Spitzelberichten von Mitte 1979 bis gegen Ende 1987 war kein einziger bemerkenswerter Beitrag über den politischen Pensionär. Die letzte Eintragung in den SIRA-Dokumenten stammt vom 8. Oktober 1987. Es war der 38. FDP-Parteitag, den der Altbundespräsident offenbar besucht hatte. Alles in allem registrierte die SIRA-Teildatenbank von 1964 bis 1987 insgesamt 218 Spitzelberichte von sehr unterschiedlicher Qualität und Aussagekraft. Sie stammten von 46 zum größten Teil identifizierten IM. Die große Zahl der nicht mehr mit Klarnamen zu identifizierenden »Kundschaftern des Friedens« wird ein Geheimnis bleiben.

Ganz am Ende der stark gefledderten Stasi-Akte Scheels wurde unter dem Decknamen »ULU 1419« ein vierseitiger »Beobachtungsbericht« abgeheftet. In ihm ging es um den 3. Oktober 1989, als sich der Altbundespräsident Walter Scheel von 12:32 bis 23:40 Uhr in Ost-Berlin aufhielt. Zusammen mit seiner Ehefrau Barbara Wiese und dem stellvertretenden Leiter der Ständigen Vertretung Bonns in Ost-Berlin wurden sie auf Schritt und Tritt verfolgt und nicht aus dem Auge gelassen. In politisch unruhigen Zeiten wollte man schließlich wissen, was die Vertreter des »Klassenfeindes« so auf eigenem Staatsgebiet taten. Mit exakten Zeitangaben notierten die Tschekisten, wann sich die Gruppe wo aufhielt: Kongresszentrum, Brandenburger Tor, Marienkirche, Fernsehturm, Nikolaiviertel und eine Stadtrundfahrt zu den wichtigsten Sehenswürdigkeiten. Alles wurde penibel protokolliert. Am Abend war ein Besuch der Staatsoper Unter den Linden verzeichnet – ohne nähere Angaben. Theaterliebhaber waren die Spitzel offenbar nicht, sonst hätten sie bemerkt, dass Scheel zu einem Gastspiel der Deutschen Oper am Rhein ging, *Der jüngste Tag*. Das Drama erzählt von »einem schicksalhaften Moment, in dem sich Zukunft und Vergangenheit verdichten« – wie prophetisch. Die »Beobachtung von Scheel« wurde am 3. Oktober um 23:40 Uhr beendet. Nach dem MfS-Protokoll gab es keinerlei Kontakte zu DDR-Bewohnern und keine besonderen Vorkommnisse. Mit Blick auf Scheel mag das zutreffend gewesen sein. Aber hatten sie da nicht das Wichtigste übersehen – etwas mehr als fünf Wochen vor dem Mauerfall?

Karl Carstens –
ein konservativer Intellektueller

Vorermittlungen

Von Anfang an, von der Gründung der Bundesrepublik bis zum Ende
der DDR-Auslandsspionage 1989, war das Ministerium für Staatssicherheit in Ost-Berlin über kein anderes Bonner Ministerium so
genau im Bilde wie über das Verteidigungsressort. Schon sehr früh
hatte – im Zuge dieses Interesses – die Abteilung »Agitation« der
Stasi eine Kampagne gegen den von 1956 bis 1963 amtierenden Verteidigungsminister Franz Josef Strauß geplant. Die Propagandisten
aus dem deutschen Osten mussten allerdings konstatieren, dass die
Vergangenheit von Strauß keine ausreichenden Angriffspunkte bot.
Längst hatten die Stasi-Schnüffler herausgefunden, dass der Minister,
im Gegensatz zu manch anderen Mitgliedern der Bonner Kabinette,
weder der NSDAP noch einer ihrer Gliederungen angehört hatte.

Während das Interesse an Strauß selbst daher rasch erlahmte,
trat bei der Überprüfung der Staatssekretäre durch die DDR-Auslandsspionage Brisantes zutage. Einer von ihnen war Karl Carstens.
Zunächst Staatssekretär im Auswärtigen Amt von 1960 bis 1966
wechselte der Einserjurist in der Zeit der Großen Koalition unter
Bundeskanzler Kurt Georg Kiesinger von 1966 bis 1968 als Staatssekretär ins Bundesministerium der Verteidigung. Chef des Verteidigungsressort war der CDU-Politiker Gerhard Schröder, ebenfalls
im Visier des MfS.

Karl Carstens' Stasi-Akte beginnt mit Presseveröffentlichungen
aus dem Jahr 1966. Als Erstes versuchten die Rechercheure, die wichtigsten Lebensdaten zu erkunden, und dokumentierten sie hand-

schriftlich. Als Quelle wurde beispielsweise die Publikation *Wer ist wer* genannt, in der bedeutende Persönlichkeiten aus allen Bereichen der Gesellschaft erfasst wurden. Auch Angaben aus dem *Handbuch des Deutschen Bundestages* schrieben die Rechercheure auf. Auch der Auszug aus dem Munzinger Archiv aus dem Jahr 1966 enthüllte nichts Neues. In diesem angesehenen und nach eigenen Worten des Herausgebers verlässlichen Nachschlagewerk mit authentischen persönlichen Daten sind Carstens' Kriegszeit und sein Leben im Nationalsozialismus völlig ausgeklammert.

Spannender war dann schon die Einschätzung der Persönlichkeit des Politikers durch das Ministerium für Staatssicherheit. Darin hieß es unter anderem, Carstens sei bestrebt, die aggressive Zielsetzung der westdeutschen Außenpolitik mit »teilweise beweglichen Mitteln und Methoden« zu realisieren. Er leugne die Existenz der DDR und trachte danach, sie von den anderen sozialistischen Staaten zu isolieren. Wörtlich weiter:

> »Er war vergeblich bemüht, zum Beispiel während einer Reise in die UdSSR im September 1965 durch wirtschaftliche Versprechungen illusionäre imperialistische Pläne hinsichtlich einer rechtswidrigen Einbeziehung Westberlins in die Bundesrepublik zu realisieren.«

Mit diesen dürren Rechercheergebnissen waren keine »Aktiven Maßnahmen« zu planen und/oder Propagandaaktionen wie in anderen Fällen zu initiieren. Die Auslandsspionage des MfS und namentlich ihr Chef Markus Wolf konnten sich mit alldem nicht zufriedengeben. Folgerichtig wurden neue Überprüfungen an verschiedenen Stellen eingeleitet und über Wochen und Monate weiterverfolgt:

- »Sichtung und Auswertung im Deutschen Institut für Zeitgeschichte.
- Im Institut für Deutsche Militärgeschichte Suche nach Unterlagen und Angaben über die faschistischen Wehrmachtseinheiten,

denen Bonner Politiker und damit auch die Bundespräsidenten eventuell angehörten.

- Überprüfungen im Dokumentationszentrum des Ministeriums des Innern (MdI) und im Zentralarchiv des MfS nach Komplexen wie Wehrmachtseinheiten und staatlichen Organen bis 1945.
- Beschaffung, Sichtung und Auswertung von Archivunterlagen auch außerhalb der DDR.«

Sogenannte »Suchzettel« – das waren innerhalb des MfS-Apparats schriftliche Anfragen an alle Abteilungen – zu Karl Carstens belegten, dass die bisherigen Erkenntnisse nicht erschöpfend waren. Immerhin tauchte recht zügig (nur) das Deckblatt seiner Doktorarbeit aus dem Jahr 1937 auf: *Der gutgläubige Erwerb von Pfandrechten am Grundstücksrecht* ist der Titel seiner »Dissertation zur Erlangung der Würde eines Doktors der Rechte der Rechts- und Staatswissenschaftlichen Fakultät der Hansischen Universität zu Hamburg, vorgelegt von Karl Carstens aus Bremen«. Handschriftlich genannt – was auf eine besondere Bedeutung für das MfS schließen lässt – wurden auch Gutachter, Mitgutachter und der Tag der mündlichen Prüfung am 22.12.1937. Festgehalten war auch der 15 Zeilen lange Lebenslauf in seiner Dissertation. Er beginnt – wie üblich – mit seiner Geburt 1914 in Bremen und endet mit seiner Beschäftigung am Landgericht Bremen 1937, dem Jahr seiner Promotion.

Dass die eigenen Stasi-Recherchen bisher eher enttäuschend waren, belegt auch ein Bittbrief des »Dokumentationszentrums der Staatlichen Archivverwaltung im Ministeramt des Innern« an die »Forschungsgruppe des Staatsarchivs Schwerin«. Darin wird um eine »kurze Einschätzung bzw. um Anfertigung von Fotokopien und Abschriften dokumentationswürdiger Vorgänge aus den dort vorhandenen Archivmaterialien« gebeten – erfolglos. Immerhin gelang den Stasi-Rechercheuren »Einsichtnahme in Unterlagen« des JMI (Justizministerium), worüber sie einen Bericht fertigten. Es ging um Justizakten in der Strafsache Js 12 6,27. Konkret handelte es sich um das Urteil des Hanseatischen Oberlandesgerichts vom 30. September 1937 gegen den Angeklagten Kurt Willi Schuchardt. Den Recherchen zufolge wird als Vertreter der Anklage ein Assessor Carstens angeführt. Das Hanseatische Oberlandesgericht sei über den Antrag Carstens' hinausgegangen und habe den Angeklagten Schuchardt zu drei Jahren Zuchthaus und ebenso langem Verlust der bürgerlichen Ehrenrechte verurteilt. Grund war Schuchardts angebliche Vorbereitung zum Hochverrat wegen Abhörens des Moskauer Senders. Weiter heißt es, da die Möglichkeit der Mitwirkung des heutigen Staatssekretärs am Urteil gegen Schuchardt auch aus den Ausführungen der Justizhandbücher gestützt werde, könne diese nahezu als Tatsache gewertet werden. Zur weiteren Beweiskräftigung wird unter anderem um die Einleitung folgender Maßnahme gebeten: Die Herbeiziehung der Dissertation aus dem Jahr 1937, »weil sie wahrscheinlich die Beschäftigung beim Hanseatischen Oberlandesgericht bestätigen wird und ihr Inhalt vermutlich nazistische ›Rechtsauffassungen‹ enthalten wird«. In einem späteren »Bearbeitungsvermerk« mit unleserlicher Unterschrift wird korrigiert: Carstens sei im Januar 1968 zum Chef des Bundeskanzleramtes berufen worden und damit aus dem Bundesverteidigungsministerium und dem »Personenkreis des Sachgebietes Militarismus« ausgeschieden. Außerdem enthalte seine Dissertation keine Belastungen.

In weiteren »Notizen« und »Sachstandsberichten« wird die Karriere von Karl Carstens – wie gehabt – durchweg aus westdeutschen Quellen ohne Kommentierung nachgezeichnet: Mitglied des Deutschen Bundestages von 1972 bis 1979, Vorsitzender der CDU/CSU-Bundestagsfraktion und Oppositionsführer der Unionsfraktion von 1973 bis 1976 und schließlich seit Dezember 1976 Präsident des Deutschen Bundestages. Festgehalten wird auch, dass Karl Carstens über viele Jahre hinweg als Privatdozent Vorlesungen an der Universität zu Köln hielt.

Stephan Konopatzky, der Entzifferer von SIRA, hat auch eine rege Spitzeltätigkeit über Karl Carstens herausgefunden. Die Einträge der SIRA-Datenbank beginnen mit Spionagebeiträgen über Carstens als

Staatssekretär im Bundesverteidigungsministerium, danach als Chef des Bundeskanzleramtes und vor allem als Vorsitzender der CDU/CSU-Bundestagsfraktion. Dabei wird das politische Denken und Handeln beschrieben.

Doch das ist bei Weitem nicht alles. Recht bunt durcheinander werden von namentlich nicht genannten Spitzeln unterschiedlichste Aspekte des Bonner Politikbetriebs thematisiert: Meinungsverschiedenheiten zwischen Karl Carstens und Helmut Kohl zu aktuellen Fragen der CDU-Politik, Vorstellungen des Fraktionschefs zur Ostpolitik allgemein und zum Verhältnis zwischen Bonn und Ost-Berlin, die Haltung führender CDU-Politiker einschließlich des Fraktionschefs zum Vertrag über die Grundlagen der Beziehungen zwischen der DDR und der BRD, unterschiedliche Auffassungen zwischen den CDU-Bundestagsabgeordneten Richard von Weizsäcker und Karl Carstens, Besprechungen des Fraktionsvorsitzenden der CDU/CSU Carstens mit dem Vorsitzenden der CSU Franz Josef Strauß über Probleme der Ausdehnung der CSU auf Bundesebene, später Differenzen im CDU-Präsidium zwischen Kohl und Carstens. Interesse scheint die Stasi auch an Carstens' Gesprächen mit dem jugoslawischen Staatschef Tito gehabt zu haben. Dazu existieren mehrere Einschätzungen eines Bonner MfS-Spions.

Und immer wieder geht es um Auseinandersetzungen innerhalb der Unionsparteien. Dabei stehen vor allem auch häufig unterschiedliche Haltungen führender CDU/CSU-Politiker zur Frage des Kanzlerkandidaten der Unionsparteien vor der Bundestagswahl 1976 im Vordergrund. Es gelang den Ost-Berliner »Schlapphüten« sogar, die Kabinettsliste der CDU/CSU für den Tag der erhofften Übernahme der Regierung nach der Bundestagswahl 1976 zu ergattern. Nach der Bundestagswahl 1976, in der die sozial-liberale Koalition mit Helmut Schmidt und Hans-Dietrich Genscher an der Spitze knapp bestätigt wurde, übernahm der rheinland-pfälzische Ministerpräsident Helmut Kohl den Vorsitz der CDU/CSU-Bundestagsfraktion und damit die Position des Bonner Oppositionsführers. Doch für Carstens war das kein Karriereknick – im Gegenteil. Auf Kohls Vorschlag hin wurde sein Vorgänger mit großer Mehrheit zum Bundestagspräsidenten gewählt.

Offenbar war der konservative CDU-Politiker im repräsentativen Amt des Bundestagspräsidenten allerdings weit weniger für die Spitzeltätigkeit Ost-Berlins interessant als in seiner vorherigen Funktion des Oppositionsführers. Denn die SIRA-Datenbank hat in den Jahren 1976 bis 1979 so gut wie nichts an Bonner Aktualitäten über Carstens gespeichert. Dafür überraschen aber Berichte über zwei Reisen des höchsten Repräsentanten nach Ost-Berlin. Unter dem Decknamen »Flöte« wurde am 16. Mai 1977 erstmals ein sogenanntes »Auftragsersuchen – Beobachtung« gestellt. Nach Angaben des MfS-Lexikons, herausgegeben vom Bundesarchiv, war die Hauptabteilung VIII, zu deren Aufgabenspektrum »operative Beobachtungen und operative Ermittlungen« gehörten, im Auftrag anderer MfS-Abteilungen tätig. Ihre Standardmethoden waren Mitschnitte von Telefongesprächen, heimliche Fotoaufnahmen, Videoüberwachung, verdeckte Wohnungsdurchsuchungen sowie gewaltsames Eindringen in fremde Objekte aller Art in Ost und West. Neben Beobachtungen, Ermittlungen, Durchsuchungen und Festnahmen in der DDR gehörten auch »aktive operative Maßnahmen in und nach dem Operationsgebiet« – also der Bundesrepublik – zu den Aufgaben dieser Hauptabteilung. Ende 1988 arbeiteten in der Ost-Berliner Zentrale 1509 Personen für diese Abteilung und in den Abteilungen VIII der Bezirksverwaltungen 2960 hauptamtliche MfS-Mitarbeiter. Diesen 4469 hauptamtlichen Mitarbeitern unterstanden 1198 IM. Ein riesiger personeller Apparat, dem unter anderem kein einziger westdeutscher Besucher in der DDR entging. Stichprobenartig wurden Einreisende auf Schritt und Tritt verfolgt und unter ständige Kontrolle genommen. Bundestagspräsident Karl Carstens war der erste und einzige Bundestagspräsident, der – nach jetzigem Kenntnisstand – je Ost-Berlin besuchte. Dem MfS-Formblatt »Auftragsersuchen – Beobachtung« beigelegt war eine Information an die Beobachter:

»Carstens wird am 20.5.1977 privat der Hauptstadt der DDR – Berlin einen Besuch abstatten. Die Einreise Carstens wird von Westberlin aus in den späten Nachmittagsstunden des 20.5.1977 erfolgen. Während seines Aufenthaltes in der Hauptstadt der DDR will Carstens dem Leiter der Ständigen Vertretung der BRD in der DDR GAUS einen Besuch abstatten. GAUS wird Carstens ca. 18:00 bis 19:00 Uhr in der Ständigen Vertretung oder in seiner Residenz empfangen. Für den Abend beabsichtigt Carstens, ein Sinfonie-Konzert in der Staatsoper zu besuchen. Dieses Konzert beginnt 19:30 Uhr.«

Dann wurde es ernst. Im »Beobachtungsbericht« der Hauptabteilung (HA) VIII/10 steht, Professor Dr. Karl Carstens, Präsident des Bundestages, Deckname »Flöte« wird die Einreise am 20. Mai 1977 bestätigt:

»17:37 Uhr reiste ›Flöte‹ in Begleitung von Rieger, Johannes (Mitarbeiter der BRD-Vertretung) und Voß, Everhard über die GÜSt (Grenzübergangsstelle) Heinrich-Heine-Straße ein. Den Pkw fuhr Baur, Ernst (Deckname ›Baur‹).

18:00 Uhr hielt der Pkw vor dem Haupteingang der Vertretung. Ihm entstiegen ›Flöte‹, Rieger und Voß. Sie betraten die Ständige Vertretung der BRD.

›Baur‹ fuhr

18:02 Uhr in Richtung Bahnhof Friedrichstraße. Er wurde danach im Wohngebiet Leipziger Straße gesehen.

19:21 Uhr kam ›Baur‹ aus Richtung Wohngebiet Leipziger Straße und fuhr auf den Hof der Vertretung.

19:40 Uhr fuhr ›Baur‹ mit dem Pkw vom Hof zum Haupteingang der Ständigen Vertretung.

19:42 Uhr verließen ›Flöte‹, Rieger und Voß die Vertretung der BRD und bestiegen den Pkw. Sie fuhren über die Friedrichstraße, Unter den Linden und hielten

19:46 Uhr vor der Staatsoper. Die mitfahrenden Personen stiegen hier aus und betraten die Deutsche Staatsoper durch den Besuchereingang. Rieger gab die Garderobe der Person ab. ›Baur‹ fuhr mit dem Pkw weiter in Richtung Wohngebiet Leipziger Straße. In der Staatsoper begaben sich die genannten Personen zum 1. Rang. Im Gang blieben sie noch kurz stehen. Hier wurden sie von einigen Konzertbesuchern erkannt. Die Besucher schauten zu den drei Personen hin. Nach dem 3. Klingeln nahmen sie in der Ehrenloge Platz. In der Pause begaben sie sich auf den Gang. Hier begrüßte sie eine Oberschließerin mit Handschlag. Anschließend führte die Oberschließerin die drei Personen durch das Haus und gab dabei Erklärungen ab (Spielplan, Historie des Gebäudes). Anschließend nahmen die drei Personen wieder in der Loge Platz. Nach Beendigung des Konzerts, gegen

22:05 Uhr gingen sie zur Garderobe. Hier trafen sie wieder mit der Oberschließerin zusammen. Sie erhielten ihre Garderobe und gingen anschließend zum Haupteingang. Dabei erklärte die Oberschließerin wieder etwas.

22:16 Uhr begaben sich alle vier Personen in die hinteren Räume der Staatsoper. Ihnen wurde nicht gefolgt.

22:20 Uhr verließen ››Flöte‹, Rieger und Voß die Staatsoper durch den Diensteingang von ›Baur‹, welcher vor dem Haupteingang wartete.

22:21 Uhr stiegen sie in den Pkw und fuhren weiter über die Straße Unter den Linden, Karl-Liebknecht-Straße, Alexanderplatz, Grunerstraße, Alexanderstraße, Brückenstraße, Heinrich-Heine-Straße, wo sie

22:31 Uhr die GÜSt (Grenzübergangsstelle) passierten. Hier wurde die operative Beobachtung beendet.«

Vermutlich haben Karl Carstens, sein Fahrer und die beiden weiteren Personen von der ständigen »Begleitung« der Stasi-Männer nichts mitbekommen. Über den Einsatz Inoffizieller Mitarbeiter vor, während und nach Carstens Ost-Berliner Kurzvisite gibt es natürlich kein Zahlenmaterial. Auch Sinn und Zweck der ständigen Überwachung der Besucher wurden nirgendwo festgehalten. Dabei ging es bei den pausenlosen »Beobachtungen« weniger um die Sicherheit des Bundestagspräsidenten, sondern vielmehr um die Verhinderung von direkten Kontakten der Konzertbesucher zu Karl Carstens.

Bei vielen Besuchen Bonner Politikgrößen in der DDR kam es zu »Zwischenfällen« und »Vorkommnissen« – wie es in der Stasi-Sprache hieß. Hauptamtliche und Inoffizielle Mitarbeiter waren darauf bedacht, die Versuche von DDR-Bürgern zu verhindern, prominenten Besuchern aus dem anderen deutschen Staat Briefe oder auch nur Zettel mit Adressen zuzustecken. Schließlich ging es bei solchen Kontaktaufnahmen immer wieder um Hilfe für eine Ausreise oder um verzweifelte persönliche Lagen nach gestellten Ausreiseanträgen. Insbesondere der ehemalige bayerische Ministerpräsident Franz Josef Strauß und der nordrhein-westfälische Ministerpräsident Johannes Rau haben zahllose Hilfe suchende Depeschen empfangen. Beide Politiker haben sich über Jahre für Menschen, deren Anliegen sie kannten, bei ihren Besuchen in der DDR und in den persönlichen Begegnungen mit Erich Honecker eingesetzt. Und das nachweislich mit großem Erfolg.

Bei Carstens' Konzertbesuch gab es keinerlei derartige Versuche. Bemühungen, direkte Kontakte von Konzertbesuchern zu Carstens herzustellen, fanden nicht statt. Sie wären mit Namen und Anliegen umfassend protokolliert worden.

Jedenfalls sollte der Mai-Besuch 1977 des damaligen Bundestagspräsidenten nicht der letzte Aufenthalt in Ost-Berlin gewesen sein, wie noch erläutert wird. Unterdessen zeichnete sich immer deutlicher ab, dass der nächste Bundespräsident nicht mehr Walter Scheel heißen würde. Die Mehrheiten in der Bundesversammlung hatten sich mittlerweile zugunsten der Unionsparteien verschoben. So lag es auf der Hand, dass der starke CDU-Bundesvorsitzende und Bonner Oppositionsführer Helmut Kohl gemeinsam mit der CSU einen eigenen Unionskandidaten für die nächste Bundespräsidentenwahl 1979 vorschlagen würde. Diese Absicht hatten auch die Schlapphüte in Ost-Berlin mitbekommen. So zogen sie noch lange vor Carstens' Wahl eine Bilanz ihrer bisherigen Erkenntnisse über das Leben und politische Wirken des CDU-Politikers. Alles, was sie mit den Mitteln und Methoden ihres Apparates bisher herausgefunden hatten, stellten sie auf 22 Seiten zusammen. Dazu gehörten selbstverständlich auch politische Bewertungen aus der Sicht des Ost-Berliner Geheimdienstes, dem »Schild und Schwert« der Sozialistischen Einheitspartei Deutschlands.

Unter seinem Namen und der Titulatur als vorgesehener Bundespräsident folgte am Beginn des Dokuments eine mehrteilige Gliederung, die mit der weitgehend aus bundesdeutschen Quellen stammenden politischen Biografie begann.

Danach wurde Carstens am 14. Dezember 1914 in Bremen als Sohn eines Studienrates geboren. Der Vater sei vor der Geburt des Sohnes bei Beginn des 1. Weltkrieges gefallen. Carstens, der evangelischer Konfession sei, habe das Alte Gymnasium in Bremen besucht, sei stets Klassenprimus gewesen und habe 1933 das Abitur abgelegt. Carstens habe Rechtswissenschaften und Politische Wissenschaften an den Universitäten Frankfurt (Main), Dijon, Königsberg und Hamburg studiert. Er habe 1936 bzw. 1939 die erste und zweite juristische Staatsprüfung in Hamburg abgelegt. 1937 habe er in Hamburg zum Dr. jur. mit einer Arbeit über das Seerecht promoviert. Am 10. November 1937 stellte er den Antrag auf Mitgliedschaft in der NSDAP. Anfang 1940 wurde seine Mitgliedschaft in der NSDAP wirksam. Von 1939 bis 1945 war Carstens Teilnehmer des zweiten Weltkriegs, zunächst Angehöriger einer Geschützbatterie, 1940 Ordonnanzoffizier in einem Flak-Abteilungsstab bei Bremen, ab 1943

Ausbilder bei der Flak-Artilleriegruppe III in Berlin-Heiligensee. Ab 1943 wirkte Carstens als Verteidiger vor dem faschistischen Reichskriegsgericht in Berlin. Von 1943 war er Beisitzer beim Kriegs- oder Feldgericht in Bremen. Sein letzter Dienstgrad war Oberleutnant.

Bereits im Mai 1945 eröffnete Carstens in Bremen eine eigene Anwaltspraxis, ein Jahr später trat er der bekannten Bremer Rechtsanwaltssozietät Kind, Meyer, Lürssen, Löning und Schulze-Schmidt bei. Mit einem Jahresstipendium studierte er von 1948 bis 1949 an der amerikanischen Yale-Universität in New Haven, Connecticut, an der er den Grad eines Masters of Law und ausgezeichnete englische Sprachkenntnisse erwarb. Gleichzeitig nutzte er diese Gelegenheit, um in den USA enge persönliche Kontakte herzustellen. Nach seiner Rückkehr aus den USA wurde er Referent beim Bremer Senator für Justiz und Verfassung (Rechtsberater des Bremer Senats).

Seine politische Karriere begann 1949 als Bevollmächtigter des Landes Bremen in Bonn (bis 1954). Neben seiner Bonner Tätigkeit war Carstens ab 1952 Privatdozent für Staatsrecht und Völkerrecht an der Universität Köln. Er wurde 1958 außerplanmäßiger Professor für Staats- und Völkerrecht und 1960 ordentlicher Professor für das Recht der »Europäischen Gemeinschaften« und zugleich Leiter des gleichnamigen Instituts.

1954 trat Carstens in den diplomatischen Dienst der BRD ein. Er war von 1954 bis 1955 ständiger Vertreter der BRD beim Europarat in Straßburg (Experte für Europafragen) und gehörte der Politischen Abteilung »West I Europa« an. Ab 1958 fungierte er als stellvertretender Leiter und kurz darauf bis 1960 als Leiter dieser Abteilung.

1960 war Carstens Mitglied der CDU geworden, der er sich bereits bei Beginn seiner Tätigkeit in Bonn zugewandt hatte. Carstens' Laufbahn wurde von den CDU-Politikern Adenauer, v. Brentano, Schröder und Kiesinger bestimmt. Anfang 1960 wurde Carstens von Adenauer als Planungschef einer Arbeitsgruppe berufen, die sich mit der Vorbereitung der im Frühjahr 1960 geplant gewesenen Gipfelkonferenz der vier Großmächte in Paris beschäftigte.

Im Juni 1960 wurde Carstens zweiter Staatssekretär im Auswärtigen Amt und im Juli 1961 ständiger Stellvertreter des Bundesaußenministers Heinrich von Brentano, später von Gerhard Schröder. Carstens unterstanden die »Ostabteilung« und die Abteilung »West I und II Europa«. In dieser Funktion wurde Carstens mit diffizilen politischen Aufträgen der Bundesregierung betraut. So reiste er nach der Unterzeichnung des westdeutsch-französischen Vertrages im Februar 1963 nach Washington, wo er der amerikanischen Regierung klarmachen sollte, dass die BRD an der »atlantischen und europäischen Linie« festhalte. Dann folgten die bereits bekannten Stationen. Erst mit der Bildung der SPD/FDP-Regierungskoalition im Herbst 1969 schied Carstens aus dem Staatsdienst aus.

Von Anfang 1970 bis zum Herbst 1972 war er Leiter des Forschungsinstituts der »Deutschen Gesellschaft für Auswärtige Politik«. Er wurde im Dezember 1971 von Bundespräsident Heinemann in das Kuratorium der »Deutschen Gesellschaft für Friedens- und Konfliktforschung« berufen. Bei den vorfristigen Bundestagswahlen am 19. November 1972 bewarb sich Carstens im Landkreis Plön/Schleswig-Holstein als Direktkandidat für den Bundestag, unterlag gegen den SPD-Politiker Lauritzen und erhielt sein Mandat für den Bundestag über die Landesliste.

1973 wurde Carstens überraschend mit 131 Stimmen vor von Weizsäcker (58 Stimmen) und Schröder (26 Stimmen) zum Nachfolger Barzels als Vorsitzender der CDU/CSU-Bundestagsfraktion gewählt. Seine Wahl wurde von führenden Wirtschaftskreisen der BRD, unter anderem vom CDU-Wirtschaftsrat, unterstützt. Die Funktion des Fraktionsvorsitzenden übte Carstens bis 1976 aus. Seit 1976 war er ordentliches Mitglied des Auswärtigen Ausschusses des Bundestages. Seit 1973 war er Mitglied des Präsidiums der CDU (verantwortlich für die Koordinierung der auswärtigen Politik einschließlich der »Ost- und Deutschlandpolitik«). Carstens war Mitglied der im November 1975 von CDU und CSU gebildeten gemeinsamen »Führungsmannschaft zur Koordinierung des Wahlkampfes« zur Bundestagswahl 1976. Im gleichen Jahr wurde

Carstens mit dem Großkreuz des Bundesverdienstordens ausgezeichnet.

Vermerkt wurde weiterhin, dass Carstens mit Dr. med. Veronika Carstens, geborene Prior, einer Fachärztin für Innere Medizin, kinderlos verheiratet sei. Seine Frau betreibe eine Arztpraxis in Meckenheim bei Bonn. Über seine persönlichen Verhältnisse lasse Carstens wenig bekannt werden. Er besitze neben seinen Wohnungen in 5309 Meckenheim, Dechant-Kreiten-Str. 43, und 2449 Meeschendorf/Fehmarn ein Ferienhaus in der Eifel.»An Hobbys sind bekannt: Reiten, Segeln, Spazierengehen, Hören guter Musik.« Carstens sei Nichtraucher.

Dieser ausführliche Lebenslauf zeugt von akribischer Recherche in weitestgehend westdeutschen Quellen. Es folgt eine umfassende Aufzählung seiner Publikationen, die ebenfalls ausführlicher Recherche bedurfte. Schließlich fehlt nicht der Hinweis auf seine Mitherausgeberschaft der Kölner Schriftenreihe zum »Europarecht« seit 1961.

Wie stets interessierten sich die ostdeutschen Spitzel vor allem für die »nazistische Vergangenheit«. Wörtlich heißt es:

»Mit Beginn seines Studiums 1933 wurde Carstens in Frankfurt (Main) <u>Mitglied der SA</u> [Unterstreichungen im Original] Er war Angehöriger des <u>SA-Sturmes 5/75</u> und wohnte mit anderen SA-Angehörigen in einem ›Kameradschaftshaus‹. Als Mitglied der SA demonstrierte er seine positive Haltung zum faschistischen Deutschland und erhielt dafür die staatliche Beihilfe zum Studium, die nur Studenten bewilligt wurde, die aktiv ihre nationalsozialistische Gesinnung zeigten. Im Oktober 1935 beantragte Carstens seine Entlassung aus der SA mit der Begründung, er werde in die Wehrmacht eintreten.«

Diese Stasi-Aussagen lassen sich nicht belegen. Im Bundesarchiv existieren keinerlei Belege. In Carstens' Memoiren kommt der Begriff »Sturmabteilung« allerdings vor. Darin hieß es: »Wir Studenten wurden en bloc in die SA überführt, ohne eigenes Zutun.« Der

Historiker und Biograf Szatkowski erläutert: »Carstens wurde mit Maßnahmen zur politisch-weltanschaulichen ›Erfassung‹ und Beeinflussung der Studierenden durch die NS-Studentenorganisationen konfrontiert. Die Studenten in den ersten Semestern sollten künftig in ›Kameradschaftshäusern‹ oder in vom NS-Standpunkt aus einwandfreien Kooperationsheimen wohnen. Carstens stand vor der Alternative, in einem Kameradschaftshaus der Studentenschaft zu wohnen oder einer Kooperation beizutreten bzw. in einem Kooperationswohnheim unterzukommen. Er entschied sich für die Unterkunft in einem Kameradschaftshaus. Die Studenten mussten von nun an am SA-Dienst teilnehmen, der von Frankfurter SA-Führern geleitet wurde.«

Weiter notierten die Spitzel zur problematischen Vergangenheit des zukünftigen Bundespräsidenten:

>»Ein Eintritt in die Wehrmacht erfolgte jedoch nicht. Vielmehr stellte Carstens am 10. November 1937 den Antrag auf Mitgliedschaft in der NSDAP [Unterstreichung des Satzes im Original]. Dieser Antrag wurde zunächst aufgrund fehlender Unterlagen nicht bearbeitet. Carstens reichte die Unterlagen verspätet ein, zu einer Zeit, als in der NSDAP eine Mitgliedersperre wirksam wurde.
>
>Um seine für 1938 geplante Promotion jedoch nicht durch die noch ausstehende Mitgliedschaft in der NSDAP zu gefährden und um die geforderte politische Gesinnung öffentlich zu bekunden, kassierte Carstens von 1937 bis 1939 in der Busestraße in Bremen, wo er während seiner Referendarzeit lebte, die NSDAP-Mitgliederbeiträge [Unterstreichung im Original] ein. Damit konnte er seine berufliche Laufbahn ungestört fortsetzen. Er promovierte und legte sein zweites Staatsexamen ab. Vorsitzender bei der Prüfung war der Hamburger Oberlandesgerichtspräsident Rothenberger, später Staatssekretär im Reichsjustizministerium, ein Mann Hitlers. Er bewertete die Examensleistung als ›lobenswert‹; das war das zweitbeste Prädikat, das ver-

geben werden konnte. Anfang 1940 wurde die <u>Mitgliedersperre aufgehoben und die Mitgliedschaft von Carstens in der NSDAP wirksam</u> [Unterstreichung im Original]. Die Mitgliedschaft soll von Anfang an geruht haben, da Carstens schon 1939 Soldat wurde.

Nach Aussagen des Westberliner Kunstprofessors Heinz Trökes, während des Zweiten Weltkrieges Obergefreiter in der Schreibstube der Flakartillerieschule Berlin, in der Carstens ab 1943 lehrte, lag Carstens jedoch weiter daran, öffentlich seine nationalsozialistische Gesinnung zu demonstrieren. Er habe auf der Wehrmachtsuniform demonstrativ das <u>Parteiabzeichen der NSDAP</u> [Unterstreichung im Original] getragen. (Diese Angabe kann nicht überprüft werden, sie entspricht normalerweise nicht der damals geübten Praxis, da die NSDAP-Mitgliedschaft während der Wehrmachtzeit ruhte).«

Auch dieser Satz zur Quellenkritik stammt tatsächlich wörtlich aus der Akte.

»Trökes zur Haltung von Carstens: ›Carstens hat doch 1938 die Reichskristallnacht gesehen, er hat die Scherben gesehen, und er ist trotzdem in die Partei eingetreten.‹ Der heute in Frankfurt (Main) lebende Peter Gerlach, damals Adjutant an der Flakartillerieschule in Berlin, bestätigte die Aussage von Trökes. Auch er will Carstens mit dem NSDAP-Abzeichen an der Uniform gesehen haben. Gerlach war an der Flakartillerieschule gemaßregelt worden, weil er den vorgeschriebenen ›politischen Unterricht‹ vernachlässigt habe. Es ist bezeichnend für das Ansehen und die nazistische Gesinnung von Carstens, dass er als Führungsoffizier den ›politischen Unterricht‹ übernahm und die Themen des Reichspropagandaministeriums behandelte; nach Aussagen von Gerlach bestand der Inhalt in der Darstellung des ›vorgeschriebenen Zustandes des Krieges sowie in Aufforderungen, die Heimatfront zu stärken und den Willen hochzuhalten‹. Carstens hat diese Aussagen aufs heftigste bestritten. Carstens war darüber hinaus während seiner Zugehörigkeit zur faschistischen Wehrmacht als Jurist <u>an Kriegsgerichtsverfahren</u> [Unterstreichung im Original] beteiligt. Von 1943 wurde er in Bremen als <u>Beisitzer beim Kriegs- oder Feldgericht</u> [Unterstreichung im Original] eingesetzt. Ab 1943 wirkte er neben seiner Tätigkeit als Lehrer an der Flakartillerieschule in Berlin als <u>Verteidiger vor dem Reichsgericht in Berlin</u> [Unterstreichung im Original] und vertrat damit offensiv die menschenverachtende verbrecherische Rechtsprechung des faschistischen Deutschlands.

Zum gegenwärtigen Zeitpunkt liegen noch keine dokumentarischen Beweise bzw. interne Informationen vor, die schon bekannte oder neue Aspekte der faschistischen Vergangenheit von Carstens dokumentieren bzw. geeignet sind, ihn weiterer Aktivitäten zu überführen und seine Person entscheidend zu belasten. Die dargestellten Erkenntnisse beruhen ausschließlich auf BRD-Presseveröffentlichungen.«

Auch 2023 kann diese MfS-Darstellung zur NS-Vergangenheit von Karl Carstens noch als gültig betrachtet werden. Bis auf die angebliche SA-Mitgliedschaft Carstens, die beim Bundesarchiv nicht bestätigt wurde, treffen die Befunde zu.

Der Geheimdienst hatte allerdings weitere Felder, für die er sich brennend interessierte, zum Beispiel den bundesdeutschen Geheimdienst:

»Als Staatssekretär im Bundeskanzleramt war er im November 1968 im Zusammenhang mit einer Serie von ›Spionagefällen, Mord- und Selbstmordfällen von Bundesbediensteten‹ maßgeblich an der Ausarbeitung von Empfehlungen des ›Staatssekretärsausschusses für Sicherheit‹ an die Bundesregierung zum Ausbau, zur Straffung und zur Verbesserung der Zusammenarbeit der westdeutschen Geheimdienste und Abwehrorgane beteiligt.«

Von besonderem Interesse für die Stasi war natürlich auch Carstens' Einstellung zu den westdeutschen Kommunisten:

»Carstens trat bereits in der Vergangenheit wiederholt für ein Verbot der DKP [Unterstreichung im Original] ein, wenn es nicht möglich sein sollte, Kommunisten aus öffentlichen Ämtern mit anderen Mitteln fernzuhalten. Auf einem Vortrag der ›Hanns-Martin-Schleyer-Stiftung‹ in Bad Godesberg erklärte Carstens zu dieser Frage: Was den Angehörigen extremistischer politischer Organisationen [Unterstreichung im Original] bisher verweigert worden sei, sei der Eintritt in den Staatsdienst selbst. Er fuhr fort: ›Aber auch diese letzte Bastion in der Auseinandersetzung mit den extremistischen Organisationen beginnt zu wanken. Die vom Osten durch kommunistische Propaganda eingeführte These vom ›Berufsverbot‹ hat eine außerordentliche Wirkung gezeitigt; eine große Zahl verantwortlicher Politiker spricht sich neuerdings mindestens im Ergebnis für die Öffnung des Staatsdienstes für Verfassungsfeinde aus.‹«

Weitere Themen des umfassenden Stasi-Porträts von Karl Carstens sind seine Verteidigung der Sozialen Marktwirtschaft und der Prinzipien der sozialen Sicherheit als Teil der freiheitlichen Ordnung des Gemeinwesens.

Im Kapitel »Affären« gehen die Stasi-Porträtisten ausführlich auf den sogenannten »Guillaume-Ausschuss« vom Herbst 1974 ein. Damals hatte Carstens erklärt, nichts von einem Waffengeschäft des BND 1965 und 1966 gewusst zu haben, obwohl er als Staatssekretär im Bundeskanzleramt 1969 entsprechende Unterlagen mit Paragrafen und Anmerkungen versehen habe. Zitiert werden Korrespondenzen zwischen Carstens und Waffenhändlern, die den Kandidaten für das Amt des Bundespräsidenten schwer belasten sollten. Schließlich seien am 24. Januar 1979 im Auswärtigen Amt und im Verteilungsministerium in Bonn neue Geheimakten gefunden worden, die die Beziehungen zwischen Carstens und den Waffenhandelsgeschäften des BND eindeutig nachweisen würden. Damit sei Carstens erneut und in schärferer Form der Belastung ausgesetzt, 1974 eine Falschaussage gemacht zu haben. Rückblickend ist allerdings festzuhalten, dass es eine umfassende Aufklärung über seine tatsächliche Rolle in dieser Auseinandersetzung letztlich nie gegeben hat.

Besonderes Interesse des MfS galt dem Thema »Reaktionäre außenpolitische Aktivitäten«. Die außenpolitische Grundhaltung Carstens' sei durch sein eindeutiges Bekenntnis zum westlichen Bündnissystem bestimmt, insbesondere zur westeuropäischen Integration. Anfang bis Mitte der 1960er-Jahre sei er aktiv am Ausbau der EWG und am Zustandekommen des westdeutsch-französischen Vertrages über die beiderseitige Zusammenarbeit vom Januar 1963 beteiligt gewesen. Vor allem als Leiter des Forschungsinstituts der »Deutschen Gesellschaft für Auswärtige Politik« habe sich Carstens neben außenpolitischen auch verstärkt mit militärpolitischen Studien beschäftigt. So analysierte er in dem Buch *Westeuropäische Verteidigungskooperation* die Möglichkeiten und Aussichten einer umfassenden militärischen Zusammenarbeit in Westeuropa in den 70er-Jahren. Es seien zwar in naher Zukunft keine grundsätzlichen Durchbrüche zu einer »Europäischen Verteidigungsgemeinschaft« zu erwarten, jedoch sei ein verstärkter Ausbau der bestehenden militärischen Zusammenarbeit innerhalb und außerhalb der NATO wahrscheinlich. In diesem Zusammenhang habe er eine verstärkte Zusammenarbeit der BRD mit den westeuropäischen Staaten auf militärischem und rüstungswirtschaftlichem Gebiet gefordert, auch wenn sich dadurch die Beziehungen zu den sozialistischen Staaten Europas verschlechtern würden. Wörtlich heißt es im MfS-Bericht weiter:

»Gegenüber der UdSSR und den anderen sozialistischen Ländern vertritt Carstens antikommunistische Positionen. Als neuer CDU/CSU- Fraktionsvorsitzender erklärte er 1973, dass die Opposition die Verträge mit der UdSSR und der VR Polen nach dem Grundsatz ›Pacta sunt servanda‹ [Verträge sind einzuhalten] verhandeln werde, nachdem er in einer Betrachtung zum Vertrag UdSSR-BRD Ende August 1970 die Verfassungsmäßigkeit dieses Vertrages bezweifelte und sie als eine Frage von mindestens ›sehr delikater Natur‹ charakterisierte. … Nach seiner Auffassung habe die UdSSR mithilfe der Ostpolitik der BRD einige ihrer wichtigen politischen Ziele in Europa erreicht. Demgegenüber würden die westlichen ›Verteidigungsanstrengungen‹ nachlassen. Deshalb sei mit weiteren Verschiebungen der Machtverhältnisse in Europa zugunsten des Ostens zu rechnen.«

Weiter geht es in der Akte mit Einschätzungen zu Reisen von Carstens in verschiedene sozialistische Staaten, so zum Beispiel 1971 in die Volksrepublik Polen. Im Zusammenhang mit dem Prager Frühling habe Carstens im Juni 1969 behauptet, dass die Situation der ČSSR bei der »Intervention« im Zeichen einer schrittweise durchgeführten partei-, innen- und außenpolitischen Gleichschaltung stehe, die immer deutlicher nach den Wünschen Moskaus verlaufe und die sowjetische Regie erkennen ließe. Eindeutig ist die Einstellung des MfS-Protokollanten zu Carstens' Haltung gegenüber der DDR: Er halte an der »Fiktion der Einheit der Nation« und an der »Wiedervereinigung durch freie Selbstbestimmung« fest. Bei seinem Erstauftritt im Bundestag anlässlich der Ersten Lesung des Grundlagenvertrages DDR – BRD Mitte Februar 1973 habe er der Bundesregierung einseitige Vorleistungen und ungenügende Verhandlungsführung gegenüber der DDR vorgehalten. In einer Stellungnahme zum Grundlagenvertrag habe er die ablehnende Haltung der CDU/CSU-Bundestagsfraktion begründet: Widerspruch des Vertrags zu einigen Bestimmungen des Bonner Grundgesetzes, Bestätigung der Existenz zweier selbstständiger, voneinander unabhängiger, souveräner deutscher Staaten, Fixierung der Teilung Deutschlands, Anerkennung der DDR, Eindruck einer dauerhaften Lösung statt einer vorläufigen Regelung, Hinnahme der »unmenschlichen Zustände, des Unrechts und der Unfreiheit« in der DDR und Sichabfinden mit der »grausamen innerdeutschen Grenze« sowie die ungenügende Wahrung der Interessen West-Berlins. Zugleich schätzte Carstens ein, dass die Wiederaufnahme der persönlichen menschlichen Kontakte mithilfe des Grundlagenvertrages mit dazu beitragen werde, im Bewusstsein der Menschen den Gedanken an die Einheit der Nation zu erhalten. Die Politik der Regierung Brandt habe fast überall in der Welt Zustimmung gefunden. Auch viele Deutsche unterstützten diese Politik, weil sie in ihr ein Mittel zur Überwindung der Teilung Deutschlands sähen. Die CDU/CSU müsse deshalb noch stärker als bisher ihre ostpolitischen Vorstellungen im In- und Ausland deutlich machen.

Nach seiner Wahl als CDU/CSU-Fraktionsvorsitzender brachte er zum Ausdruck, dass seine Partei den Vertrag einhalten werde. Sie werde jedoch fortfahren, mit aller Entschiedenheit für die »Einheit der Nation«, für menschliche Erleichterungen und stärkere Kontakte zwischen den beiden Teilen Deutschlands und für eine feste Bindung des »Landes Berlin« an die BRD einzutreten.

Den Grundlagenvertrag insgesamt wollte Carstens also nur im Rahmen der Interpretation des Urteils des Bundesverfassungsgerichtes vom 31. Juli 1973 gelten lassen. Er versuchte intern, die Bundesregierung in ihrem Handeln an dieses Urteil zu binden, insbesondere durch Duldung bzw. Förderung von Grenzverletzungen.«

Zum West-Berlin-Problem – so geht es weiter in der MfS-Studie über Karl Carstens – schätze er ein, dass das Interesse der BRD an der Sicherheit West-Berlins in ihrer Interessenstruktur einen zentralen Platz einnehme. Selbst um der Erhaltung des Friedens willen werde die BRD ihr Interesse an West-Berlin nicht preisgeben können. Das Sicherheitsinteresse und die Eigenentwicklung der BRD würden die Sicherheit und die Eigenentwicklung West-Berlins einschließen. Die westeuropäische Integration müsse sich auch auf West-Berlin erstrecken. Und weiter wörtlich:

»Carstens lehnte die Abkommen der BRD mit der Volksrepublik Polen vom 9.10.1975 mit der Begründung ab, sie seien die am schlechtesten ausgehandelten Verträge der letzten Jahre. Er bekräftigte wiederholt die rhetorische Auffassung, dass Deutschland in seinen Grenzen von 1937 rechtlich fortbestehe. In Gesprächen mit Politikern sozialistischer Staaten erklärte er, dass die CDU die abgeschlossenen Verträge einhalten wolle, jedoch die deutsche Frage als offen ansehe.«

Suche nach handfestem Belastungsmaterial

Im Kapitel »Stellung in der Partei« heißt es, Carstens habe sich als Fraktionsvorsitzender deshalb angeboten, weil er keiner der rivalisierenden Gruppen angehört habe. Zugleich habe er durch seine Tätigkeit in führenden Positionen der Bundesregierung über umfassende Kenntnisse und Erfahrungen in verschiedenen Bereichen der Regierungspolitik verfügt. Man vertraute dabei in der Fraktion vor allem auf sein enormes politisches Wissen auf außen- und innenpolitischem Gebiet – besonders in Sicherheitsfragen – sowie auf die während seiner Tätigkeit im Bundeskanzleramt bewiesenen Organisations- und Führungsfähigkeiten. Zugleich werde ihm ein starker Wille, Anpassungsfähigkeit und das Vermögen nachgesagt, Menschen zu einer gemeinsamen Aufgabe zusammenzuführen. Probleme geistig zu durchdringen und in politische Entscheidungen umzusetzen, wird hervorgehoben. Carstens verfüge offensichtlich aufgrund seiner Tätigkeit im Forschungsinstitut der »Deutschen Gesellschaft für Auswärtige Politik« über gute Verbindungen zu der CDU nahestehenden Wirtschaftskreisen. Mit seiner Wahl zum Fraktionsvorsitzenden seien außerdem Überlegungen verbunden gewesen, ihn für die Bundestagswahl 1976 für eine führende Position, eventuell als Kanzlerkandidat, aufzubauen.

Die MfS-Rechercheure beschreiben weiter, dass innerhalb der CDU/CSU-Bundestagsfraktion und in der Publizistik der BRD seit 1974 zunehmend Kritik an Carstens laut wurde, die vor allem auf zwei Ursachen zurückzuführen sei:

175

- »Carstens hat die in ihn gesetzten Erwartungen als Fraktionsführer nicht erfüllt. Er habe es vor allem an Entschlusskraft mangeln lassen, seine Entscheidungen würden sich zum Teil im Gesamtzusammenhang widersprechen, und er lasse sich oft von falschen Personen beraten. Er selbst habe keine feste politische Position. Ausdruck seiner mangelnden Führungsqualitäten sei der Beschluss der CDU/CSU-Fraktion 1974 gewesen, gegen den Atomwaffensperrvertrag zu stimmen, obwohl er selbst und die Mehrheit der Fraktion für den Vertrag waren. Carstens habe es nicht verstanden, die Fraktion zusammenzuhalten, und so sei der Beschluss nur von einer Minderheit der Fraktion gefasst worden.
- Carstens hat sich in der Praxis als Vertreter der Politik von Strauß und der CSU erwiesen. Er richte die Arbeit der Fraktion eindeutig auf die CSU-Linie aus, und es gebe nur wenige Fragen, wo er sich von der CSU unterscheide.«

Die bereits bald nach seiner Wahl zum Fraktionsvorsitzenden sichtbaren Mängel an Carstens' politischer Arbeit hätten zu weiteren mehr oder weniger offenen Auseinandersetzungen zwischen Kohl und Biedenkopf auf der einen, Carstens auf der anderen Seite geführt. Es sei deutlich geworden, dass Carstens' Nominierung als Kanzlerkandidat keine Chancen habe. Er werde in die sogenannte CDU-Führungsmannschaft für die Bundestagswahl 1976 aufgenommen und gelte als Kandidat für die Funktion des Außenministers, falls Strauß kein Interesse an diesem Amt bekunde.

Carstens sei im November 1978 vom Vorsitzenden Kohl als Kandidat für das Amt des Bundespräsidenten ab Mai 1979 vorgeschlagen worden. Kohl habe dazu erklärt, CDU und CSU seien sich seit Langem einig, einen eigenen Kandidaten zu benennen. Die Wähler hätten der Union in der Bundestagswahl 1976 und in den Landtagswahlen der letzten Jahre ein politisches Mandat hierzu erteilt. Dem könne sie sich nicht entziehen, obwohl die Haltung des jetzigen Bundespräsidenten Scheel, die sich in manchem mit der CDU/CSU decke, von ihr anerkannt werde. Kohl habe weiter bemerkt, die Bundespräsidentenwahl sei eine »politische Wahl«. Durch Kampagnen gegen ihn dürfe man sich nicht schrecken lassen. SPD und FDP sowie ihre »publizistischen Helfer« würden jeden aufs Korn nehmen, den die Union als Kandidaten vorschlage. Er werde parteiintern alles tun, dass die Delegierten der Union »bis auf den letzten Mann« für Carstens votieren. Der CSU-Vorsitzende Strauß habe den Vorschlag Carstens als eine Lösung bezeichnet, »der wir mit voller Sympathie und voller politischer Unterstützung gegenüberstehen«.

Am Ende dieser umfassenden Vorermittlungen und Recherchen zu dem Mann, der ab 1979 das höchste Amt der Bundesrepublik bekleiden sollte und wollte, schrieben die Tschekisten, es sei intern bisher über die Vorgänge um die bevorstehende Bundespräsidentenwahl und die Person Carstens noch Folgendes bekannt geworden: Im Zusammenhang mit den *Spiegel*-Veröffentlichungen über die nazistische Vergangenheit und die Waffenhandelsaffäre von Carstens sei vermutet worden, dass es bei der Kampagne gegen Carstens eigentlich um Kohl gehe. Der sollte – nach Wunsch des rechten Parteiflügels – in das Amt des Bundespräsidenten abgeschoben werden. Mit Kurt Biedenkopf sei dann ein anderer als Bundeskanzler möglich. Als gesichert kann gelten: Biedenkopf hatte wohl eigene Ambitionen auf eine Kanzlerkandidatur. Was auch immer zwischen Kohl und Biedenkopf im Argen lag, Carstens kandidierte trotz aller Enthüllungen ohne Zweifel für das Staatsamt – und wurde gewählt.

Auch die »Kundschafter des Friedens« bedienten sich bei ihrer Informationsbeschaffung offensichtlich der Bonner Spekulationen. Sie stützten sich auf die kritische Berichterstattung des Hamburger Nachrichtenmagazins *Spiegel*, auf Beiträge der linkssozialistischen Publikation *Berliner Extra-Dienst* und scheuten sich nicht, die sozialistische Wochenzeitung *Unsere Zeit* als Informationsquelle anzugeben. Die vom Parteivorstand der »Deutschen Kommunistischen Partei« (DKP) herausgegebene Mitgliederzeitung der westdeutschen DKP lag politisch-ideologisch ganz auf der Parteilinie der SED und konnte wenig zur Erhellung politischer Zusammenhänge in der Bundesrepublik beitragen.

177

In Karl Carstens' Stasi-Akte ist unter dem bereits erwähnten Decknamen »Flöte« ein weiterer, ein zweiter und letzter Besuch in Ost-Berlin minutiös protokolliert. Im Stasi-Formblatt »Auftragsersuchen – Beobachtung« vom 15. November 1978 wird zum Auftragsersuchen erläutert und ergänzt:

»Carstens hält sich am 21.11.1978 in WB auf. Am Abend will er in der Hauptstadt einer Theatervorstellung um 19:30 Uhr im

›Deutschen Theater‹
104 Berlin, Schumannstr. 13/14

beiwohnen. Begleitet wird C. bei seinem Aufenthalt in der Hauptstadt vom Mitarbeiter seines Büros Voß.
Es wird in Erwägung gezogen, dass C. am 21.11.78 mit dem Leiter der Ständigen Vertretung der BRD in der DDR GAUSS zu einem Gespräch zusammentrifft. Konkrete Angaben hierzu liegen noch nicht vor. Bei seinem Theaterbesuch wird C. vermutlich vom Leiter des Pressereferates der StV. RIEGER, Johannes (36) begleitet. Vermutlich wird C. mit einem Pkw der StV. in die Hauptstadt einreisen und beim Aufenthalt in der Hauptstadt nutzen. Konkrete Angaben über die Einreisezeit liegen nicht vor.«

Unterschrieben ist diese Erläuterung vom Sachbearbeiter Ultn. Gebhardt, vom Leiter der Kreis-Objektdienststelle Oberstleutnant Kempe und bestätigt vom Generalmajor Kratsch.
Die »Sicherheitsbeobachtung«, genauer »operative Beobachtung an ›Flöte‹«, wurde um 18:15 Uhr begonnen.

»18.53 Uhr reiste ›Flöte‹ CD 57 – 03 über die Güst Heinrich-Heine-Straße in die Hauptstadt der DDR ein. Außer ›Flöte‹ und dem Fahrer Eich befanden sich noch Voß und Rieger im Pkw. Sie fuhren über die Brückenstraße und wurden an der Kreuzung Stralauer Straße/Alexanderstraße von einer Verkehrspolizistin gestoppt, die sie, nachdem der Fahrer Dokumente vorgewiesen hatte, in Richtung Spandauer Straße weiterfahren ließ. Auf direktem Weg weiterfahrend, erreichten sie

19:12 Uhr das Deutsche Theater. Dort stiegen ›Flöte‹ und die anderen Personen aus und betraten das Theater. Eich fuhr mit dem Pkw in Richtung Hermann-Matern-Straße, Reinhardtstraße. Nachdem ›Flöte‹, Voß und Rieger das Theater betreten hatten, gaben sie ihre Garderobe ab und nahmen im Parkett, 2. Reihe Platz. Es wurde das Stück ›Torquato Tasso‹ von J. W. von Goethe aufgeführt. In der Pause führte Rieger ›Flöte‹ und Voß durch die Räumlichkeiten des Theaters.

21:40 Uhr fuhr der Pkw CD 57–03 vor den Haupteingang des Theaters.

21:50 Uhr endete das Theaterstück. ›Flöte‹, Voß und Rieger holten ihre Garderobe ab und stiegen

21:55 Uhr in den o.g. Pkw. Sie fuhren über die Hermann-Matern-Straße, Unter den Linden, Friedrichstraße, Französische Straße, Breite Straße, Annenstraße, Heinrich-Heine-Straße entlang und verließen

22:04 Uhr die Hauptstadt der DDR über die Güst. Heinrich-Heine-Straße. Hier wurde die operative Beobachtung beendet.

Während des Aufenthaltes im Theater wurde kein Kontakt zu anderen Personen festgestellt.«

Unterzeichnet ist das Dokument vom Leiter der Abteilung Oberstleutnant Ulbricht und vom Leiter des Referats Major Bonitz.

Auch diesmal werden Bundestagspräsident Karl Carstens und seine Begleitung nichts von einer ständigen Beobachtung bemerkt haben. Unbekannt ist, ob der spätere Bundespräsident je Einblick in seine Stasi-Akte genommen hat. Jedenfalls ist dazu eine öffentliche Äußerung nicht bekannt.

Gegen Ende der intensiven Recherchen des Ministeriums für Staatssicherheit existiert in der Akte Carstens eine »Information über einen operativ bedeutsamen Hinweis zum Bundestagspräsidenten der BRD Karl Carstens«. Während eines besuchsweisen Aufenthaltes eines zuverlässigen IM im Raum Bremen erhielt dieser vom Landessekretär der VVN – Bund der Antifaschisten Bremen davon Kenntnis, dass der ehemalige Fraktionsvorsitzende der CDU in Bremen und derzeitige Bundestagspräsident Karl Carstens in der Zeit des Faschismus ein treuer Gefolgsmann des Regimes gewesen sein soll. Nach vorliegenden Hinweisen soll Carstens bis Ende 1943 in Bremen und danach bis 1945 in Berlin als Feldrichter tätig gewesen sein. Entsprechend den Äußerungen des BRD-Bürgers soll diese bisher in der Öffentlichkeit nicht bekannte Tatsache in Vorbereitung des Bundestagswahlkampfs genutzt werden, um der CDU eine Wahlkampfniederlage beizufügen.

Diesen Hinweis habe der IM im Rahmen eines Gesprächs mit dem Landessekretär der VVN, das anlässlich eines gemeinsamen Mittagsessens in der Gaststätte »Zur Glocke« in Bremen geführt wurde, erhalten. Weiter heißt es in der »Information«, der IM kenne die Auskunftsperson bereits seit Jahren aufgrund gemeinsamer politischer Tätigkeit in der KPD und der VVN. Der Informant sei in der Zeit des Faschismus inhaftiert gewesen und anerkannter Kämpfer gegen den Faschismus. Er sei derzeit Mitglied der DKP und trotz seines Alters noch aktiv tätig. Durch den IM wird der Informant als ein zuverlässiger und der Arbeiterklasse treu ergebener Genosse charakterisiert. Der IM konnte nicht in Erfahrung bringen, aus welcher Quelle die Angaben zur Person Carstens stammen. Der IM sehe jedoch einen Zusammenhang zu diesem Hinweis in der von der Geschichtskommission der VVN Bremen betriebenen Forschung über die Bremer Widerstandsbewegung in den Unterlagen des Staatsarchivs in Bremen. Weitere Angaben zu diesem Sachverhalt seien dem IM nicht bekannt. Am Schluss heißt es allerdings wörtlich: »Möglichkeiten der Überprüfung des vorliegenden operativen Hinweises sind nicht gegeben«. Diese Einsicht mag auch ein Grund dafür gewesen sein, dass die Abteilungen »Propaganda« und »Aktive Maßnahmen« der Ost-Berliner MfS-Zentrale in Sachen Carstens zu keiner Zeit in Erscheinung traten.

Vor allem im Vergleich mit den jahrelangen Aktionen des SED-Propagandachefs Albert Norden und der verlässlichen Zuarbeit der zuständigen Abteilungen des MfS gegen Bundespräsident Heinrich Lübke ist das spürbare Schweigen im Falle Karl Carstens außergewöhnlich. Dabei hätte sich vor allem Carstens' Bemühen um eine NSDAP-Mitgliedschaft zur propagandistischen Aktion angeboten. Denn noch einmal beschäftigten sich die Stasi-Rechercheure mit der »Nazistischen Vergangenheit« des künftigen Bundespräsidenten und kehrten all ihr Wissen zusammen.

Mit einer handschriftlichen Klammer und dem Vermerk »Nicht dokumentierbar« heißt es:

»Von 1939 bis 1945 war Carstens Teilnehmer am 2. Weltkrieg in der faschistischen Wehrmacht, zunächst Angehöriger einer Geschützbatterie, 1940 Ordonnanzoffizier in einem Flak-Abteilungsstab bei Bremen, ab 1943 Ausbilder bei der Flak-Artilleriegruppe III in Berlin-Heiligensee. Ab 1943 wirkte Carstens als Verteidiger vor dem faschistischen Reichskriegsgericht in Berlin. Vor 1943 war er Beisitzer beim Kriegs- oder Feldgericht in Bremen. Sein letzter Dienstgrad war Oberleutnant. Anfang 1940 wurde seine Mitgliedschaft in der NSDAP wirksam.«

Anschließend erfolgt die Wiederholung der MfS-Beschreibung über Carstens' SA-Mitgliedschaft.

»Mit Beginn seines Studiums 1933 wurde Carstens in Frankfurt (Main) Mitglied der SA. Er war Angehöriger des SA-Sturmes 5/75 und wohnte mit anderen SA-Angehörigen in einem ›Kameradschaftshaus‹. Als Mitglied der SA demonstrierte er seine positive Haltung zum faschistischen Deutschland und erhielt dafür die staatliche Beihilfe zum Studium, die nur Studenten bewilligt wurde, die aktiv ihre nationalsozialistische Gesinnung zeigten. Im Oktober 1935 beantragte Carstens seine Entlassung aus der SA mit der Begründung, er werde in die Wehrmacht eintreten. Ein Eintritt in die Wehrmacht erfolgte jedoch nicht. Vielmehr stellte Carstens am 10. November 1937 den Antrag auf Mitgliedschaft in der NSDAP. Dieser Antrag wurde zunächst aufgrund fehlender Unterlagen nicht bearbeitet. Carstens reichte die Unterlagen verspätet ein, zu einer Zeit, als in der NSDAP eine Mitgliedersperre wirksam wurde. Um seine für 1938 geplante Promotion jedoch nicht durch die noch ausstehende Mitgliedschaft in der NSDAP zu gefährden und um die geforderte politische Gesinnung öffentlich zu bekunden, kassierte Carstens von 1937 bis 1939 in der Busestraße in Bremen, wo er während seiner Referendarzeit lebte, die NSDAP-Mitgliedsbeiträge ein. Damit konnte er seine berufliche Laufbahn ungestört fortsetzen. Er promovierte und legte sein zweites Staatsexamen ab. Vorsitzender bei der Prüfung war der Hamburger Oberlandesgerichtspräsident Rothenberger, später Staatssekretär im Reichsjustizministerium, ein Mann Hitlers. Er bewertete die Examensleistung als ›lobenswert‹; das war das zweitbeste Prädikat, das vergeben werden konnte.«

Es folgen weitere längst bekannte Aufzählungen über Carstens' Tätigkeit als Lehrer an der Flakartillerieschule in Berlin und als Verteidiger vor dem Reichskriegsgericht in Berlin. Am Ende wird festgestellt, dass zum gegenwärtigen Zeitpunkt noch keine dokumentarischen Beweise vorliegen, die schon bekannte oder neue Aspekte der faschistischen Vergangenheit von Carstens dokumentieren bzw. geeignet seien, ihn weiterer Aktivitäten zu überführen und seine Person entscheidend zu belasten. Die dargestellten Erkenntnisse würden ausschließlich auf BRD-Presseveröffentlichungen beruhen.

Das war eine ernüchternde Bilanz. Kompromittierende Materialien über Carstens' Leben – beruflich wie privat – hatten sich für

»Aktive Maßnahmen« und propagandistische Aktionen zu seinen persönlichen Nachteil kaum angeboten. Würden die Männer der DDR-Auslandsspionage dem neuen Bundespräsidenten ab 1979 mit ihren Mitteln und Methoden ernsthaften Schaden zufügen können?

Neuer Hausherr in der Villa Hammerschmidt

Erstmals in der Geschichte der Bundesrepublik verfügten CDU und CSU 1979 über die absolute Mehrheit in der Bundesversammlung, die nach Artikel 54 des Grundgesetzes den Bundespräsidenten wählt. Sie besteht aus den Mitgliedern des Bundestages und einer gleichen Anzahl von Mitgliedern, die die Landesparlamente auswählen. Dass die Unionsparteien 1979 diese außerordentlich günstige Ausgangsposition hatten, war nach Überzeugung Helmut Kohls dem deutlichen Sieg bei den Bundestagswahlen 1976 und dem überraschenden Vertrauensbeweis bei den Landtagswahlen zu verdanken. Im Kapitel »Krönungsmesse« von Kohls erstem Memoirenband heißt es, dieses Vertrauen wollten die Unionsparteien rechtfertigen, indem sie am 23. Mai 1979 den bisherigen Präsidenten des Deutschen Bundestages, Karl Carstens, zum neuen Bundespräsidenten wählten.

Zuvor hatte es eine Diskussion um mehrere Namen gegeben. Kein Geringerer als der Verleger Axel Cäsar Springer hatte den Bonner Oppositionsführer Kohl mit dem Vorschlag überrascht, er selbst solle Bundespräsident werden. Dabei hatte Helmut Kohl von Anfang an erklärt, auf keinen Fall seinem Wunsche nachkommen zu können. Er wolle nicht Bundespräsident werden. Doch Springer habe nicht lockergelassen, die Gespräche seien darum letztlich sehr unangenehm gewesen. Die Idee, Kohl in die Villa Hammerschmidt zu versetzen, konnte aus Sicht des Bonner Oppositionsführers nicht allein vom Verleger stammen. Die Freundschaft zwischen Axel Springer und Franz Josef Strauß sei ihm hinlänglich bekannt gewesen und von Beginn an habe Kohl gewusst, wer dahinterstand: Nur vom bayerischen Ministerpräsidenten konnte diese Idee stammen. Wäre er, Kohl, darauf eingegangen, hätte er den Ambitionen von Franz Josef Strauß für eine künftige Kanzlerkandidatur nicht im Wege gestanden.

Sicherlich hätte Walter Scheel gerne für eine zweite Amtszeit kandidiert. Doch aufseiten der Unionsparteien gab es keinen Grund, seine Wiederwahl zu unterstützen. Obwohl seine Parteimitgliedschaft während seiner Amtszeit ruhte, habe sich Scheel von Anfang an als Exponent der sozial-liberalen Regierungsmehrheit geriert. »Kein Bundespräsident vor ihm, weder Theodor Heuss noch Heinrich Lübke, noch Gustav Heinemann, hat sich derart parteiisch gezeigt«, so Helmut Kohl wörtlich. Erst einen Tag nach der Nominierung von Karl Carstens durch die CDU/CSU-Bundestagsfraktion verzichtete Walter Scheel öffentlich auf eine erneute Kandidatur. Bis dahin hatte er sich bedeckt gehalten, obwohl Kohl ihm schon sehr früh signalisiert hatte, dass die Union einen eigenen Kandidaten nominieren würde.

Ob er sich selbst ins Rennen schickte oder von engen Parteifreunden ins Spiel gebracht wurde, lässt sich nicht mehr klären: Richard von Weizsäcker, seit 1972 stellvertretender Vorsitzender der Unionsfraktion, der 1974 auf Vorschlag Helmut Kohls als Zählkandidat gegen Scheel angetreten war, hatte schon immer großes Interesse gezeigt, einmal Bundespräsident zu werden. Schon frühzeitig aber legte sich zunächst die CSU auf die Kandidatur von Karl Carstens fest. Richard von Weizsäcker wäre damals weder in der CDU, noch bei der CSU vermittelbar gewesen. »Alle wollten – wie ich – Karl Carstens. Er war ohne Wenn und Aber unser Kandidat«, heißt es in Helmut Kohls erstem Memoirenband. Über Vorbehalte, gar Bedenken wegen der NSDAP-Mitgliedschaft von Karl Carstens hat Helmut Kohl in seinen Erinnerungen kein Wort gesagt.

Das lag aber nicht an dessen NSDAP-Mitgliedschaft, obwohl die Auseinandersetzungen darum weitergingen. Carstens hatte aus seinem opportunistischen Aufnahmeantrag zur NSDAP nie einen Hehl gemacht. Er hatte auch erklärt, dass er die von ihm geforderten Unterlagen absichtlich verspätet eingereicht hätte, sodass über seinen Aufnahmeantrag in die NSDAP erst 1940 entschieden worden sei, zu einem Zeitpunkt, in dem er bereits Soldat war. Das hatte zur Folge, dass die Mitgliedschaft in der NSDAP nach den damals für Soldaten geltenden Bestimmungen ruhte.

Carstens' Biograf Tim Szatkowski hat in seiner Dissertation die Jahre von 1933 bis 1945 im Leben von Karl Carstens wissenschaftlich untersucht und in hohem Maße quellengetränkt dargestellt. Der Historiker verfügte neben reichhaltigen Quellen aus wichtigen Archiven bis zu Teilen von Carstens' Nachlass über sämtliche Materialien aus dem Bundesarchiv, die vom Aufnahmeantrag in die NSDAP bis zur ruhenden Mitgliedschaft sämtliche Etappen belegen. Diese Dokumente standen auch dem Autor zur Verfügung. Demnach beantragte Carstens am 10. November 1937 die NSDAP-Mitgliedschaft. Zudem verschleppte Carstens die Einreichung notwendiger Unterlagen und reichte sie erst nach dem 31. Dezember 1937 ein, zu einem Zeitpunkt, als erneut eine Mitgliedersperre für die NSDAP eingetreten war. Erst nach dem Kriegsausbruch, nach Aufhebung der Mitgliedersperre wurde der Antrag Carstens' positiv beschieden. Zu diesem Zeitpunkt war er bereits Soldat. Seit Mai 1935 galt: »Soldaten dürfen sich politisch nicht betätigen. Die Zugehörigkeit zu NSDAP oder einer ihrer Gliederungen … ruht für die Dauer des aktiven Wehrdienstes.« Die NSDAP-Mitgliederkartei – Gaukartei und Zentralkartei – trägt die Nummer 5 736 988. Als Aufnahmedatum ist der 1. Mai 1937 angegeben. In seinen Memoiren behauptete Carstens daher:

> »Ich habe mich … in meinem Entnazifizierungsverfahren nach 1945 auf den Standpunkt gestellt, dass ich in Wahrheit nicht Mitglied der NSDAP geworden sei, und bin mit dieser Auffassung auch durchgedrungen. Die Entnazifizierungsbehörde befand, ich sei Anwärter gewesen.«

Diese Bewertung mag Carstens gefallen haben. Sie entspricht der damaligen Auffassung in manchen Entnazifizierungsverfahren, die in jeder Besatzungszone anders verliefen. Immerhin belegen jedoch Dokumente aus dem Bundesarchiv, dass Karl Carstens seine

NSDAP-Mitgliedsbeiträge ab Mai 1937 bis zum Ende des Jahres 1938 und sogar noch bis Juni 1939 bezahlte. Warum wurden von Carstens 26 Monate lang Mitgliedsbeiträge kassiert, wenn er angeblich gar kein NSDAP-Mitglied war?

1937 wurde Carstens außerdem Mitglied des NS-Rechtswahrerbundes, wie Szatkowski mit Belegen aus dem Bundesarchiv dokumentiert. Über seinen Eintritt in diese nationalsozialistische Organisation und die Gründe dafür ist so gut wie nichts bekannt. Seine Mitgliedschaft in der Berufsorganisation der Juristen im nationalsozialistischen Deutschen Reich währte nach eigenen Angaben in seinen Memoiren bis 1939. Vermutlich diente seine Mitgliedschaft der Sicherung der beruflichen Existenz. Ob das auch für Carstens' Einsatz als Blockhelfer gilt, ist schwer zu sagen. Ein Dokument aus dem Bundesarchiv bescheinigt, dass »der Parteianwärter Karl Carstens, Busestr. 67, seit dem 1. Oktober 1938 als Blockhelfer innerhalb der Zelle 11 eingesetzt ist«. Die neben der Dienstbezeichnung Blockleiter besser bekannte Bezeichnung Blockwart beschrieb eine Funktion in der NSDAP-Parteiorganisation ab 1933. Ein Blockleiter war für 40 bis 60 Haushalte mit durchschnittlich rund 170 Personen zuständig. Der Blockleiter konnte in seinem Abschnitt auf ehrenamtliche Blockhelfer zurückgreifen, gegenüber denen er auch weisungsberechtigt war. Diese Helfer mussten zwar nicht selbst der NSDAP angehören, hatten jedoch ebenfalls ihre »arische« Abstammung nachzuweisen und wurden vom Ortsgruppenleiter berufen. – In Carstens' Memoirenband jedenfalls ist das Wort »Blockhelfer« nicht zu finden.

Der Biograf Tim Szatkowski berichtet auch über eine Studienbeihilfe der Landesschulbehörde Bremen, die dem Jurastudenten im November 1936 entzogen worden sei. Ein früherer Schulkamerad, der von dieser Beihilfe wusste, habe ihn bei der Schulbehörde denunziert, da er wiederholt den »Deutschen Gruß« (Hitler-Gruß) verweigert habe. Die Begründung für den Entzug des Stipendiums lautete, dass Carstens im Oktober 1935 seine Entlassung aus der SA mit dem Hinweis beantragt habe, dass er bald in die Wehrmacht eintreten werde. Weiter hieß es, dass er bei der Wehrmacht nicht angenommen worden sei und daraufhin nichts unternommen habe, in der SA wieder seine Dienstwilligkeit zu beweisen. Tatsächlich hatte sich Carstens nach eigenen Angaben während seines Semesters in Königsberg vom Wehrdienst zurückstellen lassen. Carstens befand sich in einem Zwiespalt und versuchte zunächst, der Parteimitgliedschaft zu entgehen. Sein Motiv, den Aufnahmeantrag dann doch zu stellen, war nach eigenen Angaben, um Rechtsanwalt zu werden, und er glaubte, dieses nicht unehrenhafte Ziel nur durch diesen Schritt erreichen zu können. Wie bereits dargestellt, beantragte Carstens am 10. November 1937 die NSDAP-Mitgliedschaft. Dass Carstens später als Soldat das NSDAP-Parteiabzeichen auf der Uniform getragen haben soll, wie ein Zeitzeuge den Männern des Ministeriums für Staatssicherheit berichtete, scheint ausgeschlossen zu sein. Der ehemalige Soldat, der den Bremer beschuldigt hatte, muss sich nach Carstens' Memoirenangaben geirrt haben. Das wurde auch von Kameraden der Flak-Artillerieschule bestätigt, wie es aus der Feder des ehemaligen Bundespräsidenten heißt.

Szatkowski bewertet Carstens' Handeln als Versuche, zielstrebig in seinem Beruf Karriere zu machen. Daran sei nichts Verwerfliches. Der Biograf wörtlich:

»Carstens' Verhalten kann insoweit als Opportunismus charakterisiert werden, als er bei seiner Entscheidung über den NSDAP-Eintritt nicht bereit war, materielle Nachteile oder sogar noch schlimmere Folgen in Kauf zu nehmen. Unter Berücksichtigung der damaligen Umstände und der Tatsache, es mit einem ›normalen‹, also mit einem um seine berufliche Zukunft und seine Gesundheit besorgten Menschen zu tun zu haben, wird man seine Entscheidung aber als eine vertretbare bewerten können.«

Was man Carstens dagegen vorwerfen kann – so Szatkowski –, sei die Tatsache, dass er nach 1945 recht oberflächlich und oftmals unkritisch mit der NS-Vergangenheit umging: gar nicht einmal so sehr mit der eigenen, als vielmehr mit der zahlloser Personen, mit denen er vor und nach 1945 in privatem und/oder beruflichem Kontakt stand. Exemplarisch dafür seien die Schilderungen über seine Hochschullehrer, die zur Wirklichkeit teilweise in erheblichem Kontrast stünden. Ein Rezensent der Carstens-Biografie von Tim Szatkowski merkt kritisch an, die Kritik an Carstens hätte durchaus noch deutlicher ausfallen können. Die Reden des Bundespräsidenten hätten die nationalsozialistische Diktatur nur kursorisch behandelt. Für das Gedenken an die Opfer, insbesondere die ermordeten Juden Europas, hat Carstens keinerlei erinnerungspolitische Zeichen gesetzt. Zum 8. Mai 1945 oder auch zum 30. Januar 1933 schwieg er.

Wozu er nicht schwieg, das war sein Verhältnis zu Helmut Kohl, dem zukünftigen Bundeskanzler. In seinen Memoiren schrieb er, die Führungsspitze der Union sei 1978 verunsichert gewesen, und Kohl habe bezüglich seiner Kandidatur als Bundespräsident geschwankt. Er habe ein ihm nahestehendes Mitglied des Präsidiums geschickt, das Carstens nahelegen sollte, auf seine Kandidatur zu verzichten. Selbstverständlich könne er Bundestagspräsident bleiben. Carstens wörtlich: »Aber darauf konnte ich nicht eingehen. Wenn ich für das höchste Amt im Staat nicht geeignet war, so sagte ich, sei ich auch nicht für das zweithöchste Amt geeignet. Im Übrigen sei ja bekannt, dass Walter Scheel 1942 in die NSDAP aufgenommen worden sei.« Diese Äußerung steht in krassem Gegensatz zu Helmut Kohls Haltung gegenüber Carstens, wie sie ausführlich dargestellt wurde.

Erinnert werden muss allerdings an eine Kampagne gegen Carstens, die sich schon wenige Monate vor seiner Wahl angedeutet hatte. Dabei handelte es sich neben seiner NSDAP-Mitgliedschaft um Vorwürfe, die Jahre zurücklagen. Es wurde behauptet, dass Carstens vor dem Parlamentarischen Untersuchungsausschuss in der sogenannten Guillaume-Affäre im Oktober 1974 – wissentlich – falsch ausgesagt habe. Carstens sah den Vorwurf, die Unwahrheit gesagt zu haben, als »ehrenrührigen« Vorwurf an und erhob Anklage gegen den SPD-Abgeordneten Günther Metzger. Im Kern ging es dabei um Waffengeschäfte des BND, über die Karl Carstens als Staatssekretär des Verteidigungsministeriums in den Jahren 1966 und 1967 Kenntnis hatte. Richtig war, wie sein Biograf feststellt, dass Carstens in seiner Zeit als Chef des Bundeskanzleramtes auch neue Kenntnisse über eine Waffenhandelstätigkeit des BND besaß. Jahrelange juristische Auseinandersetzungen führten schließlich zum Urteil des Landgerichts Bonn 1975, das völlig im Sinne von Carstens ausfiel. Der Eindruck, den die Öffentlichkeit von der Verwicklung Carstens' in die Geschäfte des BND gewinnen musste, war nach Meinung des Historikers Szatkowski verheerend. Das belegten auch die Stasi-Rechercheure, die sämtliches Pressematerial dazu auswerteten und in ihren Dossiers – wie dargestellt – dokumentierten. Allerdings entstanden bei der Stasi daraus – aus welchen Gründen auch immer – keine »Aktiven Maßnahmen«. Immerhin waren die Mitglieder des SED-Politbüros über Karl Carstens' Verstrickungen in BND-Waffengeschäfte und die gegen ihn erhobenen Vorwürfe bestens informiert.

Doch letztendlich konnte nichts die Unionsparteien erschüttern, nichts von ihrem Plan abhalten. Bereits in der Sitzung des CDU-Bundesvorstandes am 27. November 1978 hatte Helmut Kohl nach Rücksprache mit Franz Josef Strauß angekündigt, in den zuständigen Gremien der Union Karl Carstens als Kandidaten für das Bundespräsidentenamt zu nominieren. Dieser Ankündigung stimmte der Bundesvorstand einmütig zu. Trotz massiver Kampagnen unter anderem wegen seiner NSDAP-Mitgliedschaft gab es nach Kohls Memoirenangaben keinerlei Verunsicherung in der CDU-Führung. Die Attacken von Presse und Rundfunk und weiten Teilen von SPD und FDP wurden bis zum Wahltag fortgesetzt. Aus Kohls Sicht war es wieder einmal erstaunlich, wie sehr in Bonn mit zweierlei Maß gemessen wurde. Dass Walter Scheel ebenfalls Mitglied der NSDAP gewesen war, hatte bei seiner Wahl zum Bundespräsidenten 1974 niemanden interessiert, ganz zu schweigen davon, dass es etwa eine Pressekampagne gegen ihn gegeben hätte.

Erinnert werden muss allerdings, dass es für westdeutsche Historiker und Journalisten lange Zeit kaum möglich war, das von der amerikanischen Besatzungsmacht in West-Berlin angelegte Archiv mit der Gesamtkartei über alle ehemaligen SS-, SA- und NSDAP-Mitglieder seit 1929 zu nutzen. Die Rede ist vom Berlin Document Center, kurz BDC, das sich der Aufbereitung und Auswertung von Personen- und Verwaltungsakten aus der NS-Zeit widmete, um Nationalsozialisten zur Rechenschaft zu ziehen und Kriegsverbrecher zu bestrafen. Die Angaben über Carstens müssen auf den BDC-Dokumenten basieren und entsprechen somit der damaligen Wirklichkeit. Auch die NSDAP-Mitgliedschaft von Walter Scheel ging auf zutreffende Stasi-Quellen zurück.

Am 23. Mai 1979 wurde Karl Carstens von der Bundesversammlung im ersten Wahlgang zum fünften Präsidenten der Bundesrepublik Deutschland gewählt. Von den 1032 geheim abgegebenen Stimmen entfielen 528 von den 530 Wahlpersonen der CDU/CSU auf Karl Carstens. Die einzige Gegenkandidatin, die SPD-Politikerin Annemarie Renger, erhielt 431 von den 435 Stimmen der Wahlpersonen ihrer Partei. Von den insgesamt 72 Enthaltungen kamen 66 von der FDP, die beschlossen hatte, keinen der beiden Abgeordneten zu wählen. Aus Helmut Kohls Sicht war die Wahl von Carstens für die Unionsparteien ein großer Triumph. Am 29. Juni 1979 legte der Gewählte sein Mandat als Bundestagsabgeordneter nieder und trat am 1. Juli 1979 sein Amt als Bundespräsident an. In einer gemeinsamen Sitzung von Bundestag und Bundesrat leistete er den in der Verfassung vorgeschriebenen Amtseid.

Schon während des Vorspiels zu Carstens' Übernahme des Präsidentenamtes lieferten einschlägige Bonner Spione Berichte, die von hohem Informationsgehalt zeugten. Einer der fleißigsten unter ihnen war IM »Max« alias Rudolf Maerker. Er darf als der Stasi-Maulwurf von Bonn schlechthin bezeichnet werden: Der Journalist mit der Registriernummer XV/1628/68 war über viele Jahre Vorsitzender des SPD-Unterbezirks Bonn. »Max« verfügte über beste Kontakte zur SPD-Spitze um Brandt, Schmidt und Wehner. Besonders aufschlussreich für das MfS waren deshalb seine Informationen über innerparteiliche Auseinandersetzungen, über Vorstands- und Parteiratssitzungen, über Landes- wie Bundesparteitage. Bonner Spitzengenossen vertrauten ihm blind. Der IM hat dieses Vertrauen skrupellos missbraucht. Nach Experteneinschätzung lieferten Maerkers Berichte »ein atemberaubend dichtes Bild über die SPD-Führung und die sozial-liberale Koalition in Bonn«. Doch der angebliche Vertreter des linken SPD-Flügels und Vertraute von Willy Brandt und Herbert Wehner hatte auch ein Auge auf die Unionsparteien. Als Spitzen-Spitzel der HVA wusste er im Vorfeld der Kandidatennominierung für das Amt des Bundespräsidenten ab 1978 über Karl Carstens und seine Chancen zu berichten. Ohne direkten Zugang zu Carstens schöpfte IM »Max« aus frei zugänglichen Quellen in Presse, Rundfunk und Fernsehen ebenso wie aus zahllosen Gesprächen mit Spitzenpolitikern aus der damaligen Opposition. Zwar wurden seine Informationen von der Stasi der höchsten Kategorie »A« (zuverlässig) zugeordnet, ob darunter tatsächlich Exklusives war, muss bezweifelt werden. Zugang zu staatlichen Dokumenten soll er nämlich eher nicht gehabt haben. Die Stasiunterlagenbehörde in Berlin registrierte immerhin in dieser Zeit 1700 einzeln verzeichnete Informationen, die dank der SIRA- und Rosenholz-Entschlüsselung IM »Max« eindeutig zugeordnet werden konnten. Darunter auch immer wieder Spitzelberichte über Querelen innerhalb der CDU/CSU und zuletzt über Karl Carstens' erfolgreiches Rennen um die Bundespräsidentschaft.

Bereits im Vorfeld der Kandidatenkür von Karl Carstens zeichnete sich ein weiterer Bonner Spitzel mit der Lieferung von Informationen an das Ost-Berliner Ministerium für Staatssicherheit in besonderer Weise aus. Gemeint ist Hans-Adolf Kanter, geboren 1925, verstorben 2004. Der Wirtschaftsberater, einflussreiche Mitarbeiter des Flick-Konzerns und CDU-Mitglied sprudelte wie kaum eine andere Quelle in Bonn. Kanter saß in keinem Ministerium, trug keine politische Verantwortung, war aber als Lobbyist des zweifelhaft agierenden Konzerns, der ab 1981 in die sogenannte Flick-Affäre um illegale Parteispenden verwickelt war, höchst effektiv. Er soll, behaupteten der Auslandsspionagechef Markus Wolf und sein Stellvertreter Werner Grossmann, der fleißigste Inoffizielle Mitarbeiter der HVA gewesen sein, über den die DDR-Auslandsspionage in Bonn je verfügte. Die vollmundige Einschätzung mag ein wenig übertrieben sein, aber von hohem Gewicht für das MfS war der Agent gewiss. Der Metzgersohn aus Plaid bei Koblenz hatte eine kaufmännische Lehre absolviert, bevor er sich 1943 als Kriegsfreiwilliger zur deutschen Wehrmacht meldete, um nicht zur Waffen-SS eingezogen zu werden. Nach eigenem Bekunden wurde Kanter auf Geheiß der Amerikaner bei Kriegsende zu Aufräumarbeiten im früheren Konzentrationslager Dachau herangezogen. Die Bilder der mit Leichen vollgehäuften Eisenbahnwaggons brannten sich ihm für immer ins Gedächtnis ein. Der Leitgedanke »Nie wieder Krieg« prägte ihn fortan. Er wollte sich politisch engagieren und wurde in der Friedensbewegung aktiv. Als Vorstandsmitglied der später in der Bundesrepublik verbotenen Freien Deutschen Jugend (FDJ) arbeitete er in Rheinland-Pfalz zugleich als Landesvorsitzender des Bundes europäischer Jugend (BEJ).

1950 hatte Kanter in Marienberg/Rheinland-Pfalz das sogenannte Europahaus gegründet, eine Begegnungsstätte für junge Menschen aus ganz Europa. Schon als Mitglied der FDJ und Leiter dieses Europahauses hatte er gelegentlich Kontakt zu jungen Kommunisten aus der DDR und Osteuropa. So habe er auch, sagte er später aus, einen damaligen Mitarbeiter des MfS kennengelernt, mit dem er sich seit etwa 1952 immer wieder traf. Im Rahmen des deutsch-deutschen Meinungsaustausches übergab er dem Mann aus Ost-Berlin zunächst frei zugängliche Dokumente. Nach Einschätzung der Ermittlungsbehörden muss Kanter der geheimdienstliche Charakter der Begegnungen allerdings bald bekannt gewesen sein.

Die Spitzeltätigkeit gab Kanter auch nicht auf, als es von der FDJ in die CDU ging, zunächst zur Jungen Union. Welche Metamorphose! Seit 1953 war Kanter Mitglied im Landesvorstand der rheinland-pfälzischen Union und nahm schon bald verschiedene Aufgaben auf kommunaler Ebene wahr. Er pflegte Kontakte zu einflussreichen Landespolitikern seiner Partei und unterhielt zu den CDU-Sozialausschüssen besondere Beziehungen. – Und berichtete von alldem fleißig weiter nach Ost-Berlin. Zwar hat er zu keiner Zeit eine Verpflichtungserklärung unterschrieben, aber gleichwohl 1967 einmalig 15 000 DM vom MfS kassiert, als er in finanziellen Schwierigkeiten steckte. Seine HVA-Personenkartei wurde am 22. April 1952 unter der Registriernummer XV/18249/60 angelegt. Die sogenannte Vorgangskartei verzeichnet den Decknamen »Fichtel«.

Mitte der Fünfzigerjahre installierte die HVA eine Kurier-Verbindung. Die nach Düsseldorf übergesiedelte Elfriede S. mit dem sinnfälligen Decknamen »Schubert« traf sich nun regelmäßig mit IM »Fichtel«, der ihr Berichte diktierte oder umfangreiches schriftliches Material übergab. Das Stenografierte schrieb Frau S. mit der Schreibmaschine ab, die übergebenen Unterlagen fotografierte sie. Die belichteten Filme leitete sie über einen »Toten Briefkasten« an ihre Führungsleute bei der HVA weiter. Ein »toter Briefkasten« (TBK) war ein Versteck in Transitzügen. Besonders beliebt für den Transport von Spionagematerial waren die Züge von Köln nach Ost-Berlin. In einigen von ihnen war in einer Zugtoilette, hinter dem Abfallbeutel für Papierhandtücher, ein Hohlraum vorbereitet, in dem für den IM bestimmte Sendungen versteckt waren und in dem der IM oder der Kurier im Gegenzug das Filmmaterial ablegen konnte. Um dem Empfänger die Belegung des Verstecks anzuzeigen, gab es an der Decke der Zugtoilette ein eingezeichnetes Bleistiftkreuz. Zudem hatte IM »Fichtel« von 1962 bis 1989 einen Instrukteur zur Seite und hielt die persönliche Verbindung. Der Instrukteur beauftragte und instruierte den IM und nahm dessen Berichte entgegen. In der Regel waren die Instrukteure DDR-Bürger. Sie erhielten in den Achtzigerjahren üblicherweise den Status von Hauptamtlichen Inoffiziellen Mitarbeitern (HIM). Zuletzt soll es 777 von ihnen gegeben haben.

Zum 1. Januar 1974 trat Kanter in die Friedrich Flick KG ein, für die er schon lange im Rahmen eines Honorarvertrages beratend tätig gewesen war. Nun fungierte er zunächst als Handlungsbevollmächtigter, dann als Prokurist und schließlich als stellvertretender Leiter des Bonner Konzernbüros. Wesentliche Aufgabe des Büros war es, Kontakte zu politischen Einrichtungen wie den Parteien, Bundestagsfraktionen, Ministerien und ausländischen diplomatischen Vertretungen sowie zu gesellschaftlichen Gruppen wie Gewerkschaften und Kirchen zu pflegen. Kanter verfügte über beste Kontakte, insbesondere zu den Unionsparteien. Ob der Topagent nach dem Zusammenbruch der DDR verraten wurde, ist unbekannt. Es dauerte jedenfalls einige Zeit, bis er am 14. April 1994 aufgrund eines Haftbefehls des Ermittlungsrichters am Bundesgerichtshof in Karlsruhe vorläufig festgenommen, freilich bereits anderntags vom Vollzug der U-Haft verschont wurde. Das Oberlandesgericht Koblenz verurteilte Adolf Kanter am 10. April 1995 schließlich »wegen geheimdienstlicher Agententätigkeit zu einer Freiheitsstrafe von zwei Jahren«. Deren Vollstreckung wurde zur Bewährung ausgesetzt. Verhängt wurde zudem eine Bußgeldzahlung von 20 000 DM als Rückholung eines Teils des unrechtmäßig erworbenen Vermögens. Hinzu kamen die Kosten des Verfahrens.

Es stellt sich die Frage, ob das Strafmaß anders ausgefallen wäre, hätten die Richter des OLG Koblenz Einblick in die Unterlagen der SIRA-Datenbank nehmen können. Einem Außenstehenden ist das Urteil jedenfalls kaum zu vermitteln. Nach Expertenmeinung hätten Länge, Masse und Intensität des Verrats ein deutlich höheres Strafmaß zur Folge haben müssen. Denn die SIRA-Teildatenbank 12 dokumentiert allein für die Zeit von 1974 bis Ende 1984 1854 Einzelinformationen. Davon gingen immerhin 116 wegen ihrer Brisanz direkt an die SED-Spitze und an befreundete Geheimdienste. Fraglos hatten »Fichtels« Informationen für das MfS erheblich an Bedeutung gewonnen, seitdem sich Kanter im Bonner Flick-Büro speziell um die Kontakte des Konzerns zur CDU/CSU und FDP und zu den akkreditierten Auslandsvertretungen kümmerte. Der IM hatte schon lange den Fraktionsvorsitzenden der CDU/CSU im Blickfeld ebenso wie den Präsidenten des Deutschen Bundestages. Noch interessanter wurde für den Spion aus Bonn schon bald Karl Carstens – der Anwärter auf das Amt des Bundespräsidenten.

Beim Vorspiel um Karl Carstens' Kandidatur für das Bundespräsidentenamt wie auch während seiner Amtszeit spielte neben »Fichtel« ein gewisser »Olaf« eine Rolle – das war der bereits in Sachen Bundespräsident Walter Scheel aktive prominente FDP-Bundespolitiker William Borm. Und auch ein Deckname »Friedrich« mit der Registriernummer XV/213/73 ist gelistet. Jedoch verbarg sich dahinter kein Mensch, sondern eine Mission. Unter dieser Chiffre wurden die Abwehrprotokolle der Hauptabteilung III des MfS gesammelt und der Auslandsspionage (HVA) überantwortet. Die HA III war »Zentrales Organ des elektronischen Kampfes (ELOKA) des MfS«. Ihr oberstes Ziel lautete, mit technischen Mitteln möglichst viele Informationen aus »feindlichen Nachrichtenbeziehungen« zu gewinnen, in erster Linie aus Funk- und Fernmeldeverbindungen der Bundesrepublik Deutschland. Von Interesse waren vor allem Erkenntnisse aus dem Kreis der Bonner Bundesregierung, der Parteien, der Bundeswehr, der Rüstungsindustrie, der Polizei, des Verfassungsschutzes und des Bundesnachrichtendienstes. Die Späher folgten bei ihren Einsätzen sogenannten Zielkontrollaufträgen, die das MfS, insbesondere die HVA, mit der jeweiligen Telefonnummer, dem Benutzernamen und Angaben über den Informationsbedarf versehen hatte. Danach wurde auch das Telefon von Karl Carstens abgehört. »Friedrich« registrierte so die »Haltung führender CDU-Funktionäre zur Nominierung von Carstens für das Amt des Bundespräsidenten der BRD«. »Friedrich« brachte auch einen Beitrag über »Maßnahmen der CDU/CSU-Fraktion zur Erhöhung ihrer politischen Wirksamkeit im Bundestag«. Über »Reaktionen auf die Wahl von Carstens als Bundespräsident« am 23. Mai 1979 lieferte »Friedrich« ebenso Details. Außerdem berichteten darüber mehrere Inoffizielle Mitarbeiter des DDR-Geheimdienstes, die bisher nicht identifiziert werden konnten.

Mit der Wahl Karl Carstens' zog zum ersten Mal ein Bundespräsident in die Villa Hammerschmidt ein, dessen Partei zur Bundesregierung in Opposition stand. Viele Beobachter nahmen an, dass es daher zu Spannungen kommen würde, zumal Bundeskanzler Schmidt und Carstens in der Zeit, als letzterer Oppositionsführer im Bundestag war, heftige Auseinandersetzungen miteinander ausgetragen hatten. Wie Carstens in seinen Memoiren schreibt, kam es anders. Schmidt und er seien beide von Anfang an um ein sachlich korrektes Verhältnis bemüht gewesen. Schmidt habe den Bundespräsidenten in regelmäßigen Abständen, etwa alle zwei Monate, aufgesucht und mit ihm die politischen Entwicklungen im Inneren und in den auswärtigen Angelegenheiten erörtert. Nach Angaben von Karl Carstens führte er zwischen seinem Amtsantritt als Bundespräsident im Sommer 1979 und dem Ausscheiden von Helmut Schmidt als Bundeskanzler im Oktober 1982 mit ihm etwa 20 Gespräche in der Villa Hammerschmidt. Diese Gespräche seien von Anfang an vertrauensvoll gewesen. So gut man sich arrangiert hatte, Carstens wünschte sicher seiner Partei politischen Erfolg – und der sollte sich einstellen. Im letzten Gespräch mit Helmut Schmidt am 16. September 1982, so Carstens, habe ihm der Bundeskanzler mitgeteilt, dass dramatische Ereignisse bevorstünden. »Er sagte nicht welche, aber es war klar, dass der Bruch der Koalition gemeint war«, schreibt Carstens in seinen Erinnerungen.

Wenige Jahre nach Carstens' Amtsantritt war die Regierung Schmidt in Schwierigkeiten geraten. Hinzu kam die angegriffene Gesundheit des Kanzlers. Im April 1982 nahm Schmidt eine Kabinettsumbildung vor. Doch das half nichts: Einige Monate später brach die Regierung Schmidt/Genscher bekanntlich auseinander. Davon wusste wohl auch Carstens: Freimütig habe der Kanzler auch über Spannungen in der SPD und auch in der FDP berichtet. Gegenüber der CDU/CSU sei Schmidt skeptisch gewesen, besonders gegenüber Helmut Kohl, der im Schatten von Strauß stehe. Carstens' Einschätzung über Helmut Schmidt hätte nicht positiver ausfallen können. Seine umfassende, detailgenaue Kenntnis der Zusammenhänge sowohl in außenpolitischen wie in sicherheitspolitischen als auch in den Wirtschafts- und Währungsfragen hätten ihn sehr beeindruckt. Schmidt habe in dieser Beziehung unter allen deutschen Politikern herausgeragt.

Mit Helmut Kohl hat Carstens nach dessen Wahl zum Bundeskanzler am 1. Oktober 1982 ebenso wie vorher mit Helmut Schmidt regelmäßige Gespräche in der Villa Hammerschmidt geführt. Zumeist seien es Gespräche unter vier Augen gewesen, sodass es darüber keine Aufzeichnungen gebe. In seinen Memoiren verglich Karl Carstens die beiden Bundeskanzler: Kohl und Schmidt, das habe sich auch in seinen Gesprächen gezeigt, seien sehr unterschiedliche Persönlichkeiten. Kohl habe eine starke physische und psychische Konstitution. Er sei nahezu unbegrenzt belastbar. An alle zu lösenden Fragen gehe er mit unerschütterlichem Optimismus heran. Er habe sich in den außenpolitischen und internationalen Wirtschaftsproblemen nicht im Einzelnen ausgekannt, wie es bei Schmidt der Fall gewesen sei. Aber Kohl habe immer einen klaren Blick gehabt für die Linie, die er verfolgen wollte.

Kein Wort darüber in den Spitzelberichten. Im Bundespräsidialamt gab es offenbar keinen direkten Spion und auch keinen Zuträger für den DDR-Geheimdienst. Die SIRA- und Rosenholz-Entschlüsselungen bieten keine Hinweise auf Informationen über die Gespräche des Bundespräsidenten Carstens mit den Bundeskanzlern Helmut Schmidt und Helmut Kohl oder anderen Bonner Spitzenpolitikern. Von den insgesamt 152 Spionagebeiträgen, in denen Karl Carstens ab 1969 Erwähnung findet, beschäftigen sich 75 mit der Phase zwischen dem Beginn der Amtszeit von Karl Carstens als Bundespräsident am 23. Mai 1979 bis zu ihrem Ende am 30. Juni 1984.

Schwerpunkte der Arbeit der Carstens-Schnüffler waren vor allem seine Auslandsreisen sowie die Empfänge ausländischer Gäste in der Villa Hammerschmidt. Das Interesse an den insgesamt 17 Staatsbesuchen im Ausland und den Treffen mit ausländischen Politikern war allerdings recht unterschiedlich.

Seine erste Reise als Bundespräsident führte Carstens Ende Mai 1980 nach Irland. Für die Bonner Spione des DDR-Geheimdienstes muss dieser Termin ebenso uninteressant gewesen sein wie seine Visiten in Jugoslawien, Portugal und Österreich.

Großen Raum nimmt dann das Treffen mit dem höchsten Repräsentanten des drittgrößten Landes der Erde, China, ein. So berichtete ein unbekannter Inoffizieller Mitarbeiter der Stasi im November 1979 vom Staatsbesuch des Ministerpräsidenten der Volksrepublik China, Hua Guofeng, in der Bundesrepublik. Und auch IM »Max« lieferte Spitzelberichte über »einige Aspekte des Besuchs von Hua Guofeng in der BRD«. Es folgten mehrere ausführliche Informationen über »die Reise Hua Guofengs durch die Länder Westeuropas« und über »Verlauf und Ergebnisse der Westeuropareise Hua Guofengs«. Außerdem interessierte sich der DDR-Geheimdienst für den zweitägigen Besuch des chinesischen Ministers für Auswärtige Angelegenheiten Huang Hua im Juni 1980 in Bonn. Ost-Berlins Interesse an den deutsch-chinesischen Beziehungen, die eine lange und wechselvolle Geschichte aufweisen, kam nicht von ungefähr. Schließlich hatte Bonn die Volksrepublik China zunächst nicht anerkannt. Die Annäherungspolitik der von Bundeskanzler Willy Brandt geführten sozial-liberalen Koalition führte jedoch zur Aufnahme beider deutscher Staaten in die Vereinten Nationen im Jahr 1973: Für die Bonner Außenpolitik ebenso wie die der DDR ein wichtiges Datum mit Konsequenzen. Bereits im Oktober 1972 hatten die Außenminister der Bundesrepublik Deutschland und der Volksrepublik China die Aufnahme diplomatischer Beziehungen vereinbart. Vor allem die Kanzler Helmut Schmidt und Helmut Kohl galten fortan als Brückenbauer für die deutsch-chinesischen Beziehungen.

Im Oktober 1982, zehn Jahre nach Aufnahme der diplomatischen Beziehungen, reiste Bundespräsident Karl Carstens zum ersten Staatsbesuch eines deutschen Staatsoberhauptes in die Volksrepublik China. Am 15. Oktober 1982 eröffnete der Bundespräsident das Generalkonsulat in Shanghai. Am Ende seiner Rede meinte Carstens: »Ich hoffe und wünsche, dass dieses Haus ein Ort vertrauensvoller und enger Zusammenarbeit zwischen Deutschen und Chinesen und ein Ort wachsender Freundschaft sein wird.« Als er China am 18. Oktober 1982 verlassen habe – so bilanziert Carstens in seinen Memoiren –, sei er davon überzeugt gewesen, dass das Land eine ruhige, stabile Aufwärtsentwicklung vor sich habe. Er habe nicht geahnt, dass es einige Jahre später zu einem blutigen Konflikt zwischen jüngeren Menschen, die mehr Demokratie und Freiheit forderten, und den Machthabern im Staat kommen würde – ein Konflikt, der einen schweren Rückschlag für die innere Entwicklung des Landes darstellte und weltweites Entsetzen hervorrief.

Was im Westen lange gedauert hatte, war im Verhältnis der DDR zu China aus ideologischen Gründen schon im Jahr 1949 Wirklichkeit geworden: Die beiden Staaten hatten sich gegenseitig als souverän anerkannt. Die offiziellen diplomatischen Beziehungen wurden noch im gleichen Jahr aufgenommen. Im Gefolge des tiefen Zerwürfnisses zwischen Peking und Moskau ab den Sechzigerjahren waren die Beziehungen der DDR mit der Volksrepublik China jedoch jahrelang passiv. Erst Mitte der Achtzigerjahre verfolgte Ost-Berlin die Absicht, angesichts des fortwährend unterkühlten Verhältnisses zwischen den Brudervölkern zu vermitteln und damit eine eigene außenpolitische Rolle der DDR zu demonstrieren. Doch der Erfolg blieb gering. Als es am 4. Juni 1989 zu dem Tian'anmen-Massaker in Peking kam, stellte sich die Führung der SED auf die Seite der chinesischen Regierung. Solange die DDR existierte, beobachtete vor allem der DDR-Geheimdienst die Beziehungen zwischen Bonn und Peking mit besonderer Aufmerksamkeit. So ist aus Carstens' Stasi-Akte bekannt, dass es zahlreiche Spitzelberichte über die Chinareise des deutschen Bundespräsidenten gegeben hat. Über deren Inhalt ist bekanntlich nichts erhalten geblieben. Aber sicher waren alle von der entscheidenden Frage getragen: Welche Absichten hegte der Bonner Klassenfeind mit seiner Außenpolitik den kommunistischen Brüdern in China gegenüber?

Von den bereits erwähnten 17 Staatsbesuchen war nach eigenen Angaben von Carstens sein Aufenthalt in Indien vom 3. bis 9. März 1981 der faszinierendste. Im Mittelpunkt seines Besuches, zu dem ihn seine Frau und das Ehepaar Genscher begleitete, hätten zwei lange Gespräche mit Premierministerin Indira Gandhi gestanden. Er habe ihr Grüße von Bundeskanzler Schmidt und dem früheren Bundeskanzler Kiesinger überbracht. Er selbst sei seit seiner Jugend ein Bewunderer der indischen Kultur und Religion gewesen. Dazu habe die Staatspräsidentin gesagt: »Deutschland hat uns geholfen, uns selbst zu erkennen.«

Die offizielle Aufnahme diplomatischer Beziehungen zwischen der 1949 gegründeten Bundesrepublik und dem 1947 unabhängig gewordenen Indien erfolgte bereits am 7. März 1951. 1952 eröffneten beide Staaten Botschaften in Neu-Delhi bzw. Bonn. Das war möglich, weil der indische Ministerpräsident Jawaharlal Nehru die Aufnahme offizieller diplomatischer Beziehungen zur DDR abgelehnt hatte. Offiziell wurde diese Haltung mit der indischen Erwartung auf westdeutsche Wirtschaftshilfe begründet. Nach dem Grundlagenvertrag zwischen der Bundesrepublik und der DDR nahm Indien 1972 auch diplomatische Beziehungen zur DDR auf.

Einen Schwerpunkt seiner Reden beim Staatsbesuch im März 1981 bildeten die kulturellen Beziehungen und – laut Carstens – ähnlichen politischen Ziele Deutschlands und Indiens. Zu mehreren Gelegenheiten würdigte Carstens die Leistungen des modernen Indien. Indien sei ein führendes Mitglied der Bewegung der Blockfreien, die einen wichtigen Stabilitätsfaktor in der internationalen Politik darstellten. Ob diese Kernbotschaften ihren Niederschlag in den Spitzelberichten für den DDR-Geheimdienst gefunden haben, wird sich niemals klären lassen. Immerhin ist dank der SIRA-Überlieferungen belegt, dass sich die Schnüffler den Indien-Besuch Carstens' nicht entgehen ließen. Neben einem nicht zuordenbaren Bericht über Carstens' Indien-Reise war der als »zuverlässig« mit XV/2508/74 versehene IM »Mark« aktiv. Sein Spionagebeitrag vom 17. März 1981 trägt die Überschrift: »Zum Besuch von BRD-Außenminister Genscher und Bundespräsident Carstens in Indien sowie zu den indisch-amerikanischen Beziehungen«. Wenige Tage später war es IM »Pirol« (XV/2904/78), der »Zum Staatsbesuch des Bundespräsidenten Carstens in Indien« einen Spionagebeitrag absetzte. Hinter dem Decknamen verbarg sich der Journalist Peter Caspar Wolter, 1947 in Münster geboren. Wolters Stasi-Akte umfasst lediglich 22 Seiten, die als Überreste zu verstehen sind. Dokumente der Stasiunterlagenbehörde aber belegen eindeutig »Pirols« hartnäckige Spionagetätigkeit. Erfasst sind 106 Einzelinformationen. Aus den Unterlagen für den späteren Prozess vor dem OLG Düsseldorf ist einiges über seine Vita bekannt. Er war Sohn eines Malers und Bildhauers und bereits in frühester Kindheit mit kommunistischen Idealen vertraut. Das Schicksal seines Vaters, der seit Anfang der Dreißigerjahre der KPD angehörte und emigrieren musste, um der Verfolgung durch die SA zu entgehen, hat Wolter geprägt. Nach vierjährigem Wehrdienst studierte er Publizistik in Münster und Berlin. 1976 bestand er die Magisterprüfung. Der Studiosus engagierte sich in der 1968 gegründeten DKP und in der Sozialistischen Einheitspartei Westberlins (SEW). In dieser Zeit – so die Erkenntnisse der Düsseldorfer Richter – lernte Wolter in Ost-Berlin einen »Uli« kennen, von dem er annehmen musste, dass es sich bei ihm und seinen ihn begleitenden Kollegen um Geheimdienstleute handelte. Ob nun aus Abenteuerlust oder aufgrund seiner Gesinnung erklärte er sich zu einer nachrichtendienstlichen Zusammenarbeit bereit. Am 1. September 1977 begann Wolter ein Volontariat bei der Deutschen Presseagentur in Düsseldorf und wechselte später zum Deutschen Depeschendienst nach Bonn. Dann, 1981, ging er zur Nachrichtenagentur Reuters – immer hatte er so Zugriff auf Informationen aus der Bonner Politik. Unter den jahrelang erspitzelten Dokumenten über Spitzenpolitiker befand sich durchaus Brisantes: der Bericht über einen MfS-Mitarbeiter, der sich aus der DDR abgesetzt hatte; ein Spionageverdacht gegen einen Journalisten und gegen einen DDR-Bürger; Erkenntnisse des amerikanischen Geheimdienstes im Zusammenhang mit der Festnahme einer DDR-Bürgerin. Das alles wanderte dank IM »Pirol« ebenso nach Ost-Berlin wie eine Liste von Fahrten sowjetischer Botschaftsfahrzeuge.

Zurück zu Karl Carstens und seinen internationalen Kontakten. In den Jahren seiner Präsidentschaft unterhielt das Ehepaar Carstens enge und freundschaftliche Beziehungen zum spanischen Königspaar Juan Carlos I. und Königin Sofia. Sie bildeten aus der damaligen Sicht des Bundespräsidenten einen sicheren Pfeiler, auf dem sich die junge spanische Demokratie nach dem Tod von General Francisco Franco im Jahr 1975 entwickelt hatte. In seinen Reden während seines Staatsbesuchs im Herbst 1981 würdigte Carstens die großen Beiträge Spaniens zur europäischen Kultur. Er betonte auch, Spanien sei Teil Europas.

Auch diesmal lieferten ein nicht identifizierbarer IM sowie der IM »Merten« alias Dr. Hagen Blau Geheimdienstinformationen. über Carstens' Spanien-Reise nach Ost-Berlin. In seiner Stasi-Akte taucht im Oktober 1981 der IM »Merten« mit der Registriernummer MfS/6427/60 auf. Die Berliner Stasiunterlagenbehörde fand dank der sogenannten »Rosenholz«-Dateien heraus, dass sich hinter IM »Merten« Dr. Hagen Blau verbarg. Der damalige »Vortragende Legationsrat« aus dem Bonner Außenministerium, West-Berliner vom Jahrgang 1935, hatte sich als Student an der Freien Universität 1960 vom MfS anwerben lassen. Nach dem Abitur begann der begabte Journalistensohn ein Studium der Ethnologie, Soziologie und Politikwissenschaft. Später widmete er sich der Japanologie und der Sinologie. Aus politischer Überzeugung trat er dem Sozialistischen Deutschen Studentenbund (SDS) und der Berliner SPD bei. Von der SPD-nahen Friedrich-Ebert-Stiftung erhielt er ein Stipendium für seine Promotion zum Dr. phil. 1961 begann er eine Diplomatenlaufbahn im Bonner Auswärtigen Amt und machte unter den damaligen Außenministern Gerhard Schröder (CDU), Willy Brandt (SPD), Walter Scheel (FDP) und Hans-Dietrich Genscher (FDP) eine steile Diplomatenkarriere. Fast 30 Jahre spionierte IM »Merten« alias Dr. Hagen Blau für den DDR-Geheimdienst aus einer besonders zu nennenden Intention heraus, die ihm sogar einen Platz in den Erinnerungen von Werner Grossmann sicherte, dem Nachfolger von HVA-Chef Markus Wolf. Voll des Lobes schrieb Grossmann:

»Seine Talente, die ihm diese diplomatische Karriere ermöglichen, prägen auch Hagens Berichte an uns. Sie sind sachlich, prä-
zise, analytisch und mit dem Impetus geschrieben, der Bundesrepublik nicht zu schaden. Ohnehin weigert er sich, Angaben
über einzelne Persönlichkeiten aus seinem Umfeld zu liefern. Er
sieht sich nicht als Spion. Er will mit seiner Arbeit dafür sorgen,
dass der Kalte Krieg nicht zum heißen eskaliert, dass die Politik dem Menschen dient, dass Ost und West sich annähern. Nur
deshalb beschaffte er Materialien, die er unter anderem in den
BRD-Botschaften in die Hand bekam.«

Blau war trotz oder wegen dieses Zuschnitts ein wichtiger Informant
aus diplomatischen Kreisen, entsprechend hofiert wurde er von den
Ost-Berliner Schnüfflern. Am 15. November 1990 wurde Blau vom
OLG Düsseldorf »wegen geheimdienstlicher Agententätigkeit in Tat-
einheit mit Bestechlichkeit« zu einer Freiheitsstrafe von sechs Jahren
verurteilt. Der Spion Hagen Blau war der Prototyp eines Überzeu-
gungstäters, von denen es in der Bundesrepublik eine Menge gab.
Auf ein sogenanntes Operativgeld legte er keinen Wert, lehnte jeg-
liches Honorar des MfS ab. IM »Merten« sah in der DDR schlicht
den besseren deutschen Staat. Wie er an Informationen mit welchem
Inhalt über Karl Carstens' Spanien-Reise kam, bleibt ein Geheimnis.
Die Jahre nach dem Urteil entschlüsselten SIRA-Daten weisen Blau
1564 Einzelinformationen nach. 338 seiner Berichte gelangten an die
SED-Spitze und an den KGB. Sie enthielten durchweg als »geheim«
deklarierte Informationen über seine jeweiligen Auslandseinsätze.
Schwerpunkt war vor allem die Bonner Asien-Politik, die auf stei-
gendes Interesse bei der DDR-Auslandsaufklärung stieß.

Weit interessanter als der wohl auch persönlich motivierte Spa-
nien-Besuch muss dann für den DDR-Geheimdienst Carstens' Aufenthalt in Rumänien vom 26. bis 30. Oktober 1981 gewesen sein.
Und es ist wieder IM »Pirol« alias Peter Wolter, der Wochen vor
Carstens' Rumänien-Reise seine Auftraggeber in Ost-Berlin über die
»beabsichtigte Reise des Bundespräsidenten Carstens« informierte.

Der Besuch stand von Anfang an unter keinem guten Stern, wie Carstens in seinen Erinnerungen festhielt. Einem »Vorkommando« des Auswärtigen Amtes war bedeutet worden, nicht dem Wunsch von Carstens nachzukommen, Siebenbürgen und dessen Regional-hauptstadt Sibiu (Hermannstadt) zu besuchen, wo viele Menschen mit deutschen Wurzeln lebten. Daraufhin sagte der Bundespräsident seinen Besuch mit der Begründung ab, dass er erkrankt sei. In wei-teren langwierigen Verhandlungen wurde schließlich erreicht, dass die Rumänen Sibiu in das Programm aufnahmen. Schließlich galt dem Schicksal der in Rumänien lebenden Deutschstämmigen das besondere Augenmerk des Bundespräsidenten. 1981 sollen es noch 340 000 gewesen sein.

In seinen Memoiren beschreibt Carstens seine Begegnungen mit Nicolae Ceaușescu und seiner Frau Elena, seine Reisen durch das Land und seine bedrückenden Erinnerungen an seine Gespräche in Hermannstadt. Trotz äußerst schlechter wirtschaftlicher Perspekti-ven ermutigte Carstens diejenigen, die bleiben wollten, sprach sich aber auch nicht gegen die Absichten derer aus, die nach Deutsch-land kommen wollten. Was aus den Spitzelberichten über Cars-tens' Rumänien-Reise beispielsweise von IM »Emil« nach Ost-Ber-lin gelangte, wissen wir nicht. Ob sich die rumänische KP-Führung beim Dezember-Plenum der Rumänischen Kommunistischen Par-tei 1981 auch mit der Carstens-Reise beschäftigte, ist unbekannt. Im-merhin gab es den SIRA-Hinweis dazu in einem Spionagebeitrag des IM »Ivo« mit der Registriernummer XV/2806/78. Der befin-det sich ebenso in der Stasi-Akte des 5. Bundespräsidenten. Außer-dem existieren im gleichen Aktenkonvolut von Carstens, diesmal von IM »Lerche« alias Herta-Astrid Willner, Registriernummer MfS/4434/60, »Vermerke für die Kabinetts-Sitzung der Bundes-regierung vom 7. Oktober 1981«. Diese Spionin saß von 1973 bis 1985 im Bonner Machtzentrum, dem Kanzleramt und hatte Zugang zu geheimsten Dokumentenkonvoluten.

Es folgen 1982 Spionagebeiträge über »Aufenthalte des BRD-Bun-despräsidenten Carstens in Westberlin«, über »Aspekte der BRD-

Regierung zu Beziehungen zur DDR« und zur »BRD-Außenpolitik«. Als Spitzel werden der bereits erwähnte IM »Ahmed« und der unbekannte IM »Aurora« (XV/2554/77) verzeichnet. Außerdem lieferte der IM »Belin« mit der Registriernummer XV/843/72 Spionagebeiträge zur gleichen Thematik. Sein Klarname konnte nie ermittelt werden. Schwerpunkte der Spionage dieses Spitzels waren die Ost-West-Beziehungen, insbesondere das Verhältnis zwischen BRD und DDR. Nach Angaben der Stasiunterlagenbehörde lieferte der IM »Belin« in den Jahren von 1977 bis 1984 insgesamt 390 Einzelinformationen aus dem erst von Helmut Schmidt, dann von Helmut Kohl geführten Kanzleramt. Über Qualität, Ausführlichkeit und den Wahrheitsgehalt dieses Spionagematerials lassen sich wegen der Vernichtungsaktionen der HVA zwischen Mauerfall und den ersten freien Wahlen 1990 in der DDR keine Aussagen treffen.

Präsident der Wende

Was im »Sommer der Überraschungen« in Bonn geschah und wie es zum Bruch der sozial-liberalen Koalition im September 1982 kam, ist von Historikern und Politikwissenschaftlern weitestgehend erforscht. Und auch Memoirenschreiber wie Helmut Schmidt, Hans-Dietrich Genscher und vor allem Helmut Kohl haben als politische Akteure und Zeitzeugen des Koalitionswechsels ihre Sicht der Dinge vor langer Zeit zu Papier gebracht. Karl Carstens machte da keine Ausnahme. Er, der an diesem Wechsel aktiv beteiligt war, sah sich in seinen Erinnerungen genötigt, den Regierungswechsel und die Auflösung des Deutschen Bundestages ausführlich darzustellen. Für den DDR-Geheimdienst standen die Bonner politischen Ereignisse weit oben in der Prioritätenliste der Informationswünsche. Jeder Dissens, jede Unsicherheit, jede (sich verschärfende) Auseinandersetzung innerhalb der Regierungskoalition wurde beobachtet.

Auf Ersuchen des Bundeskanzlers hatte Bundeswirtschaftsminister Otto Graf Lambsdorff in einer Denkschrift am 9. September 1982 die Auffassung der FDP zu zentralen Fragen der Finanz-, Wirtschafts- und Sozialpolitik dargelegt. Als konkrete Einzelmaßnahmen schlug Graf Lambsdorff unter anderem die Begrenzung des Anstiegs der Beamtengehälter für die nächsten Jahre, Abbau von Subventionen, Verringerung des Arbeitslosengeldes, Umstellung der Förderung für Studenten auf Darlehen, Anhebung der Mehrwertsteuer und eine stärkere Selbstversorgung in allen Bereichen der Sozialpolitik vor. Das Dokument wurde in der Presse als »Scheidungspapier« veröffentlicht und wohl auch vom Kanzler als solches verstanden – Gemeinsamkeiten zwischen SPD und FDP waren Fehlanzeige. Das stieß auf scharfe Kritik einiger sozialdemokratischer Bundestagsabgeordneter. Was folgte, war zunächst der Rücktritt der vier FDP-Bundesminister. Umstritten ist bis heute, ob sie von sich aus das Handtuch warfen oder ob sie von Schmidt entlassen wurden. Noch am gleichen Tag sprach sich die FDP-Fraktion mehrheitlich für Koalitionsverhandlungen mit der CDU/CSU aus. Beschlossen wurde, Helmut Kohl durch ein konstruktives Misstrauensvotum zum Bundeskanzler zu wählen und für den 6. März 1983 Neuwahlen des Bundestages anzustreben. Wenige Tage später einigten sich die Koalitionspartner auf ein gemeinsames Sachprogramm über die dringlichsten Fragen.

Unterdessen stieß der Seitenwechsel der FDP auf erhebliche Kritik nicht nur in den eigenen Reihen, wie auch Karl Carstens in seinen Erinnerungen unterstreicht. Gleichwohl hielt die FDP ebenso wie die CDU/CSU an dem Entschluss fest, eine neue Regierung aus beiden Fraktionen zu bilden. Beide brachten ein konstruktives Misstrauensvotum gegen Bundeskanzler Helmut Schmidt ein. Am 1. Oktober 1982 wurde Helmut Kohl mit 256 von 495 Stimmen zum Bundeskanzler gewählt. Noch am selben Tag entließ Bundespräsident Carstens Helmut Schmidt aus seinem Amt und ernannte Helmut Kohl zum Bundeskanzler. Die Sitzung des Deutschen Bundestages am 1. Oktober 1982 gilt nicht nur für Memoirenschreiber als eine der denkwürdigsten Sitzungen des Bonner Parlaments. Die beschreibt Karl Carstens so:

»Schmidt rechnete noch einmal scharf mit der FDP ab. Die hessischen Wähler hätten ihr für ihr Verhalten die Quittung gegeben. [Die FDP sank auf 3,1 Prozent und verlor 3,5 Prozent gegenüber 1978.] Er drang wieder auf Neuwahlen, bezweifelte aber, dass CDU/CSU dazu wirklich bereit seien. In einer großen Rede gab er Rechenschaft über seine Politik als Bundeskanzler. Der Abgeordnete Rainer Barzel antwortete für die CDU/CSU in einer ebenfalls großen Rede. CDU und CSU wollten Neuwahlen, aber vorher wollten sie die unabweisbaren wirtschaftlichen und finanzpolitischen Entscheidungen treffen. Der FDP-Fraktionsvorsitzende Wolfram Mischnick sprach für seine Fraktion. Es war eine bewegende, tapfere, ehrliche und noble Rede. Er begründete noch einmal die Entscheidung der FDP, sich von der SPD zu trennen.«

Nur drei Tage später entließ Bundespräsident Karl Carstens auch sämtliche Minister der Regierung Schmidt aus ihren Ämtern und ernannte die von Bundeskanzler Kohl vorgeschlagenen Bundesminister: sechs Angehörige der CDU, vier Angehörige der CSU und vier Angehörige der FDP. Dann ging es Schlag auf Schlag: Am 13. Oktober 1982 gab Kohl für die neue Regierung eine Regierungserklärung ab. Zu der Frage der Neuwahlen sagte er wörtlich:

»Die Koalitionsparteien FDP, CSU und CDU haben vereinbart, sich am 6. März 1983 dem Urteil der Wähler zu stellen. Dies ist auch die Meinung der Bundesregierung. Ich weiß, dass es verfassungsrechtlich nicht einfach ist, diese Absicht zu verwirklichen.«

Kohl forderte die SPD auf, gemeinsam mit den Regierungsparteien einen Weg zur Verwirklichung dieser Absicht zu suchen, zumal auch die SPD Neuwahlen forderte. Um das Verfahren gab es noch einige Querelen; letztlich verlor Kohl eine verfassungsrechtlich umstrittene Vertrauensfrage, die nur der Legitimation von Neuwahlen diente. Carstens löste den Bundestag verfassungsgemäß auf.

Die Bundestagswahl fand schließlich am 6. März 1983 statt. Die Koalitionsparteien konnten auf einen eindeutigen Erfolg verweisen: Die Unionsparteien erreichten mit 48,8 Prozent der Zweitstimmen ein starkes Ergebnis. Die SPD verlor deutlich (minus 4,3 Prozent) und fiel auf 38,2 Prozent der Stimmen zurück. Erhebliche Verluste von 3,6 Prozent verzeichnete die FDP, die immerhin auf 7 Prozent kam. Insgesamt erreichte die Koalition von CDU/CSU und FDP mit 55,8 Prozent der Stimmen eine komfortable Mehrheit. Zum ersten Mal zogen die Grünen mit 5,6 Prozent in den Bundestag ein.

Den Spähern aus Ost-Berlin entging nichts. Ein Dutzend Inoffizieller Mitarbeiter informierte umfassend über den Bonner Regierungswechsel, das konstruktive Misstrauensvotum, die Rolle des Bundespräsidenten Karl Carstens bei der Auflösung des Bundestages und der Festsetzung von Neuwahlen im März 1983 und ihre Besonderheiten. Es tauchen neue IM-Namen mit Registriernummern auf, die bis heute trotz der Erkenntnisse über die »Rosenholz«-Dateien nicht zu identifizieren sind.

Beispielsweise IM »Peter« mit der Registriernummer XII/2399/71, IM »Pinetzki« (MfS/1779/60), IM »Siegfried« (XV/13815/73), IM »Josef« (XV/3961/65), IM »Peter« (XV/269/68), IM »Hans« (MfS/14906) und IM »Christoph« (XV/401/73). Außerdem beteiligten sich die bereits mehrfach erwähnten Spione wie IM »Fichtel« alias Adolf Kanter und IM »Merten« alias Dr. Hagen Blau recht eifrig an Geheimdienstinformationen über die Bonner Ereignisse, bei denen der Bundespräsident eine Hauptrolle spielte.

Dank der Experten der Stasiunterlagenbehörde in Berlin konnte in diesem Zusammenhang ein in Carstens' Stasi-Akte bisher nicht genannter IM »Bakker« mit der Registriernummer XV/873/66 eindeutig identifiziert werden. Auch er hatte die Aktivitäten des Staatsoberhauptes im Visier. Es ist der 1943 in Celle geborene Lutz Kuche, der zu den zähesten auf die Amtszeit und Regierungen Helmut Kohls angesetzten Spione zählte. Auch er verlor Bundespräsident Carstens nicht aus den Augen, wenngleich alle Details zu seiner Arbeit vernichtet sind. Der Sohn eines Prokuristen wurde bei einem Verwandtenbesuch in Magdeburg von einem MfS-Mitarbeiter angesprochen. Ohne eine förmliche Verpflichtung zu unterzeichnen, erklärte er sich zu einer Zusammenarbeit mit der DDR-Staatssicherheit bereit. Der neue Inoffizielle Mitarbeiter gab sich selbst den Namen »Bakker«, mit dem er fortan auch seine Honorare quittierte. Geld war für ihn das Hauptmotiv der geheimdienstlichen Tätigkeit. Insgesamt hat Lutz Kuche bis 1989 über 850 000 DM an Agentenlohn kassiert und war damit vermutlich der bestbezahlte Spion in Diensten des MfS.

Sein Führungsoffizier Siegfried Gottschalk, der nur als »Siegfried« in Erscheinung trat, überredete »Bakker«, in Bonn Politische Wissenschaften, Zeitgeschichte und Soziologie zu studieren. Ein zweijähriges Zeitungsvolontariat hatte er zu diesem Zeitpunkt bereits abgeschlossen. Auf ausdrücklichen Wunsch »Siegfrieds« trat Kuche 1966 der Bonner NPD bei. Das MfS gewann dank »Bakker« umfängliches Wissen über die rechtsradikale Partei. Das ließ sich propagandistisch nutzen, zeigte aber auch auf, wo sich extreme Linke und Rechte ideologisch trafen: im Kampf gegen die westlichen Demokratien, zumal gegen die USA.

Für seine Reisen in die DDR verfügte er schon seit 1969 über einen gefälschten Pass. In der Folgezeit wurde er mit verschlüsseltem Funkverkehr vertraut gemacht und mit Geheimschreibmitteln ausgestattet. Alle vier Monate lieferte Kuche Verratsmaterial per Pkw oder Zug selbst nach Ost-Berlin. Ab 1980 – so die späteren Erkenntnisse der Karlsruher Generalbundesanwaltschaft – war er eingegliedert in ein System von Kurieren und Instruktoren, die ihn im Schnitt ein- bis zweimal monatlich aufsuchten, um Dokumente oder auf Kassette diktierte Informationen zu übermitteln. Die Treffen in Ost-Berlin waren zu unsicher geworden und daher zunehmend in den Kölner und Düsseldorfer Raum verlegt worden. Die letzte belegte Begegnung datiert vom 22. November 1989, 13 Tage nach dem Mauerfall.

1975 trat Kuche aus der NPD aus, um – als eine Schamfrist von einem Jahr verstrichen war – Mitglied in der CDU zu werden. Nach Magisterexamen und dem vergeblichen Versuch, bei dem renommierten Bonner Politikwissenschaftler und Historiker Karl Dietrich Bracher zu promovieren, war er von 1980 bis 1985 Chefredakteur der Zeitschrift des Dachverbandes der deutschen Zeitungs- und Zeitschriftenverleger. 1987 wechselte IM »Bakker« ins Bonner Büro des *Rheinischen Merkur,* einer überregional erscheinenden konservativen Wochenzeitung.

Sein vorrangiges Zielobjekt seit 1975 waren die Unionsparteien. Als Bonner Journalist und CDU-Mitglied hatte sich IM »Bakker« intensive Kontakte zu konservativen Kollegen und zum rechten Flügel der Union aufgebaut. Seine nicht mehr einsehbaren, sondern lediglich unter Kurzüberschriften verschlagworteten Berichte über Kohl, dessen Kabinett und über den Bundespräsidenten Carstens wurden im MfS hoch geschätzt.

In Karl Carstens' Stasi-Akte existieren weitere Spitzelberichte beispielsweise von IM »Toepfer« mit der Registriernummer XV/821/66 über Vorbereitungen für die Feierlichkeiten zum 500. Geburtstag Martin Luthers in der DDR. Wie damals allenthalben zu lesen war, sollte mit Luthers Hilfe die DDR außenpolitisch aufgewertet werden. Die Staatsführung gab sich dabei viel Mühe. Es wurden über 100 Bücher, Schallplatten und Bildbände veröffentlicht. Vor allem aber produzierte man einen fünfteiligen Spielfilm über Martin Luther.

Der Spitzel aus Bonn informierte bereits im November 1982 über »Vorstellungen exponierter Regierungskreise der BRD zur Teilnahme des Bundeskanzlers oder des Bundespräsidenten an der Luther-Ehrung in der DDR«. Der bereits erwähnte IM »Josef« berichtete nach Ost-Berlin über »Beratungen von CDU-Funktionären und deren Haltung zur Lutherehrung 1983 in der DDR«. Es war wieder der bekannte IM »Fichtel«, der seinen Auftraggebern in der DDR-Spionagezentrale 1983 die Hintergründe für die Absage Carstens' lieferte, die DDR zu den Feierlichkeiten zu besuchen. Außerdem ist ein Spitzelbericht eines nicht identifizierbaren IM erwähnenswert über »Differenzen in BRD-Regierungskreisen zur Absage des DDR-Besuchs von Bundespräsident Carstens«. Dabei ging es womöglich um die Tatsache, dass Carstens nicht kam, weil es ein offizieller

Empfang werden sollte, der der offiziellen Linie der Bundesrepublik widersprach, die DDR als Provisorium zu betrachten bis zur Wiedervereinigung.

Carstens' Auslandsreisen in der Folgezeit stießen auf unterschiedlich intensive Beachtung, darunter seine Teilnahme an den Trauerfeierlichkeiten für den am 4. Mai 1980 verstorbenen jugoslawischen Staatspräsidenten Josip Broz Tito. Wie er in seinen Memoiren schreibt, hatte er Titos Rolle in der Nachkriegszeit zunächst in einem Kondolenzbrief gewürdigt. Bei der Beisetzung kam es zu einer ersten Begegnung mit dem Staatsratsvorsitzenden der DDR, Erich Honecker. Außerdem führte der Bundespräsident Gespräche mit anderen Staatsoberhäuptern und Politikern, die nach Belgrad gekommen waren. Inhaltlich wichtiger war sein Staatsbesuch in Jugoslawien im September 1983. Es war der erste Besuch eines deutschen Bundespräsidenten in diesem Land. Es befand sich nach eigener Einschätzung in einer schwierigen Lage. Die Wirtschaft stagnierte, Inflation und Arbeitslosigkeit stiegen ständig. Für den DDR-Geheimdienst informierte ein nicht identifizierbarer Inoffizieller Mitarbeiter in mehreren Beiträgen über den Jugoslawien-Besuch des höchsten Repräsentanten der Republik zusammen mit seiner Frau und Außenminister Hans-Dietrich Genscher.

Nach Carstens' Memoirenangaben war einer der wichtigsten seiner 17 Staatsbesuche seine zwölftägige Reise in die USA vom 3. bis 15. Oktober 1983. Anlass des Besuches war die 300-Jahr-Feier der Einwanderung der ersten Deutschen in Amerika an Bord der *Concorde*. Ein zentrales Ereignis – so der Bundespräsident – sei sein Besuch in Philadelphia gewesen, wo 17 Familien aus Krefeld als erste deutsche Einwanderer amerikanischen Boden betreten hatten. Aus diesem Anlass habe ein Festbankett mit 2000 amerikanischen und deutschen Gästen stattgefunden, auf dem Vizepräsident George H. W. Bush und er sprachen. Der Jubel, der die Reden begleitete, sei unbeschreiblich gewesen. Carstens wörtlich: »Ich sagte schließlich, ich käme mir vor wie im Wahlkampf in Bayern. Auch dort sei ich nach jedem Satz meiner Rede durch kräftigen Beifall unterbrochen worden.«

George Bush erinnerte daran, dass 50 Millionen Amerikaner von deutschen Vorfahren abstammen würden. Schon früh hätten sich die Deutschen für Freiheit und Gerechtigkeit engagiert – gesamtdeutsch gesprochen sandte dies sicher eine Botschaft in beide Teile des Landes, auch den unfreien.

Beim DDR-Geheimdienst fand Carstens' Besuch bei engsten Freunden gleichwohl kein besonderes Interesse. Die SIRA-Teildatenbank verzeichnet einen einzigen anonymen Spitzelbericht zum »Besuch von BRD-Präsident Carstens im Oktober 1983 in den USA«.

Im Frühjahr 1984 unternahm der Bundespräsident zusammen mit seiner Frau und Bundesentwicklungsminister Jürgen Warnke eine Reise nach Indonesien und Thailand. Es sind zwei Länder, mit denen die Bundesrepublik Deutschland seit Langem gute Beziehungen unterhielt. In seinen Gesprächen mit dem indonesischen Präsidenten Suharto brachte Carstens seine Bewunderung für die Aufbauleistung Indonesiens zum Ausdruck. Nach eigenen Angaben würdigte er die Außenpolitik des Landes, das 1955 zu den Gründern der Gruppe der blockfreien Staaten gehört hatte, sich aber unter Suharto, angesichts der hegemonialen Bestrebungen einiger kommunistischer Staaten, mit anderen südostasiatischen Staaten zu einer Gruppe zusammengeschlossen hatte, um Freiheit, Frieden und wirtschaftlichen Fortschritt zu sichern. In seinen Reden lobte der Bundespräsident die staatsmännische Leistung Suhartos, der seit 1965 an der Spitze seines Landes stand. Es war kein Geringerer als der bereits erwähnte Spitzenspitzel IM »Merten« alias Dr. Hagen Blau, der nicht nur über Carstens' Indonesien-Reise berichtete. Denn er hatte die »BRD-Außenpolitik Kohls« insgesamt im Blick. Über die Inhalte der Spionagebeiträge lässt sich – wie mehrfach erwähnt – nichts schreiben.

Die Begegnungen des deutschen Bundespräsidenten mit Ländern auf dem amerikanischen Kontinent wie Mexiko und Brasilien fanden in der Spionagetätigkeit Ost-Berlins keinen Niederschlag. Ebenso wenig wie Carstens' Zusammentreffen mit Staatsmännern arabischer und afrikanischer Länder wie Ägypten, Saudi-Arabien, Jemen oder Zaire, Senegal, Malawi, Nigeria, Sambia, Mali, Elfenbeinküste und Niger.

Im Fokus der Spionage gegen Karl Carstens stand – im Gegensatz zu den wenig beachteten Auslandsreisen – bereits ein Jahr vor Ende seiner Präsidentschaft die Diskussion um seine Nachfolge. Im Mai 1983 lieferte der nicht identifizierbare IM »Peter« (XV/269/68) Informationen über die Bonner Carstens-Nachfolge, ein halbes Jahr später äußerte er sich erneut. Im Oktober 1983 gab es zwei Beiträge zur Haltung der »BRD-Politiker zur Nachfolge von Bundespräsident Carstens« und »Zur Diskussion über die Nominierung Weizsäckers zum Nachfolger von Bundespräsident Carstens«. Frühzeitig begann der DDR-Geheimdienst sich auf Richard von Weizsäcker als Nachfolger von Karl Carstens einzustellen.

Das letzte Dokument in Karl Carstens' Stasi-Akte datiert vom 26. Mai 1988 und befasst sich mit dem bevorstehenden Besuch des ehemaligen Bundespräsidenten in Ost-Berlin am 27.5.1988. Im Informationsblatt über die beabsichtigte Reise gab Oberst Wilke von der Hauptabteilung VIII, Operatives Leitzentrum, der Operation den Decknamen »Matrose«. Es geht um den Besuch einer Vorstellung im Deutschen Theater. Vermerkt wird unter anderem, dass sich Carstens während bisheriger Aufenthalte in der DDR korrekt verhalten habe und keine Versuche unternommen habe, öffentlichkeitswirksam aufzutreten.

Schließlich die »Operative Information« über die geführte Beobachtung des ehemaligen Bundespräsidenten: Am 27. Mai 1988 um 17:38 Uhr reiste Carstens in Begleitung seines persönlichen Mitarbeiters und dessen Ehefrau über die GÜST Invalidenstraße ein, um dann zur Ständigen Vertretung der BRD in der DDR zu fahren, in der sie sich von 17:41 – 18:38 Uhr aufhielten. In Begleitung von Hans-Otto Bräutigam, dem Leiter der Ständigen Vertretung der BRD in der DDR, seien sie zum Deutschen Theater in der Schumannstraße gefahren, wo sie um 18:46 Uhr zum Besuch der Vorstellung *Nathan der Weise* ankamen. Weiter wörtlich:

»Im Foyer wurde Dr. Carstens von einem Angestellten des deutschen Theaters begrüßt. Dabei fand eine kurze Unterhaltung über G. E. Lessing statt. Im Anschluss daran nahmen Carstens sowie Dr. Bräutigam in der ersten Reihe Platz.

21:45 Uhr verließen die genannten Personen das Theater und stiegen in die vor dem Gebäude bereitgestellten Fahrzeuge. Ihr Weg führte über die Hermann-Matern-Str., Otto-Grotewohl-Str., wo sie ab Höhe des Brandenburger Tors sehr langsam fuhren, weiter in Richtung Leipziger Str. In Höhe des Hauses der Ministerien wendeten beide Fahrzeuge, fuhren zurück zum Brandenburger Tor, weiter über Str. Unter den Linden, Neustädtische Kirchstr., Clara-Zetkin-Str., dann über die Hermann-Matern-Str., Hannoversche Str. zur GÜST. Invalidenstr., wo beide Fahrzeuge mit den genannten Insassen 22:00 Uhr ausreisten.

22:10 Uhr wurde die Beobachtung beendet.«

Unterschrieben von Oberleutnant Richter und Major Nietzoid.

Schon auffallend, dass bei all seinen Reisen in die DDR, sei es als Bundestagspräsident bei seinen Besuchen im Theater und in der Oper Ost-Berlins oder als ehemaliger Bundespräsident, kein einziger nicht geplanter Kontakt mit DDR-Bürgern registriert wurde. Offenbar wagte niemand, auf Karl Carstens zuzugehen, um mit ihm ins Gespräch zu kommen und oder ihm sogar eine Mitteilung zuzustecken, wie es bei zahllosen anderen Politikern aus der Bundesrepublik von Franz Josef Strauß bis Johannes Rau üblich war. Carstens selber unternahm – wie von der Stasi bestätigt – niemals auch nur im Ansatz den Versuch einer Kontaktaufnahme zu DDR-Bürgern. In seinen Memoiren kommen DDR-Besuche überhaupt nicht vor.

Der Historiker Szatkowski zog in seiner Dissertation eine Bilanz, die Carstens' Präsidentschaft auf den Punkt bringt. Szatkowski ist überzeugt, dass Carstens als Bundespräsident Akzente setzte, die mit der öffentlichen Meinung nicht in Einklang standen und potenziell konfliktträchtig waren. Trotz allem habe es kaum öffentliche Diskussionen um seine Äußerungen gegeben. Kommentatoren wiesen am Ende seiner Amtszeit darauf hin, dass Carstens keine tiefen Spuren hinterlassen habe – eine Ansicht, der sich der Autor anschließt. Für ihn zählt Carstens zu den politisch am wenigsten ambitionierten Bundespräsidenten. Fast schon achtlos ging der Jurist an den großen Daten der deutschen Geschichte vorbei. Er sah keinen Anlass, Stellung zu beziehen, sie politisch-historisch einzuordnen. Wie er selbst die Zeit des Nationalsozialismus erlebte und überlebte, thematisierte er als Präsident nicht. In seinen Memoiren finden sich zahlreiche Erinnerungslücken, und er blieb bei seiner Linie des Verschweigens.

Richard von Weizsäcker –
Sehnsuchtsort Bundespräsidialamt

Anhaltender Präsidentenpoker

Als Bundeskanzler und Parteivorsitzender hatte Helmut Kohl viele Personalentscheidungen zu treffen. Die wichtigsten fällte er natürlich nicht allein, sondern beriet sich mit seinen engsten Mitarbeitern und holte sich Rat von außen. Es blieb nicht aus, dass er mitunter auch die Erfahrung machte, dass sich solche Ratschläge später als falsch erwiesen. Bei der Besetzung von Spitzenpositionen in Regierung und Parlament bemühte er sich um Rückkopplung mit den Spitzengremien der Partei, bei Regierungsentscheidungen auch um Absprachen mit dem Koalitionspartner. Niemanden vor vollendete Tatsachen zu stellen, war seine Handlungsmaxime; das gehörte zu den Mindeststandards politischer Führung und zum pfleglichen Umgang miteinander. Gleiches erwartete er von den Koalitionspartnern, und seine Erwartung wurde nur in den seltensten Fällen enttäuscht. Das war auch beim Präsidentenpoker um die Nachfolge des amtierenden Bundespräsidenten Karl Carstens so, den Kohl im zweiten Band seiner Memoiren beschrieb.

Nachdem Carstens zu Kohls Bedauern schon sehr früh signalisierte, dass er für eine zweite Amtszeit nicht zur Verfügung stehe, mussten sich die Unionsparteien auf einen neuen Kandidaten verständigen. Die absolute Mehrheit in der Bundesversammlung gab ihnen das Vorschlagsrecht und sicherte bei der Wahl die Durchsetzung ihres Kandidaten. Bei den Sondierungsgesprächen im September 1983 fiel immer wieder der Name des damaligen Regierenden Bürgermeisters von Berlin, Richard von Weizsäcker.

Genannt wurde aber auch der niedersächsische Ministerpräsident Ernst Albrecht, der über große Sympathien in den Unionsparteien verfügte. Der erfolgreiche Landespolitiker konnte zudem auf einen unerwarteten Wahlerfolg verweisen, der der CDU bei der letzten Landtagswahl die absolute Mehrheit gebracht hatte. Auch die bayerische CSU-Schwester signalisierte – und das war nicht nur für Kohl von hohem Wert –, dass sie gegen das erfolgreiche »Nordlicht« keinerlei Vorbehalte hege. Kohl selbst fand die Personalie Albrecht ausgesprochen attraktiv, zumal der Mann aus Hannover in der schwierigen Frage der Kanzlerkandidatur 1980 seinem Ruf gefolgt war und sich einer Kampfabstimmung gegen Franz Josef Strauß gestellt hatte. Daher schlug Kohl den Parteigremien und auch der FDP 1984 Ernst Albrecht als gemeinsamen Präsidentschaftskandidaten der Bonner Regierungskoalition vor. Der CDU-Bundesvorsitzende wusste, dass der Niedersachse auch in den Reihen der Liberalen mit kräftiger Unterstützung rechnen konnte. Doch dann sagte er zu Kohls großer Überraschung ab: Ernst Albrecht wollte nicht Bundespräsident werden, sondern sah seine Zukunft in der Landespolitik.

Mit Albrechts Absage ging der Präsidentenpoker in eine neue Runde, die zunächst nicht vor den Augen der Öffentlichkeit stattfand. Natürlich spekulierten die Medien, wer nun Unionskandidat werden könne und ob Franz Josef Strauß und seine CSU einen Mann wie Richard von Weizsäcker, den sie politisch für »zu links« hielten, überhaupt akzeptieren würden. Kohl engagierte sich in der Kandidatenfrage besonders und warnte wiederholt in Gremiensitzungen davor, das Ansehen und das Amt des Bundespräsidenten durch unnötige Spekulationen und öffentliche Diskussionen zu beschädigen.

Kaum jemand in der Partei kannte Richard von Weizsäcker so lange und so gut wie Kohl, der sich schon früh um seine Anbindung an die CDU bemüht hatte. Es war das »System Kohl«, zu dessen Kritikern Weizsäcker erst später zählte, das ihn schon Mitte der Sechzigerjahre für die rheinland-pfälzische CDU gewinnen konnte. 1965 wäre er beinahe Bundestagsabgeordneter geworden. Damals hatte er in letzter Minute seine Kandidatur zurückgezogen, bei der ihn Kohl mit großem Engagement unterstützt hatte, weil Weizsäcker das Amt des Präsidenten des Deutschen Evangelischen Kirchentages und seine Verpflichtungen gegenüber dem Ingelheimer Chemieunternehmen Boehringer nicht mit der Arbeitsbelastung eines Parlamentariers vereinbaren konnte. Seit 1967 saß Weizsäcker allerdings im CDU-Bundesvorstand, in den er auf Kohls Vorschlag hin mit hoher Stimmenzahl hineingewählt worden war. 1969 zog er schließlich über die rheinland-pfälzische Landesliste doch noch in den Bundestag ein.

Doch zeitlich einen kleinen Schritt zurück: Anfang November 1968 hatte Kohl Richard von Weizsäcker gefragt, ob er bereit sei, zunächst parteiintern und dann in der Bundesversammlung, die im Mai 1969 stattfinden sollte, für das Amt des Bundespräsidenten zu kandidieren. Nach anfänglichem Zögern sagte der zu. Doch im unionsinternen Wahlverfahren fiel die Entscheidung gegen ihn – und damit auch gegen Kohls Vorschlag. Im Auswahlausschuss votierten nur 20 Mitglieder für Weizsäcker, während der ehemalige CDU-Bundesinnenminister Gerhard Schröder 65 Stimmen auf sich vereinigen konnte. Die Weichen waren gestellt, Schröder wurde Kandidat der Konservativen. Die Bundesversammlung wählte aber auch ihn nicht, sondern – wie bereits deutlich wurde – im dritten Wahlgang den Sozialdemokraten Gustav Heinemann mit 512 von 1023 Stimmen bei 5 Enthaltungen zum Bundespräsidenten. Auf den Unionskandidaten Gerhard Schröder entfielen 506 Stimmen.

Die nächste Niederlage musste Richard von Weizsäcker hinnehmen, als die CDU/CSU-Bundestagsfraktion 1973 einen Nachfolger für Rainer Barzel wählte, der zunächst vom Fraktionsvorsitz zurückgetreten war. Gegen Richard von Weizsäcker traten im fraktionsinternen Wettbewerb Karl Carstens und Gerhard Schröder an. Kohl hätte dieses Mal Karl Carstens gewählt. Wenn Richard von Weizsäcker ihn um Rat gefragt hätte, hätte er ihm von der Kandidatur abgeraten.

Als Kohl 1973 – ebenfalls in der Nachfolge Barzels – CDU-Parteivorsitzender wurde, beauftragte er Weizsäcker mit der Weiterentwicklung der Parteiarbeit. Weizsäcker lieferte nach Kohls Überzeugung glänzende Arbeit ab. Manche seiner programmatischen Ideen finden sich im Grundsatzprogramm der CDU wieder. Im Mai 1974 stand wieder eine Bundespräsidentenwahl an. Sehr früh ließ der sozialdemokratische Amtsinhaber Gustav Heinemann erkennen, dass er nicht noch einmal kandidieren werde. Walter Scheel wollte sich seinen Traum erfüllen und oberster Repräsentant der Deutschen werden. Er hatte es leicht, denn die sozial-liberale Koalition verfügte in der Bundesversammlung über eine überzeugende Mehrheit. Kohls Aufgabe als Parteivorsitzender bestand nun darin, einen Gegenkandidaten zu finden, der sich in aussichtsloser Position als Zählkandidat zur Verfügung stellen würde. Kohls Memoiren verraten, wie er dies löste: In einem Vieraugengespräch mit Franz Josef Strauß schlug er Richard von Weizsäcker vor, der ihm zuvor seine Bereitschaft dazu erklärt hatte. Bei der Wahl am 15. Mai 1974 wurde Walter Scheel dann erwartungsgemäß mit der Mehrheit von 530 Delegierten zum Bundespräsidenten gewählt. Als Unionskandidat konnte Richard von Weizsäcker 498 Stimmen auf sich vereinigen.

Im Bundestagswahlkampf 1976, bei dem Kohl als Kanzlerkandidat gegen Helmut Schmidt antrat, präsentierte er für den Fall eines Wahlsieges unter anderem auch den Vorsitzenden der CDU-Grundsatzkommission Richard von Weizsäcker für einen Ministerposten. Nachdem die Wahl knapp verloren gegangen war, schlug er ihn zu einem seiner Stellvertreter im Amt des Fraktionsvorsitzenden vor. Im Mai 1979 schließlich hatte Kohl großen Anteil daran, dass Weizsäcker Vizepräsident des Deutschen Bundestages wurde. In einer Kampfabstimmung konnte er sich in der CDU/CSU-Bundestagsfraktion gegen Helga Wex durchsetzen. Eigentlich wäre er damals viel lieber Unionskandidat für das Amt des Bundespräsidenten geworden und hatte sich angesichts der Unionsmehrheit in der Bundesversammlung gute Chancen dafür ausgerechnet, nachdem er fünf Jahre zuvor auf Kohls Bitten hin als Zählkandidat gegen Walter Scheel angetreten war.

Diesmal hätte er sich seinen Traum erfüllen können, wenn Kohl sich massiv für ihn eingesetzt hätte. Doch Karl Carstens wurde nicht nur von der CSU hoch favorisiert, sondern auch in der CDU und fand in der alles entscheidenden gemeinsamen Bundestagsfraktion riesigen Zuspruch. An ihm war kein Vorbeikommen. Auch Kohl wollte keinen anderen Kandidaten als Karl Carstens.

Kohl konnte sich Weizsäcker dagegen sehr gut in Berlin vorstellen. Die Berliner CDU brauchte dringend eine personelle Erneuerung. Weizsäcker zeigte sich zwar von Kohls Idee überrascht, reagierte aber spontan sehr positiv darauf. Berliner Spitzenkandidat zu werden, war eine besondere Herausforderung für ihn. Leider erfüllten sich Kohls Pläne zunächst nicht so schnell wie gedacht. Obwohl die CDU noch einmal kräftig zulegte und aus den Wahlen am 18. März 1979 mit 44,4 Prozent erneut als stärkste Fraktion hervorging, bildeten SPD und FDP wieder eine Regierungskoalition. Bei den vorgezogenen Wahlen am 10. Mai 1981 gewann dann die Berliner CDU mit ihrem Spitzenkandidaten Richard von Weizsäcker, der mittlerweile auch den Parteivorsitz in der geteilten Stadt übernommen hatte, genau 48 Prozent der Stimmen und bildete einen Minderheitssenat. Trotz aller Schwierigkeiten gelang es dem neuen Regierenden Bürgermeister, die Stadtpolitik in kürzester Zeit nach vorne zu bringen. Ab März 1983 ging er mit der FDP eine Koalition ein. Für Berlin hatte aus Kohls Sicht eine vielversprechende Ära begonnen.

Am 8. Juni 1983 erreichte den Kanzler ein Schreiben des Regierenden Bürgermeisters. Darin bedankte der sich vielmals bei dem »lieben Helmut«, »dass Du dem öffentlichen Streit über die Carstens-Nachfolge ein vorläufiges Ende bereitet hast ... Er war eine Zumutung für den Bundespräsidenten, er schadet dem Amt, und er entspringt durchsichtigen Interessen von einzelnen Leuten oder Gruppen in der Partei.«

Ganz herzlich bat Weizsäcker Kohl im Verlauf seines Schreibens,

»mir nach Möglichkeit *vor* Beginn Deiner Sommerpause eine gute halbe Stunde zur konzentrierten Erörterung dieses Themas zu schenken. Auf dem Parteitag bin ich von Stoltenberg, Wallmann, Albrecht und Späth darauf angesprochen worden.

Die Frage ist von erheblichem Gewicht für das, was die Union auch über den Kreis ihrer Wähler hinaus in Hinblick auf Staatsbewusstsein, Grundwerte und Offenheit der Gesellschaft erreichen will und muss. Bitte, habe Verständnis für mein dringendes Bedürfnis, mit Dir in gewisser Ruhe darüber zu beraten.

Herzliche Grüße
Dein Richard«

Dieses leicht verschlüsselte Bewerbungsschreiben für das Amt des Bundespräsidenten wusste Kohl zu deuten, und es veranlasste ihn, die parteiinterne Entscheidungsfindung auf die Zeit nach der Sommerpause festzusetzen. Ganz klar war dem Kanzler – und das nicht erst seit diesem Brandbrief –, wie wichtig Richard von Weizsäcker eine Vorentscheidung zu seinen Gunsten war. Gleichzeitig hatte er ihn mit seinem Brief wissen lassen, dass einflussreiche Köpfe der Partei wie Gerhard Stoltenberg, Walter Wallmann, Ernst Albrecht, der sich selbst aus dem Rennen genommen hatte, und Lothar Späth genauso dachten wie er. Das war für Kohl ein deutlicher Hinweis, dass wichtige Parteistrategen darauf drängten, ihn auf den Schild zu heben und die Kandidatendiskussion zu beenden.

Beim ausführlichen Gespräch im Bundeskanzleramt über die politische Lage in der geteilten Stadt erläuterte Kohl Weizsäcker die Vorbehalte, die er vor allem als CDU-Vorsitzender gegen seine Kandidatur für das Amt des Bundespräsidenten hegte. Ihm ging es vor allem um die Gefahr eines Machtverlustes bei der nächsten Abgeordnetenhauswahl. Konnte man es den Berlinern tatsächlich zumuten, ihren Spitzenmann wieder abzuziehen? Lag das höhere Gut nicht in der personellen Kontinuität für eine Stadt, die unter der deutschen Teilung litt wie keine andere? Würden sich die West-Berliner nicht von der CDU verschaukelt fühlen, wenn der Westimport die Frontstadt wieder verließ? Fragen über Fragen, die die beiden in einem einstündigen Gespräch beschäftigten. Beim Abschied von seinem langjährigen Duzfreund, dem er bisher noch kaum einen Wunsch abgeschlagen hatte, spürte Kohl seinen Memoiren zufolge, wie sehr sich Richard von Weizsäcker wünschte, die Entscheidung zu seinen Gunsten in der Partei herbeizuführen. Sein leidenschaftliches Auftreten in eigener Sache war dem Kanzler absolut neu und schien ihm wohlüberlegt zu sein. Alle seine Bedenken, die er der Berliner Lage wegen ausführlich begründete, schienen ihn nicht zu berühren. Er wollte Bundespräsident werden, und diesem Ziel sollte die Partei, sollte der Parteivorsitzende folgen. Das war der Grund für seinen Besuch im Kanzleramt.

Im Sommer und Herbst 1983 wiesen alle Signale in Sachen Carstens-Nachfolge tatsächlich auf eine Weizsäcker-Kandidatur hin. Es war allerdings von Anfang an klar, dass es sehr schwer sein würde, den Regierenden Bürgermeister als gemeinsamen Kandidaten von CDU und CSU zu präsentieren. Auf Kohls schon legendären Waldspaziergängen mit dem bayerischen Ministerpräsidenten war die Weizsäcker-Bewerbung spätestens nach dem Sommerurlaub ein Thema unter vielen. Franz Josef Strauß mochte den artigen Diplomatensohn nicht. Er hatte erhebliche Bedenken gegen den Mann aus Berlin. Dabei schienen Strauß Kohls Vorbehalte wegen eines zu befürchtenden Machtverlusts in Berlin wenig zu berühren. Ihm ging es weniger um Berlin als um das politische Profil des Kandidaten, der in wichtigen Fragen der Deutschland- und Außenpolitik erheblich von Strauß' Position abwich.

Unterdessen erreichte Kohl die Kopie eines Schreibens des Regierenden Bürgermeisters an den bayerischen Ministerpräsidenten. Franz Josef Strauß hatte in einem Zeitungsinterview Gedanken zur Präsidentenfrage geäußert und sich in Kohls Sinne vorsichtig für einen Verbleib Weizsäckers in Berlin ausgesprochen. Darauf reagierte der Gekränkte sofort mit einem weiteren ausführlichen Bewerbungsschreiben – diesmal an den CSU-Vorsitzenden. Darin beschrieb er die CDU-Situation und die Chancen der Partei bei der nächsten Wahl. Seine Sicht fiel erwartungsgemäß so aus, dass bei einem Weggang des amtierenden Bürgermeisters kein Schaden für die CDU entstehen würde:

»Für Berlin sprechen Sie von einer Aufgabe, zu integrieren und wechselnde Wähler bei uns zu halten. So sehe ich das auch … Monatelang haben wir die Medien im Zusammenhang mit der Präsidentenfrage praktisch ausschließlich über Berlin spekulieren lassen. Ich habe bisher geschwiegen, weil ich ausdrücklich darum gebeten worden bin, aber auch weil ich dem Amt eine zu hohe Bedeutung zumesse, als dass ich hätte sagen wollen, es ginge mich nichts an und es wäre zweitrangig, wer nominiert würde. Das wäre nicht die Wahrheit. Ich habe nicht die Absicht, Propaganda für mich zu betreiben. Aber ich habe Mitverantwortung für die Entscheidung, die uns bevorsteht. Jeder von uns hat seine Stärken und Schwächen. Mein Beitrag zu unserem Staat und für die Union lag schon bisher mehr bei der Integration, auch in Wählerschichten anderer demokratischer Parteien hinein. Das ist bekannt und wird seine öffentlichen Auswirkungen für uns haben, wie auch immer wir uns in der Präsidentenfrage entscheiden. Selbstverständlich kann man über dies alles verschiedener Meinung sein. Daher muss es in den Gremien erörtert und entschieden werden, und zwar unverzüglich. Der Schaden, der entstanden ist, weil geschwiegen wurde, obwohl die Probleme und Chancen seit langem bekannt sind, ist in Berlin unabhängig vom Ausgang schon groß genug … Wer von meiner Tätigkeit in Berlin so viel hält, wie ich es immer wieder höre, der sollte nicht versuchen, das Problem ohne meine verantwortliche Beteiligung zu lösen.«

Beim Präsidentenpoker des Jahres 1983 erreichte Kohl drei Tage nach Allerheiligen im Kanzleramt ein mehrseitiges, außergewöhnliches und höchst dringlich formuliertes Dokument. Darin hieß es, eine Entscheidung sei zwingend, alles andere verunsichere die Menschen. Und weiter hieß es:

»Lieber Helmut,
verzeih mir die Handschrift. Ich schreibe wegen einer Halsentzündung im Bett.

Meine erste Bitte lautet: Die Entscheidung muss, mindestens faktisch, vor der Nachrüstungsdebatte fallen. Ich kenne Deine Bedrängnis mit wichtigsten Problemen. Aber der Druck ist einfach zu stark. Unter den Forderungen und Verunglimpfungen der Medien leiden wir alle täglich. Die treuesten Freunde werden unsicher. Es ist die alte Forderung: Je länger die Unentschiedenheit dauert, desto mehr wachsen Bedenken gegen jede Lösung und jeden Kandidaten. Wenn eine Entscheidung getroffen ist, kann jeder mit ihr leben.

Zur Entscheidung selbst: Die Union hat in Deutschland eine Machtstellung wie nie zuvor, nimmt man Bund, Länder und Kommunen zusammen. Aber die Stellung ist nicht gesichert. Wechselwähler und Wechselmedien sind zahlreich. Sie halten Ausschau nicht nur nach unseren wirtschaftlichen und sozialen Erfolgen, sondern nach unserer Kraft, eine zum Teil verängstigte und auseinanderlaufende Gesellschaft wieder zusammenzubringen.«

Walter Scheel habe erst kürzlich gesagt:

»Zum ersten Mal in der Nachkriegszeit habe in der Bundesversammlung eine Fraktion sowohl die Mehrheit als auch einen Kandidaten, den die anderen Fraktionen zumeist ebenfalls wählen würden. Es werde sich bei der Bevölkerung tief auswirken, ob man diese völlig außergewöhnliche Situation nutze oder nicht. Denn das Präsidentenamt werde dort nicht so geringschätzig oder gar zynisch gesehen wie bei vielen Politikern und Journalisten.«

Richard von Weizsäcker räumte ein, dass die parteipolitischen Überlegungen völlig legitim seien. Zu ihnen gehörten freilich nicht nur Landtagswahlen, sondern erst recht die Präsidentschaftswahl selbst. Alle Nominierungen von Kandidaten in der Nachkriegszeit seien durch die jeweils mächtigsten Politiker erfolgt und seien über kurz oder lang zum Test für sie selbst geworden. Alle bisherigen Präsidentenwahlen seien von großer atmosphärischer Bedeutung gewesen. Jede für sich sei ein unvergleichliches Barometer, ein Seismograf für Grundströmungen in der Bevölkerung, aber auch für die künftige Machtentwicklung. Weizsäcker wörtlich: »Positive oder negative Auswertungen sind möglich. Sie treffen primär Dich.« Und weiter:

> »Ich würde eine kräftige Kampagne in unseren Gremien führen, ginge es um einen anderen Kandidaten als mich. Aber schweigen kann ich nicht. Die Berliner Situation habe ich voll vor Augen. Dass es nur von Berlin her besser wäre, wenn ich bliebe, ist wahr. Es gibt keine Nachfolge ohne Risiko. Aber es gibt die politische Führungsaufgabe, in einem Widerstreit abzuwägen und Risiken verantwortlich einzuschätzen. Das ist primär Deine Aufgabe, aber auch die meinige. Ich kann mich dabei nicht an Ratgeber halten, die mir einerseits meine Unersetzlichkeit in Berlin bescheinigen, andererseits aber die Fähigkeit zur Beurteilung der Berliner Situation absprechen. Ich habe Dir hierzu in voller persönlicher Verantwortung meine Vorschläge gemacht. Sie sind in der Partei und in den Medien dann durchzusetzen, wenn wir zwei sie zusammen tragen. Darum bitte ich Dich.
>
> Herzliche Grüße
> Dein Richard«

Kohls Skepsis blieb. Seinen Memoiren zufolge stand er nicht unter Zeitdruck. In der Sitzung der Bundestagsfraktion vom 8. November 1983 ging er auf die Bundespräsidentenfrage ein und erklärte, dass es keine »Entscheidungsschwäche« sei, wenn er erst etwa ein halbes Jahr vor der Wahl des Bundespräsidenten einen Kandidaten präsentieren würde, hinter dem die Partei geschlossen stehen könne. Angesichts ihrer absoluten Mehrheit in der Bundesversammlung falle den Unionsparteien eine besonders große Verantwortung im Umgang mit dem hohen Staatsamt zu, da könne auch erst sechs Monate vor der Wahl konkret ein Kandidat festgelegt werden. Kohls Absicht war es zunächst, mit den Parteivorsitzenden von SPD und FDP zu sprechen.

Aus Kohls Sicht hatte Richard von Weizsäcker immer wieder versucht, in Fragen der Deutschlandpolitik eigene Wege zu gehen. Sein Problem war nicht so sehr, dass er damit Bereiche und Zuständigkeiten der Bundesregierung tangierte. Ihm ging es vielmehr um die politische Abstimmung, die zwischen dem Regierenden Bürgermeister von Berlin und dem Bundeskanzler einfach zwingend war. Doch davon hielt Weizsäcker nicht sehr viel. Hinzu kam, dass ihre Einschätzungen zur Situation in der DDR unterschiedlich waren und dass zwischen ihnen auch in Grundfragen hinsichtlich des Umgangs mit der SED-Diktatur immer weniger Übereinstimmung herrschte. Unübersehbar war aus Kohls Sicht der Einfluss gewisser Kreise der Evangelischen Kirche in beiden deutschen Staaten auf Weizsäcker. Dass Weizsäcker intensive Kontakte zu diesen Kirchenkreisen pflegte, führte dazu, dass er in der Frage der deutschen Einheit eine von weiten Teilen der Union deutlich abweichende Vorstellung entwickelte. Weizsäckers Annäherung an den deutschlandpolitischen Kurs der SPD war für Helmut Kohl mit Händen zu greifen.

Doch Mitte Dezember 1983 hatte Kohl schließlich seine Sondierungen mit den Mitgliedern des CDU-Präsidiums, allen Landesvorsitzenden und mit der Fraktionsspitze der Union abgeschlossen. Auch mit Franz Josef Strauß war er übereingekommen, der Bundesversammlung am 23. Mai 1984 dennoch den Regierenden Bürgermeister Richard von Weizsäcker als Nachfolger von Bundespräsident Karl Carstens vorzuschlagen. Die Bundesversammlung wählte Richard von Weizsäcker schließlich mit 832 von 1017 gültigen Stimmen zum sechsten deutschen Bundespräsidenten. SPD und FDP verzichteten auf einen Gegenkandidaten. Zahlreiche Delegierte der Oppositionsparteien votierten für Weizsäcker. Es war ein großer Erfolg. Die Gegenkandidatin der Grünen, die Schriftstellerin Luise Rinser, erhielt 68 Stimmen.

Richard von Weizsäcker hatte endlich seinen Sehnsuchtsort, das Bundespräsidialamt in der Bonner Villa Hammerschmidt, erreicht. Für den DDR-Geheimdienst, der ihn schon seit Ende der Sechzigerjahre beschattete, wurde das neue Bonner Staatsoberhaupt fortan zur noch wichtigeren Zielscheibe seiner BRD-Spionagetätigkeit als bereits bisher.

Doch auch schon vorher waren die Bonner und Berliner Spitzel Ost-Berlins ganz nah am Ball. Den Spionen Erich Mielkes und Markus Wolfs entging keine Phase des Präsidentenpokers. Das elektronische Datenbanksystem der HVA, SIRA, das »System zur Informations-Recherche der HVA«, dokumentiert zahlreiche Spitzelberichte zum Präsidentenwechsel von Carstens zu Weizsäcker.

In den Stasi-Akten des Jahres 1982 taucht dann auch ein bisher seltener Deckname auf: »Friedrich«, erfasst mit der Registriernummer XV/213/73. Wer oder was verbarg sich dahinter? »Friedrich« war kein Mensch, sondern eine Mission, unter der die Abwehrprotokolle der Hauptabteilung III des Ministeriums für Staatssicherheit gesammelt und der Auslandsspionage (HVA) überantwortet wurden. Die HA III war »Zentrales Organ des elektronischen Kampfes (ELOKA) des MfS«. Ihr oberstes Ziel lautete, mit technischen Mitteln möglichst viele Informationen aus »feindlichen Nachrichtenbeziehungen« zu gewinnen, in erster Linie aus Funk- und Fernmeldeverbindungen der Bundesrepublik Deutschland. Von Interesse dabei waren vor allem Erkenntnisse aus dem Kreis der Bonner Bundesregierung, der Parteien, der Bundeswehr, der Rüstungsindustrie, der Polizei, des Verfassungsschutzes und des Bundesnachrichtendienstes.

Helmut Kohl war der erste Bundeskanzler, der seit 1982 rund um die Uhr abgehört wurde: im Kanzleramt, am Autotelefon, in der Ludwigshafener Privatwohnung. Stasimitarbeiter haben die Gespräche, je nach Informationsbedarf, mitgeschnitten, ausgewertet und die Erkenntnisse der HVA zur weiteren Verwendung übersandt. Über die Inhalte der abgehörten Telefonate gibt die Stasiunterlagenbehörde aufgrund der strengen Bestimmungen des entsprechenden Gesetzes keinerlei Dokumente heraus. Kein noch so fleißiger Bonner Spitzel wäre in der Lage gewesen, die elektronisch erlangten Informationen über den Kanzler, die Minister oder den Bundespräsidenten zu toppen.

Verantwortlich für die elektronische Spionage von 1966 bis zum Ende des Jahres 1989 war Dr. Horst Männchen, Generaloberst, geboren 1935 im sächsischen Berggießhübel. Der Sohn eines Eisengießers – so heißt es in der Anklageschrift der Karlsruher Generalbundesanwaltschaft 1993 – wuchs in einem kommunistisch geprägten Elternhaus auf, machte 1953 sein Abitur und ließ sich noch am Tag seiner Schulentlassung vom Ministerium für Staatssicherheit als Operativer Mitarbeiter im Dienstgrad eines Gefreiten verpflichten. 1960 begann er an der Ingenieurschule Mittweida ein Fernstudium der Hochfrequenztechnik. Nach den Angaben seiner Kaderkarteikarte, die am 16. Juli 1953 angelegt wurde, war er seit 1957 Mitglied der SED und beherrschte Russisch, Englisch und Latein. Ein Jahr später: eine einschneidende, für so manche Karriere bei der Staatssicherheit charakteristische Blessur. Nach einem unter Alkoholeinwirkung verursachten Verkehrsunfall verlor Männchen seinen linken Arm und wurde vom MfS entlassen, im Februar 1963 jedoch wieder eingestellt. Jetzt durchlief er im Eiltempo sämtliche Offiziersdienstgrade und wurde 1979 zum Generalmajor befördert. Das Sorgenkind avancierte zum Musterschüler. Er absolvierte an der juristischen Hochschule des MfS ein Fernstudium, das er 1968 als Diplom-Jurist abschloss. Mit einer Arbeit über die Funkaufklärung – bezeichnenderweise über Funkspionage – wurde er 1974 promoviert. Konsequent setzte er von nun an die Theorie in die Praxis um. Die von ihm befehligte Hauptabteilung III betrieb ihre »Aufklärung« vornehmlich auf den Richtfunkstrecken, die zwischen West-Berlin und dem Bundesgebiet das Territorium der DDR überquerten. Hierfür hatte das MfS ein System von Erfassungsstützpunkten entlang der innerdeutschen Grenze, um Berlin und auf dem Gebiet der damaligen ČSSR installiert. Abgehört wurden zudem leitungsgebundene Fernmeldeverbindungen zwischen der DDR und der Bundesrepublik, einschließlich West-Berlin. Die Aufklärung umfasste ebenso den Fernschreib- und Telefaxverkehr.

Der Kontrolle der Hauptabteilung III unterlagen des Weiteren, soweit erfassbar, die mobilen B- und späteren C-Netze sowie die Funkfernsprechnetze bundesdeutscher Sicherheitsbehörden. Als Ergänzung verfügte die Hauptabteilung III über zusätzliche Erfassungsstützpunkte in der Ständigen Vertretung der DDR in Bonn und deren handelspolitischer Abteilung in Düsseldorf, zeitweise auch in der Handelsmission der UdSSR in Köln. Sogar Nachrichtenverbindungen via Satellit, vorrangig zwischen der Bundesrepublik und den USA, konnten die Spezialisten von der HA III vereinzelt abschöpfen. Auch am bundesdeutschen Verfassungsschutz, der Wirtschaft und dem Journalismus zeigte sich die »funkelektronische Aufklärung« der DDR ungemein interessiert. Voller Stolz schwärmte Generalmajor Männchen im Juli 1987 gegenüber seinen Vorgesetzten von der Effizienz der »spezifischen Informationsgewinnung und -verarbeitung«. So seien im ersten Halbjahr 1987 insgesamt 170 246 Ausgangsmaterialien aus den Quellen gewonnen worden, die man selbstverständlich auch den Bruderorganen zur Verfügung gestellt habe. Belegt ist, dass – Stand Anfang November 1989 – etwa 100 000 Fernmeldeanschlüsse in der Bundesrepublik und West-Berlin unter der »Zielkontrolle« von Männchens Hauptabteilung III standen, die in der Lage war, bis zu 5000 Nachrichtenverbindungen gleichzeitig zu verfolgen. Für die damalige Zeit und ein doch recht kleines Land eine astronomisch hohe Zahl. Möglich wurde das durch hochtechnisierte Gerätschaften, die von zwei IM – einem schweizerischen Staatsangehörigen und einem West-Berliner Bürger – aus der Bundesrepublik beschafft worden waren. Nachzulesen ist das in der Anklageschrift der Karlsruher Generalbundesanwaltschaft gegen Horst Männchen 1993. Allerdings kam es aus verfassungsrechtlichen Gründen niemals zu einer Anklage.

Im Präsidentenpoker des Jahres 1983 registrierte SIRA unter dem Decknamen »Friedrich« allein 14 Eintragungen: Von der US-Reise des noch Regierenden Bürgermeisters von Berlin bis zu Spekulationen um die Nachfolge im Amt des Bundespräsidenten und des Regierenden Bürgermeisters von Berlin. Unter »Friedrich«

konnte vor allem eine größere Anzahl von Spitzelberichten über »Aktivitäten im Zusammenhang mit der Nominierung des BRD-Präsidentschaftskandidaten« und »Diskussionen über die Nominierung eines Kandidaten für das Amt des Bundespräsidenten« verzeichnet werden.

In Sachen Präsidentenpoker profilierte sich mit acht Spitzelberichten der IM »Delphin« alias Karl-Heinz Schulze, der nicht näher identifiziert werden konnte. Auch IM »Komet« alias Dieter Assmann wusste über das Hin und Her der Carstens-Nachfolge genauestens Bescheid. Natürlich fehlten auch nicht die schon mehrfach erwähnten Bonner Spitzenspione IM »Fichtel« alias Adolf Kanter und IM »Max«, Klarname Rudolf Maerker. Sie wussten vor allem über Interna aus den Unionsparteien zu berichten. Dabei ging es um das Gerangel um die Carstens-Nachfolge. In den SIRA-Unterlagen sind insgesamt über 20 Inoffizielle Mitarbeiter der HVA dokumentiert, die sich im Jahr 1983 bei ihrer Spionage aus Bonn mit dem Thema Präsidentenwechsel von Carstens zu Weizsäcker beschäftigten.

Unterdessen stand Weizsäcker als Regierender Bürgermeister seit seinem Amtsantritt am 11. Juni 1981 unter permanenter Beobachtung. Bei seinen zahlreichen Reisen von und nach Berlin und vor allem bei seinen Aufenthalten in der DDR entging den Spähern nichts. Weizsäcker wurde auf Schritt und Tritt »verfolgt« und beobachtet. Nie verloren ihn die Späher aus den Augen. Darüber wurden generell penibel geführte Beobachtungsberichte angefertigt, die in Weizsäckers umfangreicher Stasi-Akte eine wichtige Rolle spielten. Zur Besonderheit zählten beispielsweise die Beobachtungsberichte seiner Besuche in Ost-Berlin am 23. Juni 1982 und 12. Februar 1983. In ihnen tauchte für Weizsäcker der seltene Deckname »160014« auf. Sinn, Zweck und gar Bedeutung dieser geheimnisvollen Zahl sind unbekannt. In Weizsäckers Stasi-Akte, die bis in das Jahr 1969 zurückreicht, wurde für den Freiherrn ab 1979 durchweg der kuriose Deckname »Waldkauz« geführt. Hin und wieder stand dieser Deckname auch für Reisen Weizsäckers in die DDR: dann als »Aktion

Waldkauz« oder »Operation Waldkauz«. In einschlägigen Tierlexika ist zu lesen, dass der Waldkauz (Strix aluco) zur Familie der Eulen gehört. Der Waldkauz ist in Deutschland gut zu beobachten und zählt zu den einheimischen Vogelarten. Warum die Stasi auf den Decknamen »Waldkauz« für Richard von Weizsäcker kam, lässt sich nicht erschließen. Nach einer internen Statistik wurden im Zeitraum von 1979 bis Juni 1983 insgesamt 17 Einreisebeantragungen Weizsäckers durch die MfS-Angestellten der DDR festgestellt. Sein Hauptreiseziel war »Berlin, Hauptstadt der DDR«, wie es im Stasideutsch hieß.

Besonders wichtig war es dem MfS jeweils, die konkrete Reisetätigkeit Weizsäckers mit seiner »politischen Stellung und Haltung« zu verbinden. Ein Dokument beschreibt: Von Weizsäcker sei ein langjähriges Führungsmitglied der CDU. Er gelte in den Reihen seiner Partei als ein Verfechter der »nationalen Frage«, das heißt er sei bestrebt, das Wechselverhältnis zwischen Bund und West-Berlin immer neu mit Leben zu erfüllen. Wörtlich heißt es weiter: »Von W. ist ein Mann mit hohen intellektuellen und patriotischen Reserven, der in der Lage ist, von Berlin her deutschlandpolitische Akzente zu setzen, die auch in Washington und Moskau respektiert werden.« Seine Stärke liege in der vertiefenden Überschau, der Fähigkeit, über die Probleme des Alltags, des Parteienstreits, der wahltaktischen Aktionen hinauszusehen, und er versuche, seine Berlin-Politik in die Zusammenhänge einzuordnen. Er sei ein absoluter Gegner des Sozialismus, was sich so ausdrücke, dass er in seinen Reden immer wieder erkläre, dass das Verhältnis zwischen Ost und West nur gelockert werden könne, wenn die DDR »vernünftiger« würde und endlich »menschliche Erleichterung« für alle schaffe. Damit spiele er auf die Mindestumtauschregelung, auf die Herabsetzung des Alters für DDR-Bürger bei Reisen nach West-Berlin und in die BRD sowie weitere Erleichterungen in der Besuchsregelung an. Von Weizsäcker bemühe sich um ein Vorantreiben der offenen deutschen Frage. Er sage, »dazu gehören keine Provokationen, sondern ein fester geschichtlicher Wille zur Einheit der Deutschen«.

Unter »Angaben zur Vergangenheit« steht, dass Weizsäcker als Angehöriger der faschistischen Wehrmacht im traditionsreichen Potsdamer Infanterieregiment 9 gewesen sei und an den Polen- und Russlandfeldzügen teilgenommen habe. Er sei Hauptmann und Regimentsadjutant gewesen und schwer verwundet 1945 auf einem Schiff nach Dänemark entkommen. Nach seiner Rückkehr habe er sein vor dem Krieg begonnenes Studium der Rechtswissenschaften fortgesetzt. Kein Wort über Richard von Weizsäckers umstrittene Rolle bei der Verteidigung seines Vaters Ernst von Weizsäcker. Der war als Staatssekretär im Auswärtigen Amt von 1938 bis 1943 beschäftigt, Mitglied der NSDAP und der SS seit 1938. Er wurde im sogenannten Wilhelmstraßen-Prozess, einem der acht Nürnberger Nachfolgeprozesse, als Kriegsverbrecher angeklagt und am 14. April 1949 wegen seiner aktiven Mitwirkung bei der Deportation französischer Juden nach Auschwitz und damit wegen eines Verbrechens gegen die Menschlichkeit zu sieben Jahren Haft verurteilt. Im Zuge einer allgemeinen Amnestie wurde Ernst von Weizsäcker am 16. Oktober 1950 aus dem Kriegsverbrechergefängnis Landsberg entlassen. Sein Sohn Richard von Weizsäcker war in dem Prozess neben zwei Anwälten als sein Hilfsverteidiger aufgetreten und hatte auf die vollkommene Unwissenheit hingewiesen und für die Unschuld seines Vaters plädiert. Später bezeichnete Richard von Weizsäcker das Urteil immer als »historisch und moralisch ungerecht«. Diese Einstellung war höchst umstritten, und die Gründe dafür wurden durch historische Forschungen widerlegt. Doch selbst in seinen Erinnerungen, die 1997 erschienen, war Weizsäcker der Meinung, dass sein Vater »Schlimmeres verhüten wollte«, und zitierte den britischen Premierminister Winston Churchill. Der hatte schon früh das Verfahren gegen den Vater bei einer öffentlichen Unterhausdebatte als einen »deadly error«, einen »tödlichen Irrtum« der amerikanischen Anklagebehörde bezeichnet.

Für die Ost-Berliner Spione war die überaus positive Einstellung Richard von Weizsäckers zu seinem in die NS-Verbrechen in hohem Maße verstrickten Vater, dessen NSDAP- und SS-Mitgliedschaft und die NSDAP-Mitgliedschaft seiner Mutter kein Thema, das sie in »Aktive Maßnahmen« hätte umsetzen wollen. Zeiten und damit auch Stoßrichtungen der DDR-Propaganda hatten sich geändert. Die äußerst wohlwollenden Einschätzungen der Persönlichkeit Richard von Weizsäckers durch den DDR-Geheimdienst zog sich durch seine mehrbändige Stasi-Akte wie ein roter Faden. Fleißig gesammelt wurden Informationen über die vielen Aufenthalte des Regierenden Bürgermeisters »in der Hauptstadt der DDR, Berlin«. Der Anlass seines Aufenthaltes am 12. Februar 1983 bestand in der Teilnahme am Pontifikalamt in der St.-Hedwigs-Kathedrale anlässlich der Ernennung von Bischof Meisner zum Kardinal. Im üblichen Informationsbericht der Hauptabteilung VI ist zu lesen, dass Weizsäcker mit einer Begleitung um 9:54 Uhr die St.-Hedwigs-Kathedrale zur Teilnahme am Pontifikalamt betrat.

»Die St.-Hedwigs-Kathedrale wurde um 11:58 Uhr gemeinsam wieder verlassen. Dabei wurde Dr. von Weizsäcker, Richard von einer männlichen und einer weiblichen Person um ein Autogramm ersucht. Sie überreichten Dr. von Weizsäcker ein Blatt Papier, welches er signiert zurückgab. Von diesen beiden Personen wurde der Pkw vom Typ Wartburg, polizeiliches Kennzeichen – [geschwärzt] – benutzt. Halter des Fahrzeugs: [geschwärzt]. Zur Identifizierung beider Personen werden von der Hauptabteilung VIII die erforderlichen Maßnahmen eingeleitet. Nach dieser Begegnung mit den beiden Bürgern der DDR fuhren Dr. von Weizsäcker, Richard und [Name geschwärzt] zum Märkischen Museum, wo sie um 12:16 Uhr eintrafen. Hier wurden sie bereits von dem genannten [Name geschwärzt] erwartet. Alle vier Personen hielten sich bis 13:33 Uhr im Museum auf. Ein Angestellter des Museums erklärte ihnen die ausgestellten Exponate (Zille-Ausstellung, Schinkel-Raum, Porzellanmanufaktur).
Nach Verlassen des Märkischen Museums fuhren Dr. von Weizsäcker und [Name geschwärzt] in dem vom Kraftfahrer [Name

geschwärzt] gesteuerten Pkw in Richtung Grenzübergangsstelle Invalidenstraße.

Die Ausreise erfolgte um 13:46 Uhr nach Berlin (West) ohne Vorkommnisse an der Grenzpassage.

Außer der Kontaktaufnahme zu Dr. von Weizsäcker gab es keine Vorkommnisse oder Erscheinungen, die eine weitere Bearbeitung erforderlich machen.

Wilke, Oberst«

Es folgen weitere Informationen und Beobachtungen über Weizsäckers Aufenthalte in Quedlinburg, Halberstadt und Thale. Und immer wieder die sich wiederholenden Einschätzungen:

»Politisch-operativ relevante Vorkommnisse oder Erscheinungen traten nicht auf. Der Aufenthalt des Dr. von Weizsäcker wurde nicht öffentlichkeitswirksam. Es wurden von seiner Seite aus auch keine diesbezüglichen Bestrebungen unternommen.«

Abschließend schrieb Oberst Wilke:

»Das Ziel des Aufenthalts des Dr. von Weizsäcker in der DDR bestand offensichtlich im Kennenlernen von einigen touristischen und historischen Sehenswürdigkeiten des Harzes, wobei gezielt und vermutlich vorbereitet die kirchlichen Einrichtungen aufgesucht wurden.«

Im Jahr des Präsidentenpokers reiste der Regierende Bürgermeister von Weizsäcker am 2. Juli 1983 mit seinem Pkw Mercedes über die Grenzübergangsstelle Bornholmer Straße in die DDR. Seine Begleitung war nach dem Stasiunterlagengesetz anonymisiert. Im Beobachtungsbericht hieß es:

»Von der Grenzübergangsstelle aus fuhren sie direkt zum Dorotheenstädtischen Friedhof in der Chausseestraße. Von Weizsäcker und seine … Begleitung begaben sich auf den Friedhof, wobei Weizsäcker die Führung übernahm und seiner Begleitung einige Erklärungen zu besonderen Grabmälern gab. Während des Spaziergangs auf dem Dorotheenstädtischen Friedhof wurde von Weizsäcker vom Bürger der DDR [anonymisiert] angesprochen. Die Unterhaltung dauerte ca. 2 Minuten. Die Art und Weise des Zusammentreffens zwischen dem Bürger der DDR … und dem Regierenden Bürgermeister von Berlin (West), von Weizsäcker, lässt den Schluss zu, dass es sich hierbei um keine vorbereitete und gezielte Kontaktaufnahme handelte.«

Es folgt ein Bericht über den Besuch weiterer Sehenswürdigkeiten und Ausstellungen. Das fast schon erleichterte Fazit der Beobachtung:

»Dr. von Weizsäcker trat während seines Aufenthaltes in der Hauptstadt nicht öffentlichkeitswirksam in Erscheinung.
In Zusammenarbeit mit der Hauptabteilung XIII und der Bezirksverwaltung Berlin, Abteilung VI, war eine durchgehende Sicherung, Kontrolle und Überwachung des Dr. Freiherr von Weizsäcker, Berlin, Hauptstadt der DDR, gewährleistet.
Weitere Kontakte zu Bürgern der DDR sowie andere politisch-operativ relevante Vorkommnisse oder Erscheinungen, die einer operativen Aufklärung bedürfen, traten nicht auf.

Stellvertreter des Leiters der HA
Wilke
Oberst«

Der hohe Personalaufwand bei der Kontrolle und Beobachtung seiner Reisen lässt sich nur mit der panischen Angst erklären, Weizsäcker könnte bei seinen DDR-Aufenthalten Bürger ermuntern, sich beispielsweise mit Ausreiseanträgen oder sonstigen Wünschen und

Bitten an ihn zu wenden und seine Prominenz auszunutzen. Wer sich dem Gast aus dem Westen näherte, musste mit Konsequenzen weitreichenderer Art als der Feststellung der Personalien rechnen. Für die Späher des DDR-Geheimdienstes war auch wichtig, Weizsäckers Verhalten zu kontrollieren.

Weizsäcker nutzte seine Einreisen in zahlreiche Städte der DDR mehrfach dazu, mit führenden Vertretern der Evangelischen Kirche der DDR Gespräche zu führen, und zeigte, wie es in den Beobachtungsberichten hieß, ein ausgeprägtes Interesse für alte Bauwerke. Er selbst sei unter anderem Mitglied der Synode und des Rates der Evangelischen Kirche in Deutschland. Die bisherigen Aufenthalte seien gegenüber der Bevölkerung der DDR nicht öffentlichkeitswirksam. Die Beobachtungen und deren Berichte von und über »Waldkauz« wiederholten sich immer wieder. Weizsäckers Auftreten firmierte unter dem Begriff »politischer Tourismus«. Aufgrund der Häufigkeit der Einreisen Weizsäckers in die DDR, so in einer internen »Information«, lägen bei den für die Kontrolle, Sicherung und Überwachung zuständigen Diensteinheiten gesicherte Erkenntnisse zu Verhaltensweisen des Dr. von Weizsäcker, Richard vor. Die Hauptabteilung IV, Abteilung Objektsicherung und Tourismus, sei kontinuierlich über die mit dem Aufenthalt des Dr. von Weizsäcker in der DDR in Verbindung stehenden Personen sowie über die jeweiligen Aufenthaltsorte und Bewegungsabläufe zu informieren. Bei festgestellten Kontakten seien die Bürger der DDR sofort namentlich bekannt zu machen und die Ergebnisse ans MfS zu übermitteln. Im Nachgang gewonnene Erkenntnisse sowie Aufklärungsergebnisse zu Personen und Sachverhalten seien der Hauptabteilung IV ebenso unverzüglich schriftlich zu übersenden.

Das galt auch für den Besuch einer 82-köpfigen Reisegruppe von Angestellten des Berliner Senats Mitte September 1983 in der Lutherstadt Wittenberg, darunter der Regierende Bürgermeister. Ein anonymisierter Informant bemerkte gegenüber dem eingesetzten IM der Hauptabteilung VI, Abteilung Objektsicherung und Tourismus, am Vorabend des für den 15. September 1983 geplanten Treffens zwischen Weizsäcker und dem »Vorsitzenden des Staatsrates der DDR, Genossen Erich Honecker« in Schloss Niederschönhausen, dass es dabei nicht um einen Kredit gehen werde. Es gebe andere Probleme, die in Berlin mit dem Genossen Honecker besprochen werden müssten. Dr. von Weizsäcker habe eine positive Einstellung zu dem bevorstehenden Gespräch.

Am 15. Dezember 1983 hielt Oberstleutnant Rede, Leiter der Abteilung VI für Objektsicherung und Tourismus, eine Information fest, die ihren Weg in Weizsäckers Stasi-Akte fand. In den frühen Morgenstunden des 15. September sei durch Abschöpfung eines IM der Hauptabteilung IV bekannt geworden, dass am 14. September 1983 während des Aufenthaltes in der Lutherstadt Wittenberg ein West-Berliner Senatsbeamter zur Zusammenkunft des Regierenden Bürgermeisters Dr. von Weizsäcker mit dem Generalsekretär des ZK der SED, Genossen Erich Honecker [Name geschwärzt] Folgendes geäußert habe:

»Dr. von Weizsäcker will im Gespräch mit Herrn Honecker folgende Themen anschneiden:

menschliche Kontakte;

Reiseerleichterungen;

Probleme der Familienzusammenführung;

Fragen seiner Rede zum Kirchentag, die von Weizsäcker auf dem Marktplatz von Wittenberg halten will.«

Im Zusammenhang mit der gegenwärtigen aktiven Reisetätigkeit von CDU/CSU-Politikern (auch anderer Parteien) in die DDR habe der [Name geschwärzt] bemerkt, dass diese die vorhandenen Möglichkeiten zum Austausch nutzen wollten, bevor nach Realisierung des NATO-Raketenbeschlusses in der BRD »die große Kälteperiode« in den Beziehungen zwischen beiden Ländern eintreten würde.

Ebenfalls einen Tag vor dem Treffen zwischen Weizsäcker und Honecker lieferte ein Spitzel der Abteilung XX eine »streng geheime« »Information über interne Meinungsäußerungen des Regierenden Bürgermeisters von Westberlin v. Weizsäcker«. In einem internen Gespräch habe Weizsäcker folgende Meinung zum Ausdruck gebracht: Er sehe mit großen Erwartungen und innerer Spannung einem unmittelbar bevorstehenden Gespräch mit dem Staatsratsvorsitzenden der DDR entgegen. »W. ist der Meinung, dass Bundeskanzler Kohl in seiner Ostpolitik über keine ausgereifte Konzeption verfügt.« Er wolle versuchen, diese Mängel auszugleichen, und vor allem perspektivische Schwerpunkte ansteuern. Bei allen Ostprojekten und Orientierungen müsse davon ausgegangen werden, dass die BRD eine Schlüsselstellung wahrzunehmen habe. Zu deren solider Untermauerung müsse eine langfristige Verständigung mit der SU angestrebt werden. Er habe Bundeskanzler Kohl dies ausdrücklich ans Herz gelegt. Aber Kohl habe das auch danach noch nicht ganz begriffen. Ihm missfalle des Weiteren an Kohl dessen unkritische Hörigkeit gegenüber den USA. Weizsäcker wolle natürlich keinem Bündniswechsel das Wort reden, aber es müsse mehr Bewegungsfreiheit für die Bundesrepublik angestrebt werden. Die Bundesrepublik habe andere objektiv begründete geopolitische und historische Besonderheiten zu berücksichtigen.

An Erich Honecker habe er starkes politisches und persönliches Interesse. Außerdem müsse er eine bestimmte Mission für seine Partei wahrnehmen, da Kohl nicht flexibel genug und Genscher nicht genug Stratege sei. Er halte ein gutes sachliches Verhältnis zur DDR über Erich Honecker für möglich. Von Weizsäcker halte es für erforderlich, die DDR-Führung vor Illusionen im Zusammenhang mit dem Strauß-Besuch zu warnen. Vorbehalte, Feindschaften, Probleme würden durch einen einmaligen Besuch nicht automatisch verschwinden. Er halte es aber bei der Unberechenbarkeit von Strauß für möglich, dass dieser sich für eine »2. Milliarde« – finanzielle Unterstützung für die DDR – einsetze. Er, Weizsäcker, halte einen weiteren Kredit auch für möglich, wenn die DDR Mehrleistungen auf humanitärem Gebiet erbringe. Man warte im Westen auf neue Gesten. Die Zustimmung Kohls zum jüngsten Milliarden-Kredit sei wesentlich der Wirkung des Gesprächs zuzuschreiben, das am Rande des Kirchentages in Hannover geführt worden sei.

»Ein weiteres Problem, was Weizsäcker Genossen Honecker gegenüber ansprechen will, ist die Herstellung von offiziellen Beziehungen zwischen den Bürgermeistern von Westberlin und der Hauptstadt der DDR. Ihm sei dabei aber auch an Gesprächen mit Konrad Naumann gelegen.«

Konrad Naumann war von 1971 bis 1985 erster Sekretär der SED-Bezirksleitung Berlin, ab 1974 Oberbürgermeister und von 1976 bis 1985 Mitglied des Politbüros des Zentralkomitees der SED, dann wurde er – äußerst ungewöhnlich – seines Amtes enthoben. Zu offiziellen Beziehungen zwischen den Bürgermeistern von West- und Ost-Berlin ist es bekanntlich nie gekommen.

In Weizsäckers Stasi-Akte befanden sich lange vor dem 15. September 1983 ausführliche Planungen und Durchführungsbestimmungen zum Treffen Weizsäckers mit Honecker. Von der Einreise in die »Hauptstadt der DDR zu Gesprächen mit dem Generalsekretär des Zentralkomitees der SED und Vorsitzendem des Staatsrats der DDR, Genossen Erich Honecker, im Schloss Niederschönhausen«, über die Begrüßung im Empfangssaal des Schlosses, Gespräche im Musikzimmer, ein gemeinsames Essen im Kronensaal, ein Vieraugengespräch bis zur Verabschiedung und Fahrt zum Grenzübergang war alles haarklein getaktet. Über die Gesprächsinhalte, die mit Sicherheit vom Geheimdienst aufgezeichnet wurden, befanden sich keinerlei Informationen in Weizsäckers Stasi-Akte.

Mitgeschnitten wurde allerdings Weizsäckers Pressekonferenz anlässlich seines Besuchs bei Erich Honecker, die er im Anschluss in West-Berlin gab und vom 3. Fernsehprogramm des SFB ausgestrahlt wurde. Unter anderem sagte Weizsäcker vor Journalisten, er habe die Grüße des Bundeskanzlers bei dem Gespräch auch ausdrücklich überbracht und für den Bundeskanzler auch mit auf den Weg bekommen. Weizsäcker unterstrich, dass er glaube, dass dieses Gespräch richtig und notwendig gewesen sei und er sich der Bewertung, die der Generalsekretär Honecker abgegeben habe, anschließe. Er habe dieses Gespräch als äußerst nützlich bezeichnet. Weitere Gespräche seien nicht konkret verabredet worden. Dieses Gespräch sei jedoch in dem Geiste zustande gekommen, dem man nur dadurch diene, dass weitere Gespräche möglich und nicht unmöglich gemacht würden. In der Berichterstattung der West-Berliner *Berliner Zeitung* hieß es, bei Tisch seien keine Reden gehalten und keine Gastgeschenke ausgetauscht worden. Statt der sonst üblichen Trinksprüche seien die Gläser nur »Auf Ihr Wohl« gehoben worden. Weizsäcker habe sich am Nachmittag von Honecker mit den Worten getrennt: »Auf ein gutes Wiedersehen«. Honecker habe nach dem Gespräch über die DDR-Nachrichtenagentur ADN eine Erklärung verbreiten lassen, in der das Thema Mindestumtausch nicht erwähnt worden sei. Zum Thema Nachrüstung habe Honecker angedroht, sie könne sich »zweifellos auch negativ« auf die Beziehungen der DDR zu West-Berlin auswirken.

Die SIRA-Datenbank weist eine ganze Reihe von Spitzelberichten aus Bonn aus, die sich mit den Reaktionen auf das Treffen Weizsäckers mit Honecker befassen. Wieder einmal lieferte die elektronische Überlieferung unter dem Decknamen »Friedrich« Beiträge über »Reaktionen journalistischer Kreise auf das Gespräch des Genossen E. Honecker mit Weizsäcker«, über »Reaktionen der WB CDU auf den Weizsäcker-Besuch in der DDR sowie zu dadurch erkennbarem Nachdenken über Folgen der Raketenstationierung«. Die bekannten IM »Delphin« und »Komet« lieferten ebenfalls »Reaktionen auf das Treffen des Regierenden Bürgermeisters von Weizsäcker mit dem Staatsratsvorsitzenden E. Honecker«. Bis in den Oktober 1983 ging es weiter um »Einschätzungen des Treffens Weizsäcker – Honecker und der personellen Entwicklung der Führung der CDU Westberlins«. Bekanntlich wurden auch diese Spionagebeiträge, die lediglich als Schlagzeile in den SIRA- Datenbanken festgehalten sind, in den Monaten nach dem Mauerfall 1989 allesamt vernichtet, sodass über deren Inhalte keine Aussagen möglich sind.

Unterdessen setzte der Regierende Bürgermeister von Berlin Richard von Weizsäcker seine rege Reisetätigkeit in den anderen deutschen Staat unvermindert fort, unter anderem am 1. Oktober 1983 nach Potsdam, zum Brandenburger Dom und zum Schloss Charlottenhof. Die an sich ereignislose touristische Reise brachte für die beobachtenden Schlapphüte zumindest ein »Highlight«, das aber offenkundig nicht brisanter war als der gesamte Besuch:

> »Nach Dombesichtigung Weiterfahrt zum Kloster Lehnin, Schloss Charlottenhof. Vor dem Eingang des Schlosses ließ sich eine männliche Person ein Autogramm von Richard von Weizsäcker geben. Der Wortwechsel zwischen der Person und Weizsäcker wurde nicht festgestellt.«

Das Autogramm sei in ein kleines notizbuchähnliches Heft geschrieben worden. Die männliche Person habe sich offensichtlich über das erhaltene Autogramm gefreut und es freudig strahlend den anderen Personen der ca. zehn Personen zählenden Gruppe gezeigt.

Angehängt an diesen Beobachtungsbericht, gab es folgendes Fazit:

> »Ausgehend von der geführten Beobachtung zu Richard von Weizsäcker kann eingeschätzt werden, dass sich genannte Personen sowie der dazugehörende Personenkreis [Namen geschwärzt] auf dem Territorium der DDR unauffällig bewegten. Ein Zurschaustellen bzw. in den Mittelpunktrücken war nicht zu verzeichnen. Sie hielten sich stets an die Gesetzlichkeiten unseres Landes. Dies bezieht sich auf das Verhalten im Straßenverkehr sowie das Auftreten in der Öffentlichkeit.
> Jedoch muss hervorgehoben werden, dass sich von Weizsäcker während seines gesamten Aufenthaltes im Bereich Potsdam/

Brandenburg stets durch einen Pkw Lada, pol. Kennz. IKB 9–02 fahren ließ. Hierbei war feststellbar, dass er sich angeregt, auf dem Rücksitz sitzend, mit der ihn begleitenden männlichen Person unterhielt.

Die getätigte Einreise durch Weizsäcker lässt nach außen hin zutiefst touristische Absichten erkennen. Untermauert wird dies durch die Besuche von Schloss Sanssouci, Schloss Charlottenhof, Kloster Lehnin sowie Brandenburger Dom. Die in diesem Zusammenhang aufgetretenen Verbindungen (Schlossführer Bereich Sanssouci sowie Charlottenhof) können als bereits vorher bestellte Person betrachtet werden.

Das Zusammentreffen mit der männlichen Person (Autogramm) kann als zufällig eingeschätzt werden. Dies ergab sich durch das zufällige Erkennen des Weizsäcker durch die erwähnte DDR-Person. Sein Aufenthalt an der Anlaufstelle [Name geschwärzt] verlief ruhig. Die Personenbewegung in diesem Bereich war vom dortigen Charakter der Umgebung, Siedlung und Kleingärten geprägt.«

In den weiteren wenigen Spionagebeiträgen aus Bonn, die in »Aktuellen Informationsübersichten« zusammengefasst sind, ging es im Oktober und November 1983 vor allem um die Diskussion über die Nominierung Weizsäckers zum Nachfolger von Bundespräsident Carstens. So hieß es nach vorliegenden Informationen beispielsweise, der Regierende Bürgermeister von Berlin, Weizsäcker verstärke seine Bemühungen um eine Kandidatur für das Amt des Bundespräsidenten. Diesem Ziel habe auch eine interne Unterredung mit Bundeskanzler Kohl gedient, in der Weizsäcker ihn dazu veranlassen wollte, seine Auffassungen bezüglich seiner Nominierung mitzuteilen. Die von Weizsäcker vorgebrachten Bedenken, dass die vielen Spekulationen um die Carstens-Nachfolge ihn persönlich in eine komplizierte Situation bringen könnten und schließlich auch der West-Berliner CDU Schaden zufügen würde, habe Kohl nicht dazu bewegen können, eine verbindliche Auskunft zu geben.

Kohl habe Weizsäcker jedoch zugesichert, nach Abschluss seiner Gespräche mit einer Reihe von CDU-Politikern die Entscheidung in Kürze zu treffen und ohne große vorherige Debatte das Führungsgremium der CDU über seine Vorstellungen zu unterrichten. Danach könne auch die West-Berliner CDU ihren Spitzenkandidaten für die 1985 stattfindenden Abgeordnetenhauswahlen noch rechtzeitig benennen.

Nachdem Helmut Kohl Mitte Dezember 1983 seine Sondierungen mit den Mitgliedern des CDU-Präsidiums, allen Landesvorsitzenden und mit der Fraktionsspitze der Union abgeschlossen hatte und auch mit Franz Josef Strauß übereingekommen war, schlug er der Bundesversammlung am 23. Mai 1984 den Regierenden Bürgermeister Richard von Weizsäcker als Nachfolger von Bundespräsident Karl Carstens vor. Für die Späher des DDR-Geheimdienstes galt es nun, auch die Auffassungen in den Regierungsparteien und der SPD über die Kandidatur Weizsäckers für das Amt des Bundespräsidenten der BRD herauszufinden. In einer »Streng geheimen!« vierseitigen Information, die »im Interesse der Sicherheit der Quellen nicht publizistisch ausgewertet werden darf«, hieß es:

»Die Entscheidung Helmut Kohls, den Regierenden Bürgermeister von Westberlin, Weizsäcker, als Kandidaten für die Wahl des Bundespräsidenten am 23.5.1984 vorzuschlagen, ist nach internen Aussagen erst nach langem Zögern und vielen Diskussionen zustande gekommen. Das Fehlen eines profilierten Nachfolgers für das Amt des Regierenden Bürgermeisters in Westberlin und besonders die durch die Wahlniederlage der CDU in Hessen genährte Ungewissheit über die Perspektive der Westberliner CDU hat eine schnelle Entscheidung verhindert. Mit taktischem Geschick ist es Weizsäcker jedoch gelungen, sich in der Öffentlichkeit und bei führenden BRD-Politikern und Parteifreunden immer wieder ins Gespräch zu bringen. Mehrere persönliche Aussprachen, in denen Weizsäcker sich auf eine vor längerer Zeit getroffene inoffizielle Zusage berufen konnte, und nicht zuletzt seine Absicht, auf dem Parteitag im Dezember 1983 nicht wieder für den Parteivorsitz der Westberliner CDU zu kandidieren, haben die Nominierung Weizsäckers schließlich unumgänglich gemacht.«

Übereinstimmend schätzten Führungskreise der Koalitionsparteien und der SPD ein, dass Weizsäcker im Vergleich mit anderen Kandidaten ein würdiger Repräsentant der BRD sein würde. Er besitze ein ausgeprägtes politisches Profil und eine starke persönliche Ausstrahlungskraft.

Als Regierender Bürgermeister habe er es verstanden, mit seiner Politik breite Teile der West-Berliner Bevölkerung anzusprechen und wichtige Probleme zu lösen. Vor allem sein flexibles Vorgehen gegenüber dem Koalitionspartner und teilweise auch gegenüber der SPD ließen sein ständiges Bemühen um Ausgleich und Verständigung erkennen. Aufgrund dessen sowie wegen seines sachlichen, aufgeschlossenen und überlegten Auftretens und seiner rhetorischen Fähigkeiten finde Weizsäcker auch bei der sozialdemokratischen und liberalen Anhängerschaft Zuspruch. In diesem Sinne könnte Weizsäcker als Bundespräsident eine anerkannte Integrationsfigur darstellen.

In der Information, auf der im Verteiler die Namen von zehn wichtigen Persönlichkeiten der SED, unter anderem der von Erich Honecker, standen, hieß es weiter, führende BRD-Politiker schätzten ein, dass Weizsäcker mit seinen »teilweise realistischen Positionen« zur Außenpolitik der BRD weiteres internationales Ansehen verschaffen werde. Er könne sowohl einen angemessenen Beitrag zur Festigung des Bündnisses mit den USA leisten als auch Flexibilität gegenüber den sozialistischen Staaten demonstrieren. Seine bisherigen Bemühungen um normale und sachliche Kontakte zwischen der DDR und West-Berlin beziehungsweise der Bundesrepublik auf der Basis der Verträge seien zuletzt durch den Besuch Weizsäckers in der DDR und sein Gespräch mit »Genossen Honecker« belegt worden. Auch als Bundespräsident wolle er sich mit der »Deutschland- und Ostpolitik« beschäftigen und mäßigend auf das Gesamtklima einwirken, um Tendenzen zur Zuspitzung der Situation, die von einigen Unionspolitikern verfolgt würden, entgegenzutreten. Er habe die Absicht, sich weiterhin politisch zu engagieren und nicht nur zu repräsentieren.

Weiter resümierte das MfS in der Akte: CDU/CSU-Kreise würden von der Nominierung Weizsäckers positive Auswirkungen für das Ansehen der Union in der Bevölkerung der BRD erwarten, die sich nicht zuletzt in einem Wählerzuwachs ausdrücken könnten. Andererseits sähen Kreise um Strauß in dem mit der Übernahme des Präsidentenamtes verbundenen Ausscheiden Weizsäckers aus der CDU-Führung eine Möglichkeit, dort rechtskonservative Auffassungen wieder besser durchsetzen zu können. Die integrierende Wirkung Weizsäckers in Führungsgremien seiner Partei würde durch eine künftig wieder stärkere Polarisierung abgelöst werden.

Gleichzeitig würden in Führungskreisen von CDU, CSU und FDP aber auch erhebliche Unsicherheiten über kurz- und langfristige Folgen des Weggangs Weizsäckers aus West-Berlin bestehen. Die heftigen Diskussionen und Spekulationen der vergangenen Wochen über eine mögliche Präsidentschaftskandidatur Weizsäckers hätten die CDU von ihren eigentlichen Aufgaben abgelenkt und ihrem Ansehen Schaden zugefügt. Vor allem die bereits zwei Jahre vor den Abgeordnetenhauswahlen in aller Öffentlichkeit erörterten Prognosen über eine Wahlniederlage der West-Berliner CDU gegen die SPD hätten den Ruf der Partei beeinträchtigt. CSU-Kreise würden das Risiko als erheblich bewerten, durch den Weggang Weizsäckers aus West-Berlin diesen politisch wichtigen Posten wieder an die SPD zu verlieren.

Im geheimen Stasi-Report an die SED-Spitze hieß es weiter, FDP-Führungskreise würden mit dem Wechsel in West-Berlin die Befürchtung verbinden, dass er ihre Positionen weiter schwächen werde. Der Nachfolger Weizsäckers werde kaum bereit bzw. in der Lage sein, eine annähernd gleichwertige liberale Politik zu betreiben und die Vorstellung des Koalitionspartners in ähnlicher Weise wie bisher zu berücksichtigen. Gleichzeitig müsse die West-Berliner FDP aber auch im Interesse der Stellung der Partei in Bonn die Aufrechterhaltung des Koalitionsbündnisses mit der CDU sicherstellen. Das werde die FDP bei einer zu erwartenden Rechtsentwicklung innerhalb der CDU zu weiteren Zugeständnissen zwingen, wenn auch im Interesse der Sicherung der Wählerschaft gleichzeitig um gewisse liberale Positionen gekämpft werden solle. Eine Aufkündigung der Koalition vor Abschluss der Wahlperiode werde von der FDP auf keinen Fall ins Auge gefasst.

SPD-Führungskreise würden die Entwicklung in West-Berlin als positiv für ihre Partei bewerten. Sie erwarteten im Zusammenhang mit den anstehenden personellen Veränderungen in der CDU einen weiteren Aufschwung und damit eine Bestätigung der positiven Trendbewegung der SPD, die in den Wahlsiegen in Hessen und Bremen bereits sichtbar geworden sei. Die Rückkehr zur Macht setze aber voraus, dass es Ristock und seiner Führungsmannschaft gelänge, glaubhaft darzustellen, dass die Partei aus den Fehlern der Vergangenheit die richtigen Lehren gezogen habe. Die SPD strebe Neuwahlen in West-Berlin schon möglichst bald nach Amtsantritt des Weizsäcker-Nachfolgers an, da sie sich zu solch einem frühen Zeitpunkt größere Siegeschancen verspreche.

West-Berliner CDU-Kreise würden nach den Diskussionen die Beschlüsse des Landesparteitages vom Dezember 1983 und auch die Entscheidung, schon in Kürze über den Kandidaten für das Amt des Regierenden Bürgermeisters zu befinden, als erste Schritte bewerten, um die schädlichen Diskussionen zu beenden und wieder in die Offensive zu kommen. Es herrsche weitgehende Übereinstimmung, dass der neue Repräsentant West-Berlins aus der Stadt selbst kommen solle. Es könne der Bevölkerung nicht abermals ein Politiker aus dem Bundesgebiet zugemutet werden, der möglicherweise ebenfalls nur begrenzt in West-Berlin bleibe. Die besten Aussichten habe gegenwärtig der neue Fraktionsvorsitzende Eberhard Diepgen. Er sei fest entschlossen, sich die ihm bietende Chance nicht entgehen zu lassen. In der CDU-Führung habe Diepgen eine geachtete Stellung, auch wenn er bisher weitgehend im Schatten von Weizsäckers gestanden habe. Nachteilig wirke sich aus, dass er in der Bevölkerung relativ unbekannt sei. Ein größeres Ansehen in der Wählerschaft genieße die derzeitige Schulsenatorin Hanna-Renate Laurin. Sie stoße jedoch auf den Widerstand der FDP, die sie für zu wenig liberal halte. Auch in der CDU werden ihr nur begrenzte Chancen gegen Diepgen eingeräumt, da sie für eine solche verantwortungsvolle Aufgabe nicht genügend Profil besitze.

Das Stasi-Dossier über die Reaktion auf Kohls Ankündigung im Dezember 1983, Richard von Weizsäcker als Nachfolger von Karl Carstens vorzuschlagen, spiegelte in weiten Teilen die tatsächlichen Reaktionen in Bonn und West-Berlin wider. Auffallend ist das Herausstellen der durchweg positiven Seiten Weizsäckers, während kritische Anmerkungen zur Politik und Person des designierten Bundespräsidenten-Kandidaten, die auch dem DDR-Geheimdienst nicht unbekannt waren, gänzlich fehlten.

Designiert

Das neue Jahr begann, wie das alte endete. Der reisefreudige Berliner Regierende Bürgermeister besuchte im Januar 1984 gleich dreimal »die Hauptstadt der DDR, Berlin«, wie es im Stasi-Jargon heißt. In ihrer »Operativen Information 54/84« vom 24. Januar 1984 notierten die Chronisten des DDR-Geheimdienstes, dass der Regierende Bürgermeister von (West-)Berlin zusammen mit dem Chef der Staatskanzlei (CDU), Dr. Hans-Jürgen Schierbaum, über die Grenzübergangsstelle Invalidenstraße um 12 Uhr in die DDR einreiste. Nach reichlicher Anonymisierung der Dokumente nach dem Stasiunterlagengesetz findet sich der Hinweis, dass Weizsäckers Dienstwagen von zwei Fahrzeugen der Botschaft der UdSSR in der DDR mit Kennzeichen CD 01–07 und CD 01–24 begleitet wurde. Alle Fahrzeuge fuhren auf direktem Weg zur Botschaft der UdSSR, Unter den Linden 63/65.

Im Verteiler dieser Information standen die »Genossen« »Generalleutnant Mittig«, Stellvertretender Minister für Staatssicherheit von 1964 bis 1989, und »Generalleutnant Neiber«, Stellvertretender Minister für Staatssicherheit von 1979 bis 1989. Diese Spitzenfunktionäre konnten folglich lesen, dass Weizsäcker und Schierbaum das Gebäude der Botschaft um 12:20 Uhr betraten und es um 14:20 Uhr wieder verließen. Im bereitgestellten Pkw Mercedes fuhren sie ohne Halt zur Grenzübergangsstelle Invalidenstraße. Hier erfolgte um 14:20 Uhr die Ausreise nach West-Berlin. »Öffentlichkeitswirksame Aktivitäten und Kontakte zu außenstehenden Personen wurden nicht festgestellt«, hieß es abschließend.

Was werden die beiden Mielke-Stellvertreter gedacht haben, als sie diese »Operative Information« auf ihrem Schreibtisch fanden? Was Weizsäcker mit wem in der Botschaft der UdSSR besprach, erfuhren die Mielke-Spione nicht unmittelbar selbst, sondern mit Sicherheit von ihren Moskauer Waffenbrüdern. Dokumente liegen allerdings nicht vor.

In mehreren Papieren wurde Weizsäckers nächster Besuch in der »Hauptstadt der DDR, Berlin« behandelt. Bereits in der Ankündigungsinformation eine Woche vor dem eigentlichen Besuch am 28. Januar 1984 hatten die Späher zusammengetragen, mit wem und zu wem der Regierende Bürgermeister anreisen würde. Tatsächlich stimmte der spätere Beobachtungsbericht mit den Vorabinformationen bis auf die exakte Wortwahl überein. Am 28. Januar 1984 um 18:20 Uhr erfolgte »über die Grenzübergangsstelle Invalidenstraße im Pkw ›Mercedes‹, amtliches Kennzeichen B [Nummer geschwärzt]« die Einreise des Regierenden Bürgermeisters Richard von Weizsäcker in die »Hauptstadt der DDR, Berlin«. Weiter hieß es, dass sich Weizsäcker von der Grenzübergangsstelle aus auf direktem Weg zum St.-Elisabeth-Stift in Berlin-Lichtenberg begab. In dieser Einrichtung habe er an einer Begegnung von Bischöfen aus der DDR mit Bischöfen aus der BRD teilgenommen und das in seiner Funktion als Mitglied der Synode und des Rates der Evangelischen Kirche in Deutschland. Zum Inhalt der Gespräche werde von der Hauptabteilung XX eine Einschätzung getroffen.

Die HA XX bildete nach Angaben des MfS-Lexikons den Kernbereich der politischen Repression und Überwachung durch die Staatssicherheit. Sie bespitzelte wichtige Teile des Staatsapparates. So unter anderem die Justiz, das Gesundheitswesen, das Post- und Fernmeldewesen, die Blockparteien und Massenorganisationen, den Kultur- und Sportbereich, die Medien und die Kirchen. In Weizsäckers Stasi-Akte kam die HA XX immer dann zusätzlich ins Spiel, wenn er sich mit Vertretern der katholischen oder vor allem der Evangelischen Kirche der DDR traf. So auch diesmal.

Um 21:15 Uhr verließen Weizsäcker und seine Begleitung das St.-Elisabeth-Stift und fuhren von dort zur Grenzübergangsstelle Invalidenstraße. Die Ausreise erfolgte um 21:34 Uhr. Schließlich noch die Anmerkung, während der bevorzugten, höflichen und zollkontrollbefreiten Grenzpassagen bei der Ein- und Ausreise habe es keine Vorkommnisse gegeben. Wieder gingen diese Informationen an die Stellvertretenden Minister Mittig und Neiber und sogar an den stellvertretenden Chef der HVA, Generalmajor Grossmann. Ein großer Personaleinsatz für einen Westpolitiker, der sich beinahe unerkannt jenseits der Mauer bewegte und zu keiner Zeit die Späher in Verlegenheit brachte. Doch die Angst vor sogenannten Vorkommnissen, nämlich die Kontaktaufnahme von DDR-Bürgern mit dem prominenten Gast, war in den Köpfen der Stasi-Offiziere ständig präsent – es galt, immer bereit zu sein und Vorkehrungen gegen alle Eventualitäten zu treffen.

Bereits Ende Januar 1984 gab es neue Informationen über eine weitere beabsichtigte Einreise in die DDR durch den Regierenden Bürgermeister von Berlin (West)/CDU, Dr. von Weizsäcker. Diesmal informierte unter der Aktion »Waldkauz« Heinz Fiedler, Leiter der Hauptabteilung VI, zuständig für Passkontrolle, Tourismus und Interhotel, den Stellvertreter des Ministers, den »Genossen Generalleutnant Mittig«. Fiedler kannte durch seine Späher bereits das Aufenthaltsprogramm und wusste, dass Weizsäcker am 2. Februar

1984 um 14 Uhr mit dem Staatssekretär im Ministerium für Kultur, dem »Genossen Kurt Löffler« zusammentreffen und mit ihm gemeinsam das Museum für Deutsche Geschichte aufsuchen werde. In der »Operativen Information« ist haarklein festgehalten, was am 2. Februar 1984 geschah: von der Einreise bis zur Ausreise ein minutengenaues Protokoll, auch wenn »öffentlichkeitswirksame Aktivitäten und Kontakte zu außenstehenden Personen nicht festgestellt« wurden. Beigefügt befand sich diesmal ein dreiseitiger Bericht des Staatssekretärs Kurt Löffler über den »privaten Besuch des Regierenden Bürgermeisters Richard von Weizsäcker im Museum für Deutsche Geschichte«. Weizsäcker habe sich in den Ausstellungsräumen des Museums außerordentlich interessiert in Bezug auf die Darstellung geschichtlicher Abläufe gezeigt und sei aufmerksam den Ausführungen des Direktors, Genossen Professor Dr. Herbst, gefolgt. Es sei zu einer Reihe von Dialogen über die unterschiedlichen ideologischen und gestalterischen Standpunkte gekommen, wobei Richard von Weizsäcker seinen bekannten Standpunkt erneut geäußert habe, dass die DDR der Darstellung der Geschichte größere Aufmerksamkeit widme und sie mit mehr Nachdruck vorgenommen werde, als das in der BRD erfolge. Es sei offensichtlich gewesen, dass er mit dem Museumsbesuch für künftiges persönliches Auftreten im Zusammenhang mit der politischen Aufnahme historischer Tradition der deutschen Geschichte »unsere Positionen vertieft kennenlernen wollte (insbesondere in Bezug auf die Geschichte der deutschen Arbeiterbewegung und der Geschichte Berlins im Vorfeld der 750-Jahr-Feier)«.

Zum Abschluss seines Aufenthalts im Museum für Deutsche Geschichte ging es nach dem Protokoll von Kurt Löffler um gemeinsame Absprachen zwischen dem West-Berliner Senat und dem Magistrat von Berlin zur 750-Jahr-Feier. Schließlich war ein weiteres Thema die gegenseitige Übergabe von Kunstwerken und anderen historischen Dokumenten. Sie sollten nach Meinung Löfflers zwischen dem Ministerium für Auswärtige Angelegenheiten und der Senatskanzlei vereinbart werden. Bei der Verabschiedung habe von

Weizsäcker die Bitte ausgesprochen, über Erfahrungen mit der Martin-Luther-Ehrung der DDR, insbesondere beim Zusammenwirken von Vertretern verschiedener Weltanschauungen, bei diesem Jubiläum Gespräche mit dem Staatssekretär Löffler führen zu können. Nach knapp zweistündigem Aufenthalt habe der Regierende Bürgermeister mit seiner Begleitung das Museum für Deutsche Geschichte verlassen. Weizsäcker habe gebeten, über diesen privaten Besuch der Öffentlichkeit gegenüber keine Mitteilung zu machen.

Im Unterschied zu anderen prominenten Westbesuchern wie Johannes Rau oder Franz Josef Strauß war Weizsäcker bemüht, Kontakte mit DDR-Bürgern zu vermeiden und seine Besuche im Ostteil der Stadt ohne großes Aufsehen abzuwickeln. Der Regierende Bürgermeister war für den DDR-Geheimdienst durchweg ein willkommener Tourist, der nicht auffiel und keinerlei Probleme bereitete. Der krankhaft agierende Überwachungsapparat hatte bisher keinen einzigen Anlass gefunden, irgendwie einzugreifen, DDR-Bürger von Weizsäcker abzudrängen oder gar erkennungsdienstlich zu behandeln. Nur ein einziges Mal, während seines Aufenthaltes am 14. September 1983 in der Lutherstadt Wittenberg, näherte sich ein DDR-Bürger – »Antragsteller, Personalien liegen vor« – Weizsäcker, um ihm »ein Bittgesuch«, einen Ausreiseantrag, zuzustecken. Aber auch in diesem Fall sei ein längeres Gespräch nicht geführt worden. Kein Wunder: »Waldkauz« gab sich alle erdenkliche Mühe, nicht auf Menschen zuzugehen und damit die Aufpasser in Verlegenheit zu bringen. Es sah so aus, als ob Weizsäcker seine Besuche in der DDR am liebsten inkognito abgewickelt hätte. Entsprechend vermerkte die Stasi am Ende ihrer »Operativen Beobachtungen« regelmäßig, dass Weizsäcker während seines Aufenthaltes in der Hauptstadt der DDR nicht öffentlichkeitswirksam in Erscheinung trat, und Oberst Wilke formulierte ständig diesen Satz: »Kontakte zu Bürgern der DDR sowie politisch-operativ relevante Vorkommnisse traten nicht auf.«

Schon Ende Februar 1984 wurde »streng geheim« und »inoffiziell« bekannt, dass der ehemalige Regierende Bürgermeister von

Berlin gemeinsam mit seiner Ehefrau Marianne einen Tagesaufenthalt in Potsdam realisieren werde. Mitgeteilt wurde, dass Weizsäcker an der Führung politischer Gespräche an diesem Tag in Potsdam interessiert wäre. Ab Anfang März lieferten die Späher eine weitere Information über die beabsichtigte Einreise am 13. März 1984 in den Bezirk Potsdam und vom 27. März bis zum 2. April in die Bezirke Dresden und Erfurt – Aktion »Waldkauz«. Bekanntlich war Richard von Weizsäcker seit dem 9. Februar 1984 das Amt des Regierenden Bürgermeisters von Berlin (West) los, das er seit Juni 1981 bekleidet hatte; sein Nachfolger war der CDU-Politiker Eberhard Diepgen. Fortan war in allen Stasi-Dokumenten nur noch vom »designierten Bundespräsidenten« zu lesen. Weizsäcker hielt den Überwachungsapparat auf Trab und nutzte seine ämterlose Zeit, um die DDR weiterhin touristisch zu erkunden.

Mitunter waren die gewonnenen Informationen recht dürftig. So zum Beispiel bei einem Essen, das der designierte Bundespräsident Weizsäcker am 25. März 1984 in der Residenz der Ständigen Vertretung der Bundesrepublik in der DDR in Berlin-Pankow gab, ohne dass die Stasi herausbekam, welche Personen daran teilnahmen. Oder drei Tage später anlässlich einer Vorstellung in der Deutschen Staatsoper Unter den Linden, als Weizsäcker Kontakt zu zwei namentlich bekannten Bürgern der DDR hatte: »Die Bürger führten in den Pausen kurze Gespräche mit Weizsäcker, ohne diesem etwas übergeben zu haben«, heißt es im Protokoll.

Höhepunkt von Weizsäckers Reisetätigkeit in die DDR als designierter Bundespräsident waren seine touristischen Aufenthalte in Dresden, Weimar und Erfurt Ende März 1984. Wohlwissend, dass er später in Amt und Würden vermutlich niemals mehr den zweiten deutschen Staat besuchen können würde, ohne damit bestimmte Signale zu setzen, entwickelte er einen besonderen Reise-Aktionismus. Für das Ministerium für Staatssicherheit bedeutete dies in seinem Überwachungswahn, dass für Weizsäcker ein Sicherheitsaufwand betrieben wurde, der schon fast so hoch war wie bei einem Staatsbesuch. Das zeigen exemplarisch die Vorbereitungen zur »Gewährleistung der Sicherheit des designierten Bundespräsidenten während seines Aufenthaltes vom 27. bis 29. März 1984 im Bezirk Dresden«.

Vier Tage vor Beginn der Reise ordnete Generalmajor Böhm, der höchste Repräsentant des MfS in der Dresdner Bezirksverwaltung, an, dass durch die Leiter aller beteiligten Diensteinheiten und Kreisdienststellen die Hauptanstrengungen auf folgende Maßnahmen zu konzentrieren seien:

- »schwerpunktmäßige Bearbeitung und operative Kontrolle von in OV [Operativer Vorgang] und OPK [Operative Personenkontrolle] registrierten Personen, vor allem zur Verhinderung des Auftretens von Demonstrativtätern und Personen, welche die Übersiedlung nach nichtsozialistischen Staaten und Westberlin erreichen wollen;
- zielgerichteter Einsatz aller geeigneten IM/GMS [Gesellschaftlicher Mitarbeiter für Sicherheit] der politisch-operativen Schwerpunktbereiche;
- Einleitung von politisch-operativen Maßnahmen zur Sicherung der Besuchsprojekte im Bezirk
- Es ist zu sichern, dass sich während des Aufenthaltes des Gastes in den Besuchsobjekten keine Antragsteller befinden.
- rechtzeitiges Erkennen sowie wirksame Unterbindung der Übergabe von Materialien an den Gast im Vorfeld«.

Beim Eintreffen Weizsäckers im Gästehaus seien geeignete IM/GMS im Aufenthaltsbereich zum Einsatz zu bringen. »Demonstrativ- und Gewalttäter sowie andere operativ-bedeutsame feindlich-negative Kräfte« seien unter operativer Kontrolle zu halten.

»Genossin Inge Dornau vom Rat des Bezirkes« wurde als Betreuerin für den gesamten Aufenthalt Weizsäckers benannt. Die Abteilung Nachrichten bekam den Auftrag, einen Telefonanschluss in das Einsatzzimmer im Gästehaus der SED-Bezirksleitung mit einer Fangschaltung durch die Deutsche Post einzurichten.

Zum Höflichkeitsbesuch bei Hans Modrow seien zur Absicherung des Aussteigepunktes am Haus der Bezirksleitung drei Mitarbeiter gedeckt einzusetzen.

Zur Sicherung des Besuchs Weizsäckers an der Baustelle der Semperoper sollten ein Offizier im besonderen Einsatz (OibE) und drei Mitarbeiter abgestellt werden. Es sei sicherzustellen, dass durch »zweckmäßige Arbeitsorganisation« im Besuchsbereich keine Bauarbeiter tätig seien.

Bei der Besichtigung des Zwingers und der Gemäldegalerie Alte Meister seien zur Sicherung im Zwingerhof und in der Galerie »zehn Ehepaare« einzusetzen. Die Besichtigung der Straße der Befreiung erfolge nach dem Besuch der Gemäldegalerie über den Theaterplatz, Dimitroffbrücke [heute: Augustusbrücke], Fußgängerzone und Straße der Befreiung [heute: Hauptstraße]. In diesem Bereich sollten ebenfalls zehn Ehepaare sowie zehn männliche Mitarbeiter eingesetzt werden.

Beim Abendessen in der HO-Gaststätte »Kügelgen-Haus« schließlich seien politisch-operative Maßnahmen zur Gewährleistung einer hohen Sicherheit und Ordnung in der Gaststätte und im Vorfeld durchzusetzen. Auf die Auswahl des Bedienungspersonals sei Einfluss zu nehmen, und zur Sicherung des Objektes müssten geeignete IM eingesetzt werden. Während des Rundgangs beim Besuch Weizsäckers im VEB Robotron müsse die Sicherheit durch den Einsatz von acht Mitarbeitern gewährleistet werden. Zur Sicherung des Gastes bei der Besichtigung des »Grünen Gewölbes« sollten fünf Ehepaare und fünf männliche Mitarbeiter eingesetzt werden.

Welch eine Kulisse! Der designierte Bundespräsident bekam von dieser Show vermutlich nichts mit. Allenfalls dürfte er erstaunt gewesen sein, dass kein einziger DDR-Bürger auf ihn zukam. Aber die scheinbar permanente Distanz der DDR hatte ihren Grund natürlich darin, dass das MfS nichts dem Zufall überließ und an allen Orten, wo es zu Begegnungen hätte kommen können, für eine ausreichende Staffage von IM sorgte.

Ausführlich ging Generalmajor Böhm auf »Aufgabenstellung und Verhalten der Sicherungskräfte« ein: Falls Übergaben von Briefen und Gegenständen bzw. Kontaktversuche durch kluges taktisches Verhalten wie sanftes Abdrängen oder Führen von Ablenkungsmanövern nicht zu verhindern wären, müssten die Kontaktpartner weiter beobachtet und identifiziert werden. Außerdem seien mögliche Provokationen und sogenannte »Demonstrativhandlungen« durch einheitliches offensives Handeln rechtzeitig zu unterbinden. Schließlich seien durch die Abteilung Kader und Schulung die Vorgaben für die Einsatzkräfte abzusichern und geeignete Mitarbeiter als gedecktes Publikum – gemeint waren die »Ehepaare« – für die Einsatzobjekte auszuwählen und bereitzustellen. Der Einsatz von gleichen Mitarbeitern in mehreren Objekten sei zu vermeiden.

»Beobachtungsberichte« in Weizsäckers Stasi-Akte schilderten, was bei seinem Besuch am 27. März 1984 tatsächlich geschah, als Weizsäcker mit seinem »Mercedes-Pkw« zunächst nach Radebeul fuhr, wo er eine langjährige Freundin besuchte:

»Am Ortseingang Radebeul hielt der Pkw an, und Weizsäcker orientierte sich an einem Stadtplan. Anschließend setzte er seine Fahrt fort. Auf diesem Weg hielt Weizsäcker mehrmals an und fragte Passanten nach der Fahrtstrecke. Um 11:00 Uhr hielt der Pkw vor dem Grundstück [geschwärzt] und Weizsäcker betrat das Wohnhaus. Nach ca. 5 Minuten kam Weizsäcker zurück zum Fahrzeug. [Name geschwärzt] begrüßte Weizsäcker herzlich. Anschließend holte Weizsäcker aus dem Kofferraum eine ca. 800x400x300 mm große Pappkiste, welche er gemeinsam mit [Name geschwärzt] in das Haus trug. Drei Schwarz-Weiß-Fotos belegen den Transport vom Pkw in das Wohnhaus. Weizsäcker betrat ebenfalls das Wohnhaus.«

Ein eingesetzter IM wusste zu sagen, dass die Verbindung zwischen Weizsäcker und der besuchten DDR-Bürgerin aus den Nachkriegsjahren 1946/47 rührte, als das Rote Kreuz die Betreuung von Umsiedlern durch sogenannte Paten organisierte.

»In diesem Zusammenhang erhielt die DDR-Bürgerin Kontakt zur Familie von Weizsäcker, welcher bis heute erhalten blieb. In der Folge entwickelte sich eine Freundschaft. Dieser Kontakt wurde, nachdem von Weizsäcker in die Bundestagsfraktion einzog bzw. als Regierender Bürgermeister von Berlin (West) fungierte, aufrechterhalten. Da er gegenwärtig bis zum Antritt als Bundespräsident einen längeren Urlaub hatte, wurde seinerseits dieser Besuch geplant und realisiert.«

Der IM berichtete ferner, dass am 24. März 1984, im Vorfeld von Weizsäckers Besuch, eine Person bei der DDR-Bürgerin vorstellig wurde. Dieser – der Name ist in der Akte geschwärzt – habe die Wohnung, das Treppenhaus und auch die nähere Wohnumgebung inspiziert. Dies sei aus Gründen der Sicherheit hinsichtlich des Besuchs getan worden.

Während des Aufenthalts Weizsäckers bei der DDR-Bürgerin kam es »im Beisein der Quelle« – gemeint ist der IM – zu einer offenen und lockeren Unterhaltung. Alle Gespräche, die Weizsäcker bei seinen Reisen in die DDR führte, wurden aufgezeichnet, auf verschiedene Art und Weise mitgeschnitten und später in Papierform gebracht. So auch diese Aufnahmen. Im Gespräch seien Fragen der Antragsteller besprochen worden sowie der Beziehungen zwischen der BRD und der DDR und die Stellung Weizsäckers dazu und was er sich als Bundespräsident zum Ziel gesetzt habe. Der IM des MfS wörtlich:

»[Name geschwärzt] führte aus, dass sie es nicht versteht, dass in derartigem Umfang DDR-Bürger unseren Staat verlassen und sogar Ärzte ihre Patienten im Stich lassen, auch wenn sie noch nicht ausgereist sind, ihren Verpflichtungen als Ärzte nicht mehr nachkommen und nicht mehr arbeiten. [vier geschwärzte Zeilen] Richard von Weizsäcker bestätigte diese Meinung und erklärte, dass er sich mit dieser Meinung identifiziert und dass es sein engstes Anliegen in Westberlin gewesen sei, Arbeitsplätze zu schaffen, und dass es ihn ernstlich berührt, dass eine Vielzahl Ausreisender in Richtung Westberlin sich absetzte und dort wahrscheinlich keine Arbeit finden würde. Sie würden mehr Schwierigkeiten erfahren, als sie es vermuten würden. Er brachte zum Ausdruck, dass die jungen Leute, die ihre Eltern im Stich lassen, doch eine neue Tragik nach sich ziehen und dass im vollen Umfange versucht werden muss, dass dem Einhalt geboten wird, dass man Mittel und Möglichkeiten finden müsste, um auch zwischen den beiden Staaten eine vernünftige Lösung zu finden. Ausgehend vom Hauptinhalt seiner selbst gestellten Aufgabe als Regierender Bürgermeister von Westberlin, dort unmittelbar zur Schaffung von Arbeitsplätzen beizutragen, bzw. um die Frage der Wohnungsmisere zu klären, stellt Richard von Weizsäcker sich die Aufgabe, als Bundespräsident darauf hinzuwirken, dass sich das Verhältnis zwischen beiden deutschen Staaten weiter verbessert, wobei ihm persönlich klar sei, dass an bestimmten Positionen nicht gerüttelt werden darf, wenn es zu positiven Entwicklungstendenzen kommen soll.«

Auf den Besuch von Franz Josef Strauß in der DDR zu sprechen kommend, habe von Weizsäcker zum Ausdruck gebracht, dass er ihn schon lange aus der Fraktionsarbeit kenne. Dort habe er eine radikale Position bezogen. Seit dem Gespräch mit Honecker habe sich diesbezüglich ein Wandel vollzogen. Bei Strauß habe sich daraufhin die Meinung eingestellt, dass man mit den DDR-Politikern reden kann und es sich lohnt, mit ihnen zu reden.

»Außerdem brachte Weizsäcker zum Ausdruck, dass die Gespräche mit Erich Honecker konstruktiv seien, und dass für beide Seiten daraus volles Vertrauen mitgenommen werden konnte. Weiterhin sagte er, dass er das Gefühl habe, dass in der DDR der

politische Freiraum einer jeden Person betreffend mehr Großzügigkeit vorherrsche, als man allgemein in der Bundesrepublik annimmt. So habe er zum Kirchentag in Wittenberg ohne
Komplikation zur Diskussion sprechen können, ohne Absprache,
ohne Angabe eines Manuskripts. Er habe das nicht für möglich
gehalten und schätze es als sehr positiv ein.«

Im Bericht des IM heißt es weiter, Weizsäcker interessiere sich auch
dafür, wer Dr. Hans Modrow sei, da er auch mit ihm ein Gespräch
führen wolle.»Schließlich brachte Weizsäcker im Zusammenhang mit
Fragen zu Reisemöglichkeiten in NSW-Staaten [dem»nichtsozialistischen Wirtschaftsgebiet«] zum Ausdruck, dass er noch keine Regelung sehe. Dieses Problem liege nach seiner Meinung in der Anerkennung der DDR-Staatsbürgerschaft begründet.«

Im Beobachtungsbericht unter dem Decknamen »Waldkauz«
wurde wieder jede Minute protokolliert.

»Nachdem Weizsäcker um 12:50 Uhr die Wohnung der DDR-Bürgerin verlassen hatte, fuhr er mit seinem Pkw, gelotst durch eine
Person, zum Gästehaus der Bezirksleitung der SED Dresden, wo
er um 13:10 Uhr eintraf. Dort wurde Weizsäcker von der Leiterin
der Abteilung Internationale Verbindungen im Rat des Bezirks
Dresden begrüßt. Im Anschluss daran wurde das Programm mit
dem Gast durchgesprochen. Alle vorgesehenen Programmpunkte
wurden durch Weizsäcker bestätigt. Um 13:50 Uhr fuhr der Gast
zur SED-Bezirksleitung, wo er pünktlich um 14:00 Uhr eintraf.
Mit der verantwortlichen Mitarbeiterin für Protokollfragen wurde
Weizsäcker im Büro des 1. Sekretärs willkommen geheißen und
zum Genossen Hans Modrow geleitet. Nach Beendigung des Höflichkeitsbesuchs begab sich der Gast programmgemäß um 15:05
Uhr zu Fuß zur im Neubau befindlichen Semperoper und wurde
vom Aufbauleiter der Semperoper begleitet.«

Minutiös informiert das Beobachtungsprotokoll über das anschließende touristische Programm, das vom Besuch einer Ausstellung im Zwinger und des »Grünen Gewölbes« bis zu einer Opernaufführung im Großen Haus des Staatstheaters Dresden reichte. Anderntags, am 28. März 1984, wurde Weizsäcker programmgemäß um 9:20 Uhr zum Kombinat Robotron gelotst, wo er pünktlich um 9:30 Uhr eintraf. Bekanntlich war der VEB Kombinat Robotron der größte Computerhersteller der DDR und einer der bedeutenden Produzenten von Informationstechnologie im Rat für gegenseitige Wirtschaftshilfe (RGW). Als Volkseigener Betrieb und Kombinat unterstand er dem Ministerium für Elektrotechnik und Elektronik. Nach der Begrüßung durch den Direktor für Koordinierung Dr. Speidel sprach Weizsäcker mit Generaldirektor Wokurka. Der wesentliche Inhalt des Gesprächs ist in Weizsäckers Stasi-Akte zusammengefasst. Demzufolge wollte Weizsäcker wissen, welche kommerziellen Verbindungen das Kombinat »Robotron« in die Bundesrepublik unterhalte und ob Robotron ein technisch kommerzielles Büro in der Bundesrepublik habe, wie das Preisniveau der Erzeugnisse des Kombinats ausfalle, ob »Robotron« eine Monopolstellung im RGW habe und wie viel Prozent der Erzeugnisse exportiert würden. Durch das ganze Gespräch habe sich das Problem der Arbeitslosigkeit gezogen. Hier habe Weizsäcker die Frage anklingen lassen, wie die DDR mit ihrer verdeckten Arbeitslosigkeit zurechtkomme. Weizsäcker habe sehr aufmerksam die Ausführungen über die Rolle der Gewerkschaften, die Aufgaben der staatlichen und territorialen Organe im Zusammenhang mit der Umprofilierung von Arbeitskräften angehört. Nach Meinung des Generaldirektors sei dieses Thema bewusst von der Persönlichkeit so gezielt angesprochen worden, um Erfahrungen zu sammeln, da er in der Funktion des Bundespräsidenten unmittelbar damit konfrontiert würde.

»Ohne konkret zu werden, äußerte Weizsäcker, dass ihm als Politiker der Bereich Örtliche Versorgungswirtschaft in der BRD

Sorgen mache, da dies in der BRD-Wirtschaft am unterentwickeltesten sei. Konkret wollte von Weizsäcker noch wissen, ob die DDR über die BRD Reexporte mache. Es gebe in diesem Zusammenhang große Probleme in der EG. Der USA-Markt mache der BRD ebenfalls große Sorgen.«

Zu den Erzeugnissen des Kombinates äußerte sich Weizsäcker speziell zum Design sehr anerkennend. Im Zusammenhang mit der Vorstellung eines 16-kanaligen Fernsehapparates deutete er an, dass Dresden vielleicht auch das BRD-Fernsehen empfangen könne. Er selbst schaue sich täglich die *Aktuelle Kamera* und zum Teil Sportsendungen im DDR-Fernsehen an. Im Zusammenhang mit der Vorstellung von Fernsehgeräten deutete Weizsäcker an, dass es, wenn er in Bonn wohnhaft sein werde, einige Probleme mit dem Empfang von DDR-Fernsehsendungen geben könne.

Weiter heißt es im Protokoll, Genosse Wokurka schätze ein, dass sich Weizsäcker auf diese Gespräche vorbereitet habe, wie aus seinen Fragen ersichtlich sei. Die Gesprächsführung sei sachkundig und fließend verlaufen. Von Weizsäcker sei als einfacher und umgänglicher Mensch aufgetreten. Es seien keinerlei Andeutungen zum Problem Übersiedlungsersuchende und kirchliche Fragen seitens Weizsäckers gemacht worden. Nach Einschätzung Wokurkas sei der Besuch vom Gespräch her befriedigend gewesen. Um 11:30 Uhr sei der Besuch beendet gewesen. »Vorkommnisse während des Besuchs gab es nicht.«

Nach dem Besuch bei Robotron trat Weizsäcker sein Privatprogramm an und besuchte Landesbischof Dr. Johannes Hempel in dessen Dresdner Kanzlei. Darüber existieren keine Details. Vermerkt wurde, dass Weizsäcker und seine Begleitung während des gesamten Aufenthalts im Verantwortungsbereich der Bezirksverwaltung Dresden des MfS keine Telefongespräche geführt hätten.

Im Abschlussbericht über den nächsten »Aufenthalt des designierten Bundespräsidenten der BRD/CDU Dr. von Weizsäcker vom 31. März bis 2. April 1984 in den Bezirken Erfurt und Gera« unter der Aktion »Waldkauz« hieß es, dass der Besuch mit geringfügigen zeitlichen Verschiebungen »entsprechend dem zwischen dem Ministerium für Auswärtige Angelegenheiten der DDR, Abteilung Protokoll, und der Ständigen Vertretung der BRD in der DDR abgestimmten Programm verlaufen sei«.

»Am 31.3.1984, nach der Einnahme des Frühstücks im Interhotel ›Elefant‹, besuchte Weizsäcker in Begleitung von [Name geschwärzt] sowie des verantwortlichen Mitarbeiters vom Rat des Bezirks Erfurt in der Zeit von 9:00 bis 10:50 Uhr die Nationale Mahn- und Gedenkstätte Buchenwald. Die Führung erfolgte durch den Direktor der Nationalen Mahn- und Gedenkstätte (NMG) und umfasste das Modell des ehemaligen Konzentrationslagers, das Krematorium, den Bunker und Glockenturm sowie das Mahnmal.«

Im Tagesbericht heißt es:

»›Waldkauz‹ und seine Begleitung traten während des Rundgangs äußerst höflich, aber zurückhaltend auf. Gestellte Fragen bezogen sich ausnahmslos auf das ehemalige KZ, den 1945 organisierten Widerstand, die Anzahl und Behandlung der ehemaligen Häftlinge. Eine politische Wertung und Aussage wurde durch ›Waldkauz‹ generell gemieden. Eine Person [Name geschwärzt] tätigte an allen Besichtigungsorten Fotoaufnahmen, vermied dabei jedoch, dass Personen in die Aufnahmen einbezogen wurden. Am Glockenturm wurde ein Blumengebinde ohne Schleife abgelegt. Eine Eintragung in das Goldene Ehrenbuch erfolgte nicht. ›Waldkauz‹ bezeichnet die NMG als eine eindrucksvolle Anlage und dass die gewonnenen Eindrücke noch lange in ihm nachwirken würden.«

In einem weiteren Dokument berichtete ein IM über Fragen, die Weizsäcker gestellt habe:

- »Wer hat den Widerstand organisiert,
- wie wurden die Waffen beschafft,
- wie lief der 11. April ab,
- wann wurde der Schwur abgeleistet,
- was wurde aus Ilse und Karl Koch, hat es auch medizinische Versuche an Menschen gegeben,
- wie viele jüdische Häftlinge waren in Buchenwald, woher kamen diese,
- gibt es Treffen ehemaliger Buchenwald-Häftlinge,
- wer war der Organisator der Befreiung.«

Im Gesamtverhalten – so der IM – hätten Weizsäcker und seine Begleitung äußerst höflich und zuvorkommend gewirkt. Im Gespräch sei eine gewisse Zurückhaltung spürbar gewesen. Während des gesamten Aufenthaltes habe Weizsäcker keinerlei Bewertungen und Einschätzungen zur aktuell-politischen Lage sowie zu seinem Privatbesuch in der DDR abgegeben. Bei der Verabschiedung habe Weizsäcker bemerkt, dass die Eindrücke dieses Besuchs noch lange in ihm nachwirken würden. »Geschenke wurden nicht ausgetauscht. Informationen über die weiteren Pläne und Absichten Weizsäckers konnten nicht erarbeitet werden«, hieß es am Ende des IM-Berichts.

Dass Weizsäcker während seiner Reise in die DDR wenige Wochen vor seiner Wahl zum Bundespräsidenten nicht auffiel, dass es so gut wie keine Kontakte zu DDR-Bürgern gab, ist kaum zu glauben. Als prominenter Politiker der Bundesrepublik und vor allem als ehemaliger Regierender Bürgermeister von Berlin war Weizsäcker in der DDR bekannt wie ein bunter Hund. Seine eigene Zurückhaltung, sein totaler Verzicht, auf Menschen zuzugehen, sondern Gespräche nur mit Offiziellen zu führen, ist kaum zu begreifen. Sein Verhalten bei DDR-Reisen war nur Insidern bekannt. Ohne die hier erstmals veröffentlichten Beobachtungsberichte und ohne die Öffnung der Geheimdienstdokumente nach der Wiedervereinigung wären die Umstände von Weizsäckers zahlreichen DDR-Reisen niemals bekannt geworden. Leider hat der Altbundespräsident in seinen viel beachteten Memoiren 1997 darüber kein einziges Wort verloren.

Selbst den Stasi-Chronisten fiel auf, dass keinerlei Bestrebungen von Weizsäcker ausgingen, von sich aus Kontakte herzustellen oder irgendwie aufzufallen. Er unternahm keine Versuche, öffentlichkeitswirksam aufzutreten oder gar politische Meinungsäußerungen und Bewertungen zur aktuellen politischen Lage abzugeben. Auf keinen Fall wollte er Menschenansammlungen hervorrufen. Niemals sei es zu Störungen oder Zwischenfällen oder zu Annäherungsversuchen oder Kontaktaufnahmen von DDR-Bürgern gekommen.

Dass der prominente CDU-Politiker vor allem als Regierender Bürgermeister von Berlin»selbst täglich die *Aktuelle Kamera* und zum Teil Sportsendungen im DDR-Fernsehen« angeschaut haben will, ist eine Überraschung. Bekanntlich war die *Aktuelle Kamera* das Flaggschiff des DDR-Fernsehens und 38 Jahre lang Sprachrohr der SED-Parteiführung. Hier wurden vor allem Erfolge der SED-Diktatur vermeldet und peinlichst vermieden, über die schwierigen Lebensverhältnisse im SED-Staat zu informieren. Weizsäcker aber soll sogar laut darüber nachgedacht haben, dass es einige Probleme mit dem Empfang von DDR-Fernsehsendungen geben könne, wenn er in Bonn wohne. Ob er das tatsächlich ernst gemeint hatte?

Schon früh im Visier

Schon Mitte der Sechzigerjahre, als Ludwig Erhard und Kurt Georg Kiesinger Kanzler waren und es zur Großen Koalition von CDU und SPD kam, hatte der DDR-Geheimdienst ein Auge auf Weizsäcker geworfen, damals Präsident des Deutschen Evangelischen Kirchentages. Aber warum interessierten sich Mielkes Mannen überhaupt für den gleichzeitigen Geschäftsführenden Gesellschafter der Pharmazeutischen Werke C. H. Boehringer Sohn in Ingelheim am Rhein?

Das fünfbändige Aktenkonvolut des DDR-Geheimdienstes über Richard von Weizsäcker begann mit einem vierseitigen »Auskunftsbericht« über den am 15. April 1920 in Stuttgart geborenen Juristen Dr. Richard Freiherr von Weizsäcker. Zusammengetragen wurden alle wichtigen Lebens- und Berufsdaten, die bis zu diesem Zeitpunkt nach intensiver Recherche des DDR-Geheimdienstes herauszufinden waren. Dazu gehörten Angaben über seinen Vater Ernst von Weizsäcker, der Staatssekretär im Auswärtigen Amt und bis 1945 Botschafter beim Vatikan war. Über dessen NSDAP- und SS-Mitgliedschaft ebenso wie über dessen Rolle nach seiner Berufung ins Auswärtige Amt findet sich kein Wort im »Auskunftsbericht«. Es folgen zwei geschwärzte Zeilen, die sich nicht erschließen. Dabei hatten die Stasi-Rechercheure – wie mehrfach berichtet – direkten und exklusiven Zugang zum Berlin Document Center, kurz BDC, das sich der Aufbereitung und Auswertung von Personen- und Verwaltungsakten aus der NS-Zeit widmete. Die DDR-Staatssicherheit war über die Bestände des mit über 20 Millionen Akten größten und geheimnisvollsten Personenarchivs, das bis 1994 unter amerikanischer Verwaltung stand, genauestens im Bilde. Es umfasst die Gesamtkartei über alle ehemaligen SS-, SA- und NSDAP-Mitglieder seit 1929 und vieles andere mehr. Über die schwerwiegenden NS-Verstrickungen des Weizsäcker-Vaters hätten die MfS-Rechercheure mehrere »Aktive Maßnahmen« wie in anderen Fällen organisieren können. Eine frühe Zurückhaltung und Abstinenz der Stasi ist auffallend und kaum erklärbar.

1937 – so heißt es weiter – habe Richard von Weizsäcker nach dem Besuch der Schulen in Kopenhagen, Oslo und Bern die Reifeprüfung in Berlin abgelegt. Anschließend seien zwei Semester des Studiums der Rechtswissenschaft in Oxford und Grenoble gefolgt. In den Jahren von 1938 bis 1945 sei er im Arbeitsdienst gewesen und habe am Polenfeldzug teilgenommen. »Sein höchster Dienstgrad war Hauptmann«, ist abschließend zu lesen. An dieser Stelle enthielt sich der Stasi-Chronist überraschend und doch in Übereinstimmung mit der auch später so oft spürbaren Schonung und positiven Beurteilung von Weizsäcker jeglicher Bewertung seiner steilen Militärkarriere. Detaillierte Angaben über von Weizsäckers Teilnahme am Zweiten

Weltkrieg vom ersten Tag des Kriegsausbruchs 1939 bis zum Ende der Kriegshandlungen 1945 fehlten ganz. Im Gegensatz zu seinen Vorgängern Heinrich Lübke und Karl Carstens, deren Kriegseinsätze penibel nachgezeichnet wurden, verzichtet der »Auskunftsbericht« gänzlich auf Weizsäckers außergewöhnliche Kriegsteilnahme. 1945 habe Weizsäcker sein Studium in Göttingen wieder aufgenommen, heißt es lapidar.

Als Hilfsverteidiger beim Amerikanischen Militärgericht in Nürnberg, um an der Verteidigung seines Vaters mitzuwirken, habe Weizsäcker von 1947 bis 1948 fungiert. An dieser Stelle auch keine Zeile über seine tatsächliche Rolle in Nürnberg und auch kein Hinweis auf die enge Zusammenarbeit mit dem Verteidiger des Vaters Hellmut Becker, der 1937 unter der Mitgliedsnummer 4 455 499 in die NSDAP eingetreten war. Selbst über Weizsäckers Rolle beim Nürnberger Nachfolgeprozess informierte der DDR-Geheimdienst, der ansonsten jeden NS-Belasteten aus dem Freundes- und Bekanntenkreis von namhaften Politikern an den Pranger stellte, nicht.

1950 habe Weizsäcker seine erste juristische Staatsprüfung abgelegt. Seitdem sei er in der Wirtschaft tätig gewesen. Zunächst sei er in der Montanindustrie bis zum Leiter der wirtschaftspolitischen Abteilung beim Mannesmann-Konzern aufgestiegen. Danach habe er als Direktor einer Privatbank gearbeitet und sei zurzeit Geschäftsführender Gesellschafter einer der größten Firmen der deutschen pharmazeutischen Industrie. Gemeint war das Chemie- und Pharmaunternehmen Boehringer Ingelheim.

Nach Recherchen des Autors in den Achtzigerjahren engagierte der Göttinger Rechtswissenschaftler und Hochschullehrer Wolfgang Siebert Weizsäcker 1950 als seinen Assistenten. So musste er Entwürfe über das Vereinsrecht formulieren, über den Begriff von »Treu und Glauben« arbeiten und über den Paragrafen 242 des Bürgerlichen Gesetzbuches. Diese Arbeit soll Weizsäckers Interesse für sein Dissertationsthema geweckt haben. Berichtet wurde, dass er seine Arbeit selbst auswählen konnte und 1955 die 102 Schreibmaschinenseiten umfassende Doktorarbeit »Der faktische Verein« vorlegte. Schließlich soll er die mündliche Prüfung bestanden und die Gesamtnote »cum laude« erreicht haben. Doktorvater war Professor Siebert, ein stark belasteter Jurist aus der Nazizeit, der aber im Entnazifizierungsprozess als »Entlasteter« eingestuft worden war.

Nach Meinung des Historikers Norbert Götz gehörte Wolfgang Siebert zu den »furchtbaren Juristen«, die trotz einer aktiven Rolle im Nationalsozialismus in der Bundesrepublik nach 1945 Karriere machten. Siebert trat laut Akten aus dem Bundesarchiv bereits am 1. Mai 1933 unter der Mitgliedsnummer 2 255 445 der NSDAP bei und widmete sich mit besonderem Eifer der nationalsozialistischen Umgestaltung des Arbeitsrechts. Er soll unter anderem die Ansicht vertreten haben, »dass gegenüber Entscheidungen Adolf Hitlers, die in Gesetzes- oder Verordnungsform gekleidet waren, kein rechtliches Prüfungsrecht bestehen könne«. Der überzeugte Nationalsozialist wurde 1948 in seinem Entnazifizierungsverfahren als »entlastet« eingestuft und erhielt trotz seiner NS-Vergangenheit einen Lehrauftrag an der Universität Göttingen, wo er 1953 ordentlicher Professor wurde. Für den DDR-Geheimdienst waren all diese Fakten scheinbar bedeutungslos, jedenfalls kamen diese wichtigen Details in Weizsäckers Stasi-Akte nicht vor. Auch dafür findet sich 33 Jahre nach Ende der DDR und ihres Geheimdienstes keine plausible Erklärung.

Im bereits zitierten »Auskunftsbericht« ging es weiter mit dem Beginn von Weizsäckers Karriere in der Evangelischen Kirche. Er wurde in das Präsidium des Deutschen Evangelischen Kirchentages 1962 berufen und vom Präsidialausschuss des Kirchentages zum neuen Präsidenten des Kirchentages 1964 gewählt. Ausführlich gingen die Stasi-Chronisten auf diese für sie offenbar bedeutsame Wahl ein. Weizsäcker wurde Nachfolger von Reinhold von Thadden-Trieglaff, der »ein getreuer Verfechter der Politik der Bonner Regierung innerhalb der EKD« gewesen sei und »dafür das Große Verdienstkreuz der Bundesrepublik mit Stern und Schulterband« erhalten habe. Von Thadden-Trieglaff sei aus Altersgründen ausgeschieden und habe selbst Richard von Weizsäcker als seinen Nachfolger vorgeschlagen. Hier folgte ein längerer Ausschnitt aus der *Frankfurter Allgemeinen Zeitung* vom 3. Juli 1964. Richard von Weizsäcker habe bei der Übernahme seiner Funktion erklärt, »dass die Kirchentage in Berlin die ganz persönlichen Leistungen [von Thaddens] seien, der seinen Auftrag klar erkannt habe. Die Form, die Thadden dem Kirchentag aufgegeben habe, werde auch die Grundlage seiner eigenen Arbeit sein.«

»Weizsäcker erklärt in diesem Zusammenhang, dass die Begegnung der Evangelischen aus Mittel- und Westdeutschland lange Zeit ein besonderes Merkmal der Kirchentage gewesen sei. Diese Funktion könne der Kirchentag seit dem 13.8.1961 [Mauerbau] nicht mehr ausüben. Es dürfe aber nicht übersehen werden, dass durch diesen Einschnitt der Kirchentag mit Fragen konfrontiert worden sei, denen sich die Evangelische Kirche schon länger gegenübersehe. Die Suche nach der Antwort auf die Fragen, die die Menschen unserer Tage bewegten, stehe im Mittelpunkt aller Kirchentagsarbeit. Hierbei werde die Evangelische Kirche vertretbare Risiken eingehen.«

Weizsäckers kirchliches Engagement war für die Stasi immer wieder Thema. So zum Beispiel 1972:

»In seinem Auftreten ist er in Fragen antikommunistischer und antisemitischer Hetze und Verleumdung zurückhaltend gewesen. Im Zusammenhang mit seiner Kirchentagstätigkeit vertrat er, wie die EKD, eine Orientierung auf eine langfristige Entwicklung zur Überwindung der Teilung Deutschlands, der Erhaltung der Zusammengehörigkeit beider Teile und der Übermittlung von Informationen für das Durchhalten der Bevölkerung für diese Ziele. Er wandte sich 1972 in einer Unterredung mit dem stellvertretenden sowjetischen Außenminister Smirnow gegen die ›Abgrenzungspolitik‹ der SED in der DDR.«

Im ÖRK – gemeint ist der Ökumenische Rat der Kirchen in Genf – unterstützte von Weizsäcker das Antirassismus-Programm zur Hilfe für politische Bewegungen in der Dritten Welt. Er gehörte zu den eifrigsten Vertretern in diesem Gremium, die »besonders zur Problematik Menschenrechte den sozialistischen Ländern Verletzungen unterstellen«.

Abschließend verwies der »Auskunftsbericht« vom 19. Juli 1965 auf eine Erklärung Weizsäckers in seiner Neujahrsansprache, die in der Tageszeitung *Die Welt* abgedruckt worden war:

»Es ist dem Evangelischen Kirchentage stets in besonderem Maße zugefallen, durch die Begegnung der Menschen Ausdruck zu sein für die Zusammengehörigkeit der Deutschen im geteilten Deutschland.

… Eine wirksame Entwicklung, die die Teilung überwinden soll, ist nur denkbar, wenn sie sich nicht auf das geteilte Deutschland beschränkt, sondern die Zusammengehörigkeit ganz Europas im Auge hat. Bei der Deutschlandfrage gehe es auf dem Kirchentag nicht um konkrete politische Rezepte, sondern um Informationen für das Durchhalten der Bevölkerung in der gegenwärtigen Lage.«

Über die Gründe für das besondere Interesse des DDR-Geheimdienstes an Richard von Weizsäcker zu früher Zeit kann zwar nur spekuliert werden, aber klar ist: Als Präsident des Deutschen Evangelischen Kirchentages nahm er eine herausragende Stellung auch in den deutsch-deutschen Beziehungen ein und genoss daher hohes Ansehen auch in der DDR. Immerhin hielt ein Stasi-Chronist 1966 fest, dass der Deutsche Evangelische Kirchentag »eine sogenannte gesamtdeutsche Einrichtung darstellt, durch welche die Existenz von zwei deutschen Staaten ignoriert wird«.

Das Aktenkonvolut Weizsäckers weist von Anfang an zahlreiche Lücken in der Dokumentation von Spionagebeiträgen wie Einschätzungen, Analysen, Bewertungen und Planungen auf. Bekanntlich wurden die HVA-Akten unmittelbar nach dem Mauerfall großflächig vernichtet. Neben dem Grundlagenbericht ist die sogenannte Personenkartei F-16 erhalten geblieben, die dem zentralen Nachweis aller Personen, so auch im Falle Weizsäckers, diente. Sie enthält unter anderem Name, Vorname, Geburtsort, Geburtsdatum, Arbeitsstelle und vor allem das Erfassungsdatum. Danach legte die Stasi für Richard von Weizsäcker die F-16-Kartei bereits am 24. Juni 1955 unter der Registriernummer 9826/60 an. Die SIRA-Teildatenbank 21 unter dem Decknamen »Schwarz« wurde ab 1958 vom MfS-Mitarbeiter Rolf Troebner geführt. »Schwarz« war der Codename für die Christlich-Demokratische Union (CDU), der Weizsäcker seit 1954 angehörte.

Ab November 1960 führte der MfS-Mitarbeiter Sepp Schwab die Teildatenbank weiter, bis er von Peter Richter 1961 abgelöst wurde. Ihm folgte in der Aktenführung der Teildatenbank 21 ab 1963 bis Dezember 1980 MfS-Hauptmann Heinz Lehmann. 1930 in Riesa geboren, absolvierte er nach dem Besuch der Volksschule und der Ausbildung zum Rundfunkmechaniker ein Jahr lang die Bezirksparteischule in Dresden und trat im Februar 1955 in das MfS ein, wo er es nach mehreren Lehrgängen schließlich zum »Fachschuljuristen« brachte. Er begann als Sachbearbeiter, wurde Referent und »Offizier für Sonderaufgaben« mit einem Monatsgehalt von zuletzt 1300 Mark. 17 Jahre lang sichtete er an seinem Schreibtisch sämtliche Spitzelberichte über Richard von Weizsäcker »aus dem Operationsgebiet« und West-Berlin. Dokumentiert wurden in dieser Zeit von 1963 bis Ende 1980 138 Spitzelberichte, deren Themen in der Teildatenbank 12 entschlüsselt werden konnten. Stasi-Mann Heinz Lehmann – zehn Jahre älter als der spätere Bundespräsident – war über all diese Jahre Richard von Weizsäcker ganz nahe und verfügte über ein besonderes Spionagewissen in der Ost-Berliner Geheimdienst-Zentrale.

Trotz aller Akten-Vernichtungsaktionen der HVA nach dem Mauerfall blieben dennoch – wenn auch äußerst lückenhaft – Aktenkonvolute aus anderen MfS-Abteilungen erhalten, die auch im Falle Weizsäcker eine intensive Spionagetätigkeit belegten. Beispielsweise war vom Februar 1972 eine »Information« über Äußerungen Weizsäckers zu den Regierungsverhandlungen über den sogenannten Grundlagenvertrag zwischen der DDR und der Bundesrepublik zu finden.

Bekanntlich wurde der Vertrag über die Grundlagen der Beziehungen zwischen der Bundesrepublik Deutschland und der Deutschen Demokratischen Republik am 21. Dezember 1972 in Ost-Berlin unterzeichnet und trat im Juni 1973 in Kraft. Dem Vertragsschluss vorausgegangen waren zähe Verhandlungen zwischen den Bevollmächtigten in Bonn und Ost-Berlin. Innerhalb der CDU/CSU-Opposition entwickelte sich darüber ein heftiger Streit. Richard von Weizsäcker gehörte damals zu den wenigen Befürwortern des Vertrages – das war der Stasi natürlich einen Eintrag wert. Dazu gab es auch eine Stasi-Information über Äußerungen Weizsäckers zu den Regierungsverhandlungen zwischen der Bundesrepublik und der DDR. Danach befand sich Weizsäcker, »CDU-Bundestagsabgeordneter, Mitglied des Rates der EKD und des Exekutivausschusses des Weltkirchenrates«, auf Einladung des Leiters des Außenamtes des Moskauer Patriarchats, Metropolit Nikodim, am 4. Februar 1972 in Moskau. Der CDU-Mann war auf dem Weg zur Sitzung des Exekutivausschusses des Weltkirchenrates in Auckland, Neuseeland. Als Weizsäcker 1972 Moskau besuchte, wurde ein Gespräch mit dem sowjetischen Außenminister Smirnow dokumentiert. Dabei habe Weizsäcker die Ansicht vertreten, »die Problematik eines ›Grundvertrages‹ zwischen Bonn und Ost-Berlin angesichts der Abgrenzungspolitik der SED« falle schließlich ebenso in den Kompetenzbereich der vier Mächte. Die vier Mächte müssten sich auch mit dieser Frage befassen. Der ungenannte Spitzel stellte am Ende der »Information« fest, es müsse damit gerechnet werden, dass diese Ansichten entsprechend Weizsäckers kirchlichen Funktionen und Verbindungen auch in den Kreisen der evangelischen Kirchen und des Weltkirchenrates vertreten werden könnten.

Zwischen 1972 und 1976 notierte das MfS Informationen zur vorgesehenen Errichtung des Bundesamtes für Umweltschutz in West-

Berlin, über die Regierungspolitik der Bonner sozial-liberalen Koalition der Bundeskanzler Willy Brandt und Helmut Schmidt, über Weizsäckers Meinungen und Ansichten zu verschiedenen aktuellen politischen Fragen und zur zukünftigen Strategie und Taktik der Unionsparteien sowie zur innenpolitischen Lage der Bonner CDU/CSU-Opposition. Schließlich gab es Informationen über die Regierungspolitik der Bonner sozial-liberalen Koalition von Bundeskanzler Willy Brandt bis zu Kanzler Helmut Schmidt in den Jahren 1972 bis 1976.

Informationen über »die Haltung führender CDU-Politiker zur künftigen Strategie und Taktik der CDU« wurden ebenso notiert. Nach dem Verteiler ging eine dieser »streng geheimen« Informationen direkt an Honecker. Sie beschrieb ein Strategiepapier des CDU-Generalsekretärs Kurt Biedenkopf von Anfang 1975. Im Mittelpunkt standen dabei Analysen der weltpolitischen Lage, Fragen der Außenpolitik, der Rolle des Staates sowie der Wirtschafts- und Gesellschaftspolitik. Kritisiert wurde an dem Entwurf das Fehlen einer durchgehenden offensiven Auseinandersetzung mit der Regierungskoalition und ihrer Politik. Nach Auffassung Weizsäckers sei die Analyse zu stark unter ökonomischen Gesichtspunkten abgefasst worden und gehe in wichtigen Fragen noch nicht in die Tiefe. Im Rahmen der Diskussion zur künftigen Ostpolitik der CDU müsse sich die Partei entscheiden, ob sie weiterhin den Inhalt der bisherigen Ostpolitik oder nur deren Anwendung kritisieren wolle. Die Analyse des Entwicklungsstandes der westeuropäischen Integration sei nach Auffassung Weizsäckers zu optimistisch und formuliere die politischen Konsequenzen in Bezug auf die Zielsetzungen noch »blass und unklar«. Im Zuge der Überarbeitung des Strategiepapiers werde in der CDU-Führung mehrheitlich eine stärkere Betonung der Entwicklung der gesellschaftlichen Perspektiven der CDU sowie eine umfassendere Darstellung insbesondere der sozialen Komponente des marktwirtschaftlichen Systems in der BRD gefordert. Die im Entwurf von Biedenkopf herausgestellte zentrale politische Aufgabe der CDU zur Sicherung der nationalen Existenz sei bisher kaum in der Führung diskutiert worden. Nach Meinung Weizsäckers handele es sich nicht um die entscheidende Aufgabe der CDU, sondern ihre Erfüllung sei lediglich eine Voraussetzung für weiterreichende Ziele und Aufgaben der Partei. Schließlich wurde in der CDU-Führung eine sogenannte Strategiekommission mit der Aufgabe eingesetzt, die bisherigen Ergebnisse der Diskussion in den Entwurf einzuarbeiten. Ihr gehörten Weizsäcker, Biedenkopf, Dregger und andere CDU-Politiker an.

Am Schluss des ausführlichen Spitzelberichts stand der Hinweis: »Die Information darf im Interesse der Sicherheit der Quelle nicht publizistisch ausgewertet werden.« – Wer die Quelle war, lässt sich nicht ermitteln.

Ein Jahr später folgte in Weizsäckers Stasi-Akte ein weiterer »Auskunftsbericht«. Wieder ging es um seine Vita, wieder ging es um mögliche neue Erkenntnisse aus seinem bisherigen privaten wie politischen Leben. Neu erschien den Chronisten die Wahl Weizsäckers als CDU-Abgeordneter in den Deutschen Bundestag 1969 und seine Entwicklung seither. In Bonn regierte die sozial-liberale Koalition unter Bundeskanzler Willy Brandt und Bundesaußenminister Walter Scheel. Weizsäcker landete auf den Oppositionsbänken und wurde zum stellvertretenden Vorsitzenden der CDU/CSU-Bundestagsfraktion und zum Vorsitzenden der Grundsatzkommission im Bundesvorstand der CDU gewählt. Gleichzeitig trat er vom Amt des Präsidenten des Deutschen Evangelischen Kirchentages zurück.

Im Anhang wurde die Reisetätigkeit Weizsäckers in die DDR in den Jahren 1974 bis 1976 festgehalten. Dabei handelte es sich um eine Tagung des Exekutivkomitees des Weltkirchenrates in Bad Saarow, eine touristische Reise nach Potsdam und ein Treffen mit dem DDR-Staatssekretär für Kirchenfragen ebenfalls in Bad Saarow und ein nicht näher bezeichneter Besuch in der »Hauptstadt der DDR«.

Dazu gab es keinerlei Beobachtungsberichte. Auch die SIRA-Teildatenbank wies bis ins Jahr 1978 kaum nennenswerte Spitzelberichte aus Bonn, dem »Operationsgebiet«, auf.

Doch das sollte sich schon bald ändern. Mittlerweile zum MfS-Major aufgestiegen, registrierte Heinz Lehmann nach SIRA-Angaben im Zusammenhang mit der Wahl zum Regierenden Bürgermeister massenweise Spitzelberichte zu den politischen Entscheidungen in Sachen Weizsäcker aus Bonn und Berlin. Zu den auf Weizsäcker angesetzten IM zählten die bereits erwähnten »Fichtel« alias Adolf Kanter, IM »Max« alias Rudolf Maerker und zahlreiche nicht identifizierbare Spitzel und auch lediglich mit Decknamen bekannte Spitzel wie »Gaston«, »Iltis«, »Laporte«, »Becker«, »Jutta«, »Delphin«, »Krüger« alias Alfred Völkel, IM »Töpfer« alias Knut Gröndahl und »Mai«. Unübertroffen waren auch die Abhörprotokolle der elektronischen Spionage, die von der Hauptabteilung III des MfS unter dem Decknamen »Friedrich« mit der Registriernummer XV/213/73 gesammelt wurden.

Alle zusammen leisteten ganze Arbeit: In all diesen Spitzelberichten spiegelten sich die Ereignisse um Richard von Weizsäckers Engagement in Berlin wider. Aus ihnen wurden ständig »Informationen« für die MfS-Spitze und vor allem für die Mitglieder des SED-Politbüros zusammengefasst. In seitenlangen Beiträgen wurden die Erfolgschancen der West-Berliner CDU bei der Abgeordnetenhauswahl am 18. März 1979 bewertet, ebenso wie die Wirkung Weizsäckers auf die Wählerschaft und die Führungskreise von SPD und FDP. Natürlich wurden auch die Ergebnisse der Abgeordnetenhauswahl ausführlich analysiert und die Niederlage Weizsäckers und die Berliner CDU kritisch beschrieben.

Ein knappes Jahr später kam die sozial-liberale Regierungskoalition ins Trudeln und trat zurück. Wie bereits dargestellt, folgte im Mai 1981 eine Minderheitsregierung unter Richard von Weizsäcker und schließlich die Bildung einer Koalition mit der FDP im März 1983. Auch diesmal waren die eifrigen Spitzel wieder zur Stelle und lieferten massenweise Spionagematerial in die Zentrale nach Ost-Berlin. Allein vom Januar 1981 bis März 1983 registrierte die SIRA-Teildatenbank unter dem neuen MfS-Mitarbeiter Hauptmann Hans-Dieter Schlippes 177 Spitzelberichte von sage und schreibe

145 IM aus Bonn und West-Berlin. Hauptmann Schlippes, Dresdner des Jahrgangs 1944, fast ein Vierteljahrhundert jünger als die »Zielperson« Richard von Weizsäcker, war gelernter Maschinenbauer, SED-Mitglied seit 1965 und als wissenschaftlicher Mitarbeiter seit 1980 beim MfS angestellt. Durch seine Aktenführung besaß er eine besondere Kenntnis über die gesamte Vita Richard von Weizsäckers und seine Berliner Jahre als Spitzenpolitiker. Das belegen Personalunterlagen der Stasiunterlagenbehörde im Berliner Bundesarchiv.

Spitzenreiter der Informationsgeber war wieder die elektronische Datenerfassung unter dem Decknamen »Friedrich« mit der Registriernummer XV/213/73. Es folgten IM »Delphi« alias Karl-Heinz Schulze und IM »Komet« alias Dieter Assmann. Zudem gab es über 90 IM-Beiträge, deren Urheber nicht mehr zu erforschen sind. Natürlich lieferten auch die üblichen Verdächtigen Spionagebeiträge wie IM »Max« und IM »Fichtel«. Darunter waren detaillierte Beiträge über Hintergründe und Auseinandersetzungen zur Regierungsbildung in West-Berlin, über Monate und schließlich Jahre zu Weizsäckers politischem Handeln als Regierender Bürgermeister, aber auch als aktiver »Parteisoldat« der CDU. Jede seiner Äußerungen wurde auf die Goldwaage gelegt.

Im mehrbändigen Aktenkonvolut tauchte am 5. März 1981, zwei Monate vor Weizsäckers Amtsübernahme als Regierender Bürgermeister, ein »Aktenvermerk« von Oberst Stolze auf, Leiter der Abteilung IX, die Befugnisse eines Untersuchungsorgans hatte. Stasioffizier Wolfgang Mutz von der Stasiabteilung HVA X, zuständig für Desinformation westlicher Medien und »Aktive Maßnahmen«, bat

»1. um nochmalige Überprüfung, ob Unterlagen da sind zu von Weizsäcker, geb. am 15.4.1920 in Stuttgart. Es werden Materialien benötigt über die Vergangenheit von Weizsäcker. Er soll von 1938 bis 1945 der Wehrmacht angehört haben und als Hauptmann und Regimentsadjutant im IR 9 gedient haben.

2. um Feststellung, ob uns Dokumente vorliegen zu OKW [Oberkommando der Wehrmacht], die deutlich machen, wie der Posteingang von der Reichskanzlei oder Parteikanzlei oder anderen staatlichen Dienststellen im OKW behandelt wurde.

Muster heraussuchen, als Xerografie vorlegen.«

Sechs Wochen später antwortete Oberst Stolze seinem Kollegen Wolfgang Mutz von der Desinformationsabteilung: »Die in den Speichern der Hauptabteilung IX/11 durchgeführten Überprüfungen ergaben, dass zu der interessierten Person kein Material über die Zeit vor 1945 vorhanden ist.«

Außerdem lägen Dokumente zum Oberkommando der Wehrmacht, die deutlich machen, wie der Posteingang von der Reichskanzlei, der Parteikanzlei oder anderen staatlichen Dienststellen im OKW behandelt worden sei, nicht vor.

Diese interne Korrespondenz belegt erstmals, dass sich der DDR-Geheimdienst bis zu diesem Zeitpunkt 1981 überhaupt nicht um Weizsäckers herausragende Militärkarriere gekümmert hat. Im Gegensatz zu seinen Vorgängern im Amt des Bundespräsidenten wie Lübke oder Carstens, deren Leben und Arbeiten in der NS-Zeit genauestens erforscht und beschrieben wurden, tendierte das Interesse der Stasi an Weizsäckers steiler Militärkarriere von 1939 bis 1945 jahrelang gegen null. Wenn schon in den eigenen DDR-Archiven überraschenderweise nichts Brauchbares zu Weizsäckers Kriegsteilnahme gefunden werden konnte, hätte sich doch bei Interesse ein Blick Richtung Westen gelohnt. So wäre es ein Leichtes gewesen, auf ganz legalem Wege oder aber auch mit den Mitteln und Methoden der HVA beispielsweise im Militärarchiv in Freiburg alle vorhandenen Informationen über Weizsäckers Kriegsteilnahme herauszubekommen. Dazu schien im Falle Weizsäckers ein nicht erklärbares Desinteresse geherrscht zu haben. Bei allen bisherigen und künftigen »Personeneinschätzungen über Richard von Weizsäcker« im Konvolut seiner Stasi-Akte stand jeweils ein einziger Satz, nämlich »1938–

1945 faschistische Wehrmacht, zuletzt Hauptmann der Reserve und Regimentsadjutant im Infanterieregiment 9«.

Zumindest hätte es sich ab 1984 gelohnt, in meine erste Biografie des designierten Bundespräsidenten zu schauen. Auf rund 20 Seiten ging es um Richard von Weizsäckers Militär- und Kriegszeit. Danach kam er im Oktober 1938 durch seinen drei Jahre älteren Bruder Heinrich zum Potsdamer Eliteregiment I. R. 9. Wie der Autor damals schrieb, marschierten die Männer vom Infanterieregiment in der Nacht zum 27. August 1939 auf die Transportbahnhöfe, um nach Osten verladen zu werden. Dabei auch Leutnant Heinrich und Grenadier Richard von Weizsäcker. Am 1. September 1939 um 10:00 Uhr überschritt das Regiment die deutsch-polnische Grenze. Seit 4:45 Uhr war Krieg. Am zweiten Kriegstag – dem 2. September 1939 – wurde das Regiment in schwere Gefechte und Nahkämpfe verwickelt, geriet in starkes polnisches MG- und Infanteriefeuer. Im Nahkampf wurde Richards Bruder Heinrich, Zugführer des 2. Zuges, durch einen Halsschuss getötet, als er eine Handgranate werfen wollte. Zunächst konnte er nicht geborgen werden, da die polnischen Truppen weiter vorrückten. Nach einem Gegenstoß der deutschen Infanteristen wurde die Leiche Heinrichs zurückgetragen. Seine Kameraden benachrichtigten Bruder Richard, der in der darauffolgenden Nacht Totenwache hielt. Heinrich wurde in der Tucheler Heide bei Klonowo beerdigt. Zwei Wochen später wurde er auf Veranlassung des Vaters Ernst von Weizsäcker, Staatssekretär im Auswärtigen Amt, nach Stuttgart überführt und auf dem Soldatenfriedhof beigesetzt.

Wolfgang Paul schreibt in seinem Buch über die Geschichte des Potsdamer Infanterieregiments 9, dass es am 17. September 1939 bis zur polnischen Ostgrenze marschierte und einen Tag später den Rückmarsch aus dem eroberten Polen begann. Weiter ging es nach Königsberg und von dort im Seetransport über die Ostsee nach Stettin. Mit der Bahn wurde das I. R. 9 nach Mainz transportiert. Bis zum 9. Mai 1940 hieß der Auftrag Sicherung der deutschen Westgrenze in der Eifel in einem Abschnitt des Westwalls an der Grenze zu Luxemburg. Mit Beginn des Westfeldzuges am 10. Mai 1940 zog das Infanterieregiment 9 nach Pauls Angaben über Luxemburg und Belgien nach Frankreich. Richard von Weizsäcker befand sich nach eigenen Angaben während des Frankreich-Feldzuges auf einem Reserveoffizierslehrgang in Potsdam. Als Feldwebel kam er zu seinem alten Regiment zurück, das im Herbst 1940 wieder nach Polen in den südlichen Warteraum verlegt worden war. Am 11. März 1941 folgte ein »Landmarsch nach Osten«. Am Nachmittag des 21. Juni 1941 erfuhr das Regiment kurz vor der russischen Grenze, was bevorstand: der Feldzug gegen die Sowjetunion, das Unternehmen »Barbarossa« am 22. Juni 1941. Vier Wochen später wurde Richard von Weizsäcker erstmals verwundet und kam für vier Wochen ins Lazarett nach Berlin. Die Männer des Potsdamer Infanterieregiments überquerten unter schweren Verlusten den Dnjepr, rund 1000 Kilometer von der deutschen Grenze entfernt. Als von Weizsäcker nach seiner Genesung wieder zum alten Regiment zurückkehrte, lag es rund 380 Kilometer vor Moskau. Der Chronist Wolfgang Paul notierte:

»Ende November 1941 betrug die Entfernung zwischen der kämpfenden Truppe und dem Moskauer U-Bahnhof ›Majakowskaja‹, Hauptquartier des sowjetischen Generalstabes, etwa 35 Kilometer. Die Winterschlacht 1941/1942 war verheerend. Während dieses Feldzuges in Russland fielen bis zum 3. Dezember 1941 42 Offiziere, 127 wurden schwer verwundet, 2 waren vermisst. Gefallen waren 1343 Unteroffiziere und Mannschaften, verwundet 3250, 162 waren vermisst.«

Es ging um Leben und Tod. Die Mannschaften waren restlos erschöpft, sie wurden »fast wahnsinnig« vor Kälte.

Im März 1942 wurde Richard von Weizsäcker nach Mauerwald bei Lötzen in Ostpreußen, dem Sitz des Oberkommandos des Heeres, berufen. Mauerwald lag etwa 15 Kilometer vom Führerhauptquartier »Wolfsschanze« entfernt. Er wurde Ordonnanzoffizier beim

Oberquartiermeister und damit die rechte Hand des Generals Gerhard Matzky, der im Oberkommando des Heeres saß. Ihm unterstand alles, was im Generalstab »Feindbeobachtung« genannt wurde, also »Fremde Heere Ost«, »Fremde Heere West« sowie alle Militärattachés. Als Matzkys Assistent leitete der knapp 22-jährige Weizsäcker dessen Büro. In Mauerwald lernte Richard von Weizsäcker viele Offiziere kennen, die nach dem missglückten Attentatsversuch auf Hitler bekannt wurden. Ein einziges Mal in seinem Leben erlebte Weizsäcker nach eigenen Worten dort Adolf Hitler. Während der Stalingrad-Offensive wurde der Generalstab des Heeres nach Winniza in der Ukraine verlegt. Dabei waren auch General Gerhard Matzky und sein Ordonnanzoffizier Weizsäcker.

Ende Oktober 1942 kehrte Richard von Weizsäcker aus Winniza in der Ukraine als Oberleutnant zu seinem alten Regiment nach Dänemark zurück. Regimentskommandant war der 45-jährige Oberst Dewitz, und Richard von Weizsäcker wurde stellvertretender Regimentsadjutant. In den letzten Januarwochen 1943 wurde die neue 23. Infanteriedivision, zu der das Grenadierregiment 9 gehörte, von Dänemark an die Ostfront verlegt. Am 4. Februar 1943 traf das Regiment bei strengem Frost und Schneetreiben an der Front bei Kretschnow ein. Bei einer Gefechtsstärke von 1843 Mann hatte das Regiment eine Frontbreite von 13 Kilometern zu verteidigen. Ende des Monats marschierten die Grenadiere in einem Gewaltmarsch in neue Stellungen an der Newa bei Leningrad. Mittlerweile war Oberleutnant Richard von Weizsäcker Regimentsadjutant. Ehemalige Offiziere sagen: »eine halbe Lebensversicherung«. Damit übernahm er die Schlüsselstellung des Regiments. Er leitete den Regimentsstab, vertrat den Regimentskommandeur und besetzte den Regimentsgefechtsstand. Er war Personalchef von rund zweieinhalbtausend Mann (drei Bataillone, jedes Bataillon hatte vier Kompanien, zusätzlich einen Pionierzug und eine Panzerabwehrkompanie). Weizsäcker hatte Befehle im Gefechtsstand zu formulieren und an die Bataillone weiterzugeben. Zusammen mit den Kompaniechefs führte der junge Regimentsadjutant das Grenadierregiment 9 an der Ostfront. Am 22.

Juli 1943 begann die dritte Schlacht südlich des Ladogasees. Dabei verlor es die Hälfte seiner Gefechtsstärke. Am 5. August 1943 kehrten die Überlebenden des Grenadierregiments 9 in die alten Unterkünfte bei Krasnoje Selo zurück: 225 Soldaten. Mitte August 1943 wurde es wieder an die Front verlegt, kämpfte bis zum Jahreswechsel 1943/44 am Fluss Wolchow und bei Newel. Der Kampf wurde 1944 immer aussichtsloser. In verlustreichen Schlachten, die das Ende des Regiments andeuteten, verließen die Überlebenden am 17. Juli 1944 Russland und überschritten die lettische Grenze. Nach dem Attentat auf Hitler am 20. Juli 1944 wurde das Grenadierregiment 9 praktisch aufgelöst. Es wurde an der Ostfront bei aussichtslosen Gefechten eingesetzt. Es blieb eine Art Abwicklungskommando, das Weizsäcker als Regimentsadjutant zu leiten hatte.

Der Rest des Grenadierregiments 9 wurde ins Grenadierregiment 67 aufgenommen und erhielt den Auftrag, im Nordabschnitt der Ostfront die baltischen Inseln Ösel und Moon zu verteidigen. Auf dem Dampfer *Wartheland* ging es Richtung finnischer Meerbusen, eine Art Himmelfahrtskommando. Nach wenigen Tagen musste die Insel geräumt werden. Am 18. November 1944 begann der Endkampf im Finnischen Meerbusen um die Halbinsel Sworbe. Der Führerbefehl hieß, sie bis zum letzten Blutstropfen zu halten. Weihnachten 1944 verbrachten die Sworbe-Kämpfer in ihren ostpreußischen Quartieren. Neue Mannschaften kamen. In langen Nachtmärschen durch das tief verschneite Ostpreußen erreichten die Grenadiere Johannisburg. Mit dem Truppenzug fuhren sie weiter Richtung Allenstein. Ende Januar 1945 wurde das Grenadierregiment 67 von russischen Truppen bei Wartenburg eingeschlossen. Nur unter schweren Verlusten konnte es sich befreien. Auf dem weiteren Rückzug Richtung Pommern trennten russische Verbände die 23. Division in zwei Teile. Östlich blieben die Grenadiere zurück. Eine Rückkehr über Weichsel und Nogat war ausgeschlossen. Der Kampf aussichtslos. Nur ein Wunder konnte die Eingeschlossenen retten. Eine Evakuierung zum Frischen Haff war die einzige Chance. Der Chronist Wolfgang Paul berichtet weiter:

»Das Regiment ist nun wieder auf sich gestellt für den letzten Akt des ostpreußischen Dramas. Vorher, am 4. April, wurde noch der Regimentsadjutant Hauptmann Richard Freiherr von Weizsäcker, der verwundet unter den Letzten den Brückenkopf verließ, vom Divisionsführer für die Nennung im Ehrenblatt des Heeres vorgeschlagen. Am 6. April ist Abschiedsappell für alle Offiziere und Unteroffiziere des 67., auch für die des I. R. 9, das jetzt wieder Grenadierregiment 9 genannt wird. Grenadierregiment 9 sollte die Besatzung von Königsberg verstärken, aber dazu kam es nicht mehr, da am gleichen Tag der russische Sturm auf die Festung Königsberg einsetzte. Der Zugang nach Königsberg riss ab.«

Doch der letzte Regimentsadjutant des Grenadierregiments 9, Richard von Weizsäcker, konnte gerettet werden. Anfang April 1945 wurde er über das Frische Haff auf die Nehrung transportiert, dann von Danzig nach Kopenhagen. In letzter Minute entging er dem Schicksal seiner übrigen Regimentskameraden, denen nur die Gefangenschaft blieb. Kurze Zeit später demobilisierte er den Ersatztruppenteil, dem er zugeordnet war, selbst und setzte sich nach Lindau an den Bodensee ab. Dort erlebte er am 8. Mai 1945 die bedingungslose deutsche Kapitulation.

In der Biografie kommen zahlreiche Freunde und Bekannte des Bundespräsidenten vor. Drei für das Buch interviewte Kriegskameraden – Hans K. Fritzsche, Iring Fetscher und Hermann Priebe –, die von Weizsäcker dem Autor als nahestehende und besonders kenntnisreiche Zeitzeugen empfohlen hatte, beschrieben den Kriegsteilnehmer und Karrieresoldaten Richard von Weizsäcker als Mann im Dunstkreis des militärischen Widerstands. Alle drei ehemaligen NSDAP-Mitglieder taten so, als ob auch sie gemeinsam mit von Weizsäcker Hitler-Gegner gewesen seien. Diese Argumentationslinie hat er selbst nach 1945 bis zu seiner Amtszeit als sechster Bundespräsident durchgehalten und dabei seinen schwer NS-belasteten Vater Ernst von Weizsäcker mit eingeschlossen. Unterdessen wurde unter anderem in den Forschungen von Norbert Frei und Fridolin Schley diese Legendenbildung als unhaltbar entlarvt.

Richard von Weizsäckers Karriere im Grenadierregiment 9 wäre für die HVA und ihren Chef Generaloberst Markus Wolf ein gefundenes Fressen für sogenannte »Aktive Maßnahmen« der Abteilung XX gewesen. Bei Bundespräsident Heinrich Lübke reichte dem DDR-Geheimdienst allein seine Teilnahme am Ersten Weltkrieg dafür aus, ihn als Kriegstreiber an den Pranger zu stellen und ihn in der Manier des SED-Propagandisten Albert Norden anzuklagen. Daran gemessen bot sich im Falle Weizsäckers für die Ost-Berliner Geschichtsfälscher und Manipulateure ein ganzes Paket an Themen, bei denen es keinerlei Fälschungen bedurfte. Die Fakten hätten voll und ganz ausgereicht, um aus der Sicht des DDR-Geheimdienstes Weizsäcker zumindest als unerschrockenen Militaristen zu brandmarken und ihn für politische Ämter zu desavouieren.

Einige Beispiele: Der Grenadier Richard von Weizsäcker war gleich am ersten Tag des Kriegsausbruchs in Gefechte und Nahkämpfe verwickelt. Hatte er getötet? Dann der Feldzug gegen die Sowjetunion im Juni 1941. Die HVA-Mannen der Abteilung XX hätten gerade daraus eine riesige Propagandaaktion gegen Weizsäcker machen können. Gleiches hätte sich angeboten, als Weizsäcker zum Ordonnanzoffizier berufen wurde, wenige Kilometer vom Führerhauptquartier »Wolfsschanze« entfernt. Dass der 22-Jährige an jenem Ort Adolf Hitler erlebte, hätte nach den Regeln der HVA eine ebenso große Kampagne werden können. – Allein, der DDR-Geheimdienst hatte offenbar kein Interesse an harten Fakten. So blieb es das Geheimnis des Markus Wolf, des Erich Mielke und ihrer Helfershelfer, im Falle Weizsäcker alle Mittel und Methoden und vor allem die Regeln der Abteilung XX außer Kraft gesetzt zu haben. Welche Motive dafür ausschlaggebend waren, um den bekannten Kirchenmann und prominenten CDU-Spitzenpolitiker vonseiten der DDR-Spionage zu schonen, wird sich niemals mehr erforschen lassen. Das gilt auch für eine Art »Sonderstellung«, die sich auch noch an anderen Stellen der Weizsäcker-Vita dokumentieren lässt.

Vielleicht war es sein Auftreten »als intelligenter, taktisch wendiger, dabei toleranter, fairer und liberaler Politiker«, das zum Wohlwollen nicht nur in der Bevölkerung beiderseits der Mauer, sondern auch des Geheimdienstes führte. Weizsäcker, so die Stasi-Beobachter, habe es für sicherer gehalten, erst eine stabile materielle Basis für seine eigene Unabhängigkeit zu schaffen. Außerdem sei er von der Prämisse ausgegangen, dass man von Politik nur wenig verstehe, wenn man von der Wirtschaft gar nichts wisse.

Erneut wurde darauf verwiesen, dass er seine politische Arbeit im Rahmen der Leitungsgremien der Evangelischen Kirche der BRD begonnen habe, wo er rasch in Spitzenfunktionen aufgestiegen sei und politisches Profil gewonnen habe. Als engagierter Kirchenvertreter sei Weizsäcker zwar gläubig, aber nicht fromm. Er besuche Gottesdienste nicht regelmäßig.

Seine parteipolitische Entwicklung und seine Stellung in der CDU seien in der Vergangenheit und in der Gegenwart in beträchtlichem Maße von seinem persönlichen Verhältnis zum CDU-Vorsitzenden Kohl bestimmt gewesen. Dieser habe ihn 1966 für die Parteipolitik aktiviert und den schnellen Aufstieg Weizsäckers in Führungspositionen der CDU gefördert. Als »christdemokratischer Antityp« zu Strauß sowie als »Inbegriff politischer Anständigkeit« im Westen herausgestellt, gelte von Weizsäcker mit seinen konzeptionell-programmatischen Fähigkeiten und teilweise eigenwilligen politischen Ansichten in den Kreisen um Kohl als jederzeit für die personelle Erneuerung der Parteiführung geeignet.

In den Spitzeldokumenten ging es nach ausführlicher Darstellung und Einschätzung von Weizsäckers Parteikarriere und seinen Bemühungen um programmatische Erneuerung der CDU auch um seine Haltung gegenüber der DDR, die als widersprüchlich bezeichnet wurde. Grundsätzlich gehe er von »nationalistischen Positionen« aus, indem er nach wie vor an der These vom »Offenhalten der deutschen Frage« mit dem Ziel der Wiedervereinigung festhalte. Mit dem Fortschreiten des internationalen Entspannungsprozesses in den letzten Jahren plädiere er jedoch für eine stärkere Anpassung der Positionen der CDU/CSU an die von der Bundesregierung geschlossenen Verträge mit den sozialistischen Ländern, einschließlich der DDR. In der Erkenntnis, dass der Prozess der völkerrechtlichen Anerkennung der DDR auch von der CDU/CSU nicht aufzuhalten sei, betone er in offiziellen Gesprächen mit DDR-Vertretern die Bereitschaft seiner Partei zu normalen, sachlichen Kontakten, wobei er gleichzeitig damit Forderungen für größere »Freizügigkeit« verknüpfe.

West-Berlin betrachte er als »Prüfstein« und »Symbol« des Ringens zwischen Ost und West um die Richtung der Vertragspolitik. Eine Trennung der »Westberlin-Frage« von der Deutschlandpolitik sei, unter anderem wegen der Frage der Staatsangehörigkeit, völlig unannehmbar. Kriterium für Erfolge in der Deutschlandpolitik sei nicht die Wirkung in der innenpolitischen Auseinandersetzung in der BRD, sondern die »Wirkung auf die Menschen in der DDR«, deren Interessen zu vertreten seien.

Im Zusammenhang mit der Schlussakte von Helsinki fordere Weizsäcker dazu auf, nicht einfach auf die sowjetischen Wünsche zu reagieren, sondern im Hinblick auf die »menschlichen Kontakte« und den »Ausbau von Meinungen und Informationen« eine eigene westliche Entspannungspolitik aufzustellen. Was darunter zu verstehen sei, habe Weizsäcker auf der Jahrestagung des »Kuratoriums Unteilbares Deutschland« im Frühjahr 1977 erläutert. Danach müssten die Menschenrechte in den Mittelpunkt der Politik gerückt werden, da die »größte Schwäche des Ostens« gerade dort liege. Diese Menschenrechte dürften aber nicht an die Stelle des Zieles der »Einheit der Nation« gerückt, sondern als ein Bestandteil davon gesehen werden. Alle konkreten Regelungen mit der DDR seien annehmbar, sofern sie allen Deutschen zugutekämen.

Doch nicht nur außenpolitische Überzeugungen waren den Spionen wichtig, auch wenn diese für die DDR natürlich größere Auswirkungen haben konnten. In der aktualisierten »Personeneinschätzung« vom Juli 1981 gingen die Spitzel auch auf die Position Weizsäckers zu wichtigen innenpolitischen Fragen ein, die nach ihrer Kenntnis von »konservativen und antikommunistischen

Grundpositionen« bestimmt sei. Als »Interessenvertreter einfluss-reicher Monopolkreise« setze er sich aktiv für den Ausbau und die Sicherung des »staatsmonopolistischen Systems in der BRD« ein und spreche sich insbesondere für die weitere Stärkung der Staats-gewalt aus. Die Haltung Weizsäckers innerhalb der CDU sei von dem Bestreben gekennzeichnet, ausgleichend zwischen einzelnen Flügeln und Gruppierungen zu wirken und die Partei insgesamt auf gemäßigt-konservative Positionen festzulegen. Seine politische Her-kunft und sein bisheriger Werdegang hätten ihm eine gewisse Son-derstellung eingebracht, die ihn zu einem »Spezialisten für Minder-heitskandidaturen« werden ließe, dessen Aufgabe es sei, auch andere Kreise als die Stammwähler anzusprechen.

Mit der Kandidatur Weizsäckers, die für die damalige West-Berli-ner CDU-Führung völlig überraschend gekommen sei, habe die CDU-Zentrale in Bonn das Ziel verfolgt, die Attraktivität der CDU gegen-über jenen bürgerlichen Schichten zu erhöhen, die bislang von der West-Berliner CDU nicht erreicht worden seien. In erster Linie soll-ten liberale Wähler an die West-Berliner CDU gebunden werden, um die absolute Mehrheit zu erlangen bzw. die FDP mit seiner Person zu einem Koalitionswechsel zu bewegen. Mit der Nominierung Weizsä-ckers habe sich die Bonner CDU- Führung zugleich eine stärkere pro-grammatische Profilierung der West-Berliner CDU sowie eine Ver-sachlichung des Wahlkampfes erhofft. Die Verfehlung der absoluten Mehrheit am 10. Mai 1981, die anhaltende Weigerung der West-Berli-ner FDP, in eine Koalition mit der CDU einzuwilligen, sowie die Not-wendigkeit, mit einer Minderheitsregierung die Geschicke der Stadt lenken zu müssen, hätten inzwischen zu einer gewissen Ernüchterung Weizsäckers geführt. Entgegen seinen noch im Wahlkampf vertrete-nen Positionen habe sich Weizsäcker als Regierender Bürgermeister in seiner Regierungserklärung vom 2. Juli 1981 zu dem Eingeständnis gezwungen gesehen, dass die soziale und ökonomische Krise in West-Berlin nur langfristig überwunden werden könne. Seine Regierungs-erklärung habe das Bestreben Weizsäckers offenbart, in West-Berlin trotz seiner labilen parlamentarischen Basis das innen- und außenpolitische Konzept der CDU durchzusetzen. Sie weise auf eine gewisse Verschärfung der nationalistischen und revanchistischen Positionen gegenüber der DDR hin. Das finde unter anderem Ausdruck in dem Hinweis auf die Notwendigkeit der »Überwindung der Teilung Europas, Deutschlands und Berlins«. Eine offene Herausforderung der DDR stelle der Appell Weizsäckers an die »Landsleute drüben« sowie die Anmaßung dar, die gesamte »Berlin- und Deutschlandpolitik« des Senats auch für die Bürger der DDR durchführen zu wollen. Gleichzeitig sei er bestrebt, die Vertragspolitik mit den sozialistischen Ländern und deren positive Ergebnisse für West-Berlin fortzuführen.

Weizsäcker – so ist es notiert – habe gleichzeitig versichert, der Bundesregierung eine weitgehend loyale Haltung gegenüber dem ostpolitischen Kurs der SPD/FDP-Koalition zu erweisen. Er habe die bindende Zusage gegeben, die Bonner Politik in dieser Frage nicht zu stören und die außenpolitischen Aktivitäten West-Berlins in das Gesamtkonzept der Bundesregierung einzuordnen. Er wolle vermeiden, dass auf diesem Gebiet Bruchstellen zwischen Bonn und West-Berlin entstünden, die die Position West-Berlins insgesamt nur schwächen würden. Weizsäcker habe diese Zusagen vor allem aufgrund der wachsenden Abhängigkeit West-Berlins von der Bundeshilfe und wegen des Versprechens der Bundesregierung, diese finanziellen Zuschüsse weitgehend unangetastet zu lassen, gemacht.

Ein Interesse des Ost-Berliner Ministeriums für Staatssicherheit an Weizsäckers zweiter Regierungserklärung vom 10. Dezember 1981 war durch diese Aussagen geradezu vorprogrammiert und ihre kritische Auswertung erwartbar. Danach zeige sie »seine feindliche Haltung gegenüber der DDR«. Weizsäcker habe der DDR vorgeworfen, anstelle von Entspannung Angriffe gegen die Bundesrepublik, die NATO und die USA zu führen, was seinen Höhepunkt in der Erhöhung des »Mindestumtausches« gefunden habe. Er war 1980 fast verdoppelt worden. Gemeint war damit die Verpflichtung für Besucher der DDR aus dem nichtsozialistischen Wirtschaftsgebiet, einen bestimmten Betrag bei der Einreise in Mark der DDR zum offiziellen Kurs, der deutlich über dem Marktkurs lag, umzutauschen. An dieses eine Problem habe er alle anderen Probleme angeknüpft. Das reiche von Menschenrechten, Menschlichkeit und Nichteinhaltung des Grundlagenvertrages bis hin zur Frage der Nation. An dieser Stelle müsse erwähnt werden, dass Weizsäcker bisher noch nicht begriffen habe, dass die DDR ein souveräner sozialistischer deutscher Staat sei und West-Berlin kein Bestandteil der Bundesrepublik. In seinen Ausführungen habe Weizsäcker vor allem Veränderungen im Reise- und Besuchsverkehr verlangt, hauptsächlich die Aufhebung der Einreiseverweigerungen und die 24-Stunden-Regelung für Tagesbesucher sowie die fortdauernde Offenhaltung des Übergangs Staaken für den Transitverkehr mit Anschluss an den Autobahnring.

Im gleichen Zusammenhang habe er davon gesprochen, dass es positive Entwicklungen nur dann geben könne, wenn nicht nur eine wirtschaftliche und technische Zusammenarbeit bestünde, sondern auch die »menschlichen Begegnungen« verbessert würden. Unter menschlichen Begegnungen habe er solche gemeint wie verbesserte Reisebedingungen für alle DDR-Bürger oder den Wegfall der »Mauer« – ein rotes Tuch, denn im Osten war man schon damals der Überzeugung, die Honecker noch 1989 mit Nachdruck verkündete: »Die Mauer wird in 50 und auch in 100 Jahren noch bestehen bleiben, wenn die dazu vorhandenen Gründe nicht beseitigt werden.« Am Ende der Stasi-Auswertung von Weizsäckers Regierungserklärung vom Dezember 1981 wurde der Regierende Bürgermeister wörtlich zitiert:

»Regelmäßige Treffen sind Ausdruck der Entspannung, dazu gehört aber, ... dass Deutsche nicht mehr auf Deutsche schießen und die Mauer eines Tages verschwindet ... Es geht uns um die Sorgen und die Hoffnungen, die uns alle Deutsche hüben und drüben für die Zukunft miteinander verbinden.«

In einem weiteren Auskunftsbericht hielt ein Stasi-Mitarbeiter der Arbeitsgruppe XVII – Besucherbüro West-Berlin – Ähnliches fest: Der jetzige Regierende Bürgermeister von Berlin sei ein Gegner des

Sozialismus. Seine Stellung zur DDR drücke sich so aus, dass Weizsäcker in seinen Reden immer wieder erkläre, dass das Verhältnis zwischen Ost und West nur gelockert werden könne, wenn die DDR »vernünftiger« würde und endlich »menschliche Erleichterungen« für alle schaffe. Damit spiele er auf die Mindestumtauschregelung, auf die Herabsetzung des Alters für DDR-Bürger bei Reisen nach West-Berlin und in die BRD sowie weitere Erleichterungen in der Besuchsregelung an. Seine Beziehungen zur DDR und den anderen sozialistischen Staaten, vor allem zur Sowjetunion, würden sich auch so zeigen, dass er sich sehr stark mit den USA und der Bundesrepublik identifiziere.

Seit Beginn seiner Amtszeit als Regierender Bürgermeister von Berlin im Mai 1981 reiste Weizsäcker bewusst bei jeder sich bietenden Gelegenheit in die DDR, vor allem nach Potsdam und Ost-Berlin. Die zuständige MfS-Hauptabteilung VI, die sich in besonderer Weise mit dem grenzüberschreitenden Reiseverkehr befasste, hatte an den Grenzübergängen die Reisenden zu kontrollieren und abzufertigen. Deshalb waren die DDR-Passkontrolleure hauptamtliche Mitarbeiter der MfS-Hauptabteilung VI und trugen zur Tarnung Uniformen der Grenztruppen, wie es im MfS-Lexikon heißt. Sie fertigte jährliche »Übersichten zur Reisetätigkeit Richard von Weizsäckers« an. Daraus ging hervor, dass der Regierende Bürgermeister im zweiten Halbjahr 1981 neben Potsdam dreimal »Berlin, die Hauptstadt der DDR« besuchte, wie es im Jargon der Stasi hieß. Zu jedem DDR-Besuch erfolgten darüber hinaus seitenweise ausführliche Beobachtungsberichte.

Einmal schienen die Kontrolleure völlig überrascht zu sein, als Weizsäcker Mitte Dezember 1981 an der Grenzübergangsstelle Invalidenstraße auftauchte. Erkenntnisse über den Termin seiner Einreise lagen nicht rechtzeitig vor und mussten erst noch über das Ministerium für Auswärtige Angelegenheiten beschafft werden. Während der nachfolgenden Wartezeit sollen sich Weizsäcker und seine Begleitung ruhig verhalten haben. Aufgrund dieser Sachlage sei die Abfertigung nicht vollzogen worden und unverzüglich der Stellvertreter des Ministers, Generalmajor Neiber, und gleichzeitig das MfAA – das Ministerium für Auswärtige Angelegenheiten – informiert worden. Schließlich sei doch noch die Abfertigung erfolgt, und Weizsäcker habe die Grenzübergangsstelle in Richtung DDR verlassen. Zwei Angehörige der sowjetischen Botschaft, die mit einem Pkw der Marke Wolga im Hinterland der Grenzübergangsstelle eingetroffen seien, hätten Weizsäckers Fahrzeug in Richtung Hauptstadt zur sowjetischen Botschaft begleitet. Wie sich schließlich herausstellte, war Weizsäcker der Einladung des Botschafters der UdSSR in der DDR, Pjotr Abrassimow, gefolgt. Was bei diesem Treffen besprochen und verhandelt wurde, erfuhr vermutlich nicht einmal das MfS.

Auch gleich am ersten Tag des neuen Jahres 1982 kam der Regierende Bürgermeister von Berlin seiner Reiselust nach und fuhr für einen Tag als »Tourist in die Hauptstadt der DDR«. Die Abfertigung erfolgte nach dem Stasi-Protokoll »bevorzugt und höflich ohne Zollkontrolle«. Nach einem Spaziergang Unter den Linden/Leipziger Straße besuchte er in Begleitung einer nicht genannten Person die St.-Hedwigs-Kathedrale. Anschließend versuchte er, das Bodemuseum aufzusuchen, das aber geschlossen hatte. Schließlich begab er sich mit seinem Pkw zum Dorotheenstädtischen Friedhof, wo er sich etwa 10 Minuten aufhielt. Ohne mit irgendeinem Menschen in Kontakt zu treten, erfolgte die Ausreise über die Grenzübergangsstelle Bornholmer Straße »ohne besondere Vorkommnisse«. »Während der Grenzpassage in der Ausreise bedankte sich von Weizsäcker für die schnelle und höfliche Abfertigung«, hieß es abschließend im Protokoll.

In seiner Stasi-Akte registrierten die Chronisten für 1982 ein knappes Dutzend Besuche Weizsäckers in der DDR. Unter dem Decknamen »Waldkauz« blieb der Regierende Bürgermeister keine Sekunde lang unbeobachtet. Neben der Teilnahme an Treffen mit den Bischöfen der Evangelischen Kirche der DDR und Besuchen von Theater- und Opernaufführungen sowie dem einzigen geheim gehaltenen Treffen, einem Wiedersehen mit dem sowjetischen Botschafter in Ost-Berlin, fanden die MfS-Beobachter nichts Aufregendes oder

Ungewöhnliches zu protokollieren. Daran änderte sich auch nichts, als die Berliner CDU unter dem Vorsitz von Richard von Weizsäcker im März 1983 eine Koalition mit der FDP eingegangen war. Der in seinem Amt als Regierender Bürgermeister Berlins bestätigte Weizsäcker brach auch in diesem Jahr achtmal zu touristischen Aufenthalten auf, darunter nach Wittenberg zur Besichtigung der Lutherstätten und nach Potsdam. Der für die Stasi-Männer pflegeleichte »Waldkauz« blieb grundsätzlich unauffällig und mied jeglichen Kontakt zu DDR-Bürgern. Seine seit Jahren bewusst gewählten unauffälligen DDR-Besuche mit immer gleichem Ablauf und Ritual fanden auch im Jahr 1984 statt. Die Chronisten registrierten für den noch amtierenden Regierenden Bürgermeister und designierten Bundespräsidenten über 20 DDR-Reisen. Meistens besuchte er die »Hauptstadt der DDR« – wie es in den Beobachtungsberichten hieß –, darunter waren auch Treffen in der sowjetischen Botschaft. Es ging aber auch rein touristisch nach Potsdam, Dresden, Karl-Marx-Stadt, Gera, Erfurt und Eisenach. Politische Gespräche gab es so gut wie keine, sieht man von den Treffen mit dem sowjetischen Botschafter ab. Über die Motive Weizsäckers lässt sich nur spekulieren. Ihm war sicher klar, dass er als amtierender Bundespräsident keine Chancen mehr haben würde, in die DDR zu reisen.

Weizsäcker war nach wie vor eine wichtige »Zielperson« der DDR-Westspionage. Als Regierender Bürgermeister der CDU/FDP-Koalition seit März 1983 bis zur Wahl zum Bundespräsidenten im Mai 1984 verzeichnete die SIRA-Teildatendatei 12 117 Spionageberichte aus dem »Operationsgebiet« – gemeint ist die Bundesrepublik – und West-Berlin. Statistisch belegt sind über 70 auf ihn angesetzte IM, von denen 64 nicht zu identifizieren sind. Zu den eifrigsten Spionen zählten auch für diesen Zeitraum wieder die IM »Delphin«, »Komet«, »Max« und »Fichtel«. Doch die meisten Spitzelberichte waren wieder unter »Friedrich«, der elektronischen Spionage, festgehalten worden. Inhaltlich ging es viele Male um die Nachfolge von Bundespräsident Karl Carstens und die zögerliche Haltung des CDU-Bundesvorsitzenden Helmut Kohl. Auch die innerparteilichen Auseinandersetzungen und personalpolitischen Grabenkämpfe im CDU-Landesverband West-Berlin im Zusammenhang mit dem erwarteten Rückzug Weizsäckers aus der West-Berliner Politik waren Themen. Selbst die kleinsten Details im Zusammenhang mit der Nominierung des BRD-Präsidentschaftskandidaten fanden ihren Niederschlag in Spitzelberichten. Auch das Gespräch des »Genossen E. Honecker mit Weizsäcker« bedurfte ständiger Einschätzungen und politischer Reaktionen. Dazu zählten auch Wertungen der Unionsparteien zu dem Honecker/Weizsäcker-Treffen. Dieses Thema nahm im zweiten Halbjahr 1983 einen breiten Raum ein.

Je näher schließlich der Termin zur Wahl Weizsäckers zum Bundespräsidenten im Mai 1984 rückte, umso häufiger waren Spitzelberichte über seine Nominierung verzeichnet. Auf die Waage gelegt wurden Analysen zu den Positionen des künftigen Bundespräsidenten bei den deutsch-deutschen Beziehungen. Fleißig sammelten die Bonner Kundschafter des MfS Auffassungen, Wertungen und Meinungen der Bonner Politiker aus Regierung und Opposition zur bevorstehenden Weizsäcker-Wahl. Interessant waren elektronisch aufgefangene, also abgehörte Telefonate zu »internen Einschätzungen des Verlegers Axel Cäsar Springer«. Thematisch ging es in den Spitzelberichten ständig auch um die Lage in der Berliner CDU nach Weizsäckers Ausscheiden.

Schließlich war die Entwicklung der Beziehungen zwischen den beiden deutschen Staaten ein Dauerthema der HVA-Spionage. Darunter waren Spekulationen über einen möglichen Besuch Erich Honeckers in der Bundesrepublik, die sich in einer ganzen Reihe von Spionagebeiträgen niederschlugen. Gerade sie mögen für das Politbüro und namentlich für den SED-Generalsekretär Erich Honecker besonders lesenswert gewesen sein. Wie groß der mit hohem personellen wie materiellen Aufwand betriebene Kampf um den gewollten Informationsvorsprung durch die West-Spionage des MfS auch im Falle Weizsäckers tatsächlich war, lässt sich nicht beziffern. Welchen politischen Wert die kaum zu bewältigende Informationsmenge des MfS für die politische Elite des SED-Staates hatte, bleibt ein Geheimnis.

Erfüllung eines Lebenstraums

Am 23. Mai 1984 wählte die Bundesversammlung Richard von Weizsäcker zum sechsten Präsidenten der Bundesrepublik Deutschland. Am 1. Juli 1984 trat er sein Amt an. Ein Lebenstraum war in Erfüllung gegangen, für den er ungewöhnlich hart hatte kämpfen müssen. Diesen Weg hatten die Männer um den Chef der DDR-Auslandsspionage des Ost-Berliner Ministeriums für Staatssicherheit, Markus Wolf, genauestens verfolgt. Mit der Wahl Weizsäckers zum höchsten Repräsentanten der Bonner Republik setzte der DDR-Geheimdienst seine bisherige Linie der intensiven Spionagetätigkeit fort, deren Ergebnisse in der Wendezeit bekanntlich weitestgehend vernichtet wurden.

Zwei Tage bevor die Zeit als designierter Bundespräsident mit der so sehnlichst erwarteten Wahl zu Ende gegangen war, hatte Generalmajor Paul Kienberg einen neuen ausgeklügelten Maßnahmeplan für ein anstehendes Ereignis entworfen. Der Leiter der Hauptabteilung XX, die nicht nur weite Teile des Staatsapparats, sondern unter anderem auch die Kirchen überwachte, informierte über eine Einladung des Evangelischen Kirchentages in der DDR an eine zehnköpfige Abordnung der Kirchentagsarbeit der BRD. Der gerade frisch gewählte Bundespräsident sollte ebenfalls dabei sein. Kienberg ging es um die politisch-operative Kontrolle und die Sicherung der Veranstaltung in Eisenach vom 26. bis 29. Mai 1984. Kienbaum lieferte die Teilnehmerliste und informierte über ein Essen auf der Wartburg, zu dem Klaus Gysi, DDR-Staatssekretär für Kirchenfragen, einladen würde.

Weiter hieß es in diesem Maßnahmeplan zu einem nächsten Treffen:

»Entsprechend einem von Weizsäcker geäußerten Wunsch findet am 28.5.1984 um 12:00 Uhr im Schloss Niederschönhausen eine Zusammenkunft des Mitgliedes des Politbüros und Präsidenten der Volkskammer, Genossen Horst Sindermann, mit Richard von Weizsäcker statt.«

Neben dem vorläufigen Programm wurde eine ganze Reihe von Maßnahmen genannt, die eine »ständige operative Kontrolle und einen störungsfreien Verlauf der Begegnungen gewährleisten« sollten. Außerdem sollten »zur offensiven inoffiziellen Einflussnahme, zur operativen Kontrolle von Personen und zur Informationsbeschaffung« fünf IM eingesetzt werden. An der Spitze stand IMB »Sekretär« alias Manfred Stolpe.

Der Kirchenjurist und Konsistorialratspräsident der Ostregion der Evangelischen Kirche Berlin-Brandenburg und bis zum Ende der DDR zusätzlich stellvertretender Vorsitzender des Bundes der Evangelischen Kirchen in der DDR wurde über viele Jahre vom DDR-Geheimdienst als »Inoffizieller Mitarbeiter der Abwehr mit Feindverbindung« (IMB) unter dem genannten Decknamen geführt. Manfred Stolpe, von 1990 bis 2002 Ministerpräsident des Landes Brandenburg und von 2002 bis 2005 Bundesminister für Verkehr, Bau- und Wohnungswesen, hat seine Spionagetätigkeit bis zu seinem Tod 2019 bestritten. Allerdings belegen eine ganze Reihe von prall gefüllten Aktenordnern Stolpes enge Zusammenarbeit mit der Stasi. Wie viele Spitzelbeiträge welchen Inhalts IM »Sekretär« diesmal aus Eisenach lieferte – gleiches gilt für IM »Gerstenberger« und IM »Burg« –, wurde in Weizsäckers Stasi-Akte jedoch nicht dokumentiert. Der Sozialdemokrat Stolpe jedenfalls blieb zeit seines Lebens ein enger Freund Weizsäckers.

Richard von Weizsäcker kam, was in Bonn vermutlich niemand für möglich gehalten hatte, drei Tage nach seiner Wahl zum Bundespräsidenten tatsächlich der Einladung seiner langjährigen Freunde und Kontaktpersonen in Leitungsfunktionen des Evangelischen Kirchentages in der DDR nach und fuhr nach Eisenach. Als wäre nichts passiert, gingen die Stasi-Grenzer und ihre Genossen von der Einsatzgruppe und »Beobachter« einfach ihrem Job nach. Wie immer unter dem Decknamen »Waldkauz« dokumentierten die Stasi-Leute die Ein- und Ausreise des »neugewählten Bundespräsidenten der BRD« ebenso wie den kompletten zweitägigen Verlauf dieser deutsch-deutschen Begegnungen. Dazu gehörten auch handgeschriebene IM-Berichte wie der vom 26. Mai 1984 um 15 Uhr. Darin heißt es, Herr Weizsäcker habe sich für die Bereitschaft der DDR-Organe und die entsprechenden Vorbereitungen bedankt. Er habe nach wie vor Interesse an dem Gespräch, befinde sich jedoch in großer Verlegenheit. »Springer« – gemeint ist der Verleger unter anderem der *Bild*-Zeitung – habe Kenntnis vom Aufenthalt durch Indiskretionen bekommen und bereite einen Angriff vor. So solle ihm unterstellt werden, den Status von Berlin zu interpretieren. Zwei [Namen geschwärzt] hätten sich bereits ablehnend geäußert. Er, von Weizsäcker, wolle aber gern die Begegnungen und bitte herzlichst, ihm das »Doppel« zu ersparen. Er verstünde darunter »die Begegnung als offizielles Ereignis und dann in Berlin«. Es folgen zwei geschwärzte Zeilen.

Am Ende des handgeschriebenen Berichts hieß es »v. W. bittet um Verständnis, dass er seine Möglichkeiten nicht vorzeitig verspielen will«. Hier deutet sich bereits Weizsäckers zukünftige Haltung als Bundespräsident an. Denn es war zu lesen, dass am Abend des 27. Mai 1984 der Landeskirchenrat von Thüringen und Bischof Leich in seinem Amtssitz einen Empfang gegeben hätten, auf dem überraschenderweise Richard von Weizsäcker das Wort ergriffen habe. Danach habe er sich über sein Gespräch mit Horst Sindermann geäußert, das von der Thüringer Kirchenleitung geschickt arrangiert worden sei. Aus diesem vertraulichen Gespräch habe sich tatsächlich eine intensive persönliche Verbindung ergeben, die die Ereignisse der letzten Monate mitbestimmt hätte. Weizsäcker habe weiterhin Ausführungen zur besonderen Lage der beiden deutschen Staaten als Mitglieder feindlicher Blöcke gemacht, die jedoch immer freundlicher werdende Beziehungen zueinander entwickelten. Beide Seiten hätten die Absicht, die Beziehungen zueinander zu verbessern, ohne jedoch aus ihren Bündnissen auszusteigen. Man sollte auf beiden Seiten realistisch bleiben und sich nicht zu viel vornehmen. Das sei das Gefährlichste in der gegenwärtigen Zeit. Die beiden Staaten hätten zarte Schultern, und sie könnten sich nicht alles aufladen. Das Gespräch zwischen beiden Staaten müsste aufrechterhalten werden. Kleine Schritte müssten gesucht und gegangen werden – vom Energieverbund bis zum Treffen der Kirchentagsarbeit. Weizsäcker brachte seine Überraschung zum Ausdruck, dass man in der DDR von seiner Wahl Kenntnis genommen habe und dies auf warmherzige Weise zum Ausdruck bringe. Er fahre mit positiven Erwartungen nach Berlin.

Über das Treffen des Präsidenten der DDR-Volkskammer Horst Sindermann mit dem gewählten Bundespräsidenten Richard von Weizsäcker Ende Mai 1984 gab es keinerlei Informationen, weder in Weizsäckers Stasi-Akte noch in der Presse. Überliefert ist auch nicht, wie dieser Besuch Weizsäckers mit dem »Wortschöpfer« Sindermann, der 1961 die Berliner Mauer als »antifaschistischen Schutzwall« bezeichnet hatte und an diesem Begriff auch nach dem Ende der DDR festhielt, in Kreisen der Bonner Bundesregierung bewertet wurde. Am Ende seiner siebenseitigen »Information« über das zweitägige Treffen in Eisenach fasste Major Hermann die Einschätzung des Ministeriums für Staatssicherheit zusammen: Kirchlicherseits habe von Anfang an großes Interesse daran bestanden, dass es sich um eine interne und »private« Zusammenkunft der DDR- mit den BRD-Vertretern handelte und dementsprechend keine Öffentlichkeitswirksamkeit beabsichtigt war. Der »prominente« Gast Richard von Weizsäcker sei selbst bei seinen Fußmärschen zwischen den Objekten kaum von Passanten oder bundesdeutschen Touristen erkannt worden. Es sei dabei zu keinerlei nennenswerten Reaktionen gekommen. Einzelne Kinder hätten von Weizsäcker in der Kirche und auf der Wartburg Autogramme erbeten.

In Weizsäckers Stasi-Akte findet sich eine von Major Hermann vorgenommene Zusammenfassung von IM-Berichten der Hauptabteilung XX, zu der auch die Bespitzelung der Kirchen gehörte. Darin wird noch einmal das große Interesse kirchlicherseits an die »unauffällige« und mit internem Charakter gestaltete Begegnung erinnert. Weizsäckers »unauffälliges« und »zurückhaltendes« Auftreten und seine »abgewogenen« Ausführungen hätten dazu gedient, die in der Kirchentagsarbeit der DDR führenden Vertreter für sich zu gewinnen und weitere Sympathien für seine Politik der »kleinen Schritte« zu wecken. Einem weiteren Papier zufolge, das per Telex die Stasi-Zentrale erreichte, habe Weizsäcker in persönlichen Gesprächen folgende Gedanken dargelegt: Er halte einen Parlamentarieraustausch zwischen Bundestag und Volkskammer für erforderlich. Besuche von Gruppen dieser Gremien sollten intensiviert werden. Im Ergebnis dieser Kontakte sei eine feste Kommission anzustreben. Inhaltlich sollte sich dieser Parlamentarieraustausch mit beide deutsche Staaten bewegenden Fragen befassen. Es sollte ein festes Programm, beide deutsche Staaten betreffend, entwickelt werden. Weizsäcker habe vorrangig Fragen des Umweltschutzes, der Erhaltung und Sicherung des Friedens und vertrauensbildende Maßnahmen im Auge. Die zwei deutschen Staaten unterschiedlicher Gesellschaftsordnung sollten den »Großen« zeigen, wie man einen gemeinsamen Weg finden könne.

Weizsäcker bezeichnete das Gespräch mit Sindermann als ein »Aufzeichnen« von Wegen, wie es weitergehen könne, ohne dass einer der beiden deutschen Staaten seine Souveränität aufgebe. Er – Weizsäcker – habe in diesem Gespräch gespürt, dass die DDR ernsthaftes Interesse an bilateralen Gesprächen habe. Er wolle seine staatliche Politik und die evangelischen Kirchen nutzen, um seine politischen Ziele zu verfolgen. Aus diesem Grunde werde er Mitglied des Präsidiums der Kirchentage der Bundesrepublik bleiben. Er wolle erreichen, dass sich die einzelnen evangelischen Kirchen, auch die der DDR, dieser Art von Politik verstärkt widmen, weil im Bereich der evangelischen Kirchen die meisten Kontakte zwischen beiden deutschen Staaten vorhanden seien.

Es war wohl ein zweischneidiges Gefühl für die Oberen der DDR, denn anzumerken bleibt, dass Weizsäckers Äußerungen nicht den politischen Überzeugungen der Bonner Regierungskoalition aus CDU/CSU und FDP und schon gar nicht den deutschlandpolitischen Aktivitäten von Kanzler Helmut Kohl entsprachen. Am 25. Juli 1984 stellte das Ministerium für Staatssicherheit eine neue umfassende »Biografie über Weizsäcker, Richard von« zusammen:

- »W. wird in Presseberichten als ›liberales Aushängeschild‹ der CDU charakterisiert. ...
- W. liebt d. familiäre Behaglichkeit, bereitet gern Tee auf englische Art, spielt Schach, liest viel und ist leidenschaftlicher Sammler von Ikonen.
- Seine besonderen Interessensgebiete sind Theologie und Zeitgeschichte.«

Danach heißt es unter »Politisch-operativen Besonderheiten«:

- »W. bezeichnet Westberlin als ein ›Symbol der nationalen Einheit‹, dessen ›Sicherheit und Freiheit untrennbar mit dem Engagement der USA zusammenhänge‹. Wenn Westberlin ein brauchbarer ›Stützpfeiler‹ des Willens zur Überwindung der Trennung von Staat, Land und Kontinent bleiben wolle, müsse eine ›Stadtpolitik‹ betrieben werden, die ›sowjetische Absichten einer inneren Auszehrung zu widerlegen vermag‹.
- Versucht, als BRD-Politiker in die DDR einzureisen, negiert geltende rechtl. Bestimmungen der DDR und des Völkerrechts (Westberlin als 13. BRD-Land).
- widersprüchliche Haltung zur DDR, konkret, eine Linie der derzeitigen CDU-Regierung Kohls.
- ›Einheit der Nation‹.
- Auf dem Hamburger CDU-Parteitag 1973 definierte er seinen Auftrag, eine ›freiheitliche Alternative‹ zum Klassenkampf, zur

Staatswirtschaft und zum Kollektiveigentum zu entwickeln mit dem Ziel, das ›deutsche Volk vor einem neuen radikalen Irrtum zu bewahren, der ihm durch die Ideologie der Marxisten‹ drohe. Seine Aufgabe bestand darin, ein Programm zu entwerfen, das den reaktionären Kern der Innen- und Außenpolitik der CDU verschleiert und der Partei ein modernes Gesicht gibt.

- Befürwortet Normalisierung der Beziehungen zur SU.
- Befürwortet wirtschaftliche Kooperation mit den sozialistischen Staaten«.

Schließlich folgt ein fünfseitiges, eng mit Schreibmaschine getipptes, »streng geheimes« Papier über »Dr. Richard Freiherr von Weizsäcker, Bundespräsident der BRD«. Bei genauerem Hinsehen entpuppt sich dieses als Sammlung von altbekannten und schon mehrfach dargestellten Einschätzungen und Fakten. Vermutlich wurde auch diesmal keine Anstrengung unternommen, Neues in Erfahrung zu bringen, um das Leben des Spitzenpolitikers der CDU zu durchleuchten. Dabei hätte spätestens an dieser Stelle der DDR-Geheimdienst das aufholen müssen, was er bis zur Stunde bei Weizsäcker im Vergleich zu anderen Spitzenpolitikern der Bundesrepublik versäumt hatte. Mit der Wahl zum höchsten Repräsentanten der Bundesrepublik hätte es sich angeboten, endlich die bisher völlig vernachlässigte Vergangenheit des Karrierepolitikers und seiner Familie zu ergründen.

In allen anderen Fällen wurde bei Eltern, Geschwistern, Verwandten, Freunden und Kollegen vor allem danach geforscht, wie sie die Jahre des Nationalsozialismus erlebt und überlebt hatten. Fragen nach der Kriegsteilnahme und vor allem in welcher Funktion oder einer NSDAP-Mitgliedschaft spielten bei den Recherchen der Stasi eine überragende Rolle. Als Mitglied in der NSDAP wie bei Richard von Weizsäckers Vater hätte die Propagandamaschinerie angeworfen und in »Aktive Maßnahmen« umgesetzt werden können. Für den SED-Propagandisten Albert Norden, dem das Ministerium für Staatssicherheit alle notwendigen echten oder auch manipulierten

Dokumente lieferte, wäre die Familie Weizsäcker wie bei unzähligen vergleichbaren NS-Belasteten eigentlich ein gefundenes Fressen gewesen. Warum Albert Norden schwieg und nichts geschah, was die Eltern des späteren Bundespräsidenten hätte belasten und in denkbar schlechtes Licht stellen können, ist nicht zu klären. So bleibt es ein großes Geheimnis der Ost-Berliner Stasi-Zentrale und jenes prominenten SED-Propagandisten, warum die Weizsäcker-Eltern über Jahre geschont und nicht wegen ihrer frühen NSDAP-Mitgliedschaft »angeklagt« wurden. Dabei hätten sich die Männer in Ost-Berlins Normannenstraße ihrem Auftrag gemäß – nämlich auszuspähen, irrezuführen und zu zersetzen – diesmal keinerlei Fälschungen bedienen müssen. Die Faktenlage im Falle der Weizsäckers war so eindeutig mit aussagekräftigen Dokumenten zu untermauern wie bei kaum einer vergleichbaren prominenten Politikerfamilie.

Doch die sonst so gewieften Rechercheure der Staatssicherheit hatten offenbar die Weisung, nichts zu unternehmen. Sie schienen bewusst keinen einzigen Blick auf die Nazi-Vergangenheit der Weizsäcker-Eltern zu werfen. Über die tiefen Verstrickungen des Vaters von Richard von Weizsäcker, Ernst von Weizsäcker, in die Verbrechen des Nationalsozialismus befand sich deshalb kein einziges Wort in der mehrbändigen Stasi-Akte seines Sohnes. Dabei hätte Vater Ernst, der einflussreiche Staatssekretär mit seiner steilen Karriere und den schlimmsten Verstrickungen in der Nazizeit, genügend Stoff geboten:

Ernst von Weizsäcker hatte ab 1938 unter Reichsaußenminister Joachim von Ribbentrop das Amt des Staatssekretärs übernommen und war damit der höchste Diplomat im Nationalsozialismus. Bereits am 1. Dezember 1936 war er in die NSDAP eingetreten und hatte die Mitgliedsnummer 4 814 617 erhalten. Wie es in der einschlägigen Literatur über ihn heißt, soll Ernst von Weizsäcker auf Betreiben Ribbentrops am 20. April 1938 von Heinrich Himmler – Reichsführer SS und Chef der deutschen Polizei – als SS-Oberführer ehrenhalber in die allgemeine SS aufgenommen worden sein. Den Aufnahme- und Verpflichtungsschein der SS hatte der Staatssekretär bereits zuvor unterschrieben und erhielt daraufhin die reguläre SS-Nr. 253 291. Nach Angaben des Historikers Hans-Jürgen Döscher erfolgte am 9. November 1938 Weizsäckers offizielle Vereidigung als SS-Führer auf Adolf Hitler. Damit wurde er dem persönlichen Stab Himmlers zugeteilt. Der Schriftsteller Fridolin Schley fand überdies heraus, dass Staatssekretär Ernst von Weizsäcker an Hitlers Geburtstag den »Ehrenrang eines Oberführers« erhielt. Im Januar 1942 soll ihn Heinrich Himmler zum SS-Brigadeführer befördert und ihm außerdem den Totenkopf-Ehrenring und den SS-Ehrendegen verliehen haben. Alle diese Fakten sind unbestritten.

Im August 2023 erhielt der Autor auf Antrag beim Bundesarchiv auch die NSDAP-Mitgliederkartei von Weizsäckers Mutter Marianne Freifrau von Weizsäcker (Mitgliedsnummer 3 762 854). Wie ihr Mann war sie ebenfalls am 1. Dezember 1936 der NSDAP beigetreten. Außerdem hatte Marianne von Weizsäcker zuvor 1935 die Aufnahme in die Auslands-Organisation der NS-Frauenschaft in der Ortsgruppe Bern beantragt, wo ihr Mann als Gesandter des Berliner Auswärtigen Amtes eingesetzt war. Ein weiteres Dokument aus dem Bundesarchiv trägt Marianne von Weizsäckers Unterschrift zur Aufnahmeerklärung der Ortsgruppe Bern/Schweiz zum Eintritt in die Nationalsozialistische Deutsche Arbeiterpartei vom 5. Oktober 1936. Dokumentiert ist außerdem, dass sie zusätzlich zur Zahlung eines einmaligen freiwilligen Werbebeitrages von 50 Reichsmark bereit war. Marianne von Weizsäcker soll nach Aussagen des angesehenen Schweizer Diplomaten und Intellektuellen Carl Jacob Burckhardt, einem langjährigen engen Freund der Familie Weizsäcker, eine »militante Nationalsozialistin« gewesen sein.

Welchen Einfluss hatten solche durch und durch vom Nationalsozialismus überzeugten Eltern auf ihre drei Söhne und die Tochter? Was passierte in deren Herzen und Hirnen? Welche Rolle spielte vor allem Mutter Marianne bei der Erziehung ihrer Kinder im jugendlichen Alter? Welche nationalsozialistischen Prägungen haben die Kinder mitgenommen? Welche Wertvorstellungen der NS-Zeit wurden weitergegeben? Wie groß waren die Auswirkungen der Indoktrinierung? Wann galt nationalsozialistische Ideologie als überwunden?

Dass Sohn Richard freiwillig Fähnleinführer der Hitlerjugend im Jugendbann 37 in Berlin Wilmersdorf-Zehlendorf und bei der vormilitärischen Ausbildung so eine Art »Kompaniechef« für zehn- bis vierzehnjährige Jungen war, könnte man als normale Entwicklung bewerten. Bekanntlich konnte die HJ Millionen von Jugendlichen begeistern, und längst nicht alle von ihnen ließen sich vom Nationalsozialismus restlos überzeugen. Gleichwohl wurden die deutschen Jugendlichen in der Nachwuchsorganisation der NSDAP im Sinne der Nazi-Ideologie erzogen und auf ihre künftige Rolle als Wehrmachtssoldaten vorbereitet. Es erfolgte eine umfassende ideologische Gleichschaltung der deutschen Jugend, und den jungen Leuten wurde der Wertekanon der Nazis vermittelt. Dazu zählten vor allem Tapferkeit, Treue, Kameradschaft, Gemeinschaftssinn, Pflichterfüllung und Wehrbereitschaft. Selbst die HJ-Mitgliedschaft hätte in vergleichbaren Fällen ausgereicht, um sie propagandistisch im negativen Sinne auszuschlachten.

Ob es stimmt, dass der jüngste Weizsäcker-Sohn Richard die Kriterien nationalsozialistischer Begabtenförderung erfüllte, lässt sich nicht überprüfen, wäre aber durchaus folgerichtig und der Familie Weizsäcker angemessen. Überliefert ist jedenfalls, dass es der älteste Weizsäcker-Sohn und später berühmte Physiker und Philosoph Carl Friedrich von Weizsäcker bei der HJ zum Rottenführer schaffte. Immerhin gehörte er ab 1. August 1934 als Mitarbeiter dem damaligen Kaiser-Wilhelm-Institut für Physik in Berlin an und wurde pflichtgemäß Mitglied der »Reichsschaft Hochschullehrer« im NS-Lehrerbund (NSLB). Schließlich legte Carl Friedrich von Weizsäcker als Inhaber des Lehrstuhls für theoretische Physik an der sogenannten »Reichsuniversität Straßburg« 1944 eine steile akademische Karriere im besetzten Frankreich hin.

All das wurde nach 1945 so gut wie nie thematisiert und hat auch die Agitationsabteilung der Ost-Berliner »Schlapphüte« nie interessiert. Dass sich die beiden Weizsäcker-Söhne Heinrich und Richard freiwillig und sehr früh zur Wehrmacht gemeldet hatten, wäre beispielsweise bei Heinrich Lübke oder Karl Carstens willkommener Agitationsstoff für internationale Pressekonferenzen in Ost-Berlin gewesen. Wie hätte Albert Norden in Zusammenarbeit mit der Stasi reagiert, wenn er Weizsäckers Teilnahme am »Unternehmen Barbarossa« und an der Schlacht um Moskau thematisiert hätte? Was wäre ihm, dem SED-Propagandisten, eingefallen, wenn er Weizsäckers Funktion als Ordonnanzoffizier beim Oberkommando des Heeres, seine Beförderung zum Oberleutnant und zum Adjutanten des Regimentskommandeurs und schließlich die Beförderung zum Hauptmann der Reserve und die Auszeichnung mit dem Eisernen Kreuz 1. Klasse in »Aktive Maßnahmen« umgesetzt hätte? Für die Ost-Berliner Staatsführung in der Person des SED-Propagandisten Albert Norden und für die Zuträger des Mielke-Ministeriums wäre es ein Leichtes gewesen, auch diesen neuen höchsten Repräsentanten des so sehr verhassten Bonner Staates schon allein wegen seiner Militärkarriere im Nationalsozialismus an den Pranger zu stellen. War Richard von Weizsäcker, der neue Bundespräsident, nicht ein wichtiges Rädchen in Hitlers Wehrmacht und im Angriffskrieg auf die Sowjetunion gewesen? Hatte er nicht bis in die letzten Kriegstage seine ganze geistige und körperliche Kraft in die Kriegsmaschinerie der Nazis hineingesteckt? Keiner seiner Vorgänger in der Bonner Villa Hammerschmidt konnte auf eine derart steile soldatische Karriere in der Wehrmacht zurückblicken. Richard von Weizsäcker hätte damit eine hochwillkommene »Zielperson« für zahlreiche propagandistische Aktionen Ost-Berlins sein können. Dadurch hätten ihm die Akteure des DDR-Geheimdienstes zumindest erheblich schaden können. Sein Image als pflichtbewusster und angeblich eher widerwillig am Krieg beteiligter Bürger wäre zerstört worden. Er hatte das Glück, niemals herausgefordert zu sein, seine Zeit im Infanterieregiment 9 an den verschiedensten Fronten des Zweiten Weltkrieges zu erklären. In seinen Memoiren, die 1997 erschienen, kam der Kriegsdienst nur am Rande vor. Alle wichtigen Etappen seiner steilen Militärkarriere wurden weitestgehend verschwiegen und die NS-belasteten Eltern sowieso.

Ähnlich verhielt es sich bei seiner Rolle als Hilfsverteidiger im Prozess gegen seinen Vater Ernst von Weizsäcker. Gerade mal 17 Seiten benötigte der Memoirenschreiber, um über seine Eindrücke vom Prozessgeschehen, von den 18 Monate langen Verhandlungen mit den schwerwiegenden Anklagepunkten gegen seinen Vater zu berichten. Dabei hätte Richard von Weizsäcker als Hilfsverteidiger im sogenannten Wilhelmstraßen-Prozess aus Insider-Sicht ein Stück Aufklärung leisten können. Als Kriegsverbrecher angeklagt, wurde Ernst von Weizsäcker am 14. April 1949 wegen seiner aktiven Mitwirkung bei der Deportation französischer Juden nach Auschwitz und damit wegen eines Verbrechens gegen die Menschlichkeit zu sieben Jahren Haft verurteilt. Nach einer Überprüfung des Verfahrens und der verhängten Strafen im Dezember 1949 wurde seine Haftzeit auf fünf Jahre reduziert. Im Zuge einer allgemeinen Amnestie wurde er dann am 16. Oktober 1950 aus dem Kriegsverbrechergefängnis Landsberg entlassen. Richard von Weizsäcker plädierte schon damals für unschuldig. Der Vater sei vollkommen unwissend gewesen. Er bezeichnete das Urteil später immer als »historisch und moralisch ungerecht«. In seinen Memoiren 1997 zitierte der Bundespräsident a. D. immer noch Winston Churchill, der das Verfahren gegen seinen Vater bei einer öffentlichen Unterhausdebatte als »deadly error«, einen tödlichen Irrtum der amerikanischen Anklagebehörde bezeichnet hatte. Dagegen bewertete der Historiker Norbert Frei die Forschungsergebnisse einer Historikerkommission über das Auswärtige Amt und die Vergangenheit als das »Ende der Weizsäcker-Legende«.

Als Staatssekretär im Ribbentrop-Ministerium hatte Ernst von Weizsäcker Deportationsbefehle für französische Juden in das Konzentrationslager Auschwitz abgezeichnet. Seine Strategie war, zu behaupten, von den Todeslagern erst nach dem Krieg erfahren und die Terminologie der »Endlösung der Judenfrage« und den »Arbeitseinsatz im Osten« nicht durchschaut zu haben. Wie Fridolin Schley aus den Nürnberger Prozessakten zitiert, hatte Adolf Eichmann, SS-Obersturmbannführer und Leiter des Eichmannreferats, beim Leiter des Judenreferats im Auswärtigen Amt Franz Rademacher angefragt, ob Bedenken gegen die Deportation von 6000 französischen und staatenlosen Juden in das Konzentrationslager Auschwitz vorlägen. Rademacher schrieb, es bestünden seitens des Amtes keine Bedenken. Staatssekretär Ernst von Weizsäcker brachte – so die Akten – noch zwei handschriftliche Änderungen an: Statt »keine[r] Bedenken« würde »kein Einspruch« gegen das Vorhaben erhoben; zudem habe es sich bei den 6000 Personen um »polizeilich näher charakterisierte Juden« gehandelt. An anderer Stelle seines Buches weist Schley darauf hin, dass 1941 und 1942 von Weizsäcker auch Berichte der Einsatzgruppen in Polen und der Sowjetunion vorgelegt worden waren, darunter Tätigkeits- und Lageberichte wie Nr. 6:

»Die Lösung der Judenfrage wurde insbesondere im Raum ostwärts des Dnjepr seitens der Einsatzgruppen der Sicherheitspolizei und des SD energisch in Angriff genommen. Die von den Kommandos neu besetzten Räume wurden judenfrei gemacht. Dabei wurden 4891 Juden liquidiert.«

Mit braunem Stift zeichnete Ernst von Weizsäcker Schnellbrief und Berichte mit seiner Paraphe ab: W. Als der amerikanische Chefankläger im Prozess, Robert Kempner, Marianne von Weizsäcker in Kressbronn besuchte, um sich einen Eindruck von der familiären Situation zu verschaffen, soll sie über die von ihrem Mann abgezeichneten Deportationen gesagt haben: »Sehen Sie sich die Hände meines Mannes an. Es ist ausgeschlossen, dass diese Finger so etwas unterzeichnet haben.«

Wie der Schriftsteller Schley feststellte, hat Weizsäcker lange abgestritten, dass sein Amt mit der Deportation von Juden überhaupt etwas zu tun hatte. Er beharrte auch darauf, nichts von der Ermordung in Auschwitz gewusst zu haben. »Er navigierte, gestand jeweils nur ein, was Dokument für Dokument offensichtlich wurde.« Die grausamen Sachen seien ihm nicht bekannt gewesen, man habe immer nur munkeln hören. Zur herausragenden Dokumentation des Schriftstellers Fridolin Schley gehört auch die Ausbürgerung des weltberühmten Schriftstellers Thomas Mann 1936, an der Ernst von Weizsäcker unmittelbar beteiligt war. Originalton Ernst von Weizsäcker:

»Nachdem Mann in seinem in der *Neuen Zürcher Zeitung* veröffentlichten Brief eindeutig gegen das Dritte Reich Stellung genommen und den bisherigen Langmut der deutschen Behörden gegenüber seiner Person mit höhnischen Bemerkungen bedacht hat, dürfte der Tatbestand des Artikels 2 des Gesetzes über den Verlust der deutschen Staatsangehörigkeit vom 14.7.1933 (feindliche Propaganda gegen das Reich im Ausland) erfüllt sein. Es bestehen daher diesseits keine Bedenken, das Ausbürgerungsverfahren gegen ihn nunmehr in die Wege zu leiten.

Weizsäcker«

1950 veröffentlichte Ernst von Weizsäcker seine im Gefängnis verfassten *Erinnerungen*, in denen er versuchte, seine Rolle während der NS-Zeit zu rechtfertigen und sich als Mann des Widerstands darzustellen. Diese Strategie hatten zuvor sein hauptamtlicher Verteidiger Hellmut Becker, NSDAP-Mitglied seit dem 1. Mai 1937 (Mitgliedsnummer 4 455 499), und sein Hilfsverteidiger Richard von Weizsäcker mit aller Konsequenz in Nürnberg ohne Erfolg angewendet. Verteidiger und Hilfsverteidiger hatten mit aller Macht versucht, die Dokumente der Anklage Punkt für Punkt zu entschärfen. Ob die Paraphe auf einem Schriftstück von Ernst von Weizsäcker stamme oder nicht, wurde ernsthaft infrage gestellt und die Qualität der Kopien als zu schlecht bemängelt.

An der Widerstandslegende, die wissenschaftlich noch zu Lebzeiten Richard von Weizsäckers widerlegt wurde, hat der spätere Bundespräsident wider besseres Wissen während seines gesamten Lebens festgehalten. Er blieb dabei, sein Vater sei daran gescheitert, »aus dem Inneren des Systems Widerstand zu leisten«. Richard von Weizsäckers Leugnen der tatsächlichen Verbrechen seines Vaters in der NS-Zeit musste dem DDR-Geheimdienst seit Jahrzehnten bekannt sein. Gerade dieser Stoff wäre nach den üblichen MfS-Methoden hervorragend geeignet gewesen, mehrere internationale Pressekonferenzen in Ost-Berlin mit gewohntem großem Aufwand gegen den Mann in der Bonner Villa Hammerschmidt zu organisieren. Doch Markus Wolf und seine Mannen blieben bei ihrer Linie, weder Richard von Weizsäckers Vergangenheit als hochdekorierter Wehrmachtsoffizier, als umstrittener Verteidiger seines Nazi-Vaters, noch als Schüler, Assistent und Doktorand eines verbissenen Nazi-Ideologen zu thematisieren und in propagandistische »Aktive Maßnahmen« umzumünzen. Auch Weizsäckers Tätigkeit in der Rechtsabteilung der Mannesmann AG in Düsseldorf Mitte der Fünfzigerjahre und in den Sechzigerjahren als Mitglied der sechsköpfigen Geschäftsführung und persönlich haftender Gesellschafter des Chemie- und Pharmaunternehmens Boehringer Ingelheim hätten Themen für unangenehme Stasi-Aktionen sein können. Die ab 1967 in Ingelheim produzierte Trichlorphenolatlauge, ein Zwischenprodukt für das im Vietnamkrieg eingesetzte Gift »Agent Orange«, wäre in jedem vergleichbaren Fall propagandistisch genutzt worden. Da hätte es auch für Weizsäcker nicht ausgereicht zu behaupten, er habe als persönlich haftender Gesellschafter davon keine Kenntnis gehabt. Niemand nahm ihm das in der Bundesrepublik ab. In der Ost-Berliner Geheimdienstzentrale interessierte sich dafür erneut kein Mensch.

Keiner seiner Vorgänger, die in ihren Amtszeiten allesamt unter ständiger Kontrolle und Beobachtung des Ost-Berliner Spionageapparates standen, bot derart viele Angriffsflächen wie der sechste Bundespräsident Richard von Weizsäcker. Immer auf der Pirsch nach vermeintlichem oder tatsächlichem belastendem und desavouierendem Material über Verfehlungen im privaten oder beruflichen Bereich fanden die Spione bei Weizsäcker so gut wie nichts. Besser gesagt: Sie wollten offensichtlich nichts finden. Selbst Albert Norden, der sich über Jahre als »Chefankläger der DDR gegen die Bundesrepublik aufspielte« – wie es ein ehemaliger Oberstleutnant der HVA später formulierte – und mindestens einmal im Jahr einen »spektakulären Anschlag gegen den Feind« Bundesrepublik führte, verzichtete vollkommen auf propagandistische Attacken gegen Richard von Weizsäcker und seine Eltern. Er schwieg jahrzehntelang ebenso eisern wie Mielkes Geheimdienst-Apparat. Möglich ist natürlich, dass die dicksten Aktenordner ab November 1989 im Reißwolf oder im Ofen landeten. Wie auch von hauptamtlichen Stasi-Mitarbeitern in ihren Erinnerungen bezeugt wurde, vernichteten sie zuerst das in ihren Büros lagernde und noch nicht im Archiv abgelegte Spionagematerial. Dazu konnten auch kurz vor Auflösung des Ministeriums für Staatssicherheit unternommene »Aktive Maßnahmen« zählen, auf die dann aber absolut nichts hingewiesen hätte und deren wesentliche Zielrichtung ja die öffentliche Diffamierung war. Das von den Weizsäckers noch erhaltene Aktenkonvolut vermittelt den eindeutigen Eindruck, dass Richard von Weizsäcker ganz bewusst von Vorwürfen verschont wurde. Man wollte ihm und den Seinen kein Haar krümmen. Der Bonner Oppositionspolitiker, der Berliner Regierende Bürgermeister und der Bundespräsident Richard von Weizsäcker war und blieb über viele Jahre für Mielkes Geheimdienst eine Art Ausnahmepersönlichkeit.

Die Ungleichbehandlung der Bundespräsidenten in 40 Jahren Bonner Republik durch die DDR-Spionage war auffallend und bleibt unerklärbar. Es ist zu vermuten, dass von höchster Stelle des Politbüros, sprich Erich Honecker, über den Minister für Staatssicherheit Erich Mielke und den Chef der DDR-Auslandsspionage Markus Wolf Anweisungen erfolgten, wie die NS-Verstrickungen von Ernst von Weizsäcker und die NSDAP-Mitgliedschaft von Marianne von Weizsäcker propagandistisch und spionagetechnisch zu behandeln seien: nämlich gar nicht. Gleiches muss für die Weizsäcker-Kinder und vor allem für den Politik-Star Richard von Weizsäcker geregelt worden sein. Andere Erklärungen für die völlige Abstinenz tschekistischer Anwendung drastischer Stasi-Methoden bieten sich nicht an.

Es ist auffallend, mit welchem taktischen Geschick Richard von Weizsäcker Umgang mit der DDR-Diktatur und ihren Spitzenfunktionären pflegte. Wann immer er über den zweiten deutschen Staat sprach, fand er moderate Worte. Niemals prangerte er explizit Menschenrechtsverletzungen an, nahm nach den Protokollen des DDR-Geheimdienstes das Wort »Schießbefehl« an Mauer und innerdeutscher Grenze kein einziges Mal in den Mund. Forderungen zu Nachreiseerleichterungen – Fehlanzeige. Sie sind jedenfalls in Weizsäckers Stasi-Akte nicht zu finden.

Weizsäckers moderate politische Äußerungen gegenüber den Machthabern und ihrer Politik in der DDR wurde auch in eigenen Einschätzungen des DDR-Geheimdienstes dokumentiert. Ein Beispiel lieferte das bereits zitierte Papier vom 25. Juli 1984, das wenige Wochen nach seiner Wahl zum Bundespräsidenten auf der Basis von Spitzelberichten zusammengestellt worden war. Zwar habe Weizsäcker in jüngster Vergangenheit mehrfach die »restriktive Behandlung« der Reisemöglichkeiten und der »freien Meinungsäußerung« in der DDR kritisiert. Doch wolle er die von ihm angestrebten Veränderungen im Verhalten der DDR durch eine Intensivierung der politischen Kontakte und geduldige Gespräche mit den führenden Repräsentanten der DDR erreichen. Diese Absichten habe er gegen den Widerstand in den eigenen Reihen durchgesetzt und wesentlich dazu beigetragen, dass die CDU seit ihrer Regierungsübernahme in der Deutschland- und Ostpolitik die Linie der früheren SPD/FDP-Regierung mit einer gewissen Kontinuität fortsetzte. Vom Geheimdienst bewertet wurde auch seine Rede zum Amtsantritt als Bundespräsident am 1. Juli 1984. Neben realistischen Ansätzen – er sprach von »zwei deutschen Staaten« und vom »Nicht-Alleinvertretungsanspruch der BRD für das ganze deutsche Volk« – standen Forderungen nach »Überwindung der Teilung Deutschlands« und »Ausprägung des Zusammengehörigkeitsgefühls«. Innerhalb der CDU/CSU genösse Weizsäcker trotz seiner zum Teil von der vorherrschenden Parteilinie abweichenden politischen Ansichten in einer Reihe außenpolitischer Fragen hohes Ansehen. Insbesondere würden in allen Teilen der Partei seine starke persönliche Ausstrahlungskraft und sein Bestreben, ausgleichend zwischen den einzelnen Flügeln und Gruppierungen zu wirken und die Partei auf gemäßigt-konservative Positionen festzulegen, begrüßt.

Zum Schluss hieß es in der Einschätzung des Mielke-Ministeriums, die Stärke Weizsäckers liege in seiner Fähigkeit zum Ausgleich und der Bereitschaft zum Konsens. Er werde als ein Mann charakterisiert, der »Gescheitheit mit Skepsis, Entschiedenheit mit Persönlichkeit und Einsichtigkeit mit Ausdrucksvermögen verbinde«. Ein einmal angestrebtes Ziel verfolge er mit Geduld und Energie, ohne zu resignieren. Nach außen wirke er zuweilen unnahbar, dennoch sei er aufgrund seiner moderaten, nachdenklichen und besonnenen Art geachtet und anerkannt. In seiner Antrittsrede nach der Vereidigung habe Weizsäcker deutlich gemacht, dass er sein Amt nutzen wolle, um auch weiterhin einen bestimmten Einfluss auf die Politik der Bundesrepublik auszuüben und dabei seine eigene politische Grundhaltung zu vertreten. Dass solche Sätze in einem Papier des DDR-Geheimdienstes Mitte der Achtzigerjahre stehen, ist bemerkenswert.

Nachdem Weizsäckers Lebenstraum in Erfüllung gegangen war und er das Amt des Bundespräsidenten am 1. Juli 1984 angetreten hatte, schalteten die Ost-Berliner Tschekisten auf elektronische Spionage um. Oberstes Ziel der MfS-Hauptabteilung III war, mit technischen Mitteln möglichst viele Informationen aus »feindlichen Nachrichtenbeziehungen«, in erster Linie aus Funk- und Fernmeldeverbindungen der Bundesrepublik Deutschland zu gewinnen. Diesmal ging es um Erkenntnisse aus Weizsäckers Umfeld und vor allem aus dem Bundespräsidialamt in Bonn. Die Späher folgten bei ihren Einsätzen sogenannten Zielkontrollaufträgen, die das MfS, insbesondere die HVA, mit der jeweiligen Telefonnummer, dem Nutzernamen und mit Angaben über den Informationsbedarf versehen hatte. Der erste aktenkundige streng geheime Zielkontrollauftrag datiert in Weizsäckers Stasi-Akte vom 10. November 1984. Jede Abteilung der Ost-Berliner Auslandsspionage konnte Zielaufträge »in

Arbeit geben«. Ein Beispiel: Zum »Nutzer Weizsäcker, Richard von, Bundespräsident« wurde folgender Informationsbedarf angegeben:

• »Angaben zum Privat- und Tätigkeitsbereich des Nutzers und der Umfeldpersonen
• Interna aus dem Bundespräsidialamt
• Pläne, Absichten, Maßnahmen«

Zielkontrollaufträge, also das Abhören von Weizsäckers Telefonapparaten im Bundespräsidialamt und am Autotelefon ebenso wie Mitschnitte von Telexverbindungen, konnten über Wochen, Monate und gar Jahre dauern. Alle auf diesem Weg erworbenen Erkenntnisse wurden in der Wendezeit vorrangig vernichtet. Erhalten blieben immerhin noch eine Vielzahl von Spitzelberichten, die auf herkömmliche Art und Weise zustande gekommen waren. Sie wurden zum Teil auch in der SIRA-Teildatenbank 12 registriert und aufbewahrt. Seit ihrer Entschlüsselung 1994 sind sie für die historische Forschung eine ergiebige Quelle, die eine langjährige Ost-Berliner Spionagetätigkeit dokumentiert. Nur eine Woche nach seinem Amtsantritt am 1. Juli 1984 dokumentierte die SIRA-Teildatenbank 12 einen Spitzelbericht des mehrfach zitierten IM »Komet« über »Vorstellungen des Bundespräsidenten von Weizsäcker zur Gestaltung seiner Kontakte zu Erich Honecker«. Über das gleiche Thema informierte ein nicht genannter Inoffizieller Mitarbeiter wenige Tage später. Es folgten Angaben zur Person des Bundespräsidenten und eine »Übersicht über Befürworter eines Besuchs des Generalsekretärs des ZK der SED und Vorsitzenden des Staatsrates der DDR Gen. Erich Honecker in der BRD und ihre Motive«. Gerüchte und Spekulationen über eine bevorstehende und immer wieder abgesagte Reise Honeckers in die Bundesrepublik beherrschten seit 1984 bis zu seinem tatsächlichen Besuch im September 1987 die Spionagetätigkeit zahlreicher IM aus Bonn und West-Berlin.

Wenig Interesse der DDR-Auslandsspionage an der Präsidentschaft Richard von Weizsäckers galt seinen Auslandsreisen. Über

Besuche in Frankreich, Österreich und Vatikanstadt im November und Dezember 1984 war in seiner Stasi-Akte nichts zu finden. Anders dann im Jahr 1985. Auf Einladung von König Hussein Bin Talal statteten der Bundespräsident und Frau von Weizsäcker dem haschemitischen Königreich Jordanien vom 3. bis 5. Februar 1985 einen Staatsbesuch ab. Im Anschluss hielt sich das Präsidentenpaar auf Einladung von Präsident Mohamed Hosni Mubarak bis zum 8. Februar in der Republik Ägypten auf. Über beide Besuche informierte IM »Ahmed« – Klarname unbekannt – die Ost-Berliner Auslandsspionage HVA. Auch Weizsäckers Staatsbesuch in Finnland vom 5. bis 8. März 1985 war Thema eines längeren Spitzelbeitrags aus Bonn. Bundesdeutsche Regierungskreise schätzten ein, dass beide Staaten dem Staatsbesuch ein hohes politisches Gewicht beimaßen. Die Bundesrepublik verfolge mit diesem Besuch die Absicht, den guten Stand der bilateralen Beziehungen zu verdeutlichen, die wirtschaftlichen und sozialen Leistungen Finnlands zu würdigen und vor allem die besondere Bedeutung Finnlands im Ost-West-Verhältnis und seine Rolle im KSZE-Prozess hervorzuheben. Von finnischer Seite sei mit Aufmerksamkeit zur Kenntnis genommen worden, dass der Bundespräsident die finnische Neutralitätspolitik als den diesem Land zukommenden Beitrag zur Erhaltung des Friedens würdigte. Die ausdrückliche Anerkennung der Leistungen Finnlands, die es zusammen mit anderen neutralen Staaten bei der Förderung des KSZE-Prozesses vollbringe, dürfte einen nachhaltigen Eindruck bei Weizsäcker hinterlassen haben. Sehr beachtet worden sei ferner die klare Unterstützung, die vom Bundespräsidenten für das finnische Bestreben ausgesprochen wurde, den 10. Jahrestag der KSZE-Schlussakte auf möglichst hoher politischer Ebene zu begehen. Gleichzeitig hätte Finnland seinerseits Verständnis für die besondere Lage der Bundesrepublik in Mitteleuropa gezeigt, die ihren Beitrag zur Entspannung und zum Frieden in Europa durch eine feste Einbindung in die NATO erbringen würde. Ein nicht identifizierbarer IM »Andreas« steuerte einen weiteren IM-Beitrag über die Reaktionen auf den Staatsbesuch Weizsäckers in Finnland bei, der in der SIRA-Datenbank registriert wurde.

Nicht nur vor den Fernsehbildschirmen entfaltete hingegen ein anderer – höchst staatsmännischer – Auftritt des Bundespräsidenten große Wirkung. »Zum 40. Jahrestag der Beendigung des Krieges in Europa und der nationalsozialistischen Gewaltherrschaft« war der Titel der berühmt gewordenen Rede, die Richard von Weizsäcker am 8. Mai 1985 in der Gedenkstunde im Plenarsaal des Deutschen Bundestages hielt. Darin verdeutlichte Weizsäcker unter anderem, dass der Tag des Kriegsendes in Europa, der von jedem Volk unterschiedlich wahrgenommen werde, für die Deutschen kein Tag der Niederlage, sondern ein »Tag der Befreiung vom menschenverachtenden System der nationalsozialistischen Gewaltherrschaft« gewesen sei. Der 8. Mai und seine Folgen, mit denen auch die Teilung Deutschlands gemeint war, seien untrennbar auf den Beginn der nationalsozialistischen Diktatur in Deutschland 1933 zurückzuführen.

Auch wenn es später anders wahrgenommen wurde und Weizsäcker gleichsam als »Erfinder« der Interpretation des 8. Mai als »Tag der Befreiung« beschrieben wurde: Bundeskanzler Helmut Kohl hatte in seiner Rede bei der Gedenkstunde anlässlich des 40. Jahrestag der Befreiung des Konzentrationslagers Bergen-Belsen am 15. April 1985 ebenfalls vom »Tag der Befreiung für die Deutschen« gesprochen. Bereits ein Jahrzehnt zuvor hatte auch Bundespräsident Walter Scheel den 8. Mai als einen »Tag der Befreiung« bezeichnet. Wie der Historiker Norbert Frei herausfand, stammt die Befreiungsthese von Scheels renommiertem Redenschreiber Michael Engelhardt, den Richard von Weizsäcker für seine Amtszeit übernommen hatte. Insofern war der amtierende Bundespräsident weder der Erfinder noch der erste Politiker, der diese Formulierung vor großem Publikum benutzte.

Dennoch wurde »Die Rede« auch per Schallplatte mehr als zwei Millionen Mal unters Volk gebracht. Es gab die unterschiedlichsten Reaktionen auf diese »wichtigste Rede Weizsäckers« in seiner Amtszeit, wie sie allenthalben betitelt wurde. So war sie auch für die Spione des DDR-Geheimdienstes mehrere Beiträge wert. Unter dem Decknamen BAR (Registriernummer XV/3140/82) sammelte die SIRA-Datenbank aus der Ständigen Vertretung der DDR in Bonn (StäV) Hintergrundinformationen, die vermutlich direkt an die Politbüromitglieder gingen. Wie bereits erwähnt, war die StäV hauptsächlich mit Personal der MfS-Auslandsspionage (HVA) bestückt. Außerdem gab es in der Bonner Vertretung der DDR rund um die Uhr 35 Tonbandgeräte, die den Telefonverkehr abhörten und aufzeichneten. Einige Monate nach der viel beachteten Rede Weizsäckers zum 8. Mai 1945 fand im Oktober 1985 der erste Besuch eines deutschen Bundespräsidenten in Israel statt. Obwohl sein Vater in Nazi-Verbrechen verstrickt war, galt Richard von Weizsäcker in Israel nicht als »persona non grata«. Wie der israelische Historiker Moshe Zimmermann bemerkte, zitierte man in der Regel nur jenen wegweisenden Satz über den »Tag der Befreiung«. Was Juden und Israelis besonders imponiert habe, sei zudem dieser Teil gewesen: »Wir gedenken insbesondere der sechs Millionen Juden, die in deutschen Konzentrationslagern ermordet wurden. Der Völkermord an den Juden ist beispiellos in der Geschichte«. Und: »Das jüdische Volk erinnert sich und wird sich immer erinnern.« Weiter hieß es:

»Wer seine Ohren und Augen aufmachte, wer sich informieren wollte, dem konnte nicht entgehen, dass Deportationszüge rollten. Jeder, der die Zeit mit vollem Bewusstsein erlebt hat, frage sich heute im Stillen selbst nach seiner Verstrickung.«

Der Historiker Zimmermann hielt fest, dass für die Bundespräsidenten Lübke, Scheel und Carstens, die alle mit dem NS-System verwoben waren, eine Israel-Reise während ihrer Amtszeit nicht infrage gekommen sei. Weizsäcker hingegen traf am 8. Oktober 1985 zum Staatsbesuch ein. Seine erste Station war die Gedenkstätte Yad Vashem und am 9. Oktober besuchte der Bundespräsident die Heiligen Stätten sowie die Jerusalemer Altstadt. Es war IM »Ahmed«, der über den Besuch Weizsäckers in Israel informierte. Außerdem gab es in

Weizsäckers Stasi-Akte einen »streng vertraulichen« einseitigen Bericht. Nach mehreren Besuchen führender westdeutscher Politiker in arabischen Staaten habe Weizsäcker die grundsätzliche Unterstützung der Politik Israels und die enge Verbundenheit der Bundesrepublik mit Israel demonstrieren wollen. Er habe Gespräche mit Staatspräsident Chaim Herzog, Ministerpräsident Schimon Peres, dem Bürgermeister von Jerusalem, Teddy Kollek, mit Parlamentspräsident Schlomo Hillel sowie mit dem Mufti von Jerusalem geführt. In seinen Gesprächen sei er vom »Recht Israels auf Existenz in gesicherten Grenzen« ausgegangen, habe den »israelisch-ägyptischen Friedensvertrag« begrüßt und seine Besorgnis über die Zunahme von Gewalt geäußert, ohne jedoch die israelische »Terrorpolitik« zu kritisieren. Er habe eine umfassende, gerechte und dauerhafte Lösung des Nahostkonfliktes durch die »Einbeziehung aller Betroffenen in den Friedensprozess« und die Anerkennung gesicherter Grenzen aller Staaten sowie das Selbstbestimmungsrecht aller Völker der Region gefordert. »Das Recht des palästinensischen Volkes auf Gründung eines Staates und die Rolle der PLO wurden nicht erwähnt«, hieß es wörtlich. Das fand womöglich deshalb Erwähnung, weil die DDR ihrerseits enge Beziehungen zur PLO und ihrem Vorsitzenden Jassir Arafat, den »Brüdern im Geiste« – so der Historiker Fabian Köster – unterhielt. Wie Sebastian Vogt in *Das Verhältnis der DDR zu Israel* beschrieb, hatte sich die DDR zum Hauptunterstützer der PLO entwickelt. Seit 1980 war die PLO-Vertretung in den Rang einer Botschaft erhoben worden. Die DDR wurde zu einem der wichtigsten Waffenlieferanten der arabischen Staaten und der PLO. Deswegen war es auch verständlich, dass es zu keinen diplomatischen Kontakten zwischen der DDR und Israel kam. Israel als Vollmitglied der UNO hatte sich gegen eine Aufnahme der DDR mit der Begründung gewandt, dass diese sich niemals der Verantwortung für den Nationalsozialismus gestellt habe und offen die Feinde Israels unterstütze.

Für Israel habe, so die MfS-Unterlagen, der Besuch des Bundespräsidenten die Möglichkeit der eigenen internationalen und regionalen Aufwertung geboten. Herzog und Peres hätten den Überfall Israels auf das PLO-Hauptquartier in Tunis als »notwendigen Kampf gegen den friedensgefährdenden internationalen Terrorismus« gerechtfertigt und neue Maßnahmen angekündigt. Der Mufti von Jerusalem habe betont, dass Friede im Nahen Osten nicht möglich sei, solange Israel arabische Territorien besetzt halte.

Zusammenfassend hieß es, im Ergebnis des Besuchs sei es Weizsäcker gelungen, belastende Momente in den bilateralen Beziehungen abzubauen, negative Reaktionen Israels auf das Waffengeschäft der Bundesrepublik mit Saudi-Arabien zurückzudrängen und die Intensivierung der wissenschaftlichen und kulturellen Beziehungen sowie einen Jugendaustausch zu vereinbaren. Das Weizmann-Institut in Rechovot habe Weizsäcker die Ehrendoktorwürde verliehen, nachdem die Jerusalem-Universität dies abgelehnt hatte. Weizsäcker habe Chaim Herzog zu einem Besuch der BRD eingeladen.

Das Interesse des DDR-Geheimdienstes an Weizsäckers Israel-Reise war gleichwohl insgesamt nur äußerst gering. Die Spione aus Ost-Berlin hatten sich nicht einmal für die kleine Gruppe von »Sondergästen« interessiert, die den Bundespräsidenten begleiteten. Sie hätte genügend Stoff geboten, um eine Aktion unter dem Stichwort »Aktive Maßnahmen« gegen den neuen Bundespräsidenten zu inszenieren. Denn unter den Mitreisenden war der Jurist Hellmut Becker, NSDAP-Mitglied seit 1937, als dessen Assistent Richard von Weizsäcker in Nürnberg an der Verteidigung seines angeklagten Vaters mitgewirkt hatte. Verteidiger und Assistent hatten in Nürnberg mit allen juristischen Mitteln versucht, den ehemaligen Staatssekretär im Auswärtigen Amt als Unschuldsengel darzustellen. Nach Ansicht des Historikers Norbert Frei soll Becker den Bundespräsidenten im Vorfeld der Israel-Reise beraten und als erfolgreicher Regisseur fungiert haben. Seine NSDAP-Mitgliedschaft wurde in der Bundesrepublik erst nach seinem Tod bekannt, während die »Schlapphüte« der Stasi bereits seit Jahren Kenntnis davon hatten, weil sie über einen IM-Zugang zum Berliner Document Center verfügten. Hellmut Becker als Mitglied der NSDAP anzuprangern, wäre in der MfS-Logik längst überfällig gewesen. Doch auch hier verzichtete die Ost-Berliner Auslandsspionage auf die in anderen Fällen gleichsam vorprogrammierte Attacke.

Ähnlich verhielt es sich mit Weizsäckers engstem Freundeskreis aus seiner Jugend- und Militärzeit und den Jahren danach. Die erste und zunächst einzige Weizsäcker-Biografie, die der Autor mit einem damaligen Freund in den Achtzigerjahren herausbrachte, bestand unter anderem aus kurzen eigenen Beiträgen von Zeitzeugen, deren Namen Weizsäcker dem Autor persönlich als Ansprechpartner genannt hatte. Auch diesmal unternahmen die Spione aus Bonn keinerlei Anstrengungen, diese erste Weizsäcker-Biografie – wie bei anderen Politiker-Biografien – daraufhin zu überprüfen, wer von Weizsäckers Freunden unter Umständen eine belastende NS-Vergangenheit hatte, wer Mitglied der Nazi-Partei gewesen war. Dabei hätte sich dieses Buch für die Stasi-Rechercheure aus ihrer Sicht als eine echte Fundgrube angeboten. Schon auf den ersten Seiten der Biografie *Richard von Weizsäcker* wären sie fündig geworden. Im dritten Kapitel »Der Regimentsadjutant« beschrieb beispielsweise der ehemalige Bonner Ministerialrat Hans K. Fritzsche seine Erinnerungen an Weizsäcker im Potsdamer Infanterieregiment 9. Darin rückte er den jungen Hauptmann Weizsäcker ganz in die Nähe jener Widerständigen des 20. Juli 1944, auf die im Falle der Befreiung von Hitler Verlass gewesen wäre. Zu diesen habe auch Richard von Weizsäcker gezählt. Fritzsche, NSDAP-Mitglied seit 1. Mai 1937 mit der Mitgliedsnummer 3 159 524, schrieb wörtlich:

»Nach dem 20. Juli ist der Name ›von Weizsäcker‹ bei den Vernehmungen durch die Gestapo nie gefallen. Der Verschwiegenheit aller Beteiligten ist es zu verdanken, dass sowohl Richard von Weizsäcker als auch sein Vater durch die Gestapo nicht belästigt worden sind«.

Iring Fetscher, nach dem Krieg erfolgreicher Politikwissenschaftler, seit 24. Mai 1940 NSDAP-Mitglied mit der Nummer 7 729 137, konnte auf Weizsäckers Empfehlung ebenso als Zeitzeuge für die damalige Biografie des Autors gewonnen werden. Der Wissenschaftler Fetscher schrieb unter anderem von »eigener Distanz zum Naziregime, die ihm vom Elternhaus mitgegeben worden« sei. Als Artillerie-Verbindungsoffizier zum Stab des Infanterieregiments 9 habe er Richard von Weizsäcker täglich gesehen. Ihm habe Weizsäcker gesagt: »Nach dem, was geschehen ist, werden Sie Ihren Kopf nicht weiter für dieses Schwein [gemeint war Hitler] hinhalten wollen«. Und allein mit Weizsäcker habe er ihn gefragt: »Warum müssen wir eigentlich weiter unseren Kopf für das Schwein hinhalten?« »Wenn wir den Engländern gegenüber stünden, könnte man über eine Lösung nachdenken«, soll der damalige Hauptmann der Wehrmacht Weizsäcker nach der Erinnerung Iring Fetschers gesagt haben.

Unter der Überschrift »Eine lebensentscheidende Begegnung« schrieb Hermann Priebe, ehemaliger Professor an der Johann-Wolfgang-Goethe-Universität Frankfurt, in seinem Beitrag für die Biografie, er sei nach dem 20. Juli 1944 in Potsdam verhaftet und von der Gestapo über Monate hindurch im Zuchthaus Lehrter Straße in Berlin festgehalten worden. Nach langen vergeblichen Vernehmungen sei ihm ein Fronteinsatz als Gelegenheit angeboten worden, die »Schande« der persönlichen Verbindung mit den Verschwörern gegen Hitler wiedergutzumachen. Er sei zur Neuaufstellung des Infanterieregiments 9 nach Ostpreußen in Marsch gesetzt worden. Wie Hermann Priebe weiter schrieb, müsse die Gestapo seinen Weg verfolgt und ihn nach Berlin zurückbeordert haben. Schwer verwundet sei ihm beim Stab bestätigt worden, dass der Regimentsadjutant, Hauptmann von Weizsäcker, die Anforderung der Gestapo vernichtet hätte. Er habe Richard von Weizsäcker sein Leben zu verdanken. Was sie verbunden habe, gehe weit über alles Persönliche hinaus, sei »vor dem Hintergrund des Widerstandes gegen das Hitler-Regime« zu verstehen und aus dem Bewusstsein einer gemeinsamen Haltung, in der es um das ethische Fundament des Handelns ging. Priebe wörtlich:

»Das musste nicht immer aktiver Widerstand sein, es ging auch darum, im geistigen Gegenstrom moralischer Kräfte gegen das Regime zu wirken, sich dem Bösen zu verweigern, Widerstand durch das zu leisten, was man nicht tat.«

Im Kapitel »Lehr- und Wanderjahre – von der Industrie zur Politik« der Weizsäcker-Biografie schrieb der langjährige CDU-Bundestagsabgeordnete Herbert W. Köhler, auch Geschäftsführender Vorstand der damaligen Wirtschaftsvereinigung Eisen- und Stahlindustrie, ebenfalls einen freundlichen Beitrag. Für ihn begann die Bekanntschaft mit Weizsäcker mit der Wahl für die studentische Vertretung (ASTA) der Universität Göttingen und endete mit Weizsäckers Wahl zum sechsten Bundespräsidenten der Bundesrepublik Deutschland. Herbert W. Köhler, vom Bundesarchiv bestätigte Aufnahme in die NSDAP am 15. Mai 1938 unter der Mitgliedsnummer 6 963 496, erzählte zum Schluss seines Zeitzeugenbeitrags eine Episode, wie er dem damaligen Industriemanager Weizsäcker nach längerer Unterhaltung und einer Denkpause schließlich gefolgt sei und Mitglied der CDU wurde.

Für das Kapitel »Der evangelische Christ« konnte der Autor auch Erwin Wilkens gewinnen. Der ehemalige Vizepräsident der Kirchenkanzlei der Evangelischen Kirche in Deutschland war nach Angaben des Bundesarchivs bereits am 1. Mai 1933 unter der Mitgliedsnummer 2 845 966 der NSDAP beigetreten. Wilkens schrieb unter dem Titel »Zeugnis geben« einen aufschlussreichen Beitrag über Weizsäckers unermüdlichen Einsatz für die Evangelische Kirche und darüber, wie groß die Lücke sei, die er hinterlasse. Das neue Amt bedeute für Richard von Weizsäcker eine einschneidende Veränderung seines bisherigen Lebens. Öfters habe er gesagt: »Um dieses Amt bewirbt man sich nicht. Aber viele haben es auf ihn zukommen sehen, und er hat sich ihm nicht verweigert.« Man dürfe sicher sein, dass er mehr die Pflichten des Amtes und die Hypothek der auf ihn zukommenden Erwartungen verspüre als die Erfüllung eines eigenen Lebenswegs. Für das neue Amt bringe er Voraussetzungen mit, unter denen die in kirchlichen Ämtern erworbenen nicht die geringsten seien.

Richard von Weizsäcker riet einst auch, zum Thema Evangelische Kirche Kontakt mit Hans L. Merkle aufzunehmen. Der ehemalige Aufsichtsratsvorsitzende und Vorsitzende der Geschäftsführung der Robert Bosch GmbH in Stuttgart schrieb schließlich einen mehrseitigen Beitrag über »ganz persönliche Erfahrungen« aus seinen Begegnungen mit Richard von Weizsäcker:

>»Er ist ein Mensch, den man nicht vergisst, wenn man ihn einmal gesehen und gesprochen hat. Er ist ein Mensch, der Eindruck hinterlässt, ohne dass es großer Worte bedürfte; denn er spricht nicht gerne mehr, als er muss, umso präziser drückt er sich aus; in der Genauigkeit seiner Sprache schenkt er seinem Gesprächspartner nichts – aber er hört ihn an, er überhört ihn nicht.«

Dem aktiven Protestanten und langjährigen Weizsäcker-Freund Merkle gelang ein lesenswertes Charakterbild. Dass der sieben Jahre jüngere Hans L. Merkle am 16. August 1937 NSDAP-Mitglied unter der Registriernummer 589 474 wurde, wäre für den DDR-Geheimdienst eigentlich ein Grund gewesen, eine weitere Persönlichkeit aus dem engen Freundeskreis Weizsäckers noch vor dessen Wahl zum sechsten Bundespräsidenten wegen seiner NSDAP-Mitgliedschaft an den Pranger zu stellen. Warum sich Weizsäcker ausgerechnet mit einer Reihe von engen und engsten Freunden umgab, die sich einst von der nationalsozialistischen Ideologie zumindest so weit infizieren ließen, dass sie NSDAP-Mitglieder wurden? Niemand von ihnen war dazu gezwungen worden. Was wusste Weizsäcker wirklich oder hatte er nicht die leiseste Ahnung von den vielen NSDAP-Mitgliedschaften jener Zeitzeugen, die er dem damaligen Biografen ans Herz legte? Wenn die Hauptabteilung Auslandsspionage (HVA) im Falle Weizsäcker ähnlich gehandelt hätte wie bei einer Vielzahl anderer Bonner Politiker, wäre die Weizsäcker-Wahl und seine zehnjährige Amtszeit niemals derart geräuschlos über die Bühne gegangen.

Gleichwohl ging die Spionage gegen Weizsäcker weiter. Sie hielt sich allerdings in Grenzen und ist zudem in ihren Inhalten weitgehend unbekannt. Nur Schlagworte haben sich meist erhalten. Es war IM »Komet« alias Dieter Assmann, der beispielsweise über Äußerungen Weizsäckers wenige Tage vor der »Genfer Gipfelkonferenz« – gemeint ist das erste Treffen des sowjetischen Parteichefs Michail Gorbatschow mit US-Präsident Ronald Reagan am 16. November 1985 – berichtete. Themen der Gespräche waren das amerikanische Weltraumprojekt SDI, die strategische Rüstung, die Situation in Afghanistan und die Menschenrechte. Insgesamt kümmerten sich die Ost-Berliner Spione nur noch selten um den Mann in der Villa Hammerschmidt.

Dabei hätten sie schon wieder einen besonderen Grund gehabt, Richard von Weizsäcker in einer der berühmten »Aktiven Maßnahmen« an den Pranger zu stellen. In seiner Weihnachtsansprache im Dezember 1985 verband Weizsäcker seinen Aufruf zur Sicherung des Friedens und zur Achtung der Menschenrechte mit einem Plädoyer zugunsten von Rudolf Hess. Adolf Hitler hatte ihn 1933 zu seinem Stellvertreter in der NSDAP-Parteileitung ernannt. Doch am 10. Mai 1941 flog Hess auf eigene Faust nach Großbritannien, um die britische Regierung zu einem Friedensschluss zu bewegen. Er geriet in Kriegsgefangenschaft und wurde 1945 dem Internationalen Militärgerichtshof in Nürnberg überstellt. Im Hauptprozess wurde er in zwei von vier Anklagepunkten schuldig gesprochen und zu lebenslanger Haft verurteilt. 1987 sollte er im Kriegsverbrechergefängnis Berlin-Spandau Suizid begehen. Der Bundespräsident aber verwandte sich nur einige Monate zuvor noch für ihn. Und so begründete Richard von Weizsäcker seinen Aufruf zur Freilassung von Hess: Auf einem Weihnachtsmarkt habe er vor ein paar Tagen mit Berliner Mitbürgern über den Häftling in Spandau gesprochen. Dabei habe er Folgendes gespürt:

»Als Hitlers Stellvertreter wurde er zu lebenslanger Haft verurteilt. Das entspricht unserem Rechtsempfinden. Doch nun verbüßt er seine Strafe seit 44 Jahren. Er ist ein 91-jähriger Greis. Er hat keine irdischen Hoffnungen mehr. Welchem Gefühl, welchem menschlichen Wert soll so ein Strafvollzug noch dienen? In der Hitlerzeit gab es keine Gnade. Und heute? Barmherzigkeit würde das Urteil über begangene Untaten nicht aufheben, sondern nur noch bekräftigen. ›Gnade ist die Stütze der Gerechtigkeit‹, so sagt es ein tiefes und großherziges russisches Sprichwort. Sie sollte ihm zuteilwerden im Friedensjahr 1986.«

Wie der Historiker Norbert Frei in seinem aktuellen Werk *Im Namen der Deutschen* festhält, waren kritische Stimmen unüberhörbar. Der Auschwitz-Überlebende Heinz Galinski beispielsweise, Vorsitzender der Jüdischen Gemeinde Berlin, stieß sich daran, dass der Bundespräsident die Freilassung von Hess im Zusammenhang mit jener von Nelson Mandela und André Sacharow gefordert hatte. Die SPD-nahe *Frankfurter Rundschau* gab zu bedenken, dass die »Hilfsgemeinschaft Freiheit für Rudolf Hess e.V.« »mit Nazi-Argumenten Geschichtsklitterung betreibt und das Ende des ›Unrechts‹ verlangt«.

In Weizsäckers Stasi-Akte befindet sich keine Zeile über seine Weihnachtsansprache 1985 mit der Forderung nach Freilassung des Hitler-Stellvertreters Rudolf Hess. Was wäre den Stasi-Propagandisten an Aktionen eingefallen, wenn die Bundespräsidenten Heinrich Lübke oder Karl Carstens in ihren Amtszeiten ähnliche Forderungen aufgestellt hätten?

Das bewunderte Staatsoberhaupt

In den ersten Monaten des Jahres 1986 verzeichnete die SIRA-Datenbank stattdessen die bevorstehende und schließlich ausgeführte Reise des Präsidenten der DDR-Volkskammer und Stellvertretenden Vorsitzenden des Staatsrates und Mitglied des Politbüros des ZK der SED, Horst Sindermann, nach Bonn. Er hielt sich an der Spitze einer Delegation der Volkskammer vom 19. bis 22. Februar 1986 in der

Bundesrepublik auf und war damit einer Einladung des Vorsitzenden der Fraktion der SPD im Bundestag, Hans-Jochen Vogel, gefolgt. Als Regierender Bürgermeister von Berlin war Richard von Weizsäcker vermutlich einer der ganz wenigen CDU-Politiker gewesen, der einen Gedankenaustausch zwischen Vertretern der DDR-Volkskammer und des Deutschen Bundestages für begrüßenswert gehalten hatte. Im Gegensatz dazu lehnte beispielsweise der CDU-Bundesvorsitzende Helmut Kohl derartige Kontakte entschieden ab, weil die DDR-Volkskammer im Gegensatz zum Bundestag keineswegs demokratisch legitimiert war. Offenbar orientierte sich der Bundespräsident nun vor allem an Wolfgang Schäubles Drängen und verzichtete diesmal auf ein Gespräch mit Sindermann. Was die Späher in ihren Spitzelberichten über Sindermanns »Mission« in Bonn zu berichten wussten, bleibt verborgen. Das Dutzend Staatsbesuche Weizsäckers im Ausland und die zahlreichen Empfänge von Staatsgästen in Bonn 1986 fanden in Weizsäckers Stasi-Akte keinen Niederschlag.

Ins Auge sticht aus dieser Zeit allerdings ein dreiseitiger Vermerk von DDR-Rechtsanwalt Wolfgang Vogel zur »Unterredung mit Richard von Weizsäcker am 12.5.1986«. Vogel war Unterhändler der DDR beim Freikauf politischer Gefangener durch die Bonner Bundesregierung. In seiner beispiellosen Karriere in der DDR bis zum Fall der Mauer war er an der Freilassung von 150 Agenten aus 23 Ländern beteiligt und spielte eine zentrale Rolle beim sogenannten Häftlingsfreikauf, bei dem die Bundesrepublik im Laufe der Jahre 33 755 politische Häftlinge gegen hohe Geldzahlungen aus der DDR herausholte. Vogel, ab den Siebzigerjahren offiziell Beauftragter des DDR-Staatsratsvorsitzenden Erich Honecker für humanitäre Fragen, arbeitete eng mit den Bundesregierungen unter Willy Brandt, Helmut Schmidt und Helmut Kohl zusammen, ebenso mit den beiden großen christlichen Kirchen in der Bundesrepublik. Er wirkte darüber hinaus bei der Ausreise von 215 019 DDR-Bürgern im Wege der Familienzusammenführung maßgeblich mit. Im besagten Vermerk Vogels vom 13. Mai 1986 in Weizsäckers Stasi-Akte hieß es, die Unterredung sei auf Weizsäckers Wunsch zustande gekommen, vermittelt durch [geschwärzt]. Vogel wörtlich: »Ich habe Grüße von E. H. (Erich Honecker) ausgerichtet. Er bat darum, freundliche Grüße zu erwidern.« Die Begegnung mit ihm in Berlin habe er in angenehmer Erinnerung, und sie werde von ihm vor ausländischen Staatsmännern auch so geschildert. Stets werde er nach seinen damaligen Eindrücken befragt. Eine Wiederholung werde »wohl so bald nicht stattfinden«, was er aufrichtig bedaure. Müsste man aber mit längerem Aufschub rechnen, sollte wenigstens eine »Privatreise in die DDR und ein Treffen mit E. H. bei dieser Gelegenheit ausgelotet werden«. Vogel weiter in seinem Vermerk, er habe entgegnet, dass man ein solches Treffen als Ersatz abqualifizieren würde. Außerdem sei zu einem Besuch Honeckers in der BRD noch keine endgültige Entscheidung getroffen. Sobald dies der Fall sei, werde ihm Erich Honecker gewiss vorrangig ein Signal geben. Für diese Ankündigung habe er, Weizsäcker, sich ausdrücklich bedankt. Allerdings sei ihm Skepsis wohl nicht zu verwehren, ohne damit Vorhaltungen machen zu wollen. Er habe sich an Spekulationen – noch dazu auf dem offenen Markt – nie beteiligt. So wolle er es auch fernerhin halten. Man denke im Kanzleramt daran, die Einladung an Generalsekretär Gorbatschow zu aktualisieren. Es seien entsprechende Andeutungen aus Moskau eingegangen, damit nicht aufzulaufen.

Er, Weizsäcker, sei äußerst besorgt wegen der jedenfalls aus seiner Sicht unberechenbaren Beziehungen USA/UdSSR. Mit Erich Honecker stimme er darin überein, dass beide deutsche Staaten die geschichtliche Berufung hätten, zur Verbesserung beizutragen. Dafür aber seien persönliche Gespräche zwischen Honecker und Kohl unerlässlich. Das Sich-Kennenlernen sei nicht ersetzbar. Auch bezüglich SDI – gemeint ist die Strategic Defensive Initiative (SDI), eine von US-Präsident Ronald Reagan gegen die Sowjetunion ins Leben gerufene und am 23. März 1983 offiziell angeordnete Initiative zum Aufbau eines Abwehrschirms gegen Interkontinentalraketen – sei es noch nicht zu spät, zumal die technische Verwirklichung von Experten sogar in den USA zunehmend fragwürdiger eingeschätzt werde. Vogel in seinem Vermerk wörtlich:

»Ob ich ihm wohl beantworten könnte, was es mit dem Telefonkontakt zwischen E. H. und Kohl auf sich hätte. Er wisse, dass aus der Zeit von Helmut Schmidt Telefonnummern überliefert sind. Warum sie wohl nicht benutzt würden? Wer sich von beiden zurückhalte? Ich habe ihm geantwortet, dass es doch Kohl freistehe, den Versuch zu machen, sollte ihm danach sein. E. H. habe wohl gegenwärtig keine Veranlassung. Berührungsängste beständen gewiss nicht.«

Er (Vogel) wisse, dass [Name geschwärzt] mit Weizsäcker über die Möglichkeit gesprochen habe, gegenseitig persönliche Beauftragte zu benennen, um zwischen »E. H.« und Kohl Gedanken auszutauschen nach der Erfahrung aus der Ära Helmut Schmidt. Kohl wäre damit einverstanden. Nur wolle er sich keine Ablehnung einhandeln. Er als Bundespräsident würde eine solche Schiene befürworten. Mit [Name geschwärzt] werde er in Kürze sprechen.

Er habe einen solchen Vorschlag von [Name geschwärzt] bestätigt. Es sei keine Entscheidung gefallen. Sollte Bedarf bestehen, würde Erich Honecker vermutlich darauf zurückgreifen. Danach ist im Dokument belegt, dass Weizsäcker Vogel drei humanitäre Anliegen übergeben habe, die ihn persönlich motivierten. Er sei von kirchlicher Seite angesprochen worden und zusätzlich durch andere Personen, die drei Namen sind in der Akte geschwärzt.

Er – Vogel – habe diese Gelegenheit genutzt, um ihn – Weizsäcker – im Gegenzug erneut auf die Machenschaften der IGfM hinzuweisen. Gemeint war die Internationale Gesellschaft für Menschenrechte, die sich für Menschenrechte vor allem in den kommunistischen Diktaturen in Osteuropa engagierte und der DDR seit Jahren ein Dorn im Auge war. Mit [Name geschwärzt] wolle er beraten, was zu tun sei. Er – gemeint ist Vogel – habe auf die Geldgeber und Ehrenmitglieder aufmerksam gemacht. Hier sei wohl am wirksamsten anzusetzen. Die Praxis, auf öffentliche Aktionen – wie beispielsweise am »Ausländerübergang Friedrichstraße« – überhaupt nicht mehr zu reagieren, halte er für durchaus richtig. Sie habe sich vor allem in den leidigen Fällen der Botschaftsbesetzungen als durchschlagend bewährt. Seither sei Ruhe zu registrieren. Die Kooperation mit [Name geschwärzt] habe sich ausgezahlt. Man könne Vergleiche zur Geiselnahme ziehen. Weil nicht nachgegeben werde, sei sie nicht mehr im Spiel.

Wie gelangte Wolfgang Vogels Vermerk – ganz sicher vor allem für Erich Honecker gedacht – in Weizsäckers Stasi-Akte? 1992 berichteten die Medien, dass Wolfgang Vogel eingeräumt habe, zeitweise inoffiziell für das MfS gearbeitet zu haben, zunächst als Geheimer Informant (GI) unter dem Decknamen »Eva« und später als Geheimer Mitarbeiter »Georg«. Seine Akte wurde jedoch 1957 geschlossen und archiviert. Wie eng die Kontakte zwischen Vogel und seinem MfS-Führungsoffizier Heinz Volpert in späterer Zeit waren, lässt sich nicht belegen. Ganz sicher ist, dass dieser Vermerk des Treffens zwischen Weizsäcker und Vogel über Heinz Volpert, mit dem Vogel bis zu seinem Tod enge Kontakte gehabt haben soll, in der Ost-Berliner Stasi-Zentrale landete.

Richard von Weizsäcker jedenfalls hielt große Stücke auf den DDR-Juristen und »Makler des Kalten Krieges«, wie es in der Presse hieß. Er hatte sogar als Bundespräsident dienstlichen Kontakt zu ihm. Wie das Hamburger Nachrichtenmagazin *Spiegel* im Januar 1993 recherchierte, nutzte Weizsäcker seinen Kontakt zu Vogel im Jahr 1987, um seiner Tochter Beatrice für deren Doktorarbeit drei Leitfadeninterviews mit dem DDR-Wissenschaftler Joachim Misselwitz von der Akademie für Staats- und Rechtswissenschaft der DDR zu ermöglichen. Der *Spiegel* kritisierte insbesondere die Verletzung der universitären Chancengleichheit zugunsten der Weizsäcker-Tochter. In seinen Erinnerungen *Vier Zeiten* wandte sich Weizsäcker 1997 in scharfer Form gegen einen Berliner Staatsanwalt, der in aller Öffentlichkeit erklärt hatte, Rechtsanwalt Vogel sei der »größte Menschenhändler unseres Jahrhunderts«. Weizsäcker wörtlich:

»Weiß er überhaupt noch, was er sagt? … Rechtsanwalt Vogel … war für die westdeutschen Verantwortlichen in allen Regierungen von Erhard über Kiesinger, Brandt und Schmidt bis zu Kohl der unentbehrliche Geschäftspartner, um Menschen den Weg in die Freiheit zu öffnen.«

Bemerkenswert war 1986 auch eine »Information zum beabsichtigten inoffiziellen Besuch des BRD-Bundespräsidenten bei der Evangelischen Kirche Berlin«. Inoffiziell sei zuverlässig bekannt geworden, dass der Bundespräsident dabei vorwiegend persönliche Gespräche mit jungen Christen über deren Probleme führen wolle. Hauptsächlich sollte dazu eine Veranstaltung in der Evangelischen Studentengemeinde (ESG) in der Berliner Invalidenstraße genutzt werden. Dazu sollten neben christlichen Jugendgruppen auch Gruppen der sogenannten »Unabhängigen Friedensbewegung« geladen werden. Zutritt hätten nur Personen mit einer schriftlichen Einladung.

Die letzte Eintragung in Weizsäckers Stasi-Akte 1986 war ein ZDF-Interview mit Weizsäcker kurz vor Weihnachten. Darin wurde er auch um eine Bilanz der innerdeutschen Beziehungen gebeten. Dabei sprach er von Ansätzen, an denen es weiterzuarbeiten gelte. Im Jahr 1986 habe sich in Bezug auf die sogenannten dringenden Familienangelegenheiten die Zahl der Reisen von Ost nach West von ungefähr 60 000 auf über 200 000 vermehren lassen. Die Städtepartnerschaften, die natürlich von den Menschen, den Bürgern getragen werden müssten, würden sich einer größeren Nachfrage erfreuen, als sie bedient werden könnten. Auch in Bezug auf die Eindämmung des Asylbewerberstroms sei es zu einer Verabredung gekommen. Der Kulturaustausch fange wirklich an, sich bei den Menschen auszuwirken, die in der Kultur arbeiten würden. Und die Kultur sei doch zwischen den beiden deutschen Teilen, aber auch zwischen Ost und West im Ganzen wichtig. Er glaube auch, dass im Umweltbereich Fortschritte erzielt werden könnten. Vermutlich landete dieser Mitschnitt mit Weizsäckers positiven Einschätzungen auf den Schreibtischen der Politbüro-Mitglieder. Entsprach die beschriebene heile Welt tatsächlich der Wirklichkeit? Gab es in den deutsch-deutschen Beziehungen keine gravierenden Probleme und nicht manches zu bemängeln? – Darüber schweigt sich die Stasi-Akte aus.

Im Jahr 1986 erreichte Richard von Weizsäcker nach Angaben des Wickert-Instituts die höchste Popularität unter allen Politikern in der Bundesrepublik. Das allenthalben bewunderte Staatsoberhaupt belegte sogar den ersten Platz als »attraktivster Mann« vor namhaften Schauspielern wie Götz George.

Unterdessen fand die Reise des Bundespräsidenten nach Lateinamerika im März 1987 – Ziele waren Brasilien, Argentinien, Bolivien und Guatemala – wieder das gesteigerte Interesse der DDR-Spione. So hieß es in mehreren Spitzelberichten, Regierungskreise der Bundesrepublik würden den Besuch Weizsäckers als großen Erfolg bewerten, von dem ein insgesamt positiver Impuls auf die Beziehungen der Bundesrepublik zu Lateinamerika ausgehe.

Doch die meisten Spionagebeiträge waren Weizsäckers Besuch in der Sowjetunion gewidmet. Die SIRA-Datenbank verzeichnete sogar den »Entwurf der Rede von Bundespräsident von Weizsäcker für den bevorstehenden Besuch in der UdSSR im Juli 1987«. Die nicht identifizierbare IM »Jasmina« mit der Registriernummer XV/3863/86 war, auf welchen Wegen auch immer, an diesen Redeentwurf gekommen. Im Rahmen des permanenten Informationsaustausches zwischen MfS und KGB – dem »Komitee für Staatssicherheit«, also dem sowjetischen In- und Auslandsgeheimdienst sowie der Geheimpolizei – wussten die Herren im Kreml noch vor Weizsäckers Ankunft in Moskau, mit welcher Rede sie zu rechnen hatten. Auch hier zeigte sich die Gier der »Schlapphüte« aus Ost-Berlin. Neben IM »Jasmina« waren IM »Komet«, IM »Max« und der nicht identifizierbare IM »Brede« im Einsatz, um den Bundespräsidenten vom 6. bis 11. Juli 1987 zu begleiten. Neben seinen Begegnungen mit Staatsoberhaupt Andrei Gromyko und Generalsekretär Michail Gorbatschow traf der Bundespräsident in Moskau mit sowjetischen Künstlern, Vertretern der Presse und des Geisteslebens zusammen. Der offizielle Teil des Besuchs ging mit einem Aufenthalt in Leningrad zu Ende. Am 10. Juli flogen der Bundespräsident und seine Delegation zusammen mit Bundesaußenminister Hans-Dietrich Genscher zu einem zweitägigen privaten Besuch nach Nowosibirsk weiter. In einer »Außenpolitischen Informationsübersicht« des MfS über die bundesdeutsche Bewertung des Besuchs Weizsäckers in der UdSSR hieß es, außenpolitische Kreise würden einschätzen, dass weder die sowjetischen noch die westdeutschen Erwartungen an diesen Besuch voll erfüllt wurden. Von Weizsäcker und Außenminister Genscher seien gewillt gewesen, das Engagement der derzeitigen westdeutschen Regierung für Entspannung und Abrüstung zu verdeutlichen und eine sichtbare Verbesserung des bilateralen Verhältnisses zu erreichen. Die Aktivitäten des rechten Flügels der CDU/CSU vor und während des Besuchs hätten jedoch starke Skepsis und Zweifel bei den sowjetischen Gesprächspartnern hervorgerufen. Dazu habe aber auch das Auftreten von Weizsäckers selbst beigetragen. Von sowjetischer Seite wäre erwartet worden, dass er die Chance dieses Besuchs nutze, um durch eine öffentliche Erklärung, vergleichbar seiner Rede am 8. Mai 1985, dem bundesdeutsch-sowjetischen Verhältnis eine neue historische Perspektive zu eröffnen. Stattdessen hätten seine Äußerungen ausgesprochenen Kompromisscharakter getragen, und er habe wie ein »Ersatzkanzler« agiert. Dieses Vorgehen resultiere daraus, dass von Weizsäcker sein politisches Auftreten der Karriere unterordne. Für ihn rücke die Kandidatur für eine zweite Amtsperiode immer näher, für die er auf die Unterstützung der rechten Kräfte in der CDU/CSU angewiesen sei.

Zum Gespräch von Weizsäckers mit dem sowjetischen Physiker, »Vater der sowjetischen Wasserstoffbombe«, Dissidenten und Friedensnobelpreisträger Andrei Sacharow am 8. Juli 1987 ist nachzulesen, dass dieser während des Treffens betont habe, dass ein Scheitern des Kurses von KPdSU-Generalsekretär Gorbatschow eine Katastrophe wäre und eine Zunahme militaristischer Tendenzen in der UdSSR zur Folge hätte. Ein Erfolg dieser Linie erhöhe dagegen die Wirtschaftskraft des Landes und schaffe günstige Voraussetzungen für die friedliche Zusammenarbeit der europäischen Staaten. Eine ökonomische Stärkung der UdSSR brauche der Westen nicht zu fürchten, da gleichzeitig die eingeleiteten Demokratisierungstendenzen forciert würden. Der sowjetischen Führung müsse aber die Möglichkeit zu einer Reduzierung des militärischen Sektors in der Wirtschaft gegeben werden. Deshalb dürfe der Westen den Rüstungswettlauf nicht weiter vorantreiben. Aus diesem Grunde lehne Sacharow auch das amerikanische SDI-Programm ab. Wenn es überhaupt zu realisieren sei, dann würde dies beidseitig geschehen. Die Folge sei also lediglich ein Anheben des Niveaus der atomaren Rüstungen. Da aber beide Großmächte aus Angst vor einem Rückstand auf diesem Gebiet forschten, setze er sich für ein gewisses Maß an Toleranz gegenüber dem amerikanischen Programm ein. Im Verteiler standen die Namen von sieben hochrangigen Politbüromitgliedern. Daran war die politische Bedeutung dieses Vermerks zu erkennen.

Schließlich folgte in Weizsäckers Stasi-Akte eine vierseitige Zusammenfassung von konkreten Äußerungen im Laufe des Staatsbesuchs in der Sowjetunion.

- »Die Ost-West Beziehungen dürfen nicht, wie es seit dem Ende des Zweiten Weltkrieges immer wieder geschehen ist, allein vom Sicherheitsdenken beherrscht bleiben. Auch wenn zur Kriegsverhütung nicht auf Abschreckung verzichtet werden kann, darf Abschreckung nicht die einzige Sprache bleiben, in der sich Ost und West wirklich verstehen.«
- »Auf der Tagesordnung steht kein apokalyptischer Endkampf zwischen dem Guten und dem Bösen, sondern eine wachsende Anzahl von Problemen, die weder Ost noch West alleine lösen können: Bevölkerungsexplosion und Hunger in der Welt, fortschreitende Zerstörung der Natur, Energieversorgung, ethische Bewältigung des wissenschaftlich-technischen Fortschritts, vor allem aber unsere friedliche Nachbarschaft.«
- »Die Deutschen, die heute in Ost und West getrennt leben, haben nicht aufgehört und werden nicht aufhören, sich als eine Nation zu fühlen. Damit wenden wir uns gegen niemanden. Im Gegenteil: Es ist gerade die Teilung und die Auswirkung auf die Menschen, die uns in ganz besonderem Maße des Friedens bedürftig macht.«

- »Je besser das Klima in ganz Europa, desto besser für uns Deutsche. In diesem Sinne setzen wir uns zwischen den beiden deutschen Staaten vorrangig für die Entspannung ein. Was uns Deutsche in Ost und West verbindet, ist eine Gemeinschaft nicht nur der Verantwortung, sondern auch des menschlichen Empfindens.«
- »Unser Wunsch zu einer guten Nachbarschaft mit den Völkern der Sowjetunion kommt aus aufrichtigem Herzen. Wir befinden uns in einer Phase von historischer Bedeutung zwischen Ost und West. Weitreichende Vereinbarungen sind in greifbare Nähe gerückt. Von großer Bedeutung ist es dabei, gegenwärtige Entscheidungen im Lichte einer langfristigen Perspektive für die Zukunft zu treffen. Gute deutsch-sowjetische Beziehungen sind möglich und von zentraler Bedeutung für Europa und darüber hinaus.«

Erforderlich sei nun eine »sorgfältige und behutsame Politik auf beiden Seiten«. Beide Seiten sollten sich hüten, »einander zu reizen«. Bravourleistungen seien nicht gefragt. Beide Länder müssten sich stärker als bisher »aufeinanderzubewegen«. Jedenfalls dürfe man in der Ostpolitik nicht leichtfertig werden und vor allem in den deutsch-sowjetischen Beziehungen nichts für selbstverständlich erachten.

- »Wir sind davon überzeugt, dass wachsende Interdependenzen nicht nur Ihre und unsere Volkswirtschaft anregen, sondern dass sie auch das internationale System stabilisieren werden. Je mehr Ihre Bereitschaft zu internationalen Verflechtungen wächst, desto größer wird unser westlicher Spielraum für die Zusammenarbeit.«

Eigene Einschätzungen oder politische Analysen beispielsweise vonseiten hochrangiger MfS-Offiziere zu Weizsäckers Staatsbesuch in der UdSSR existieren nicht. Die Auslandsspionage Ost-Berlins schien sich mit der dargestellten Dokumentation zu begnügen. Die erste und einzige Reise Weizsäckers nach Moskau schien zumindest die Ost-Berliner Spionagezentrale wenig zu interessieren.

Ganz anders der Aufwand und Umfang des Einsatzes von personellen Ressourcen und Spionagetechnik beim Arbeitsbesuch des SED-Generalsekretärs Erich Honecker vom 7. bis 11. September 1987 in der Bundesrepublik. Diese außergewöhnliche Reise ist eine ganz eigene Geschichte, die erst noch geschrieben werden muss.

Bevor Honecker auf Einladung des Bundeskanzlers Kohl endlich nach Bonn kam, hatte es zuvor drei Absagen gegeben, zuletzt auf sowjetischen Druck im Jahr 1984. Spätestens mit der Ankündigung des Honecker-Besuchs in den west- und ostdeutschen Medien am 15. Juli 1987 begann für Mielkes Spione auch in Bonn der Härtetest. Eine »streng geheime« Information zum »BRD-Besuch des Genossen Honecker« datiert vom gleichen Tag. Aus zuverlässiger Quelle gelangten Hinweise zu Aktivitäten und internen Reaktionen gegnerischer Kräfte zur Kenntnis, die mit dem bevorstehenden BRD-Besuch des Generalsekretärs des ZK der SED und Vorsitzenden des Staatsrates der DDR im Zusammenhang standen. In diesem Rahmen beabsichtigte auch Bundespräsident Richard von Weizsäcker, mit Honecker zusammenzutreffen. Im Vorfeld dieses Ereignisses wollte er keine öffentliche Stellungnahme gegenüber Journalisten abgeben. Nach »authentischen Aussagen von Vertretern des Bundespräsidialamtes« in Bonn wolle Weizsäcker damit erreichen, dass die Rolle und der Charakter dieses Besuchs möglichst klar definiert blieben. Für ihn sei dies von größter Wichtigkeit. Im Ergebnis dessen habe Weizsäcker bisher bereits eine Serie von Absagen an Journalisten der BRD und West-Berlins erteilt, die mit Interviewwünschen an das Bundespräsidialamt herangetreten seien.

In gleicher Information wurde Johann Baptist Gradl, Vorsitzender der Exil-CDU – ein Landesverband der CDU, in dem aus der SBZ/DDR geflüchtete oder vertriebene CDU-Mitglieder organisiert waren –, zitiert. Er schätzte gegenüber leitenden Vertretern des »Kuratoriums Unteilbares Deutschland« ein, dass die Lage der CDU im »Operationsgebiet« insgesamt und insbesondere ihre Stellung im Bundesrat der BRD immer komplizierter werde. In diesem Zusammenhang habe Gradl die Meinung vertreten, dass diese Entwicklung durch den Besuch des Genossen Honecker weiter verschärft werde. Ausgehend davon, dass bei dem Besuch die Hymnen beider Staaten gleichrangig gespielt, die Flaggen beider Staaten nebeneinander gezeigt würden, habe Gradl die Meinung abgeleitet, dass die Deutschlandpolitik der CDU »mehr und mehr auch in ihren Motiven infrage gestellt« werde. Aufgrund dessen müsse in Kreisen der CDU damit gerechnet werden, dass sich insbesondere in Bayern eine »nationale Rechte« etabliere. Gradl führte das auf die Ungeduld der betreffenden Kräfte in der Frage der »Wiedervereinigung« zurück. Angeblich habe er bereits einen Brief bekommen, der diese Entwicklung ankündige. Generell sei Gradl der Meinung, dass die Ergebnisse des Besuches bereits gegenwärtig feststehen würden. Als Beispiel dafür führte er die in letzter Zeit zu beobachtende »Freizügigkeit bei Besuchsreisen« an. Bei dem Besuch selbst werde nach seiner Ansicht nichts mehr besprochen. Es würden lediglich ein paar Verträge unterzeichnet.

Mit einer gewissen Spannung erwarte Gradl die Reden, die während des Besuchs seinen Erkenntnissen zufolge live übertragen würden. Ungeachtet seiner offenbar ablehnenden Haltung zum Besuch des Genossen Honecker in der BRD habe Gradl seine Bewunderung dafür zum Ausdruck gebracht, dass die Führung der DDR »Punkt für Punkt« ihre Strategie habe durchsetzen können.

Weiter heißt es in dieser Vorabinformation vom 15. August 1987, es lägen Angaben vor, denen zufolge gegnerische Kräfte beabsichtigten, im Vorfeld des Besuchs des Genossen Honecker in der Bundesrepublik Äußerungen des SPD-Präsidiumsmitgliedes Egon Bahr während einer Livesendung im ZDF aufzugreifen und publizistisch zu verwerten. In dieser Sendung habe Bahr ein »Koppelgeschäft von Respektierung der DDR-Staatsbürgerschaft und Abschaffung des Schießbefehls« zur Diskussion gestellt.

Am Ende der mehrseitigen »streng geheimen« Informationen ging es um »Stimmungen, Meinungen und Erwartungshaltungen«, die vom Ministerium für Staatssicherheit erarbeitet worden waren. Im Mittelpunkt sollen dabei Erwartungshaltungen hinsichtlich der

Erweiterung von Reisemöglichkeiten für eine Vielzahl von Bürgern der DDR ins »Nichtsozialistische Ausland« (NSA) gestanden haben. Dabei werde nicht nur auf eine großzügigere Verfahrensweise bei der Genehmigung von Reisen für DDR-Bürger in die BRD oder nach West-Berlin gehofft, sondern auch mit der Verbreiterung des Reiseangebotes für andere nichtsozialistische Staaten. In diesem Zusammenhang werde auch vereinzelt auf eine »Lockerung« der Reisebestimmungen für verschiedene sozialistische Länder verwiesen.

Stetig würden Meinungen aus der DDR-Bevölkerung, darunter auch Übersiedlungssuchende, geäußert, wonach ab Oktober 1987 mit einer größeren Ausreisewelle gerechnet werde. Dabei würden sogar Vermutungen über die mögliche Größenordnung – 20 000 bis 40 000 Personen – getätigt. Des Weiteren wurden nach Stasi-Recherchen auch in Einzelfällen Äußerungen von DDR-Bürgern bekannt, die mit der Erteilung von Übersiedlungsgenehmigungen oder der Ausweisung von amnestierten Personen rechneten. Dabei werde auch darüber diskutiert, ob die bestehenden Einreisesperren für einen Teil ehemaliger DDR-Bürger, die in der BRD oder West-Berlin leben, aufgehoben würden. Dies betreffe vor allem solche Personen, die die DDR auf ungesetzlichem Wege verlassen hatten. Verschiedene West-Berliner Bürger würden darauf spekulieren, dass möglicherweise die bestehenden Reisemöglichkeiten für Besuche in der Hauptstadt der DDR noch verbessert werden könnten. Es werde dabei unter anderem an die Einrichtung eines »kleinen Grenzverkehrs« zwischen West-Berlin und der Hauptstadt der DDR gedacht. Eine größere Anzahl von Bürgern aus dem NSA würde darauf spekulieren, die DDR-Organe würden den Mindestumtauschbetrag bei Einreisen in die DDR wieder senken. Bürger der DDR hofften auf eine Wiedererhöhung des Reisegeldes für NSA-Aufenthalte. Personen des Operationsgebietes, die häufig in oder durch die DDR reisen würden, hätten sich lobend über die überaus höfliche und zuvorkommende Abfertigung durch Angehörige der Grenzkontrollorgane geäußert. Dies werde mit dem bevorstehenden Besuch des Generalsekretärs des ZK der SED und Vorsitzenden des Staatsrates der DDR, Genossen Honecker, in Verbindung gebracht. Das ist der Tenor der von der Stasi erarbeiteten realistischen Stimmungsberichte, die eine hohe Erwartung an Honeckers Bonn-Besuch belegen.

Am 7. September 1987 begann das außergewöhnliche Ereignis. Das lang Unvorstellbare wurde wahr. Zum ersten Mal hielt sich ein Staats- und Regierungschef der DDR in der Bundesrepublik auf. Die psychische Anspannung war Kohl und Honecker anzumerken. Der Kanzler wirkte verkrampft, Honecker unsicher. Keine Beflaggung, keine Salutschüsse, kein Austausch von Geschenken und Orden. Dann erklangen jedoch die Hymne der DDR und das Deutschlandlied. Für viele eine eindeutige Anerkennung des zweiten deutschen Staates. Für Honecker die Krönung seines Lebenswerkes. Manche empfanden das als Bilder der Beklemmung und des Zorns, die von den Fernsehprogrammen beider deutscher Staaten live übertragen wurden. Andere sahen im Besuch Honeckers einen längst überfälligen Schritt, das deutsch-deutsche Verhältnis zu normalisieren.

So ungewöhnlich die streng geheimen Vorbereitungen des Honecker-Besuchs waren, so bemerkenswert offen vollzog sich die Nachbereitung der Visite. Honecker übergab nach seiner Reise dem Politbüro des ZK der SED einen 170 Seiten starken Bericht über seinen offiziellen Besuch in der Bundesrepublik. Als »Vorlage für das Politbüro« beschrieb Honecker ausführlich seine Gespräche in Bonn, Düsseldorf, Saarbrücken und München. Diese Politbüro-Vorlage, ein historisch einmaliges Schlüsseldokument, befindet sich in einem mehrbändigen Aktenkonvolut. Darin zitiert der frühere SED-Generalsekretär zum Teil wortwörtlich und gibt seine eigenen Ausführungen und die seiner Gesprächspartner meist in indirekter Rede wieder. Nach Meinung des bundesdeutschen Spezialisten für Spionagetechnik, Detlef Vreisleben, trug Honecker in der Kleidung versteckt ein kleines Mikrofon und in der Jackentasche ein Tondrahtgerät mit einem Schalter, mit dem es eingeschaltet werden konnte. Das Gerät lief bis zu acht Stunden lang und soll für die Bonner Gespräche ausgereicht haben. Als Alternative erläutert Detlef Vreisleben, Honecker könne durchaus versteckt ein Mikrofon in der Uhr mit einem Aufnahmegerät in der Jackentasche getragen haben. Deshalb wissen wir heute, was im Einzelnen tatsächlich hinter verschlossenen Türen gesprochen und verhandelt wurde. Honecker beschrieb zunächst seine Ausführungen beim ersten Treffen mit Helmut Kohl, Wolfgang Schäuble und den übrigen Teilnehmern der großen Delegation. Der DDR-Staatsratsvorsitzende erläuterte aus seiner Sicht die internationale Lage, beschwor die Gefahr eines Nuklearkrieges und umriss seine Position zu Fragen der Abrüstung und Finanzpolitik. Eine bedeutsame Rolle in den Gesprächen mit Kohl und Schäuble spielten Stand und Entwicklung der bilateralen Beziehungen. Der DDR-Staatsratsvorsitzende versprach, an der Vertragspolitik mit der Bundesrepublik festzuhalten.

Eine gute Stunde dauerte das Gespräch unter vier Augen zwischen SED-Generalsekretär Erich Honecker und dem Bundespräsidenten der Bundesrepublik Deutschland, Richard von Weizsäcker. Den Inhalt des vertraulichen Gedankenaustauschs gab Honecker in seiner Vorlage an das Politbüro ebenfalls ausführlich wieder. Zunächst habe Weizsäcker seine Freude zum Ausdruck gebracht, Honecker in der Villa Hammerschmidt willkommen heißen zu können. Bei seiner Amtsübernahme im Sommer 1984 habe er auf einen baldigen Besuch Erich Honeckers gehofft. Allerdings habe sich das Haus damals im Umbau befunden.

Der Bundespräsident, der im April 1987 nur mühsam, vor allem von Wolfgang Schäuble, abgehalten werden konnte, SED-Politbüromitglied Horst Sindermann, der den Sozialdemokraten in Bonn einen Besuch abstattete, in der Villa Hammerschmidt offiziell zu empfangen, sagte weiter, ihm liege daran, sich in ernsthafter Weise über alles auszusprechen, seien es bilaterale oder internationale Fragen.

Honecker äußerte seine Freude, nach dem seinerzeitigen Gespräch mit von Weizsäcker im Berliner Schloss Niederschönhausen nun erneut mit ihm zusammenzutreffen, wobei er für alle Unterstützung danke, die Richard von Weizsäcker dem Zustandekommen der heutigen Begegnung habe zuteilwerden lassen. Vieles, worüber man damals gesprochen habe, sei bereits Wirklichkeit geworden oder werde es mehr und mehr. Es bestünden gute Voraussetzungen, die Beziehungen zwischen der DDR und der BRD zu normalisieren und fruchtbringend zusammenzuwirken. Von den Beziehungen zwischen beiden deutschen Staaten hänge für die Gestaltung der Atmosphäre in Europa viel ab. Hierbei stimme er Helmut Kohl zu, der gesagt habe, beide deutsche Staaten seien nicht der Nabel der Welt, jedoch ein wichtiger Teil. Vieles sei erreicht worden. Für das Wesentlichste halte er, die große Chance zu nutzen, die sich gegenwärtig im Zusammenhang mit dem in Aussicht stehenden Abkommen über die Mittelstreckenwaffen ergebe. Diese Chance dürfte nicht versäumt werden.

Er wisse, dass die UdSSR und Michail Gorbatschow fest entschlossen seien, zu einem Ergebnis zu gelangen. Auch gehe er vom Interesse Ronald Reagans aus, noch in diesem Jahr ein Abkommen abzuschließen und sich mit Gorbatschow in den USA zu treffen. Psychologisch hätte dies weltweit positive Auswirkungen. Es wäre die erste Vereinbarung über Abrüstung, und ihr könnten andere folgen. Gegenüber Helmut Kohl habe er sich erfreut über dessen Erklärung geäußert, dass ein solches Abkommen über die Beseitigung der Mittelstreckenwaffen nicht an den Pershing-1A-Raketen der Bundeswehr scheitern solle. Aus dem Abkommen ergebe sich das Herangehen an alle anderen Fragen, nicht beschränkt auf die militärischen.

Richard von Weizsäcker sagte, für ihn sei es gewissermaßen schon ein »Steckenpferd« festzustellen, dass aus der Geschichte kein Beispiel bekannt sei, wonach Abrüstung zu Frieden führt, wohl aber könne friedliche Zusammenarbeit zur Abrüstung führen. Isolierte Anstrengungen um Waffen allein seien nicht fähig, eine menschenwürdigere Atmosphäre zu schaffen. Hinsichtlich der Abrüstungsproblematik seien zuerst die großen Mächte gefragt, die jeder der beiden deutschen Staaten in seinem jeweiligen Bündnis nicht konterkarieren, sondern fordern und fördern solle, begleitet durch das Finden eigener Wege. Hier meine er, was die Schlussakte von Helsinki angehe, in erster Linie deren »Korb 2«, gemeint ist die Zusammenarbeit in den Bereichen der Wirtschaft, der Wissenschaft und der Technik sowie der Umwelt. Dies gelte für die beiden deutschen Staaten ebenso wie für die anderen und berühre nicht nur die Sicherheitsfrage, deren substanzielles Gewicht er durchaus nicht verkenne.

Gleich Erich Honecker vertrete er die Auffassung, es sei psychologisch von großer Bedeutung, dass erstmals Waffen wirklich beseitigt werden sollen. Was die Pershing-1A der Bundesrepublik betreffe, so habe er auch bei seinem Besuch in Moskau darauf hingewiesen, angesichts der Riesenwaffenarsenale in der Welt könne niemand deren Bedeutung verkennen. Wer die Abrüstung wolle, werde nicht behaupten, sie stehe oder falle mit den Pershing-1A. Das gelte auch für die Bundesrepublik. Die Ankündigung Helmut Kohls, auf die Pershing-1A verzichten zu wollen, sei in der Sache überzeugend und wirkungsreich, im Großen und Ganzen sei sie so auch verstanden worden.

Sicherheitspolitisch seien nicht die Mittelstreckenraketen mit längeren Reichweiten für die Bundesrepublik die größere Schwierigkeit. Wenn der jetzt beabsichtigte Abrüstungsschritt der einzige bliebe und die Raketen mit einer Reichweite unter 500 Kilometern erhalten würden, dann würde das verletzbare Engagement der Großmächte reduziert, aber das Risiko der Bündnispartner, die einander direkt gegenüberstehen, erhöht. Das böte keinen Sinn. Er habe sich immer gegen ein numerisches Gleichgewicht gewandt und sei für die beiderseits zugestandene Fähigkeit eingetreten, über Sicherheit zu verfügen. Seit Jahrzehnten würden Modelle für waffenfreie Zonen entworfen, über die es viel Streit gegeben habe, insbesondere ideologischen. Er bevorzuge nicht den Begriff »waffenfreie Zonen«, sondern den Begriff »nicht angriffsfähige Verteidigung«. Die Beseitigung der Mittelstreckenraketen sei für die Bundesrepublik und die DDR wirklich sinnvoll. Über vieles könne man verschiedener Meinung sein, aber nicht darüber, was 500 Kilometer seien. Daran dürfe man nicht hängen bleiben.

Honecker stimmte mit Weizsäcker voll und ganz überein. Er habe kein Interesse an den SS-20, Pershing II und Cruise Missiles gehabt, die zu einem Problem geworden seien, das zur internationalen Zuspitzung führte. Nach Reykjavik – gemeint war das Gipfeltreffen zwischen US-Präsident Ronald Reagan und dem Generalsekretär des ZK der KPdSU Michail Gorbatschow am 11. und 12. Oktober 1986 in Reykjavik – habe die Sowjetunion die Mittelstreckenwaffen aus dem Verhandlungspaket herausgenommen, und darüber sei man in der DDR froh gewesen. Vom Verhältnis zwischen der UdSSR und den USA hänge für die Stabilität der Lage in Europa viel ab. Eine doppelte Null-Lösung bei Mittelstreckenwaffen entspreche der Konzeption, auf nuklearem Gebiet von null zu null weiterzuschreiten, und zwar nicht nur für Europa, sondern global. Nach einem Abkommen über die Mittelstreckenwaffen könne man über die operativ-taktischen Raketen verhandeln. Auch müsse über die Verdünnung der Streitkräfte in Europa diskutiert werden, wofür Wojciech Jaruzelski, der damalige polnische Staatsratsvorsitzende, Vorschläge unterbreitet habe. Wenn es um die Herstellung von Nichtangriffsfähigkeit gehe, dann gehörten auch die atomaren Gefechtsfeldwaffen auf die Tagesordnung. Angepackt werden müsse ebenso die Abrüstung auf konventionellem Gebiet. Hier sei die DDR für eine radikale Verringerung der Streitkräfte und Rüstungen vom Atlantik bis zum Ural.

Auf eine Frage Weizsäckers, wie er die technische Seite der Nichtangriffsfähigkeit beurteile, antwortete Honecker, der Westen spreche von einer Überlegenheit des Warschauer Paktes zum Beispiel bei Panzern, also müsse man das prüfen. Nicht nur die Politiker müssten heute umdenken, sondern auch die Militärs. Sie alle müssten sich prüfen, statt im Sandkasten zu proben, wie man innerhalb von drei Tagen in Warschau oder Moskau, am Rhein oder in Paris sein könne. Im nuklear-kosmischen Zeitalter sei es unmöglich, Kriege zu führen, denn das wäre der Untergang der Menschheit. Gorbatschow und Reagan hätten in der Absicht übereingestimmt, die Kriege überhaupt abzuschaffen. Auf dem Berliner Gipfel sei die Verteidigungsdoktrin der Staaten des Warschauer Vertrages beschlossen worden, die beinhalte, die Angriffswaffen-Systeme auszusondern. Unterstrichen worden sei die Bereitschaft, bei einer Null-Lösung auch über die operativ-taktischen Raketen zu verhandeln. Das Argument von der konventionellen Überlegenheit dürfe nicht mehr gelten. Es gehe um gegenseitiges Vertrauen. Von dieser Problematik seien alle Staaten, die im Zentrum Europas liegen – DDR, BRD, ČSSR und VRP – besonders betroffen.

Honecker habe betont, die DDR sei für die Beseitigung der Atomwaffen überhaupt, für eine atomwaffenfreie Welt bis zum Jahr 2000. In seinen verschiedenen Gesprächen mit Michail Gorbatschow, sagte Honecker, habe er dessen feste Entschlossenheit bestätigt gefunden, diesen Weg zu gehen.

Richard von Weizsäcker bemerkte, aus seinen Unterredungen mit Gorbatschow habe er den Eindruck gewonnen, dass dessen Idee der Umgestaltung in der Sowjetunion sehr ernst gemeint und wohlbegründet sei. Sie nehme auf seiner Prioritätenliste Platz 1 ein. Dazu setze er seine Abrüstungs- und Sicherheitspolitik in eine Beziehung, die in Einzelheiten noch weniger klar erkennbar sei. Gegenüber dem Westen sei seitens der Sowjetunion von Sicherheit und Abrüstung die Rede, aber nicht von sehr viel mehr. Offenbar werde eine gewisse Reduzierung der außenpolitischen Konfliktpunkte angestrebt, zum Beispiel in Afghanistan. Er bezweifle nicht die Ernsthaftigkeit dieser sowjetischen Politik.

In den Ost-West-Beziehungen sei die sowjetische Position einfacher als die westliche, solange sie auf sicherheitspolitische Aspekte beschränkt bleibe. Nuklear seien Ost und West dem militärischen Gleichgewicht näher als hinsichtlich konventioneller Waffen.

Aus der Sowjetunion sei einiges wirklich Konstruktive zu hören, was friedliche Koexistenz heute bedeute. Ohne das eigene System zu verraten, solle sie auf Zusammenarbeit gerichtet und auch als systemöffnend zu verstehen sein. Gorbatschow habe dies eindrucksvoll geschildert, und hier solle man auch weitermachen. Furchtbar Konkretes auf konventionellem Gebiet sei allerdings von der Sowjetunion nicht zu hören. Er sage das nicht, um sich zu beschweren, sondern im Interesse weiterer Fortschritte, deren Gewicht nicht hoch genug eingeschätzt werden könne.

Erich Honecker unterstrich nochmals die diesbezüglichen Vorschläge der Sowjetunion und der anderen Staaten des Warschauer Vertrages zur drastischen Reduzierung der Streitkräfte und konventionellen Rüstungen. Auch seien die Länder für einen chemiewaffenfreien Korridor und die weltweite Abschaffung dieser Waffen. Erfolge der Einstieg in die nukleare Abrüstung, so solle auch mit der konventionellen Abrüstung begonnen werden. Weizsäcker sagte, er hoffe sehr darauf, dass es gelinge, den notwendigen und fälligen Einstieg in die Abrüstung noch in diesem Jahr zwischen Ost und West zu formalisieren. Für Ronald Reagan sei es nicht einfach. Immerfort müsse er sich gegen Leute verteidigen, die ihn zum Präsidenten gemacht hätten, und sich auf diejenigen stützen, gegen die er sich habe durchsetzen müssen. Zu unterstreichen sei die Verantwortung der Europäer für sich selbst. Bündnisse und Partnerschaften seien kein Selbstzweck. Der KSZE-Prozess enthalte die Instrumentarien und die Substanz, um die es gehe. Beide deutsche Staaten hätten in ihrem Bündnis einen Beitrag zu leisten. Erich Honecker erklärte, den KSZE-Prozess gelte es vor allem zu nutzen, um das europäische Haus aufzubauen, wobei die Bündnisse der NATO-Staaten mit den USA und der sozialistischen Staaten mit der Sowjetunion bestehen blieben. Weizsäcker bezeichnete den Bau dieses europäischen Hauses als umso nützlicher, je mehr Wohnlichkeit und Vorantrieb dort erreicht werde, wo es noch fehle.

Zu bilateralen Fragen stellte Weizsäcker fest, der Weg des Grundlagenvertrages zwischen BRD und DDR – gemeint ist der »Vertrag über die Grundlagen der Beziehungen zwischen der Bundesrepublik Deutschland und der Deutschen Demokratischen Republik«, der am 21. Dezember 1972 in Ost-Berlin unterzeichnet worden war – sei, prinzipiell gesprochen, der richtige. Man könne sich nicht über alles verständigen, das aber solle und dürfe nicht daran hindern, der Verantwortung jeder Seite in vernünftigem Umfang miteinander gerecht zu werden. Er sehe keinen Sinn darin, sich gegenseitig die Schuld zuzuschieben, dass sich in der Nachkriegszeit vieles auseinanderentwickelt habe, was sich nicht hätte auseinanderzuentwickeln brauchen. Insbesondere von manchen Medien würden Prophetien für die nächsten 100 Jahre angestellt. Immerhin sei die Geschichte offen, aber man solle nicht über die nächsten 50 Jahre spekulieren, sondern sich der Forderung des Tages stellen, in Bezug auf Prinzipien jenen Umgangston finden, bei dem man sich nicht überfordert. Gelegentlich trete die BRD der DDR mit Äußerungen zur deutschen Frage nahe, umgekehrt müsse man mit Berlin (West) in der Praxis weiterkommen.

Erich Honecker erklärte, mit dem Grundlagenvertrag hätten sich die Dinge positiv entwickelt. Trotz bestimmter Störungen sei vieles erreicht worden. Die Politik des Dialogs habe sich bewährt. Er wertete die Entwicklung des Reiseverkehrs insbesondere 1987 als Ausdruck dafür, was möglich sei, wenn man Vernunft walten lasse. Es komme der Normalisierung der Beziehungen zugute. Auch verwies er auf die Handhabung des Grenzregimes. Er sprach sich für offizielle Beziehungen zwischen der Volkskammer der DDR und dem Bundestag der BRD aus, wozu Weizsäcker bemerkte, hier seien ideologische Differenzen über die Wahl der Volksvertreter ins Parlament weniger das Problem als ideologische Differenzen in der jeweiligen Exekutive. Was Berlin (West) angehe, so sei dies kein politischer Sozialfall in Europa, fuhr Weizsäcker fort. Das Vier-Mächte-Abkommen solle respektiert werden, aber die Beziehungen dürften sich nicht an Berlin (West) vorbei entwickeln. Der Bundespräsident sagte abschließend, er begrüße Honecker als Vorsitzenden des Staatsrates der DDR, aber auch als Deutschen unter Deutschen im Sinne einer Geschichte, unter der Honecker als Deutscher gelitten habe. Bei einem Besuch des Gropius-Baus in West-Berlin habe er in einer dortigen Ausstellung Bilder aus Honeckers grausamster Lehrzeit gesehen.

Obwohl breit ausgeführt, ist dieser Ausschnitt nur ein kleinerer Teil des 170-seitigen Konvoluts über Honeckers Arbeitsbesuch in der Bundesrepublik. Nicht eine der strittigen Fragen, die während des Besuchs bei den schwierigen Verhandlungen mit der Bundesregierung anstanden, wagte der Bundespräsident anzusprechen. Der Leisetreter in der Villa Hammerschmidt machte nicht im Ansatz den Versuch, wenigstens einen der heiklen Punkte aufzugreifen. Nicht den Reise- und Besuchsverkehr. Kein Wort zu den Menschenrechtsverletzungen in der DDR, zur fortlaufenden Unterdrückung oppositioneller Gruppen. Kein Satz zum Verhältnis zwischen DDR-Obrigkeit und Evangelischer Kirche. Keine Frage des Bundespräsidenten zu den Schüssen an der Grenze zwischen beiden deutschen Staaten. Stattdessen beinahe Meinungsgleichklang über die Nuklearpolitik der Großmächte und über die Abrüstungsbemühungen, bei der beide deutsche Staaten lediglich Zuschauer waren. Hätte der Bundespräsident nicht auch dringend die Themen des sogenannten »Korb 3«, nämlich die Zusammenarbeit in humanitären und anderen Bereichen ansprechen müssen? Für die Ostblockstaaten, namentlich für die DDR, waren sie äußerst unangenehm, nicht zuletzt deshalb, weil sich die Bürgerrechtsgruppierungen gerade auf diesen Teil der Helsinki-Schlussakte beriefen, um ihren menschenrechtlichen Forderungen Nachdruck zu verleihen. Dieser Thematik ging der deutsche Bundespräsident im Gespräch mit Erich Honecker geschickt und offensichtlich bewusst aus dem Weg. Stattdessen platzierte er am Schluss der Begegnung mit dem mächtigsten Mann der DDR in der Villa Hammerschmidt eine Medienschelte und abfällige Bemerkungen über jene Politiker, die sich zur deutschen Frage pointiert geäußert hatten. Honecker erlebte ein westdeutsches Staatsoberhaupt, das sich nicht verantwortlich fühlte für die Menschen in der DDR. Der Bundespräsident fiel letztlich der Bonner Verhandlungsposition sogar in den Rücken, als er den Verzicht auf offizielle Beziehungen zwischen Bundestag und Volkskammer mit »ideologischen Differenzen in der jeweiligen Exekutive« begründete.

Im Aktenkonvolut des MfS über Honeckers Arbeitsbesuch in der Bundesrepublik befand sich zudem eine »Übersicht über die vor und während des Besuchs des Generalsekretärs des ZK der SED in der BRD übergebenen bzw. übersandten Forderungen und Anliegen«. Danach enthielten die an die Delegation der DDR und an die Ständige Vertretung der DDR übergebenen Listen insgesamt 882 Fälle mit 1926 Personen, davon 1678 DDR-Bürger. Die Listen wurden von nachfolgenden Politikern – die Anzahl der Fälle in Klammern –

übergeben: »Rau (251), Strauß (221), H.-J. Vogel (147), B. Vogel (90), Oberbürgermeister von Neunkirchen (40), Duisberg, Bundeskanzleramt (36), Jenninger (30), Späth (28), Weizsäcker (16), Dregger (13), Bangemann (2), Mischnick (1)«.

Ein weiteres aufschlussreiches Dokument ist ein ausführlicher zusammenfassender Bericht zum offiziellen Besuch Honeckers von Werner Krolikowski, dem Ersten Stellvertretenden Vorsitzenden des Ministerrats der DDR von 1976 bis 1988. In dieser »Vertraulichen Verschlusssache« hieß es unter anderem:

»Genosse Erich Honecker hatte eine Begegnung mit Bundespräsident Richard von Weizsäcker in dessen Amtssitz, die in offener und aufgeschlossener Atmosphäre verlief. Weizsäcker wurde zu einem Besuch der DDR eingeladen, die Einladung wurde mit Dank angenommen. Bundespräsident R. v. Weizsäcker gab zu Ehren des Genossen Erich Honecker ein Essen, bei dem Toaste ausgetauscht wurden.«

In dem 35 Seiten eng beschriebenen Bericht Krolikowskis hieß es in der zusammenfassenden Wertung:

»Der erste offizielle Besuch des Genossen Honecker in der BRD war ein bedeutender politischer Erfolg für die DDR, ein wichtiges Ergebnis ihrer Politik der Vernunft und des Realismus. Der Besuch ist das wichtigste Ereignis in den Beziehungen zwischen der DDR und der BRD seit Abschluss des Grundlagenvertrages. Es ist von weitreichender Wirkung und historischer Bedeutung. Neben dem Grundlagenvertrag und der gemeinsamen Erklärung vom 12. März 1985 bildet das Gemeinsame Kommuniqué über den Besuch vom 8. September 1987 die Basis für die künftige Gestaltung der Beziehungen mit der BRD. Das Stattfinden des Besuches und die durchgesetzte politische und protokollarische Behandlung des Genossen Erich Honecker dokumentierten vor aller Welt Unabhängigkeit und Gleichberechtigung beider deutscher Staaten, unterstrichen ihre Souveränität und den völkerrechtlichen Charakter ihrer Beziehungen. Damit wurde allen revanchistischen und ›innerdeutschen‹ Bestrebungen ein schwerer Schlag versetzt. Das konnten auch Äußerungen von Kohl und anderen über ›Rechtspositionen‹ und zur ›Einheit der Nation‹ nicht ändern.«

Für Bonn war das eine schmerzliche politische Bilanz des Honecker-Besuchs. Aber die hatte man in Regierungskreisen wohl auch einkalkuliert.

In Weizsäckers Stasi-Akte lag wenige Wochen später eine Information zu »Reaktionen des Bundespräsidenten auf die staatlichen Maßnahmen der DDR gegen Vertreter politischer Untergrundtätigkeit« vor. Inoffiziellen Hinweisen zufolge habe sich der Bundespräsident mit einem Vertreter des AEG-Konzerns in West-Berlin über staatliche Maßnahmen der DDR gegen Vertreter politischer Untergrundtätigkeit unterhalten und sich dafür interessiert, ob in jüngster Zeit bei geschäftlichen Beziehungen zur DDR »instabilisierende Elemente« aufgefallen seien. Weizsäcker habe seine Fragestellung mit einem Hinweis auf die aktuellen innenpolitischen Ereignisse in der DDR begründet. In seiner Einschätzung zu diesen Ereignissen sei der Bundespräsident angeblich davon ausgegangen, dass der Einsatz von Sicherheitskräften und die getroffenen Sanktionen ohne die Zustimmung des Generalsekretärs des ZK der SED und Vorsitzenden des Staatsrates der DDR, Erich Honecker, erfolgt seien; denn sie stünden im Widerspruch zum Auftreten von Honecker in der Bundesrepublik und in Frankreich. Nach Auffassung des Bundespräsidenten sollten hier an Honecker »vorbei Tatsachen geschaffen werden«.

Die aktuellen innenpolitischen Ereignisse in der DDR würden auf »widersprüchliche Machtkonstellationen« in der Partei- und Staatsführung der DDR hinweisen. So lautete die Ansicht eines nicht identifizierbaren IM. Es würden Auffassungen in der BRD und auch beim Bundespräsidenten bestärkt, wonach es in der Partei- und Staatsführung der DDR Gruppen geben müsse, die »an alten Machtstrategien festhalten« wollten.

Der Bundespräsident soll gegenüber [Name geschwärzt] geäußert haben, dass sorgfältig geprüft werden müsse, ob Erich Honecker tatsächlich »noch alle Fäden in der Hand« habe und vor allem, »wer im gegenteiligen Fall die Akteure« seien. Was der MfS-Spitzel aus dem Berliner AEG-Konzern lieferte, war ein gutes Jahr vor dem Ende der DDR und seines Geheimdienstes aufschlussreich über Weizsäckers Einschätzung von Erich Honecker.

Darüber hinaus wusste der DDR-Spion zu berichten, dass der Bundespräsident in Gesprächen mit Medienvertretern und Politikern der BRD darauf gedrängt habe, in der Berichterstattung und in Äußerungen Mäßigung zu zeigen. Er sei befremdet darüber, dass immer dann, wenn es in der DDR zu Aktionen kleiner oppositioneller Gruppen komme, die bundesdeutschen Medienvertreter sofort anwesend seien. Seiner Auffassung nach erfordere die gegenwärtige Situation Behutsamkeit und keine »Holzhammerreaktionen«. Besagter unbekannter DDR-Spitzel muss ganz nah der Spitze des Berliner AEG-Konzerns platziert gewesen sein. Wen oder was hatte der Bundespräsident mit »Holzhammerreaktionen« in der täglichen Berichterstattung der bundesdeutschen Medien aus der DDR gemeint? Fragen über Fragen, die eine bemerkenswerte Einstellung Weizsäckers über unabhängigen Journalismus und faire Berichterstattung erkennen lassen – wenn sie denn wahr sind.

Schließlich befanden sich in Weizsäckers Stasi-Akten zum Ende des Jahres 1987 eine Reihe von sogenannten Zielkontrollaufträgen, die das MfS, insbesondere die HVA, mit der jeweiligen Telefonnummer, dem Benutzernamen und mit Angaben über den Informationsbedarf versehen hatte. Diesmal ging es wieder um die Telefonnummern Weizsäckers im Bundespräsidialamt, die direkt angezapft wurden. Unter Informationsbedarf hieß es »Hinweise zur Regierungstätigkeit des Bundespräsidenten; Angaben zu interessierenden Verbindungen in den Bereichen Politik und Wirtschaft; Hinweise zum Umfeld des Bundespräsidenten«. Über die Inhalte der abgehörten Telefonate gibt die Stasiunterlagenbehörde – heute Bundesarchiv – aufgrund der strengen Bestimmungen des entsprechenden

Gesetzes keinerlei Dokumente heraus. Doch kein noch so fleißiger Bonner IM wäre in der Lage gewesen, die elektronisch erlangten Informationen über den Bundespräsidenten zu toppen.

Erstaunlich, dass Weizsäckers Auslandsreisen im Jahr 1987 in die Schweiz, die Vereinigten Staaten, in die Niederlande und in die Türkei keinen einzigen Niederschlag in Spitzelberichten in den SIRA-Dokumenten erbrachten. Auch seine ein Dutzend Reisen 1988 und 1989 ins Ausland fanden in Weizsäckers Stasi-Akte keine Erwähnung.

Gleiches galt für die hohe Zahl an Gesprächen mit ausländischen Staatsgästen in der Villa Hammerschmidt während der letzten drei Jahre bis zum Ende der DDR, wozu in Weizsäckers Stasi-Akte kein Wort dokumentiert wurde. Nach dem Besuch Honeckers ebbte das Interesse an von Weizsäcker ab. Die Männer der DDR-Auslandsspionage schienen sich viel stärker auf die Regierungsmitglieder der Bonner Republik zu konzentrieren als auf das Staatsoberhaupt, das ohnehin bis auf Reden und öffentliche Auftritte spionagetechnisch offenbar unergiebig geworden war. Das belegen fehlende Spitzelbeiträge in der SIRA-Teildatenbank für die Jahre 1988 und 1989, in denen üblicherweise mit oder über Richard von Weizsäcker Informationen überliefert wurden. Gründe für diese riesige Lücke konnten auch von Experten des Bundesarchivs nicht genannt werden.

Immerhin weist die Statistik über die Einträge in den SIRA-Dateien seit Mitte 1960 bis Ende 1987 eine riesige Menge von Spionagebeiträgen nach. Exakt handelt es sich um 123 Spione, die zusammen auf 387 Spitzelberichte zu Richard von Weizsäcker kommen. Favoriten sind IM »Delphin« alias Karl-Heinz Schulze mit 37 Beiträgen, IM »Max« alias Rudolf Maerker mit 16, IM »Komet« alias Dieter Assmann mit 15, IM »Laubach« alias Manuel Fernandes Stacke mit 11, IM »Fichtel« alias Adolf Kanter mit 10 und die elektronisch gewonnenen Spitzelberichte unter »Friedrich« mit 62 Stück. 380 IM konnten nicht identifiziert werden.

In Weizsäckers Stasi-Akte befanden sich für 1988 und 1989 nur noch ganz wenige »streng Geheime« schriftliche Überlieferungen. Warum der Spionagefluss auch auf diesem Weg über das bundesdeutsche Staatsoberhaupt aus Bonn nach Ost-Berlin in den letzten beiden Jahren der Existenz der DDR und ihres Geheimdienstes versiegte, lässt sich dokumentarisch nicht belegen. Offensichtlich war das Interesse an dem höchsten Repräsentanten der Bundesrepublik und seinem Amtsverständnis wie seinen Auftritten im In- und Ausland von Jahr zu Jahr geringer geworden. Denn für 1988 wurden nur noch Informationen über Weizsäckers Besuch des Durchgangsheims für Aussiedler und Zuwanderer in Berlin-Marienfelde dokumentiert. Dazu ganz wenige öffentliche Auftritte mit Staatsgästen in der geteilten Stadt. Spionagetechnisch recht belanglos. Gleiches galt – bis auf eine Ausnahme – auch für die letzten Monate vor dem Mauerfall. »Über interne Meinungsäußerungen führender Politiker der BRD zu aktuellen politischen Problemen der Ost-West-Beziehungen« vom 23. Februar 1989 gab es einen dreiseitigen Bericht, in dem mehrere Spitzelbeiträge zusammengefasst waren. Sie bezogen sich auf die Verleihung des Theodor-Heuss-Preises an Richard von Weizsäckers Bruder Carl Friedrich von Weizsäcker am 10. Februar 1989 in Stuttgart. Dabei soll der Bundespräsident unter anderem die Meinung vertreten haben, dass die DDR-Führung eine komplizierte Situation zu bewältigen habe. Der Westen spiele hierbei eine ungute Rolle. Man lasse die DDR in Bezug auf die Turbulenzen in Osteuropa einfach im Stich. Er sei darüber beunruhigt, dass Kohl zurzeit nicht für eine DDR-Visite zu gewinnen sei. Kohl sei jetzt auf die Volksrepublik Polen und auf Gorbatschow fixiert. Von Weizsäcker würde sehr gern selbst die DDR offiziell besuchen, könne dies aber nicht vor Kohl tun. Als Ersatzlösung schwebe ihm der Besuch des Leipziger Kirchentages vor. Danach wurden einige bundesdeutsche Politiker erwähnt, die einen Ausgleich oder eine intensivere Zusammenarbeit mit der DDR propagierten.

Weiter hieß es zu den internen Meinungsäußerungen führender Politiker der BRD, der baden-württembergische Ministerpräsident Späth plane für Mai 1989, in der DDR einen Teil seines Urlaubs zu verbringen. Bei ihm gebe es keine Tabus gegenüber der DDR. Er habe durchblicken lassen, nach dem Tod von Franz Josef Strauß 1988 dessen Rolle in den West-Ost-Beziehungen zu übernehmen beziehungsweise »weiterzuspielen«. Eine funktionierende ökonomische Zusammenarbeit sei das »A und O« aller Dialoge.

Der Oberbürgermeister von Stuttgart, Manfred Rommel, sei sehr am Zustandekommen einer Städtepartnerschaft mit einer Stadt in der DDR interessiert. Als Präsident des Deutschen Städtetages rechne er sich dafür gute Chancen aus.

Hans-Jochen Vogel wurde in dem Spitzelbericht zitiert, dass der Dialog mit der DDR bei ihm Hauptlinie bleibe. Das Dialogpapier sei weiterhin lebendig. Gemeint war das SPD/SED-Papier aus dem Jahr 1987. Es gebe gute Arbeits- und Denkanstöße in Basisnähe. Die DDR solle den Inland-Dialog nicht vernachlässigen. Er sei das Indiz für die Glaubwürdigkeit der DDR-Politiker.

Auch der SPD-Politiker Egon Bahr wurde erwähnt. Er wolle eventuell im Oktober 1989 nach Potsdam kommen. Er wolle an Veranstaltungen zum Gedenken an das Toleranz-Edikt des Großen Kurfürsten teilnehmen. Seine Teilnahme wolle er jedoch vorher mit der SED-Führung abklären. Er wolle dies mit Otto Reinhold absprechen, um jegliche Störung zur SED-Spitze, besonders im Dialog SED – SPD, zu vermeiden. Otto Reinhold war ein DDR-Wirtschaftswissenschaftler im Dienste der SED und war nach Wikipedia-Angaben entscheidend für die ideologische Ausrichtung der DDR-Wissenschaft. Der ständige Gast im DDR-Fernsehen leitete die SED-Delegation, die gemeinsam mit Vertretern der SPD 1987 das Papier »Der Streit der Ideologien und die gemeinsame Sicherheit« ausarbeitete. Diese Zusammenfassung von Spitzelbeiträgen dokumentiert erschreckend, wie blauäugig und unkritisch Politiker im letzten Jahr der DDR die Lage einschätzten. Die Zeichen der Zeit scheint kaum jemand erkannt zu haben.

Bei der Bundespräsidentenwahl am 23. Mai 1989 wurde Weizsäcker im Amt bestätigt. Für die Ost-Berliner »Schlapphüte« keine Zeile wert. Zwei Tage vor Beginn seiner neuen Amtsperiode hatte sich der Bundespräsident im ZDF den Fragen von sieben internationalen Journalisten gestellt. Darüber gab es immerhin eine interne

Information. Ebenso wurde der Staatsbesuch Gorbatschows und seiner Frau in Bonn im Juni 1989 in Weizsäckers Stasi-Akte dokumentiert. Allerdings handelt es sich dabei lediglich um den kompletten Abdruck der Rede des Bundespräsidenten in Schloss Augustusburg, die er beim Galadinner hielt. Es war ein ziemlich langer Toast auf Michail Gorbatschow und seine Frau Raissa, den auch die Deutsche Presseagentur zuvor veröffentlicht hatte.

Ein letztes Dokument in der Stasi-Akte über Richard von Weizsäcker datiert vom 17. Dezember 1989. Die Mauer war vor knapp sechs Wochen gefallen, die Chance einer Zusammenführung beider deutscher Staaten in greifbarer Nähe. Ein zweiseitiges Dokument belegt die geplante Reise Weizsäckers in die DDR über die Glienicker Brücke. Die Einreise war für den 17. Dezember 1989 um ca. 14 Uhr und die Ausreise am gleichen Tag um ca. 21 Uhr notiert. Als Reiseziel war der Name des Konsistorialratspräsidenten der Evangelischen Kirche der DDR Manfred Stolpe verzeichnet. Angegeben waren auch drei Pkw, wozu auch Weizsäckers Personenschutz zählte. Schriftlich festgehalten wurde auch, dass der Personenschutz der DDR die Fahrzeuge vor dem Grenzübergang übernahm. Über Inhalte des mehrstündigen Treffens der beiden befreundeten Kirchenmänner gab es keine einzige Zeile. Zu dieser Zeit befanden sich allerdings die Männer des Ministeriums für Staatssicherheit in höchster Aufregung und völliger Unsicherheit. Das MfS stand vor seiner Auflösung. Seit dem Fall der Mauer versuchten sämtliche Abteilungen, vor allem der Auslandsspionage (HVA), rund um die Uhr Aktenmaterial zu vernichten, zu zerreißen oder zu verbrennen. Vermutlich sind dabei auch große Mengen an Aktenmaterial über Weizsäcker geschreddert worden.

Seit dem Fall der Mauer am 9. November hielt Richard von Weizsäcker sechs Reden, einschließlich der Weihnachtsansprache 1989. Sie wurden unter anderem vom Presse- und Informationsamt der Bundesregierung 1990 herausgegeben.

Drei Tage nach dem Mauerfall am 12. November 1989 sprach der Bundespräsident Worte im Rahmen eines Abendmahl-Gottesdienstes in der Kaiser-Wilhelm-Gedächtniskirche in Berlin. So meinte er beispielsweise, was man in diesen Tagen erlebe, sei etwas ganz Fundamentales: Nicht angemaßte Richtlinienkompetenz der Machtzentren bestimmten das Schicksal der Menschen, sondern die Menschen selbst, das Volk weise der Politik den Weg. Dabei sollte niemand sich und anderen erlauben, Triumphgefühle aufkommen zu lassen, gegenüber niemanden. Das kostbarste Gut, das die Menschen im anderen Teil der Stadt und in der DDR durch eigene Courage errungen hätten, sei die Befreiung von erzwungener Lüge.

»Wie lange haben wir in Berlin gehofft und gewartet, gemeinsam aus Ost und West einen Gottesdienst feiern zu können. Nun erfüllt uns tiefe Freude und Dankbarkeit der Herzen. Dabei sollte niemand sich und anderen erlauben, Triumphgefühle aufkommen zu lassen, gegenüber niemandem. Wir brauchen Zeit, um unsere Gefühle und Gedanken zu ordnen. Für uns im Westen gilt es, bereit zu sein, mit offenen Herzen und Türen, aber nicht mit unserer Tür drüben ins Haus zu fallen. Es geht nicht darum, dass nun unsere Urteile und Gewohnheiten einfach überschwappen. Unsere Westmark kann und muss helfen, aber sie darf niemanden an die Wand drücken.«

Am 4. Dezember 1989 – die Menschen aus der DDR zog es weiter in den Westen – hielt Weizsäcker eine Ansprache bei einem Abendessen in der Villa Hammerschmidt aus Anlass des 80. Geburtstags von Marion Gräfin Dönhoff, der langjährigen Freundin und Chefredakteurin der Wochenzeitung *Die Zeit*. Neben der Erinnerung an die ersten Nachkriegsjahre sprach Weizsäcker viel über den Schriftsteller, Übersetzer und Philosophen Denis Diderot und über Preußen. Das Thema Mauerfall, die gesamte Dramatik und Fragen, wie die Zukunft zwischen beiden deutschen Staaten zu gestalten sei, wurden mit keinem Wort erwähnt. Ähnlich die Laudatio zum 75. Geburtstag von Bundespräsident a.D. Karl Carstens am 14. Dezember 1989. Dabei fiel eine einzige Bemerkung zur aktuellen politischen Situation.

»Wir Deutsche sollten eines nicht vergessen: Ohne das, was in Moskau Gorbatschow in Bewegung gebracht habe, ohne die Hoffnungen und die Kraft der Polen und der Ungarn und auch der Tschechen und Slowaken, wäre es mit dem Wandel in der DDR nicht dahin gekommen, dass wir heute konkret vor der Aufgabe und Chance ständen, der Einheit der Deutschen näherzukommen.«

Ansonsten würdigte das amtierende Oberhaupt Carstens' steile Beamtenkarriere, seine verantwortungsvolle Funktion als Bonner Oppositionsführer, als Bundestagspräsident und schließlich als sein Vorgänger im Bonner Bundespräsidialamt. In seiner traditionellen Weihnachtsansprache über Rundfunk und Fernsehen am 24. Dezember 1989 meinte Weizsäcker unter anderem, Weihnachten 1989 stehe für die Deutschen im Zeichen tiefer Freude und Dankbarkeit. Jahr für Jahr hätten seine Vorgänger und er an den Feiertagen die Landsleute in der DDR nur über den Äther hinweg grüßen können. Heute seien Familien und Freunde selbst zusammen – etwas, das für eine ganze Generation unvorstellbar gewesen sei. Nun sei es Wirklichkeit, und es »bewegt unsere Herzen«. In der DDR habe sich der Freiheitswille ohne Gewalt durchsetzen können. Er sei unwiderstehlich geworden. Die Menschen würden sich nicht mehr fürchten. Neues Zutrauen wachse dem Frieden zu, Rechtssicherheit werde zur besten Staatssicherheit, und so gebe es Kerzen vor den Stasi-Gebäuden und Blumen für die Polizei ... Und wie gehe es nun zwischen den beiden deutschen Staaten weiter? Wir würden hier jeden aufnehmen, der zu uns herüber komme, ohne nach seinen Motiven zu fragen. Wir seien bereit zu jeder Hilfe, die drüben willkommen und nützlich sei. Die Gefahr, dass Hilfe nicht wirksam werde, sei weit geringer, als dass sie zu spät komme. Wir wollten mit unserer Hilfe nicht erst einen erfolgreichen Abschluss der Reform belohnen, sondern alles in unseren Kräften Stehende tun, damit die Reform gelinge ...

Für politische Beobachter in Bonn wurde Weizsäcker nach dem Mauerfall seiner Rolle im schwierigen Prozess der Annäherung beider deutscher Staaten nicht gerecht. Vermisst wurden begleitende öffentliche Auftritte und Interviews, verbunden mit Ideen und Impulsen für die Bewältigung der riesengroßen Herausforderungen – allein durch die zunehmende Abwanderung der DDR-Bürger. Weizsäckers Reden während der ersten Wochen nach dem Mauerfall blieben blass und galten vor allem in Bonner Regierungskreisen als wenig hilfreich und überzeugend. Ein Jahr später, am Tag der Wiedervereinigung am 3. Oktober 1990, wurde der bewunderte Richard von Weizsäcker über Nacht Präsident aller Deutschen. Daran hatte er nach Meinung des Autors den geringsten persönlichen Anteil.

Nachbemerkung

Der unglaubliche personelle und vor allem finanzielle Aufwand der HVA-Spionage gegen die Bundespräsidenten hat mich oft fassungslos gemacht. Auch nach Sichtung von Zigtausenden Aktenblättern bleiben offene Fragen: Welchen Sinn hat die DDR-Auslandsspionage tatsächlich gehabt? Und welchen Erfolg? Wie hoch mag der Informationsgewinn durch die »Kundschafter des Friedens« für die SED-Spitze gewesen sein? Was war fundierte Erkenntnis und was Aktionismus der Schlapphüte? Was konnten Ulbricht, Honecker, Mielke und die übrigen Spitzen des SED-Politbüros mit der Flut der erspähten Informationen aus dem Lager des Klassenfeindes anfangen, welche Rückschlüsse daraus ziehen? Waren die DDR-Oberen aufgrund der so gewonnenen Informationen den bundesdeutschen Gesprächspartnern im Denken und Handeln wirklich mitunter einen Schritt voraus?

Angesichts der Flut an IM-Berichten und Observationsprotokollen über hochrangige Westpolitiker – darunter die porträtierten sechs Bundespräsidenten – mit ihren überwiegend wenig ergiebigen Ergebnissen erscheint das fraglich. Allerdings lieferten die Bonner Spione den Ost-Berliner Auftraggebern meist vorab Informationen über außenpolitische Grundhaltungen, Einstellungen gegenüber der UdSSR und anderen sozialistischen Ländern, das Verhältnis zur DDR und die Einschätzung der deutsch-deutschen Beziehungen. Außerdem erschnüffelte der DDR-Geheimdienst ständig Hintergrundinformationen über Staatsbesuche der Bundespräsidenten, die der DDR-Außenpolitik besonders dienlich sein konnten. Nicht zuletzt waren die Spitzel der Auslandsspionage immer darauf erpicht, Pläne und Absichten der Bonner Staatsoberhäupter so früh wie möglich zu ergattern, um den Politbüromitgliedern sogenanntes »Herrschaftswissen« präsentieren zu können.

Erstaunlich ist der extrem unterschiedliche Umgang der DDR-Auslandsspionage mit den sechs Bonner Bundespräsidenten von 1949 bis 1989.

Anders als bei seinen Nachfolgern ignorierte der DDR-Geheimdienst Theodor Heuss' ambivalente Haltung zum Nationalsozialismus und seine Tätigkeit als Journalist in dieser Zeit. Einen eindeutigen Sündenfall wie Heuss' Zustimmung zum Ermächtigungsgesetz von 1933, womit Hitlers Regierung die Macht erlangte, ohne Zustimmung von Reichstag und Reichsrat sowie ohne Gegenzeichnung durch den Reichspräsidenten Gesetze zu erlassen, hätte das MfS bei seinen Nachfolgern für wochenlange Aktionen genutzt. Spätestens vor Heuss' Wiederwahl 1954 wäre die Gelegenheit da gewesen, den ersten Bundespräsidenten öffentlich an den Pranger zu stellen. Doch das MfS blieb bei seiner Linie und schwieg weiter. Heuss' zweite Amtszeit wäre vermutlich vereitelt worden, wenn das MfS sich anders entschieden hätte. Es kann allerdings auch sein, dass die Stasi-Rechercheure der falschen Annahme waren, Theodor Heuss verfüge über eine »weiße Weste«. Immerhin war er 1933 aus dem Lehramt entlassen worden und galt deshalb als Gegner des Nationalsozialismus. Weitergehende Untersuchungen wurden offenbar nicht angestellt und Heuss' Zustimmung zum Ermächtigungsgesetz von 1933 könnte dem DDR-Geheimdienst verborgen geblieben sein. Offensichtlich verfügte die im Aufbau befindliche Ost-Berliner Auslandsspionage noch nicht über ausreichendes Fachpersonal und das entsprechende Fachwissen. Die einflussreichen Kontaktpersonen der amerikanischen Besatzungsmacht wussten über Heuss' Zustimmung zum Ermächtigungsgesetz allerdings genau Bescheid, und um ein Haar wäre Heuss' Nachkriegskarriere dadurch zunichtegemacht worden. Schließlich konnten sich aber seine amerikanischen Förderer auch in der Frage der Präsidentenkandidatur durchsetzen und Theodor Heuss als »ihren Kandidaten« von der Bundesversammlung wählen lassen.

Die Wucht, mit der personell und materiell gegen Heuss' Nachfolger Heinrich Lübke agiert wurde, war beispiellos. Der Fälscherwerkstatt des MfS gelang es, den Sauerländer als »KZ-Baumeister« öffentlich zu diffamieren. Lübkes tatsächliche schwere Belastung als nicht ganz unwichtiges Glied im Räderwerk der NS-Rüstungsindustrie dagegen blieb bei den Stasi-Recherchen unberücksichtigt. Andererseits hat der DDR-Geheimdienst einen riesigen personellen wie materiellen Einsatz betrieben, um die »Hassfigur« Lübke öffentlich an den Pranger zu stellen, und alles darangesetzt, das politische System des »Klassenfeindes« zu destabilisieren. Dabei gehörte Lübke zu keiner Zeit der NSDAP oder einer ihrer Untergliederungen an – ganz im Gegensatz zu seinen Nachfolgern Walter Scheel und Karl Carstens. Außerdem war Lübke unabkömmlich gestellt worden und brauchte keinen Kriegsdienst zu leisten. Dafür galt sein ganzer Einsatz über Jahre der NS-Rüstungsindustrie, der Einsatzfähigkeit todbringender Waffen für die »faschistische Wehrmacht«, genauer das NS-Rüstungsministerium. Als Zuarbeiter für das Berliner Reichsministerium für Bewaffnung und Munition genoss er sämtliche Privilegien der optimalen Versorgung an Wohnraum und Lebensunterhalt. Hunger dürfte für Heinrich Lübke während der gesamten NS-Zeit ein Fremdwort gewesen sein. Mit dem verhassten CDU-Mann und Vertrauten des Kanzlers Konrad Adenauer im Fadenkreuz galt der Kampf der DDR-Auslandsspionage gegen Lübke gleichzeitig als Kampf gegen die Bonner Regierungsspitze. Das Feindbild Bonner Republik wurde in der Person des Bundespräsidenten Heinrich Lübke über Jahre mit den Mitteln und Methoden des DDR-Geheimdienstes gepflegt.

Gustav Heinemann, der dritte Bundespräsident, galt in den Augen des DDR-Geheimdienstes anscheinend als zu vernachlässigendes Spionageziel. Stasi-Rechercheure fanden im Lebenslauf des angesehenen Politikers nichts an Hinweisen, was sich für propagandistische Zwecke oder sogenannte »Aktive Maßnahmen« geeignet hätte. Sein Verhalten in der Zeit des Nationalsozialismus bot auf den ersten Blick keinerlei Verstrickungen in die Nazi-Verbrechen. Heinemann war weder Mitglied in der NSDAP noch in einer ihrer Unterorganisationen. Als evangelischer Christ hatte er sich in der »Bekennenden Kirche« engagiert. Das ehemalige CDU-Mitglied war 1952 Mitbegründer der »Gesamtdeutschen Volkspartei«, die alle auf Ausgleich mit dem Osten Deutschlands gerichteten Kräfte aufnehmen sollte. Als späteres SPD-Mitglied muss Heinemann in der Ost-Berliner Geheimdienst-Zentrale auf Zustimmung und sogar Bewunderung gestoßen sein. Für die SED-Spitze waren Heinemanns politische Überzeugungen über viele Jahre äußerst akzeptabel. Es gab allerdings einen beruflichen Weg Heinemanns im Nationalsozialismus, für den sich lange Zeit weder westdeutsche Biografen noch irgendwann Ost-Berliner Tschekisten interessierten: seine Karriere als Spitzenjurist bei der Düsseldorfer Rheinstahl. Als stellvertretendes Vorstandsmitglied hatte er im System der deutschen Rüstungswirtschaft blendend funktioniert und war deshalb unabkömmlich gestellt worden. Über den Einsatz von Tausenden von Zwangsarbeitern soll er jederzeit im Bilde gewesen sein. Anders als bei seinem Vorgänger und seinem Nachfolger spielte für die Ost-Berliner Spionagezentrale Heinemanns Tätigkeit in der NS-Rüstungsindustrie jedoch zu keiner Zeit eine Rolle. Die »Schlapphüte« aus Ost-Berlin warfen keinen einzigen Blick auf Heinemanns Karriere in dieser Zeit. Dabei hätte es sich für die Spione angeboten, unangenehme Wahrheiten über Gustav Heinemann in die Öffentlichkeit zu bringen – ganz ohne Fälschungen, Manipulation und Desinformation. Doch schlichtes Unwissen oder bewusstes Verschonen verhinderten wohl eine schwere Attacke gegen das Bonner Staatsoberhaupt.

Walter Scheel, der »Mann auf dem gelben Wagen«, erschien der DDR-Auslandsspionage als wenig attraktives Spionageobjekt. Obwohl die HVA Scheels NSDAP-Mitgliedschaft herausbekommen hatte, behielt sie dieses brisante Wissen für sich. Erst die Veröffentlichung in der bundesdeutschen Presse, allen voran im *Spiegel*, ließ die Tschekisten aufhorchen. Gleichwohl geschah nichts. Die Gründe für das eiserne Schweigen über Scheels NSDAP-Mitgliedschaft und Scheels eigenes Leugnen lassen sich leicht erklären.

Als Bundesminister des Auswärtigen von 1969 bis 1974 galt er gemeinsam mit Willy Brandt als Vater der Entspannungspolitik und der neuen Deutschlandpolitik. Seine Rolle beim Zustandekommen des Moskauer Vertrages 1970 und des Warschauer Vertrages 1971 muss in der SED-Spitze als äußerst positiv angesehen worden sein. Ebenso dürfte Scheels kräftige politische Unterstützung beim Aushandeln des Grundlagenvertrages zwischen der Bundesrepublik und der DDR 1972 bei den DDR-Oberen auf besonderes Wohlgefallen gestoßen sein, sodass darauf verzichtet wurde, ihn wegen seiner NSDAP-Mitgliedschaft und seines Kriegseinsatzes für die »faschistische Wehrmacht«, genauer für die Reichsluftwaffe, an den Pranger zu stellen.

Der fünfte Bundespräsident der Bonner Republik, Karl Carstens, war wiederum ein »gefundenes Fressen« für den DDR-Geheimdienst. Schon früh geriet der Jurist als Wissenschaftler, Karrierebeamter und Spitzenpolitiker in den Fokus der DDR-Spionage. Carstens' NSDAP-Mitgliedschaft, seine Funktion in der »faschistischen Wehrmacht« wurden penibel erforscht. Der Stasi-Apparat bediente die SED-Oberen dank zahlreicher Inoffizieller Mitarbeiter mit umfangreichen Dossiers über das Leben und politische Wirken von Karl Carstens. Stasi-Rechercheure erkundeten sein Leben und forschten in allen wichtigen DDR-eigenen Archiven ebenso wie außerhalb der DDR. In mehreren »Sachstandsberichten« wurde die politische Karriere von Karl Carstens auch aus westdeutschen Quellen nachgezeichnet. Ausgiebig ging es um seine nazistische Vergangenheit, die allerdings auch mit Fehlinformationen beispielsweise über seine Mitgliedschaft in der SA gespickt war. Allein seine NSDAP-Mitgliedschaft wäre ein Grund für sogenannte »Aktive Maßnahmen« gewesen. Doch Fehlanzeige: Auch Carstens, der dezidiert antikommunistische Hardliner, wurde geschont. Sein festgefügtes konservatives Weltbild wurde analysiert und für die Empfänger im SED-Politbüro aufbereitet. Zum Thema »reaktionäre außenpolitische Aktivitäten« wurde Carstens' außenpolitische Grundhaltung und sein eindeutiges Bekenntnis zum westlichen Bündnissystem mit Beispielen belegt. Seine antikommunistische Position gegenüber der UdSSR und den anderen sozialistischen Ländern war ein großes Thema in den ausführlichen Exposés, ebenso sein Verhältnis zur DDR. In der rund 800 Seiten umfassenden Stasi-Akte von Karl Carstens gab es eine Fülle von Themen, die der DDR-Geheimdienst gegen das deutsche Staatsoberhaupt öffentlich hätte ausspielen können. Doch die Zeiten hatten sich geändert. Der Grundlagenvertrag zwischen der Bundesrepublik Deutschland und der Deutschen Demokratischen Republik vom Dezember 1972 war im Juni 1973 in Kraft getreten. Darin wurde die Einrichtung Ständiger Vertretungen beschlossen. Außerdem begann mit der Akkreditierung von Journalisten eine neue Ära der Berichterstattung aus beiden deutschen Staaten. Das alles fiel zusammen mit dem Amtsantritt von Karl Carstens. Die Entspannungspolitik trug erste Früchte, und Attacken gegen Bundespräsident Karl Carstens fanden nicht statt.

Auf Richard von Weizsäcker hatte es der DDR-Geheimdienst ebenfalls schon früh abgesehen. Der Mann der Kirche mit seinen Verbindungen zur Evangelischen Kirche in der DDR rief die Späher häufig auf den Plan. Weizsäckers unzählige Besuche in der DDR wurden auf Schritt und Tritt von inoffiziellen wie hauptamtlichen MfS-Spionen begleitet und in umfangreichen sogenannten »Beobachtungsberichten« penibel protokolliert. Dabei konnte nicht ein einziges Mal ein »Fehlverhalten« des prominenten Politikers festgestellt werden. Weizsäcker vermied grundsätzlich spontane Kontakte zur Bevölkerung und hielt sich peinlich genau an das offizielle Besuchsprogramm. Gerne lobte er die bevorzugte Behandlung durch die Stasi-Grenzer bei den Reisen von West- nach Ost-Berlin oder umgekehrt. Ob bei den Kirchentagen oder bei kulturellen Veranstaltungen, stets achtete er auf spürbare Distanz zur Bevölkerung, um seine Kontakte zu den Kirchenoberen und den Kulturschaffenden nicht zu gefährden. Die üblichen Recherchen der Stasi über seine Familie, über Eltern und Geschwister, das Ausleuchten ihres Verhaltens im Nationalsozialismus fanden gegenüber den Weizsäckers nicht statt. Warum das MfS darauf verzichtete und beispielsweise nichts über die schwerwiegenden Verstrickungen des Vaters Ernst von Weizsäcker in der Zeit des Nationalsozialismus bis zur Anklage in Nürnberg zutage förderte oder die ungewöhnliche Militärkarriere seines Sohnes thematisierte, ist nur mit Richard von Weizsäckers permanentem Wohlverhalten gegenüber prominenten DDR-Gesprächspartnern zu erklären. Auch bei Vier-Augen-Begegnungen etwa mit Erich Honecker oder anderen SED-Politikern wurden kritische Themen der deutsch-deutschen Beziehungen schlichtweg ausgeklammert. Weizsäcker ging sogar so weit, die Fluchtbewegung gegen Ende der DDR zu kritisieren. Weizsäckers Leisetreterei und sein ständiges Bemühen, nach Möglichkeit außenpolitische Themen mit dem Schwerpunkt Ost-West-Beziehungen zum Gegenstand seiner Begegnungen mit DDR-Politikern zu machen, zeichneten ihn als politischen Opportunisten aus. So wurde der sechste Präsident der Bundesrepublik von den Tschekisten in Ost-Berlin denn auch nicht als politischer Feind oder als Gegner des SED-Sozialismus angesehen oder behandelt. Im Gegensatz zu Heinrich Lübke legten Mielkes Spione den Mantel des Schweigens über Kritisches in der Vita.

In der 40 Jahre währenden Spionage des Ministeriums für Staatssicherheit gegen die Politprominenz der Bonner Republik spielten die sechs Bundespräsidenten gegenüber den Kanzlern und Ministern eine eher untergeordnete Rolle. Gleichwohl galt ein besonderes Interesse an den höchsten Repräsentanten des Bonner Provisoriums der Erkundung ihrer Lebensläufe. Der DDR-Geheimdienst lieferte seinen Auftraggebern, der SED-Spitze, umfassende Dossiers, von der Geburt bis zur Präsidentenwahl. Damit verfügten die Mitglieder des Politbüros über ein besonderes Detailwissen über jene Männer, deren besondere Aufgabe es war, die Bonner Demokratie nach außen zu repräsentieren.

Daraus ergaben sich für dieses Buch eine Reihe von Aspekten für einen anderen Blick auf die handelnden Personen im höchsten Amt der Bundesrepublik:

- Wer hätte gedacht, dass der erste Bundespräsident Theodor Heuss, der populäre »Papa Heuss«, als Drahtzieher für eine nicht ganz unbedeutende Spionagezelle in der sich konstituierenden DDR galt?
- Seinem von Ost-Berliner Propagandisten fälschlich als »KZ-Baumeister« diffamierten Nachfolger Heinrich Lübke wäre viel eher seine Tätigkeit als Bauleiter einer Berliner Firma im Auftrag des Reichsluftfahrtministeriums vorzuwerfen gewesen. Doch weder die Spione aus Ost-Berlin, noch Lübke-Biografen oder Journalisten kümmerten sich um Lübkes tiefe Verstrickungen in der NS-Rüstungsindustrie.
- Gustav Heinemann, den dritten Bundespräsidenten, hielten Mielkes Mannen für ein zu vernachlässigendes Spionageziel. Dass der Spitzenjurist vom Militärdienst befreit war, weil er eine Führungsposition in der Rüstungsindustrie eingenommen hatte und über spezielle Kenntnis vom Einsatz Tausender Zwangsarbeiter verfügte und auch nach dem Krieg darüber schwieg, interessierte die Ost-Berliner Spione offenbar nicht.
- Auch Walter Scheel, noch Anfang 1940 Antragsteller für eine NSDAP-Mitgliedschaft, wurde vom DDR-Geheimdienst in seinen Dossiers durchweg freundlich charakterisiert, anstatt ihn wegen seiner geleugneten NSDAP-Mitgliedschaft publikumswirksam an den Pranger zu stellen.
- Über Karl Carstens hatte der DDR-Geheimdienst eine Menge an Material zusammengetragen. Allein seine Kriegsteilnahme und vor allem seine NSDAP-Mitgliedschaft hätten ausgereicht, um ihn durch »Aktive Maßnahmen« an den Pranger zu stellen. Doch die von der Regierung Kohl/Genscher fortgesetzte Politik der sozial-liberalen Koalition hinsichtlich der Verbesserung der deutsch-deutschen Beziehungen, die Carstens' unausgesprochene Zustimmung fand, ließ das offenbar nicht opportun erscheinen.
- Richard von Weizsäcker schließlich, der sechste Bundespräsident, wurde vom DDR-Geheimdienst geradezu mit Glacéhandschuhen behandelt. Weizsäcker galt als hoch geschätzter Freund der DDR.

Quellen- und Literaturverzeichnis

Archive

Bundesarchiv Berlin
Bundesarchiv, Militärarchiv Freiburg
Bundesarchiv, Stasi-Unterlagen-Archiv Berlin
Landesarchiv Sachsen-Anhalt, Abteilung Dessau
Landesarchiv Sachsen-Anhalt, Abteilung Magdeburg

Literatur

Ackermann, Eduard: Politiker. Vom richtigen und vom falschen Handeln. Bonn 1996

Attali, Jacques: Verbatim II: Chronique des années 1986–1988. Paris 1995

Attali, Jacques: Verbatim III: Chronique des années 1988–1991. Paris 1995

Becker, Winfried/Buchstab, Günter/Doering- Manteuffel, Anselm/ Morsey, Rudolf (Hrsg.): Lexikon der Christlichen Demokratie in Deutschland. St. Augustin 2002

Bergmann, Knut: Der Bundestagswahlkampf 1998. 2002

Bohnsack, Günter/Brehmer, Herbert: Irreführung. Wie die Stasi Politik im Westen machte. Hamburg 1992

Bracher, Karl Dietrich: Theodor Heuss und die Gründung der Bundesrepublik. Tübingen 1971

Brandes, Detlef: Die Tschechen unter deutschem Protektorat. Teil II: Besatzungspolitik, Kollaboration und Widerstand im Protektorat

Böhmen und Mähren von Heydrichs Tod bis zum Prager Aufstand (1942–1945). München 1975

Buchstab, Günter (Hrsg.): 60 Jahre CDU. Verantwortung für Deutschland und Europa. St. Augustin 2005

Buchstab, Günter (Hrsg.): Brücke in eine neue Zeit. 60 Jahre CDU. Freiburg 2005

Burger, Reiner: Theodor Heuss als Journalist. Beobachter und Interpret von vier Epochen deutscher Geschichte. Hamburg 1999

Carstens, Karl: Erinnerungen und Erfahrungen. Herausgegeben von Kai von Jena und Reinhard Schmoeckel. München 1993

Charisius, Albrecht/Mader, Julius: Nicht länger geheim. Entwicklung, System und Arbeitsweise des imperialistischen deutschen Geheimdienstes. Berlin 1969

Conze, Eckart/Frei, Norbert/Hayes, Peter/Zimmermann, Moshe: Das Amt und die Vergangenheit. Deutsche Diplomaten im Dritten Reich und in der Bundesrepublik. München 2010

Delors, Jacques: Mémoires. Paris 2004

Döscher, Hans-Jürgen: Das Auswärtige Amt im Dritten Reich. Diplomatie im Schatten der Endlösung. Berlin 1987

Feldmann, Michael F.: Adenauer, die Alliierten und das Grundgesetz. München 2023

Filmer, Werner/Schwan, Heribert: Begegnungen mit Richard von Weizsäcker. München 1988

Filmer, Werner/Schwan, Heribert (Hrsg): Richard von Weizsäcker – Profile eines Mannes. München 1984

Filmer, Werner/Schwan, Heribert: Wolfgang Schäuble. Politik als Lebensaufgabe. München 1992

Filmer, Werner / Schwan, Heribert: Helmut Kohl. Düsseldorf/Wien/New York 1985

Filmer, Werner/Schwan, Heribert: Oskar Lafontaine. Düsseldorf/Wien/New York 1990

Flemming, Thomas: Gustav W. Heinemann. Ein deutscher Citoyen. Essen 2014

Frei, Norbert: Im Namen der Deutschen. Die Bundespräsidenten und die NS-Vergangenheit 1949–1994. München 2023

Genscher, Hans-Dietrich (Hrsg.): Heiterkeit und Härte. Walter Scheel in seinen Reden und im Urteil von Zeitgenossen. Stuttgart 1984

Görtemaker, Manfred: Rudolf Hess. Der Stellvertreter. Eine Biografie. München 2023

Herbert, Ulrich: Fremdarbeiter. Politik und Praxis des »Ausländer-Einsatzes« in der Kriegswirtschaft des Dritten Reiches. Bonn 1985

Herbstritt, Georg: Bundesbürger im Dienst der DDR-Spionage. Eine analytische Studie. Göttingen 2007

Herbstritt, Georg/Müller-Enbergs, Helmut: Das Gesicht dem Westen zu. DDR-Spionage gegen die Bundesrepublik Deutschland. Bremen 2003

Herwig, Malte: Die Flakhelfer. Eine gebrochene Generation. München 2013

Hofmann, Gunter: Richard von Weizsäcker. Ein deutsches Leben. München 2010

Jäger, Wolfgang: Die Bundespräsidenten. Von Theodor Heuss bis Richard von Weizsäcker, in: Aus Politik und Zeitgeschichte. Beilage zur Wochenzeitung das Parlament 16–17/1989, S. 33–47

Jelzin, Boris: Mitternachtstagebuch. Meine Jahre im Kreml. München 2000

Knabe, Hubertus: Die unterwanderte Republik. Stasi im Westen. Berlin 2001

Knoll, Thomas: Das Bonner Bundeskanzleramt. Organisation und Funktionen von 1949–1999. Wiesbaden 2004

Kohl, Helmut: Erinnerungen 1930–1982. München 2004

Kohl, Helmut: Erinnerungen 1982–1990. München 2005

Kohl, Helmut: Erinnerungen 1990–1994. München 2007

Kohl, Helmut: Mein Tagebuch. München 2000

Kohl, Helmut: Vom Mauerfall zur Wiedervereinigung. Meine Erinnerungen. München 2009

Konrad-Adenauer-Stiftung (Hrsg.): Die Ära Kohl 1982–1998. St. Augustin 2002

Kopp, Horst: Der Desinformant. Erinnerungen eines DDR-Geheimdienstlers. Berlin 2016

Lammert, Norbert (Hrsg.): Christlich-Demokratische Union. Berlin 2020

Lenski, Daniel: Von Heuss bis Carstens. Das Amtsverständnis der ersten fünf Bundespräsidenten unter besonderer Berücksichtigung ihrer verfassungsrechtlichen Kompetenzen. Leipzig/Berlin 2009

Lindemann, Helmut: Gustav Heinemann. Ein Leben für die Demokratie. München 1978

Mitterrand, François: Über Deutschland. München 1996

Morsey, Rudolf: Heinrich Lübke. Eine politische Biografie. Paderborn 1996

Müller, Konrad Rufus: Helmut Kohl – Konrad Rufus Müller. Fotoband. München 1995

Müller-Enbergs, Helmut: Hauptverwaltung A. Aufgaben – Strukturen – Quellen (MfS-Handbuch). Herausgegeben vom BStU. Berlin 2011

Nationalrat der Nationalen Front des Demokratischen Deutschland. Dokumentationszentrum der Staatlichen Archivverwaltung der DDR (Hrsg): Braunbuch. Kriegs- und Naziverbrecher in der Bundesrepublik und in Westberlin. Staat, Wirtschaft, Verwaltung, Armee, Justiz, Wissenschaft. Berlin 1968

O.V.: »Im Politbüro des ZK der KPdSU ...«. Aufzeichnungen (auf Russisch) nach Anatoli Tschernjajew, Wadim Medwedew, Georgi Schachnasarow. Moskau 2006

Paul, Wolfgang: Das Potsdamer Infanterie-Regiment 9 1918–1945. Osnabrück 1983

Presse- und Informationsamt der Bundesregierung (Hrsg): Helmut Kohl. Bilanzen und Perspektiven. Auf dem Weg ins 21. Jahrhundert. Bonn 1997

Sabrow, Martin/Mentel, Christian (Hrsg.): Das Auswärtige Amt und seine umstrittene Vergangenheit: Eine deutsche Debatte. Frankfurt (M) 2005

Schley, Fridolin: Die Verteidigung. Berlin 2022

Schröder, Richard: Die wichtigsten Irrtümer über die deutsche Einheit. Berlin 2007

Schwan, Heribert: Erich Mielke. Der Mann, der die Stasi war. München 1997

Schwan, Heribert: Die Frau an seiner Seite. Leben und Leiden der Hannelore Kohl. München 2011

Schwan, Heribert: Spione im Zentrum der Macht. Wie die Stasi alle Regierungen seit Adenauer bespitzelt hat. München 2019

Schwan, Heribert/Heinrichs, Helgard: Das Spinnennetz. Stasi-Agenten im Westen: Die geheimen Akten der Rosenholz-Dateien. München 2005

Schwan, Heribert/Jens, Tilman: Vermächtnis. Die Kohlprotokolle. München 2014

Schwan, Heribert/Steininger, Rolf: Besiegt – besetzt – geteilt. Erinnerungen an Deutschland 1945 bis 1949. München 2010

Schwan, Heribert/Steininger, Rolf: Die Bonner Republik 1949–1998. Berlin 2009

Schwan, Heribert/Steininger, Rolf: Helmut Kohl. Virtuose der Macht. Mannheim 2010

Seidler, Franz W.: Die Organisation Todt. Bauen für Staat und Wehrmacht 1938–1945. Koblenz 1987

Seitz, Norbert: Die Kanzler und die Künste. Die Geschichte einer schwierigen Beziehung. Berlin 2005

Speer, Albert: Erinnerungen. Berlin 1969

Staadt, Jochen: Die Lübke-Legende. Wie ein Bundespräsident zum »KZ-Baumeister« wurde – Teil I. u. Teil II. In: Zeitschrift des Forschungsverbundes SED-Staat. Ausgabe Nr. 18/2005 (S.54–72) und Nr. 19/2006 (S. 107–124)

Steininger, Rolf: Von Kanzlern und Präsidenten. Deutsch-amerikanische Beziehungen von Adenauer und Eisenhower bis Merkel und Trump. München 2017

Stockhorst, Erich: 5000 Köpfe. WER WAR WAS im 3. Reich. Kiel 1998

Szatkowski, Tim: Karl Carstens – Eine politische Biografie. Köln / Weimar 2007

Tietmeyer, Hans: Herausforderung Euro. Wie es zum Euro kam und was er für Deutschlands Zukunft bedeutet. München 2005

Vogel, Bernhard: Ein Leben für Deutschland und Europa. Helmut Kohl – Stationen eines politischen Lebens. Düsseldorf 2005

Wagner, Jens-Christian: Konzentrationslager Mittelbau-Dora 1943–1945. Göttingen 2001

Wagner, Jens-Christian: Produktion des Todes. Das KZ Mittelbau-Dora. Göttingen 2001

Wagner, Jens-Christian: Zwangsarbeit in Peenemünde (1939–1945): Praxis und Erinnerung, in: Zeitgeschichte regional 1/2000. S. 15–21

Weizsäcker, Ernst von: Aus seinen Gefängnisbriefen. 1947–1950. Stuttgart 1950

Weizsäcker, Ernst von: Erinnerungen. Herausgegeben von Richard von Weizsäcker. München/Leipzig/Freiburg 1950

Weizsäcker, Richard von: Die deutsche Geschichte geht weiter. Berlin 1983

Weizsäcker, Richard von: Drei Mal Stunde Null? 1949 – 1969 – 1989. Deutschlands europäische Zukunft. Berlin 2001

Weizsäcker, Richard von: Vier Zeiten. Erinnerungen. München 1999

Weizsäcker, Richard von: Der Weg zur Einheit. München 2009

Wirsching, Andreas: Abschied vom Provisorium 1982–1990. München 2006

Wolf, Markus: Spionagechef im geheimen Krieg. Erinnerungen. München 1997

Wolf, Thomas: Die Entstehung des BND. Aufbau, Finanzierung, Kontrolle. Berlin 2018